NIKKEI BP CLASSICS

INFORMATION RULES

A Strategic Guide to the Network Economy

情報経済の鉄則

ネットワーク型経済を
生き抜くための戦略ガイド

CARL SHAPIRO
HAL VARIAN
HAJIME OHNO
[TRANSLATOR]

カール・シャピロ＋
ハル・ヴァリアン
大野 一[訳]

日経BP社

カール・シャピロ

ハル・ヴァリアン

Photo: John Schultz Photography, 1998

ドーン、エヴァ、ベンへ
キャロルとクリスへ

目次

情報経済の鉄則——ネットワーク型経済を生き抜くための戦略ガイド

序文

幸運が重なり、本書を執筆することができた。

私たち筆者2人は、分析の訓練を積み、社会の仕組みを深く理解したいと考え、経済学者になった。幸運なことに、「情報」「技術変化」「ゲーム理論」「競争戦略」といった経済学の新しい研究分野が誕生したのは、筆者が学者としての道を歩み始めた頃だった。私たちはそうした分野に飛び込み、自分なりに研究を進めていった。まさか20年後に、自分たちが情報革命の真っただ中に身を置くことになるとは、思ってもいなかった。調査や執筆を主体とする研究活動として始めたものが、次第に講演会やコンサルティングの仕事に結びつき、専門家として法廷で証言したり、省庁で働いたり、さらには学部長の職を引き受けたりと、仕事の幅が広がっていった。

学問の世界を離れてみると、「経済学は現実の世界ではあまり役に立たない」という不満をよく耳にするようになった。当初、そうした声には戸惑いを覚えた。というのも、筆者にアドバイスを求めてくる当の人々が、そうした不満を漏らすことが多かったからだ。しばらくすると、謎が解けた。そうした人々は、学校で普通に教えられている古典的な経済学に不満を持っていたのだ。需要・供給曲線や、農産物市場のような完全競争市場を重視する例の経済学である。確かに、新しいソフトウェア製品や雑誌のオンライン版を立ち上るビジネスマンが、需要・供給曲線を重宝するとはあまり思えない。ただ、その一方で、経済学には今の情報経済の問題を直接取り上げた膨大な数の研究があることも、私たちにはわかっていた。

結論を言えば、クライアントや友人たちは、我々経済学者が長年研究してきたが、普通の授業では滅多に取り上げない諸々のテーマについて、知りたがっていたのである。顧客グループごとにどう価格を設定すればいいのか。情報製品のラインナップはどう取り揃えればいいのか。知的財産はどう管理すればいいのか。囲い込みから身を守るには、また可能なら囲い込みをうまく利用するにはどうすればいいのか——。ソフトウェア市場の力学に強い関心が寄せられていることもわかった。なぜ大手1社が市場を独占し、その後独占が崩れても、また新しい独占企業が登場する傾向があるのか。私たちは、情報産業への反トラスト法（独占禁止法）の適用という問題にも次第に深く関わるようになり、筆者の1人は司法省・反トラスト局のチーフエコノミストに転身した。要するに、私たちは運が良かったのだ。私たちが選んだ研究分野の成果を知りたい、成果を活用したいという声が高まったのである。

同時に、「今はニューエコノミーの時代だ」といった話も絶えず耳にしていた。つまり、ビジネス戦略や公共政策の指針となる新しい経済原理――「新しい経済学」を打ち立てる必要がある、というのである。私たちは「ちょっと待ってくれ」と思った。皆さんは、差別価格、バンドリング、シグナリング、ライセンシング、ロックイン、ネットワーク型経済に関する文献を読んだことはありますか。電話産業の歴史や、ＩＢＭと司法省の法廷闘争の事例を研究したことがありますか、と。筆者の意見はこうだ。真新しい経済学など打ち立てる必要はない。すでにある飛び切り素晴らしい成果を利用すればいいだけの話だ。だが、そうしたテーマは昔の経済学の授業では取り上げてくれなかった。だから、私たちはこの本を書いた。

本書の狙いは、経済学の成果や、ネットワーク型経済で経済学を応用してきた筆者自身の経験から得られた知見を、情報技術（ＩＴ）産業の戦略決定に関わるビジネスマンや政策立案者にふさわしい形で説明することにある。私たちは、本書で紹介する視点、概念、モデル、物の考え方が、読者のより良い意思決定につながると信じている。また、本書の内容はこの先、何年経っても読者の役に立つ、とも信じている。技術は目まぐるしく変わるが、指針となる経済原理は変わらない。事例は変わるかもしれないが、本書で示した視点が古びることはないはずだ。

もちろん、本書を読めばすべてがわかると言うつもりはない。ビジネス上の決断はどう下せばいいのか。たいていの場合は、「その時の状況次第」という結論に落ち着くだろう。本書の目的は、どんな状況に着目して決断を下せばいいのか、ヒントを示すことにある。そうした状況判断を下すには、因果関係の構造を把握するのが一番いい。何が起きているのかをはっきり理解し、同じような問題を解決してきた他社の事例を振り返れば、これまで以上にしっかり状況を把握した上で、優れた決断を下せるはずだ。

本書の執筆にあたっては、友人や同僚から貴重なアドバイスを頂いた。特に、エリック・ブリニョルフソン、ランディー・カッツ、デービッド・メッサーシュミット、ジョン・ミラー、アンドリュー・オドリツコ、シャーマン・シャピロ、ディーパク・ソマヤ、ダグ・タイガー、ロバート・ウィレンスキーの各氏の貴重なコメントに謝意を示したい。

最後に、本書の執筆中、筆者を我慢強く、優しく支えてくれた妻と子供たちに、ありがとうと伝えたい。

第1章

The Information Economy

情報経済

世紀が変わって、世界は狭くなった。劇的にスピードアップした新しい通信技術が一般家庭に急速に普及している。起業家は過去例のないスケールメリットを活かして、巨大な帝国と巨万の富を築いた。強大な力を振りかざす新たな独占企業に、政府は独占禁止法を突き付けて説明を求めている。技術は日々新たな進歩を遂げ、昔のビジネスモデルはもう通用しないようにみえる。だが、不思議なことに、経済の基本原理は変わっていない。この鉄則をマスターした企業は新しい環境を生き抜き、そうでない企業は姿を消していく――。

21世紀初頭、の話ではない。今から100年前、20世紀型の大企業が誕生した頃の光景だ。今のシリコンバレーの起業家がコンピューターと通信インフラを使って世界経済を変えているように、当時の実業家は電力網と電話網という新しいインフラを使ってアメリカ経済を変えていった。

技術が変わっても、経済の原理は変わらない。

経済の鉄則を知れば、今の激動のビジネス環境を生き抜ける――これが本書のテーマだ。技術は変わるが、経済原理は変わらない。インターネットが自分や自分のビジネスにどう影響するのかわからないという人は、100年前の電話の登場から多くのことを学べる。

確かに、今のビジネスは、無数の点で100年前から大きく様変わりしている。しかし、今の経営者の多くは、技術革新という木に目を向けるあまり、森を見失っている。森とは、ビジネスの成否を決める経済の基本原理のことだ。筆者は、学者として、政府の職員として、またコンサルタントとして、20年にわたってこの森を俯瞰する機会に恵まれた。業界の動向を追い、ハイテク企業で働き、情報・技術分野の市場研究に携わってきた。この分野の文献は増え続ける一方だ。

本書では、「ネットワーク型経済」を生き抜く上で必要になる概念と戦略を体系的に解説していく。情報技術（IT）は目まぐるしく変わるため、ルール無用の混沌とした世界にみえる。そこから一定のパターンを見抜いて、ビジネスの指針とするのは容易なことではない。だが、カオスにも秩序がある。経済の基本概念をいくつか援用すれば、今の産業の動きを説明する上で大いに役に立つ。

経済原理は、時に警鐘を鳴らす。一時期、株式市場の寵児と持てはやされたブラウザー大手ネットスケープを例に取ろう。ブラウザーが今後どのような発展を遂げるのか正確なところはわからないが、ネットスケープに根本的な弱点があることは、はっきりしている。宿敵のマイクロソフトが動作環境を握っているためだ。ブラウザーは、そうした動作環境の1つのパーツにすぎない。本書の図式では、ネットスケープは「相互接続」という古典的な問題を抱えている。つまり、ネットスケープのブラウザーは、マイクロソフトの基本ソフト（OS）とつながらなければ動かない。これと同じ問題を抱えていたのが、1900年頃に巨大電話会社ベル・システムと競争していた地域電話会社だ。地域電話会社はベル・システムとの相互接続に頼らなければ、長距離電話サービスの提供ができず、次々に姿を消していった。相互接続をめぐる争いは、過去1世紀、頻繁に起きている。特にそれが顕著なのが、電話業界、鉄道・航空業界、そしてコンピューター業界だ。ネットスケープ株を超高値圏まで買い上げた投資家のうち、どの程度の人が、同社の根本的な弱点に気づいていたのだろうか。

本書では、情報・技術産業の情報（ソフト）面とインフラ（ハード）面の双方について、様々なビジネス戦略を説明する。ソフトとハードは分かちがたく結びついている。実際、両者は本書の重要な概念である「相互補完」の典型例だ。ソフトもハードも、片方だけでは大した価値はない。両者が1つのシステムとして連携して初めて価値を持つ。

情報

本書では「情報」という言葉を非常に広い意味で使う。基本的には、デジタル化できるもの——ビットの配列としてコード化できるもの——はすべて情報だ。野球のスコア、書籍、データベース、雑誌、映画、音楽、株価、ウェブサイトは、本書の目的上、すべて「情報財」となる。情報の価値は消費者によって異なる——本書で重視するのは、この点だ。情報には、娯楽としての価値があるもの、ビジネス上の価値があるものがあるが、どんな価値があるにせよ、顧客は喜んで情報にお金を払う。ある情報財にどの程度の価値を認めるかは、消費者によって大きく異なる。これからみていくように、情報プロバイダー（情報を売る企業）の戦略の多くは、この事実を土台にしている。

情報の生産コスト

情報は、生産コストは高いが、再生産のコストは安い。制作費数十万ドルの書籍が、1～2ドルで印刷・製本できる場合もあるし、製作費1億ドルの映画も、数セントでビデオテープにダビングできる。

経済学の用語を使えば、情報財の生産には多額の固定費用がかかるが、限界費用（追加の1単位を生産する費用）は安い。情報財の最初の1単位を生産するコストは莫大かもしれないが、追加のコピーを生産（再生産）するコストはただ同然だ。この種のコスト構造には、様々な重要な意味合いがある。例えば、コストを基に販売価格を決めても、うまくいかない。1単位当たりのコストがゼロの時に、10％や20％の利幅を乗せても意味がない。情報財は生産コストではなく、カスタマーバリュー（顧客が判断する価値）に応じて、価格を決める必要がある。

情報財はコストではなく、価値に応じて、価格を設定する

ある情報にどの程度の価値を認めるかは、人によって大きく異なるため、価値をベースにして価格を決めると、自然と複数の異なる価格が出来上がる。こうした差別価格の戦略は、第2章「情報に値段をつける」と第3章「バージョン化——情報財に複数のバージョンをつくる」で詳しく説明しよう。第2章では、ある特定の市場に情報財をどう売り込むか、第3章では、情報財に複数のバージョンをつくり、異なる市場セグメント（区分）に異なる価格で売り込む手法を解説したい。

例えば、同じ情報財に複数のバージョンをつくる手法として、時間差をつける（ディレイをかける）ことが考えられる。出版社はまず単行本を販売し、数か月後に文庫本を発売する。新作を早く読みたい読者は高価な単行本を買い、待てる読者は安い文庫本を買う。インターネットの情報プロバイダーも、同じ戦略を活用できる。証券会社のサイトで株価を20分遅れで表示する有価証券分析サービスは月8・95ドル、リアルタイムのサービスは月50ドルといった具合だ。

情報財に複数のバージョンをつくる手法は、第3章で取り上げる。異なる市場セグメントを念頭に置いて、採算の取れる形で商品ラインナップを揃える――この戦略の原理を説明しよう。複数のバージョンを異なる価格で販売することで、商品の価値を市場から最大限引き出すことができる。

知的財産権の管理

もし、情報財の制作者が低コストで商品を再生産できるなら、部外者にも安価なコピーは可能なはずだ。これまでは、何らかの形で情報を「私有化」すれば、商品を保護できるという考え方が多かった。合衆国憲法でも「著作者及び発明者に、一定期間それぞれの著作及び発明に対し独占的権利を保障することによって、学術及び技芸の進歩を促進する」義務が議会にあると明記されている。

しかし、特許・著作権・商標を通じて知的財産を独占する権利を法的に認めても、情報を完璧に統制できるわけではない。法の執行の問題が残っているのである。この問題は、デジタル技術とインターネットの普及に伴い、以前にも増して深刻になっている。デジタル情報は、完璧なコピーが作成でき、瞬く間に世界中に拡散する可能性がある。このため、インターネットを「歯止めのきかない巨大なコピーマシン」と考えるコンテンツ制作者は多い。コピーのせいで正規品が締め出されれば、生産コストを回収できない恐れも出てくる。

そうしたリスクは確かにある。だが、筆者は、コンテンツ制作者が知的財産の管理について、保守的になりすぎるきらいがあると考えている。ビデオ産業の歴史が好例だ。ビデオデッキが登場すると、ハリウッドに激震が走った。テレビ局は家庭でのテレビ番組のコピーを防ごうと訴訟を起こし、ディズニーもライセンス契約を通じてビデオの販売とレンタルを区別しようとした。だが、こうした抵抗は、いずれも失敗に終わった。皮肉なことに、現在ほとんどのハリウッド映画は、興行収入よりもビデオの販売・レンタル収入のほうが多い。かつてあれほど恐れられていた家庭用ビデオ市場が、ハリウッドの巨大な収入源となったのである。

知的財産を管理する際は、知的財産を最大限保護することではなく、知的財産の価値を最大限高めることを考えたほうがいい。第4章「知的財産権の管理」では、知的財産権をめぐる意外な歴史を振り返りながら、インターネット上でどう権利を運用していくかを考えてみたい。

「経験財」としての情報

経済学では、実際に経験してみなければ価値の判断ができない商品を「経験財」と呼んでいる。新商品は事実上すべてが経験財であり、消費者に新商品を知ってもらうため、無料サンプル、プロモーション(販促)価格、テスティモニアル広告(ユーザーや識者による推薦広告)といったマーケティング戦略が活用されている。

だが、情報は何度消費しても経験財だ。今日のウォールストリート・ジャーナル(WSJ)紙に75セントの価値があるかどうか、読む前にどうすればわかるのか。答えは「わからない」だ。

出版・音楽・映画といった情報ビジネスは、中身がわからないので買うべきか迷っている消費者の背中を押すため、様々な戦略を編み出してきた。まずは、様々な形の「チラ見せ」がある。ニューススタンドで新聞の見出しを見せる、ラジオでヒット曲を流す、映画の予告編を放映する。だが、戦略はこのチラ見せだけではない。たいていのメディアはブランドと評判を通じて、経験財の問題に対処している。今日のWSJを読む最大の理由は、以前WSJを読んで役に立ったからだ。

「ウォールストリート・ジャーナル」というブランド名は、同紙が保有する最大の資産の1つであり、同紙は「早く正確で実用的」という評判を確立するため、多額の投資をしている。投資の形も「教育現場に新聞を」といったキャンペーン（第2章参照）から、特徴ある紙面構成・ロゴマークまで様々だ。WSJの電子版の外観を見ると、デザイナーが「紙」版と同じ外観にしようとしていること――つまり紙版と同じ権威、ブランド・アイデンティティー、顧客愛着度を電子版に移植しようとしていることが、はっきりみてとれる。WSJという「ブランド」を通じて、潜在的な読者にコンテンツの質を伝え、それによって、情報財特有の経験財の問題に対処しているのである。

インターネットやワールド・ワイド・ウェブ（WWW）のプロトコル（通信手順）を開発したコンピューター・サイエンティストは、画像（＝イメージ）の通信量の多さに目を見張っている。今日、インターネットの通信量の6割以上はウェブサイト向けで、その4分の3近くが画像だ。もちろん、そうした画像の中には、プレイボーイ誌（このブランドもサイバースペースへの移行で成功を収めた）のグラビアもあるが、企業のロゴマークも少なくない。情報ビジネスはイメージがすべてだ。ブランド名と評判を伝えるのは、ロゴマークという画像＝イメージなのである。

商品の中身を知ってもらうために情報を無償提供しながら、課金してコストを回収する――。情報経済では、この駆け引きが基本になる。これについては、第4章の「知的財産権の管理」で具体的な戦略を取り上げる。

「関心」の経済学

情報がここまで安く、早く、どこでも手に入るようになると、当然、情報の氾濫に対する不満が広がる。ノーベル賞受賞経済学者のハーバート・サイモンは「情報が豊かになれば、関心が乏しくなる」と言ったが、まさにその通りだ。

> 情報が豊かになれば、関心が乏しくなる

現代人は情報の入手ではなく、情報の氾濫に悩んでいるのであり、情報プロバイダーは、消費者の役に立つ情報を探り出し、ふるいにかけ、伝えることで、真価を発揮できる。最もアクセス数の多いサイトが

検索サイトなのは、偶然ではない。検索エンジンを使えば、自分にとって価値ある情報が見つかり、無駄な情報を省くことができる。

不動産の世界では、重要なポイントは3つしかないとよく言われる。一に立地、二に立地、三に立地――ロケーションなのである。ウェブサイトなら素人にもつくれるし、実際、多くの素人がウェブサイトをつくっている。ただ、どうやってウェブサイトの存在を知ってもらうかが、大問題なのだ。オンライン書籍販売のアマゾン・ドット・コムは最近、アメリカ・オンライン（AOL）と長期の独占契約を結び、AOLの顧客850万人にアクセスする権利を約1900万ドルで買った。これはAOL会員の「関心」を引くためのコストと解釈できる。ウォルマートはこのほど「ウォルマートTVネットワーク」という会社を立ち上げ、全米1950店舗で展示販売しているテレビにCMを流している。AOL同様、ウォルマートも、自社の顧客の「関心」を広告主に販売できると気づいたのだ。貴重極まりない顧客の「関心」を手に入れようという動きは、スポーツクラブや診察室といったロケーションにも広がっており、情報の洪水は今後さらに悪化するだろう。

視聴者の関心を売るというこの手法は、昔から情報プロバイダーの格好の資金源となっている。テレビ放送を支えているのはコマーシャルだし、広告が最大の収入源だという雑誌や新聞は少なくない。統計的なパターンを活用できるため、広告が効果的なのである。自動車雑誌を読む人はBMWの広告に関心があるだろうし、ロサンゼルス・タイムズ紙を読む人はカリフォルニアの不動産に関心を持つ可能性が高い。

インターネットは「放送メディア」と「ポイント・ツー・ポイント（1対1）メディア」の混ぜ合わせであり、企業と顧客を結びつける上で、これまでにない莫大な可能性を秘めている。ネットを活用することで、従来の放送型広告から1対1のマーケティングに移行できるのだ。テレビ局はニールセンが収集した数千人の視聴者の情報を基に次の企画を立てているが、ウェブサーバーを使えば、何百万人もの消費行動を把握でき、カスタマイズしたコンテンツをカスタマイズした広告と組み合わせて、瞬時に配信することができる。

こうした高性能のウェブサーバーで把握できるのは、ユーザーの今の行動だけではない。過去の行動やデモグラフィック属性（年齢・性別・住所・職業など、人口統計学的属性）に関する膨大なデータも収集できる。例えば、ホットメールは、アンケートで個人情報や興味のある分野について回答した顧客に無料の電子メールサービスを提供している。個人情報を入手できれば、広告をカスタマイズしてメール画面の脇に表示することができる。

この新しい1対1のマーケティングでは、広告主と消費者の双方が得をする。広告主はターゲットにしたい市場にピンポイントで広告を打てるし、消費者も関心のない広告に煩わされることがなくなる。また、特定の顧客が何を求めているのか、正確な情報を収集できれば、商品をさらにカスタマイズして、結果的に商品の価値を上げることが可能だ。こうしたマーケティング手法をマスターした企業は成功するだろうし、相変わらず焦点を絞り切れず、不特定多数に必要以上の広告を打ち続ける企業は、競争上不利な立場に追い込まれる。情報のカスタマイズについては、第2章と第3章で戦略を詳しく説明する。

技術

ここまでは情報技術の情報の側面について論じてきた。ここからは、技術の側面——つまり情報を保存、検索、抽出、コピー、選別、処理、閲覧、送受信するインフラ——について取り上げよう。

インフラと情報の関係は、ボトルとワインの関係に似ている。情報をエンドユーザーに届ける容器が技術だ。映画を制作して最初の1単位をつくっても、配信技術がなければ、商品価値はほとんどない。コンピューターソフトも、コンピューター機器とネットワーク技術がこれほど高性能かつ格安になったから、商品価値が生まれたのである。

つまり、今日の目を見張るばかりの変化のスピードと、今の情報経済の栄光は、情報技術と情報インフラの発展の賜物であり、情報自体の性格や、また情報量でさえも、以前と根本的に変わったわけではない。実際、ウェブサイトは、情報源としてはあまり感心できない。ウェブ上で一般に公開されている静的なHTML文書は、約150万冊の書籍に相当するが、カリフォルニア大学バークレー校の図書館には800万冊の蔵書がある。しかも、コンテンツの質はバークレー校の図書館のほうが格段に高い！ もしウェブの情報の10％が「有益」だとすると、ウェブ上には約15万冊分の有益な情報があることになる。これは書店大手ボーダーズの大型書店1店舗分の情報量だ。だが、ウェブ上の「有益」な情報は、実際にはおそらく全体の1％程度ではないか。その場合の情報量はショッピングモールの平均的な書店の半分程度になる。

ウェブの価値は、情報に直ちにアクセスできる点にある。情報プロバイダーはウェブを使えば、データベースなどのレポジトリ(情報の貯蔵庫)から最新の情報を機動的に配信できる。ワイン業界が新しいボトルを開発し、今までより早く安く手軽に消費者にワインを届けられるようになったと想像してほしい。確かにボトルはインフラにすぎないが、商品のコストを下げ、商品の価値を上げるインフラの重要性は計り知れない。情報インフラが発達したおかげで、情報の保存、抽出、分類、選別、配信能力が劇的に高まったのであり、だからこそ、元になる情報自体の価値も大きく向上したのである。

技術インフラが発展すると、情報へのアクセスが容易になり、結果的に情報の価値も高まる

私たちが新たに手にしたのは、情報を処理する能力であって、アクセスできる情報の総量が変わったわけではない。かつての商店街の工具店は、定期的に在庫をチェックしていた。今のホームセンター大手ホームデポが把握している在庫情報は、確かに正確かつリアルタイムに近いものにはなったが、一昔前の情報から中身が大きく変わったわけではない。ホームデポが本当に新しいのは、データ通信で仕入れ先から商品を補充する、各店舗で価格や販促手法を変えて需要を調査・分析する、動きの鈍い商品を直ちに値下げする、といったことを最低限の人員でこなせる点にある。

実際、どの業界でも技術は激変しており、同じ情報でもできることが増えている。シアーズ・ローバックは一世紀以上前にカタログ販売を広めた。現在、通販大手のランズエンドが保

有している生の情報は、当時のシアーズとそれほど大きくは違わない。つまり、ランズエンドもシアーズも、手元にあるのは商品のカタログと顧客のリストだ。ランズエンドが新しいのは、購入履歴などの顧客情報をすぐに抽出でき、的を絞ったマーケティングを展開できるところだ。また、通信・金融インフラを利用して、リアルタイムの取引を電話やオンラインで実行することも可能になった。

インフラを供給する企業がなければ、コンテンツを供給する企業は成り立たないし、その逆のこともいえる。情報経済は、情報と関連技術の両方から成り立っているのである。

システム同士の競争

情報技術は「システム」にあふれている。OSとアプリケーションソフト、CPUとメモリー、ディスクドライブとコントローラーカード、ビデオデッキとビデオテープ。普通、システムを構成するすべてのパーツを1社で開発することは難しい。各パーツは、異なるメーカーが千差万別の生産モデル、ビジネスモデルで開発するのが普通だ。従来の競争戦略では、ライバル、仕入れ先、顧客を重視していたが、情報経済では、自社ではつくれないパーツを補完してくれる「補完業者」も重要な存在となる。あるシステムの部品を開発する場合、そのシステムの他の部品との互換性がなければ、競争にならない。本書で紹介する戦略原理の多くは、情報システムを構成するパーツの1つを開発している企業を特に念頭に置いたものだ。

ライバルだけでなく、協力企業、補完業者にも目を向ける

情報技術はシステムに依存しているため、企業はライバルだけでなく、協力企業にも目を向けなければならない。アライアンス（同盟）の結成、パートナーの育成、互換性の確保（もしくは互換性の阻止！）が、ビジネスのカギを握る決断になる。企業は昔から「つくるべきか買うべきか」（内製か外注か）という問題に直面してきたが、今のIT業界ほど、協業や様々な協力体制のニーズが高まった例はない。「システム」や「標準化」が幅を利かせる環境で、企業としてどう立ち回るべきか。これは第8章「協力と互換性」で論じよう。

古典的な例が、マイクロソフトとインテルの提携の歩みだ。マイクロソフトはほぼ100％ソフト専門、インテルはほぼ100％ハード専門で、それぞれ戦略的提携や買収を繰り返し、得意分野の強化を図ってきた。ポイントは、両社が自らの主力商品の価値を損ねることなく、補完的商品をコモディティー化した（差別化できない商品に変えた）点にある。例えば、インテルは、チップセットやマザーボードといった新分野に参入し、こうした部品の性能を上げる

ことで、主力商品であるマイクロプロセッサー（MPU）の需要を喚起した。ビデオカード、サウンドカード、ハードドライブなどの部品産業や、パソコンの組み立て・流通産業は、極めて競争が激しいが、インテルはそうした環境の出現に手を貸したのである。

マイクロソフトには、独立系ソフトウェア会社というフォロワーがいる。インテルもマイクロソフトも、OEM（他社ブランド品生産）メーカーと広範なライセンス契約を結び、極めて生産的な――必要なら緊張感のある――婚姻関係を結んでいる。提携先がつくるパーツについては複数の調達先を確保し、自社が担当するパーツについては強力なライバルの出現を阻止する――これが両社の利益につながる。こうした緊張関係はIT産業にはつきものだ。マイクロソフトとインテルは、情報システムを構築する際に生じる複雑な力学を浮き彫りにする最も顕著な――そして最も成功した――事例にすぎない。

アップルコンピュータは、全く別の戦略をとった。ハードウェアというプラットフォームと、そうしたプラットフォーム上で動くソフトウェアの両者を高度に統合した商品を開発したのである。マイクロソフト・インテルの「ウィンテル」連合と比べると、アップルのハードとソフトは、統合度が非常に高く、結果的に性能も勝《まさ》っていた（マイクロソフトは、早くからこの点を認識し、自社の「ウィンドウズ」システムへの開発投資よりも、アップルからのライセンス取得を試みたほどだ）。だが、難点は、相対的に競争が少なく（その後は、規模でも差をつけられ）商品が割高になったこと、そして性能でも見劣りするようになったことだ。長い目でみると、戦略的アライアンスというウィンテル連合の戦略が優れていたといえる。

囲い込みと乗り換えコスト

LPレコードを憶えていらっしゃるだろうか。本書の用語を使えば、LPレコードは、レコードプレーヤー専用の「補完的耐久資産」だが、代替技術であるコンパクトディスク（CD）との互換性がない。わかりやすく言い換えれば、LPレコードは丈夫で価値があり、レコードプレーヤーで音楽を聴けるが、CDプレーヤーでは再生できない。このため、CDを開発したソニーとフィリップスは、消費者に相当な「乗り換えコスト」の負担を求めなければならなかった。両社にとって幸いなことに、CDは、利便性・耐久性・音質がLPから大きく向上したため、消費者は喜んでコレクションを買い替えた。だが、4チャンネルステレオ、AMステレオ放送、テレビ電話、デジタル・オーディオ・テープ（DAT）は、不発に終わった。新たに登場したDVDがどこまで普及するかは、今後数年ではっきりするだろう。

コンピューターの西暦2000年問題をみてもわかる通り、情報技術のユーザーは、乗り換えコストと囲い込み（ロックイン）の問題から逃れられない。これは誰しも経験があるだろう。いったんある技術や情報保存フォーマットを選ぶと、乗り換えには相当なコストがかかる。コンピューターソフトのブランドを替えたことがある人は、たいてい、乗り換えの負担を感じたはずだ。データファイルを完璧に移せる可能性は低いし、他のツールとの互換性を確保できないことも多い。そして何よりも、使い方を覚えるため、トレーニングのやり直しが必要になる。

乗り換えには相当なコストがかかるため、企業の最高情報責任者（ＣＩＯ）は、そう簡単にはシステムを変更しない。ネットワーク型経済では、以前から使っている古いシステムに囲い込まれることが日常茶飯事だ。こうした囲い込みは、絶対に逃れられないものではない。古い技術は、確かに新しい技術に移行する。だが、乗り換えコストは企業の戦略と選択肢を大きく左右する要因になる。実際、システムを販売する企業は、乗り換えコストの多寡を戦略的に操作しているのである。

こうした囲い込みは、特定のＩＴシステム専用の補完的耐久資産にそれなりの投資をした場合、必ず起きる。レコードプレーヤーを買い、ＬＰレコードを買い揃えた人は、この資産に価値がある限り――つまり、レコードが擦り切れておらず、プレーヤーがまだ動くなら――Ｃ

Dプレーヤーの購入と高価なCDの収集に二の足を踏むはずだ。一般化すれば、古いシステムから、互換性のない新しいシステムに乗り換える場合、手持ちのシステムのすべてのパーツの交換・複製が必要になる可能性がある。パーツは多岐に渡るのが普通だ。データファイル（LPレコード、COBOLのプログラム、ワープロ文書など）、様々な耐久機器、トレーニング、人的資本。Macからインテルマシンに乗り換えるには、新しいハードウェアだけでなく、新しいソフトも必要だ。しかも、ハードウェアとソフトウェアを使いこなすには、自分や社員の「ウェットウェア」（脳みそ）もアップデートしなければならない。コンピューターシステムの乗り換えには、天文学的なコストがかかり得る。今日の最新システムは、明日の遺物なのである。

情報経済には、こうした光景がつきものだ。通信網を構築する際にクアルコムの圧縮・符号化技術に投資した携帯電話会社は、クアルコムの技術に囲い込まれる。たとえクアルコムが値上げしても、契約の解除は容易ではない。社内ネットワークにシスコやスリーコムの技術・アーキテクチャー（基本設計）を採用した大企業は、かなりのコストを負担しなければ、互換性のない別のネットワーク技術に移行できない。シスコやスリーコムの「専有規格」に囲い込まれているのか、多数のメーカーが商品を提供する「オープン規格」に囲い込まれているのかで、状況は大きく変わり得る。

こうした囲い込みは、個人のレベル、企業のレベル、また社会のレベルでも起きる。多くの消費者は、少なくとも、LPが使えないCDプレーヤーの購入を躊躇するという意味で、LPレコードに囲い込まれていた。多くの企業も、従業員が表計算ソフト「ロータス1－2－3」のコマンド構造に習熟しているという理由で、「1－2－3」に囲い込まれていた。実際、ロータスはボーランドの表計算ソフト「クワトロ・プロ」が、「1－2－3」のコマンド構造を模倣しているとして訴訟を起こし、最高裁まで争った。今の社会のレベルでは、大半の人がマイクロソフトの「ウィンドウズ」に囲い込まれている。

こうした囲い込みと乗り換えコストについては、第5章「ロックイン――囲い込みを理解する」と第6章「ロックインを操作する」で論じる。様々なタイプの囲い込み、商品に専有機能を組み込む作戦、提携先との戦略調整について説明したい。また、情報システムを売る際に囲い込みをどう活用するか、情報システムを購入する際に囲い込みをどう回避するか（少なくとも囲い込みをどう事前に予測するか）も、考えてみたい。

正のフィードバック、ネットワーク外部性、標準化

情報技術は、普及度の高いフォーマットやシステムを使ったほうが、何かと便利なことが多い。あるユーザーにとっての商品価値が、他に何人のユーザーがいるかに左右される場合、経済学では、その商品に「ネットワーク外部性」＝「ネットワーク効果」があるという。通信技術が代表例だ。電話、電子メール、インターネット、ファックス、モデムは、いずれもネットワーク外部性が働く。

ネットワーク効果が顕著な技術は、長いリードタイム（準備期間）を経て、爆発的に普及することが多い。これは普及が進めば、価値を認める利用者がさらに増えるという「正のフィードバック」が起きるためだ。その後、普及率が「クリティカルマス」（商品が爆発的に普及するために最小限必要とされる市場普及率）に達すると、市場を席巻できる。典型的な例がファックスだ。ファックスは、スコットランドの発明家アレクサンダー・ベインが1843年に基本技術の特許を取った。AT&Tがアメリカで写真電送サービスを始めたのが1925年。だが、ファックスはその後もニッチな商品にすぎなかった。需要と供給が爆発的に増えたのは1980年代半ばの5年間だ。1982年以前にファックスを持っていた人はほぼ皆無だったが、1987年以降は大多数の企業が少なくとも1台は保有していた。

インターネットも、これと同じパターンを辿った。電子メールが初めて送信されたのは1969年だが、専門の技術者以外が使うようになったのは1980年代半ば以降である。インターネットの技術も1970年代初めに開発されたが、本格的な上昇気流に乗ったのは1980年代後半だ。だが、いったん普及が始まると、1989年から1995年にかけて通信量が毎年倍増し、1995年4月のインターネットの商業化で、普及にさらに弾みがついた。

大きなネットワークは、正のフィードバックでさらに大きくなる

だが、ネットワーク外部性は、通信ネットワークに限られるものではない。Macユーザーのネットワークなど、「バーチャル」なネットワークでも強力な効果を発揮する。ユーザーのネットワークが広がれば、ファイルや情報の交換がしやすくなり、ソフトウェア会社もMac用ソフトの開発に力を入れるため、ユーザーの利便性が増す。互換性のあるユーザー同士を結ぶバーチャル・ネットワークには、こうしたネットワーク外部性が働くため、ユーザー数の多いシステム（＝ハード＋ソフト）は、ユーザーの数が少ないシステムよりも、競争上はるかに有利な立場に立てる。だからこそ、ネットワークの拡大が、戦略上、至上命題となる。ネットワークが広がれば、通常の生産サイドのスケールメリット（規模の経済）だけでなく、ネットワーク効果を通じた需要

サイドのスケールメリットも確保できる。

ネットワーク効果は、需要サイドの「規模の経済」と正のフィードバックを生み出す

ネットワーク外部性をビジネス戦略にどう応用するかは、第7章「ネットワークと正のフィードバック」で説明しよう。重要なのは、クリティカルマスに到達することであり、そこを過ぎれば、事は比較的楽に進む。顧客基盤が一定の水準を超えれば、市場は自然と増殖していく。ただし、技術が優れているだけでは、勝負に勝てない。価格を低く抑えて市場への浸透を目指す「浸透価格の設定」といったマーケティング戦略を駆使して、正のフィードバックに火をつけることが必要になる場合もある。

情報システムと補完的商品への理解を深めれば、それだけ素早く、攻撃的に動くことができる。ネットスケープはブラウザーを無償配布することで、市場をいち早く制覇できた。売るたびに損が出たが、量で補った。無償配布と並行して、有料販売も行ったのである。個人向けのリテール版に不可欠なパーツ（カスタマーサポートなど）を組み合わせて販売する、補完的商品（サーバー用ソフトなど）を高値で販売する、といった手法だ。

標準規格の座を争う上で——もしくは、少なくともクリティカルマスを達成する上で——

欠かせないのが、消費者の「期待」だ。実際のところ、今後普及すると期待されている商品は、本当に普及する。正のフィードバック効果と「勝ち馬に乗りたい」というバンドワゴン効果が働いているからこそ、こうした自己実現的な期待が広がるのである。このため、ネットワーク効果が強い市場に参入する企業は「当社の商品が将来、主流になる」「互換性のない他社の商品を買えばいずれ孤立する」と顧客にアピールすることになる。

こうした「期待の管理」の好例が、発売予告だ。1980年代半ばにボーランドが表計算ソフトの新商品「クアトロプロ」をリリースすると、マイクロソフトは、すかさずプレスリリースで対抗し、次に発売する表計算ソフト「エクセル」がいかに優れた商品になるかをアピールした。その後しばらくして、メディアはこの種の「商品」を幻の商品（ベイパーウェア）と揶揄するようになったが、マイクロソフトはIBMが一昔前にやったことを真似たのである。IBMは、発売予告を通じて競争を阻害したとして提訴されている。ネットワーク効果が強い場合、新商品の発表は、実際の発売に劣らぬ重要なポイントになり得る。

ただ、発売予告は、諸刃の剣となることもある。改良版の新商品を予告すれば、ライバル製品だけでなく、自社製品の買い控えも起きかねない。インテルは1996年秋にグラフィクスの処理能力を向上する「MMX」技術を開発したが、慎重を期し、クリスマス商戦が終わるまで広告は控えた。1997年の大型テレビ販売が、翌年のデジタルテレビ発売を控えて、落ち込んだのも同じ現象だ。

「クリティカルマスの確保がカギを握る」「情報インフラでは消費者の期待が事を大きく左右する」「技術は目まぐるしく変わる」――こうした点を踏まえれば、情報産業では、戦略を実行するタイミングが、他の業界にもまして重要になる。早すぎれば、技術面で妥協を強いられ、味方が不足した状態で危ない橋を渡ることになる。NHKは1990年代初めにアナログハイビジョン放送を単独路線で展開しようとしたが、惨憺たる結果に終わった。国内の視聴者にそっぽを向かれただけでなく、この失敗によって日本はデジタルテレビの開発・導入でアメリカに後れを取ったのである。とはいえ、出遅れれば、市場参入の機会を完全に逸することも考えられる。特に顧客がライバルの技術に囲い込まれた場合はそうだろう。このタイミングの問題と、クリティカルマス、ネットワーク外部性、標準規格、互換性については、第7章「ネットワークと正のフィードバック」で取り上げたい。

新しい情報技術を確立する場合や、すでに普及している技術の延命を図る場合に、カギを握るのが、互換性をどうするかという問題だ。例えば、DVD連合内の交渉でソニーとフィリップスの大きな武器になったのが、先行するCD技術の特許だった。両社はDVDについては、業界最高水準の技術を開発も所有もしていなかったが、CDの特許を通じて、後方互換性（旧製品に対する互換性）のあるDVDプレーヤー――CDが聴けるDVDプレーヤー――の発売を阻止できる立場にあり、交渉を有利に進められた。だが、事実上の業界標準を確立した企業でも、必ずしも後方互換性を活用するわけではない。任天堂の家庭用ゲーム機「NINTENDO64」では、同社の旧世代のゲームカートリッジは使えない。第8章「協力と互換性」では、世代間の互換性も含め、様々な互換性の問題を取り上げる。

クリティカルマスを確保するもう1つの方法として、戦略的なパートナーと強力なアライアンスを結成するという手が挙げられる。パートナーは、顧客でも、補完業者でも、場合によっては競合相手でも構わない。華やかな大口顧客を味方につければ、普及に弾みがつき、一気にクリティカルマスに到達できる可能性もある。1997年11月、サンはニューヨーク・タイムズ紙などの有力紙に全面広告を出し、Java連合の長大なリストを掲載した。プログラミング言語「Java」が、次の﹅一﹅大﹅潮﹅流になるという印象を植え付けようとしたのである。

補完業者を巻き込むと、システム全体の魅力が増す。競合相手も相乗りすれば、今の顧客や明日の顧客の間で「囲い込まれて食い物にされる」という不安が薄れるかもしれない。現在、この戦略を活用しているのがDVDだ。CD技術の草分けであるソニーとフィリップスが、DVDという新技術の普及を促すため、タイム・ワーナーなどのコンテンツ・プロバイダー(=顧客)や、東芝をはじめとする競合相手と手を組んだ。プレーヤーのメーカーとディスクのプレス会社も相乗りしている。アメリカのデジタルテレビ導入も同じパターンだ。デジタルテレビを一大商機とみるテレビメーカーが旗振り役となり、連邦通信委員会(FCC)がデジタル放送用の周波数帯域を無償で提供して、テレビ局を巻き込もうとしている。

公的な標準化作業の過程で、新しい技術への支持が集まることも少なくない。例えば、モトローラやクアルコムは、モデムや携帯電話の標準規格に自社の特許技術を組み込むことで、ロイヤルティー(権利者に支払われる対価)に加えて、競争上の強みも確保しようとしている。

貴重な知的財産はあるが、クリティカルマスが必要だという場合、選択肢は2つある。自社の技術を厳格にコントロールできる業界標準の座を目指して単独路線で普及を進めるか、様々な形で「オープン化」を宣言し、クリティカルマスを確保するかだ。アドビは、ページ記述言語「ポストスクリプト」でオープン化戦略をとり、ポストスクリプトのインタープリタ(解釈・実行プログラム)を他のソフト会社に開放すると宣言した。こうした形で利用が広がれば、標準規格への道が開けると踏んだのである。現在、アメリカの公的な標準化団体は、参加企業に対し、必須特許・妨害特許を「公正、妥当、非差別的な条件」(FRAND条件)で許諾するよう、たいていのケースで義務づけている。標準化に向けた戦略は、第8章「協力と互換性」で説明しよう。

単独路線で普及を目指す場合は、標準規格の座を目指して競争することが普通だ。一方、公的な標準化作業に参加したり、味方を集めて特定技術の普及を図る場合は、合意が成立した標準規格の下で競争を繰り広げることになる。タイミングや価格設定で攻撃的に動けない限り——また、補完的商品との関係を攻撃的に利用できない限り——標準規格の座を目指すという勝者総取り型の大勝負には出ないほうがいい。スケールメリットや経験を駆使してコスト競争に勝つ「コスト・リーダーシップ戦略」は、様々な製造業で効果が実証済みの穏当な戦略といえるが、こちらの争いは壮絶極まりない。ベータ・VHS抗争に敗れたソニーや、56Kモデムの標準化戦争に参戦したメーカーに話を聞いてみればいい。標準化をめぐる争いについては、第9章「標準化戦争に突入する」で効果的な戦略を検討する。

標準規格が確立すれば、「天下分け目の戦い」から「市場の陣取り合戦」に移行する

政策

情報産業で反トラスト（独占禁止）政策がいかに重要かは、マイクロソフトと司法省の法廷闘争をみればわかる。訴訟をかわすにしても、ライバルや取引先を反トラスト法違反で訴えるにしても、ネットワーク型経済でビジネスをする経営者は、ゲームのルールを理解することで、必ずなにがしかの利益を得られる。反トラスト政策や通信業界の規制をはじめとする政府の情報政策については、第10章「情報政策」で取り上げる。

マイクロソフトには気の毒だが、ハイテク企業は反トラスト法から逃れられない。情報産業の競争戦略では、主に3つの分野で、反トラスト法が関わってくる。（1）合併・買収（2）標準化作業での協力（3）独占――の3つだ。各分野の現行法を第10章で説明しよう。

反トラスト法が事業戦略の妨げになるケースは全体として少ないというのが、筆者の考えだ。たとえ互換性を確保するための規格統一で同業他社と協力する必要が生じても、反トラスト法が障害になることは少ない。マイクロソフトのインテュイット買収のように、直接のライバル企業の買収が阻止されることは時折あるが、これは情報産業に限った話ではない。

独占を規制する「シャーマン反トラスト法」が成立したのは1890年。その後、技術は様変わりしたが、冒頭で強調したように、経済の基本原理は変わっていない。世紀が変わっても、シャーマン反トラスト法は柔軟な運用が可能であり、強大な力を持つ独占企業がイノベーションの芽を摘む事態を回避しながら、市場の競争を保てるだろう。そうなれば、さらに強大な力を持つ政府の規制が、私たちの活力みなぎるハードウェア市場、ソフトウェア市場に介入する事態も回避できるはずだ。

類書との違い

ここまで、本書でどんな問題を取り上げるかを説明してきた。ここで、本書では取り上げないテーマ、類書とのアプローチの違いについても、触れておいたほうがいいだろう。

第1に、本書は「トレンド」に関する本ではない。技術発展の影響を論じる本では、将来の予測をすることが多い。「権限の分散が進み、組織が有機的・弾力的になる」といった予測や「組織がフラットになる」「通信容量が無限に膨らんでいく」といった予測を目にしたことがあるだろう。ただ、こうしたトレンド予測は、方法論が明快とはいえない。たいていの予測は、今の動きを未来に延長するとこうなる、といったたぐいのものだ。本書の予測は、もちろんあくまで予測にすぎないが、ビジネスの現場で昔から変わることなく働いてきた経済原理を土台にしている。

第2に、本書は用語事典ではない。怪しげな造語をつくるつもりもない（古いものでいくつか復活させたいと思うものはあるが）。新語は、有益な概念を表したものに限って紹介したいと考えている。意味もなく業界用語を振り回すことはしない。「サイバースペース」とか「サイバーエコノミー」とか「サイバー何とか」についてレクチャーするつもりはない。

第3に、本書では類推はしない。ビジネス戦略は「生態系の復元に似ている」とか「戦争や恋愛に似ている」といった話はしない。ビジネス戦略はビジネス戦略だ。類推は時には役に立つが、誤解のもとにもなる。戦略の意図を伝える上では効果的かもしれないが、戦略を分析する上では非常に危険だ。

トレンドではなく、モデルを。業界用語ではなく、概念を。類推ではなく、分析を。モデル、概念、分析を駆使すれば、今日のハイテク産業を貫く基本原理への理解が深まり、明日のネットワーク型経済で成功する戦略を編み出せる。筆者はそう固く信じている。

第2章

Pricing Information

情報に値段をつける

『ブリタニカ大百科事典』は、200年以上前から権威ある事典として知られている。権威があるだけに価格も一流で、数年前まで上製本全32巻で1600ドルの値段がついていた。

ところが、1992年。マイクロソフトが百科事典ビジネスへの参入を決める。『ファンク&ワグノールズ』という、当時スーパーで売られていた二流の百科事典の版権を取得し、このコンテンツを基にCD－ROM版の百科事典『エンカルタ』を作成したのである。ユーザーフレンドリーなマルチメディア機能を追加したこのエンカルタの小売価格は49・95ドル。ウィンドウズ搭載機を製造するOEM（他社ブランド品生産）メーカーには、さらに割安な価格で販売し、多くのメーカーがこのCD－ROMをパソコンの「おまけ」として配布した。

市場を侵食されていることに気づいたブリタニカは、すぐに電子出版の戦略が必要だと判断した。まず始めたのが、年間2000ドルでオンライン版を利用できる図書館向けのサービスだ。大型図書館はこのサービスを利用した。何といってもブリタニカである。だが、規模の小さい学校の図書館や、オフィス・一般家庭は、格段に割安なCD－ROM版で十分だと感じた。電子出版市場では、ブリタニカのシェアと売り上げの落ち込みが続く。1996年の推定売上高は3億2500万ドル。1990年の約半分だ。

1995年、ブリタニカは一般家庭に照準を定め、年間120ドルでオンライン版の提供を始めるが、全く売れない。1996年に発売したCD－ROM版は、価格を200ドルまで下げたが、エンカルタに比べれば、まだまだ高価だった。

残念ながら、マイクロソフトの4倍もする製品に喜んでお金を払う人は少なく、ブリタニカはすぐに行き詰まった。1996年初めにブリタニカを買収したスイスの実業家ヤコブ・サフラは、販売代理店110店・特約店300店からなる販売網を解体し、大胆な値下げに乗り出す。オンライン版の年間購読料を85ドルに下げ、CD－ROM版については、試験的にダイレクトメールで複数の価格を使い分け、需要を調査した。ブリタニカの質が高いことは誰もが認めている。マルチメディア版の百科事典を比較したPCマガジン誌の調査でも、最高賞に輝いた。手は尽くしたが、それでも有料の購読者はまだ1万1000人だ。この先、市場シェアを伸ばし、コストを回収できるのか。ブリタニカは、大きな試練に直面している。

CD－ROM百科事典の値崩れは、今も続いている。ブリタニカが数年前まで1600ドルで販売していた上製本全32巻と同じ内容のCD－ROMは、現在89・99ドル。著者が最近パソコンショップで目にしたチラシでは、マイクロソフトのエンカルタも、ブリタニカと同じ89・99ドルだったが、20ドルの割引クーポンがついていた！

情報制作のコスト

ブリタニカの事例からは、情報財の価格設定をめぐる古典的な問題がいくつか浮かび上がる。情報財の最も基本的な特徴の1つは「最初の1単位の制作コスト」が生産コストの大部分を占める点にある。最初の1冊を印刷してしまえば、2冊目以降の印刷費は数ドルで済む。CD－ROMの2枚目以降のプレス費用は1枚1ドル以下だ。制作費8000万ドルの映画なら、最初の上映用プリントが出来上がる前に8000万ドルの大半を使ってしまう。また、近年の情報技術（IT）の発達により、情報の流通コストは下がっており、「最初の1単位の制作コスト」がコスト全体に占める割合は、以前よりもさらに増えている。ブリタニカの昔ながらの上製本の印刷・販売・流通コストと、CD－ROM版、オンライン版のコストを比べてみればいい。

情報は、生産コストは高いが、再生産のコストは安い

ネットワークを通じてデジタル形式で配信される情報は、この「最初の1単位」の問題が極端な形で現れる。デジタル情報は最初の1単位を制作してしまえば、2単位目以降の生産費は、実質的にただ同然だ。第1章で指摘したように、情報財は生産コストは高いが、再生産のコストは安いのである。

経済学の用語で言えば、生産の固定費（売上高に関係なく発生する費用）は多いが、再生産の変動費（売上高に比例して発生する費用）は少ない。こうしたコスト構造では、生産すればするほど平均生産コストが下がるという「規模の経済性」（スケールメリット）が強く働く。だが、それだけではない。情報経済の固定費と変動費には、それぞれ特殊な構造がみられる。

情報制作の固定費の大部分は、埋没費用（サンクコスト、つぎ込んでしまった費用）であり、生産を中止すれば回収できない。新しいオフィスビルに投資した後で「やはりビルはいらない」という話になれば、ビルを売却することでコストの一部を回収できる。だが、映画が失敗に終われば、脚本を転売できる市場はそれほど大きくない。売れないCDは「1枚4・95ドル」とか「6枚で25ドル」といった処分品の山に埋もれることになる。通常、埋没費用は商業生産前に投入する必要がある。たいていの情報財は、こうした「最初の1単位」の埋没費用に加え、マーケティング、プロモーション（販促）費用も重くのしかかってくる。第1章で指摘したように、情報経済は関心に乏しく、コンテンツを売る企業は、潜在的な顧客の関心を引くため、新製品のマーケティングへの投資を迫られる。

情報財の生産にかかる変動費も、特異な構造をしている。大量にコピーを生産しても、通常、追加の1単位を生産するコストは増えない。マイクロソフトの場合、ボーイングとは異なり、生産能力が長期にわたって大きなネックになることはない。情報財は、基本的にいくらでも再生産できることが普通だ。1単位生産できるのであれば、100万単位でも、1000万単位でも、1単位当たりほぼ同じコストで生産できる。追加の生産コストが安く、大量生産が可能だから、マイクロソフトは粗利92%を稼ぎ出せるのである。

情報財は変動費が安いため、マーケティングの機会が一気に広がる。第1章で、情報財は実際に経験してもらわなければ価値の判断ができない「経験財」だと指摘した。新しいブランドの歯磨き粉を発売したメーカーが、ダイレクトメールで無料サンプルを配るように、情報財を売る企業（情報プロバイダー）もインターネットで無料サンプルを配布できる。歯磨き粉の場合は、販促用サンプルの生産・包装・流通に顧客1人当たり1～2ドルかかるかもしれないが、情報財の場合は、基本的にただ同然でサンプルを配れる。情報財は、消費者だけでなく、生産者も無料でコピーできるのだ。この点がビジネスにどう影響するかは、第4章「知的財産権の管理」で詳しく説明する。

固定費が高く、追加のコストが安いという構造——つまり規模の経済性が強く働くという構造——は、決して情報財だけの特徴ではない。こうしたコスト構造は、他の業種でもよくみられる。光ファイバーを敷設し、交換機を買い、通信システムを運用できる状態にするには、多額のコストがかかる。しかし、いったん最初の信号を送ることができれば、少なくとも通信容量の限界に達するまで、ただ同然で光ファイバーに追加の信号を送ることができる。ユナイテッド航空が747型機を購入し、運航するには、巨額のコストがかかるが、満席でない限り、乗客が1人増えても、追加の費用はほとんど発生しない。情報財の「最初の1単位」のコストは、極端な事例にすぎず、「規模の経済」が顕著な他の産業でも、同じ現象がみられる。これは半導体の製造など、多くのハイテク産業にも当てはまる。

コストと競争

これまでの点をまとめてみよう。

- 情報財は、生産コストは高いが、再生産のコストは安い。
- 情報財は、最初の1単位を制作した時点で、すでにコストの大半がつぎ込まれており、埋没したコストを取り戻すことはできない。
- 情報財は、1単位当たりほぼ一定のコストで大量にコピーを生産できる。
- 追加のコピーは、基本的にいくらでも生産できる。

情報財のこうした性格は、競争力のある価格戦略を立案する上で、大きな意味を持つ。第1に、何より重要な点だが、情報財の市場は、教科書に出てくる完全競争市場――多くの企業が同じような商品を販売し、どの企業にも価格決定力がない市場――とは様相を異にするし、そんな市場になるはずがない。完全競争という市場構造は、小麦市場や国債市場の説明には当てはまるかもしれないが、情報財の市場には当てはまらない。

一番高い価格を提示した人にデジタル・コンテンツを売却する「情報オークション」というビジネスモデルがある。こうした市場構造は、株式や航空券など供給量が固定されている場合、うまく機能するが、追加の生産コストがゼロの商品では全く機能しない。例えば、競合相手がデジタル地図を9セントで販売して利益を上げているときに、ノーブランドのデジタル地図を10セントで販売しても勝ち目はない。

情報がコモディティー化するとき

「コモディティー情報」(差別化できない情報財)の市場が、なぜうまく回らないのか、CD－ROM版の電話帳の歴史を振り返ってみよう。

CD－ROM版の電話帳が初めて発売されたのは1986年。ナイネックス社がニューヨーク地区の電話帳を売り出したのが最初だ。価格は1枚1万ドル。連邦捜査局（FBI）、内国歳入庁（IRS）などに納入した。この商品を担当したナイネックス社の幹部ジェームズ・ブライアントは、その後会社を辞め、新会社「プロCD」を設立。全米の電話帳を作成した。プロジェクトで一緒に働いていたコンサルタント、クロード・ショックも、同じビジネスを思いつき、新会社「デジタル・ディレクトリー・アシスタンス」を立ち上げた。

両社は電話会社に電子データの提供を求めたが、法外な料金を請求された。電話会社も、100億ドルを売り上げる「イエローページ」（職業別電話帳）の市場を失いたくなかったのだ。そこで、プロCDは中国人労働者を雇い、北京の工場でデータの入力作業を行った。中国人は日給3・5ドルで、全米のすべての電話帳に掲載されているすべての情報を（しかも間違いをチェックするため、2度も！）入力したのである。

完成したデータベースには7000万件以上の情報が入っていた。このデータベースを使ってマスターCD－ROMをつくり、数十万枚のコピーを作成。コピーしたCD－ROMの1枚当たりの生産コストは、優に1ドルを下回っていたが、1990年代初めに1枚数百ドルで販売し、少なからぬ利益を上げた。

だが、他社もこのビジネスチャンスに目を付けた。数年後には、アメリカン・ビジネス・インフォメーション社など数社が、本質的に同じビジネスモデル、内容に大差ない商品で市場に参入してきた。現在、CD－ROM版電話帳の制作会社は、少なくとも6社。価格は劇的に下がり、20ドル以下で買える。一部の電話帳はネットで無償提供されており、広告費でコストをまかなっている。

このCD－ROM版電話帳の歩みは、古典的な事例といえる。一部の企業が製品（CD－ROMでも、線路でも構わない）の開発に必要な資本をつぎ込んでしまえば、同業他社は限界費用（「追加の」1単位を生産するコスト）まで価格を下げる傾向にある。

なぜか。単純な例を考えてみよう。「シティーページ社」と「ビレッジページ社」がCD－ROM版の電話帳をそれぞれ1枚200ドルで販売していたとしよう。両社のCD－ROMが基本的に同じ内容だとする。つまり、情報量や操作方法に差がなく、情報もまずまず最新のものだと仮定する。

ここでシティーページ社が189・95ドルに値下げしたらどうなるか。基本的に同じ商品であるため、消費者は安いほうを選ぶだろう。これに対抗してビレッジページ社が179・95ドルに値下げすれば、シティーページ社は169・95ドルで対抗する……といった値下げ合戦が続く。このような値下げの連鎖は、避けられない場合があり得る。いったん「埋没費用」をつぎ込んでしまった以上、人為的に価格の下限を設定しない限り、追加のCD－ROMを生産・流通するコスト（つまり数ドル）まで価格は下がり得る。現在、CD－ROM版の電話帳は19・95ドル以下で販売されている。1980年代の全盛期の面影はない。

ネット上に無料の情報があふれていることに驚愕の声を上げる識者がいるが、経済学的にみれば、そう驚くことではない。ネット上のノーブランドの情報――電話番号、ニュース、株価、地図、住所録といったコモディティー化した（差別化できない）情報財は、ただ単に限界費用＝ゼロで販売されるのである。

コモディティー化した情報は、競争のため、価格がゼロに近づいていく

情報財の市場構造

埋没費用が高く、限界費用が安いという情報財市場の構造は、情報産業の市場構造に重大な影響を及ぼす。突き詰めると、情報財市場で破綻を来さない構造は2つしかない。

1市場支配力を持つ支配的企業が存在するモデル。最大手の企業が、規模とスケールメリットを活かして、中小のライバルにコスト面で優位に立つ。最大手が「最良」の製品を生産できる場合もあるし、できない場合もある。誰もが好んで引き合いに出す例が、デスクトップパソコンのOS市場を独占しているマイクロソフトだ。

2差別化された商品が共存するモデル。多くの企業が同じ「種類」の情報財を生産しているが、製品はバラエティーに富む。これが情報財で最も一般的な市場構造だ。出版・映画・テレビ・一部のソフトウェア市場が、このモデルに該当する。

この2つのモデルの混合型も珍しくはない。多くのソフトウェア市場には、差別化された商品と際立った市場シェアを持つ商品の両方が存在している。確かに「あらゆる商品は何らかの点で差別化されている」ともいえるが、問題はどの程度差別化できているかだ。テレビの番組ガイドが事例として興味深い。この業界では『TVガイド』誌が支配的企業だ。年間10億部近くを売り、一部差別化したコンテンツを提供している。その一方で、番組情報は、広告収入で成り立っている地方のフリーペーパーにも掲載されており、TVガイド誌のコモディティー情報と競合している。こうしたフリーペーパーはたくさんあり、単体、もしくは新聞の日曜版と一緒に、配布されている。番組ガイド市場は、これまで比較的平穏だったが、今後は「GIST TV」などオンラインの番組情報サービスとの競争が激しくなりそうだ。特にインターネットテレビが普及すれば、オンラインの番組ガイドが、印刷メディアとつばぜり合いを繰り広げる可能性が高い。

どのような基本戦略をとるかは、業界によって変わってくる。競争戦略の大本になる根本原理は、以下の通りだ。これは昔から変わらない。

●**差別化戦略** 差別化された商品が共存する市場でビジネスをしているなら、生の情報に付加価値をつけ、競合他社との差別化を図る。

●**コスト・リーダーシップ戦略** 支配的企業が存在する市場でビジネスをしているなら、規模の経済（生産規模の拡大）と範囲の経済（多角化）を通じて、コスト競争に勝つ。

こうした昔ながらの処方箋は、今なお有効だが、情報財市場の特殊性を踏まえれば、新たな応用機会が広がる。

どちらの戦略も、価格設定がカギを握る。ビジネスを成功させるには（1）スケールメリットを活かして価格・コスト競争に勝つか（2）他社には真似できない情報製品を編み出して、カスタマーバリューをベースに価格を決める——しかない。

たとえ運よく市場を制覇でき、ライバルの動向を気にしなくてよい場合も、価格の設定には気をつかう必要がある。商品の価値を最大限引き出す値段をつける必要があるためだ。株主は当然、投資先に高いリターンを求めるため、競合他社に劣らぬ手ごわい相手になり得る。

差別化戦略

CD－ROM版の電話帳の例からは、明確な教訓を引き出せる。自分の情報製品をコモディティー（差別化できない商品）にしては駄目だ。何としてもライバル製品との差別化を図り、他社を引き離そう。

この章の冒頭で、ブリタニカとエンカルタの争いを取り上げたが、両陣営の争いで、いま使われている戦略が差別化だ。先に指摘した通り、ブリタニカの製品は完成度・権威の点でマイクロソフトのエンカルタをはるかに凌ぐ。情報量だけみても、ブリタニカは4400万語、エンカルタは1400万語だ。

ブリタニカの値下げが、エンカルタの売り上げに影響したことは間違いない。マイクロソフトのマルチメディア百科事典市場のシェア（数量ベース）は、1995年の44・8%から、翌年には27・5%に低下した。だが、マイクロソフトは反撃に出ている。エンカルタの最新版では情報量を30%増やし、権威ある書籍版の百科事典『コリアーズ』のコンテンツを利用する権利も取得したのである。

今後、この市場は2〜3のセグメントに分化していくのかもしれない。マルチメディア型の付属品市場、教育市場、権威ある事典の市場だ。ただ、いずれの市場セグメントでも、厳しい競争が続いている。様々なセグメントでどの企業が勝利を収めるにしても、最終的には消費者が漁夫の利を占めるだろう。過酷な競争と急激な値下げにもかかわらず、市場規模は昨年32%急増し、約6000万ドルに達した。

たとえコモディティー化した情報であっても、インターネットの特性を利用すれば、差別化は可能だ。オンラインの職業別電話帳に「ビッグブック」がある。これは基本的には、全米のイエローページの情報を格納したサーバーであり、社名や業種で企業を検索できる。ただ、ビッグブックには、「紙」版の電話帳との差別化を図るための仕掛けが施されている。電話番号と住所のデータベースを地理情報システムに組み合わせてあり、企業を検索すると所在地の地図も表示されるのだ。この地図が他の電話帳との差別化に貢献している。ただ、こうした巧妙なアイデアも、競争からは逃れられない。地理情報システムを販売している企業は他にもあり、競合他社がこのアイデアのコピーを始めている。

こうしたコピーを防ぐ1つの手段に、知的財産権を主張してコモディティー化した情報を保護するという戦略がある。法律情報サービスのウエスト・パブリッシングが好例だろう。かつて法令や判例を収集・出版する作業は煩雑で、ライバル企業は少なかった。埋没費用が高いため、競合他社が限られていたのである。ところが、現在、素材となる情報はスキャンしてCD－ROMに保存でき、政府のサイトに行けば電子情報も入手できる。このため、情報収集の固定費が下がり、複数の企業が市場に参入してきた。大量の貴重な法律情報を収めたCD－ROMが、格安で販売されるようになったのである。幸い、ウエスト社は商品を差別化し、利益率を維持して生き残ることができた。特に威力を発揮したのが、同社の検索システム「キー・ナンバー・システム」の著作権だ。だが、この先どうなるかは、わからない。1996年秋、連邦裁判所のジョン・S・マーティン判事は、同社のシステムに著作権はなく、同業他社はウエストの索引番号を相互参照できるとの判断を示した。差別化の切り札を失いたくないウエストは、判決を不服として控訴。競争上の大きな強みを手放すまいとしている。

コスト・リーダーシップ戦略

製品の差別化が難しい場合は、少なくとも数を売るという戦略が考えられる。他社よりたくさん売れれば、平均コストが業界最安になり、他社が利益を上げられない局面でも利益を上げることができる。ただし、注意が必要だ。たくさん売るためには値下げしなければならない（少なくとも、他社が値下げしてきた場合は値下げを迫られる）。このため、商品1単位当たりの利益率は低下する。勝つためには、量で補わなければならない。他社に出し抜かれて、先に薄利多売の戦略を仕掛けられるというパターンも避けたい。これは危険なゲームになり得る。「市場シェアでトップになればスケールメリットを活かせる」と期待して、複数の企業が猛烈な値下げ競争に踏み切れば、総崩れとなるはずだ。エンカルタを49・95ドルで発売したマイクロソフトは、この値段なら大量に売れ、競合他社をマスマーケット（一般消費者向けの市場）から排除できると計算して、賭けに出たのである。このタイプの価格競争では、流通のノウハウ、マーケティングの専門知識、販売ルートの管理がカギを握る。

伝統的な産業で平均生産コストを下げる場合は、普通、1単位当たりの生産コストに着目する。サプライチェーン・マネジメントやワークフロー分析などを通じて、部品・組み立て・流通コストを抑えるといった手法だ。情報財の場合は、1単位当たりの生産コストは無視できるし、「最初の1単位」の制作では普通、サプライチェーン・マネジメントや関連テクニックは役に立たない。情報財の平均コストを下げるカギは、販売量の拡大にある。

再利用と再販で販売量を増やし、平均コストを下げる

情報財には、何度でも繰り返し使えるという大きなメリットがある。

テレビ番組の販売方法をみてみよう。まず国内でゴールデンタイムの放送用に販売される。次に夏の再放送用に再販される。人気番組なら海外に販売したり、地方局に直接販売することも可能だ。同じ商品を何十回でも販売できるのだ。世界で最も視聴されたテレビ番組は、人気ドラマ「ベイウォッチ」で、110ヵ国で放映され、10億人以上が視聴した。ベイウォッチは全米ネットでは放映されず、もっぱら地方局に販売されている。テレビ番組は制作費が安く、幅広い層にアピールでき、その上何度でも繰り返し利用できる。

情報産業でこの戦略を活用しようとしているのがロイターだ。ロイターの主力事業は金融情報で、世界各国の25万5000台の端末にデータを提供している。端末数は業界2位の2倍以上。市場シェアは、外国為替情報が68％、株式情報が33％、債券情報が24％である。

ロイターは、ニュースも提供して、データサービスを補完している。こんなことをいうと

経営者は嫌な顔をするだろうが、ニュース産業はかなりコモディティー化したビジネスだ。AP、ブルームバーグ、ダウ・ジョーンズなど、他の通信社も同じようなニュースを流している。

ニュースという商品がコモディティー化しているにもかかわらず、ロイターはこのビジネスで実績を上げている。勝因の1つは、特定の業界が関心を持ちそうなニュースをパッケージして販売できた点にある。このパッケージングにより、商品に付加価値がついた。ニュースを選別・分類するというサービスを提供したのである。情報の洪水に頭を悩ましていた顧客には、極めて価値のあるサービスだ。

例えば、海運業界の関係者は、海運情報を流すロイターのニュース・サービスを利用すればいい。現在、ロイターは、他にも為替・マネー・株式・債券・コモディティー（商品）・エネルギーといったカスタマイズされたニュース・サービスを用意している。

こうした各分野のニュースはかなり重複しているため、ロイターは同じ情報を、何度でも多数販売できる。主力製品のコモディティー化という罠にはまらないよう、商品を顧客に便利な形に「整理」し、競合他社との差別化を図っているのである。

同社は数年前から、インターネットを通じたニュース・サービスの実験も始めている。オンラインニュースの草分け的存在であるクラリネットにかなり以前からニュースを配信しているほか、最近では、ポイントキャストなど、ウェブベースのニュース・プロバイダーへの情報提供も始めた。ポイントキャストは、ユーザーの選んだカテゴリーに関連する注目ニュースの見出しをブラウザーやスクリーンセーバーに表示するサービスだ。見出しをクリックすると、記事の全文が閲覧できる。ブラウザーやスクリーンセーバーはカスタマイズでき、特定の業種、特定の都市、特定のスポーツチームの情報のみを表示することも可能だ。もちろん、ニュースはロイターが分類済みで、ポイントキャストは自社のユーザー向けに簡単に情報を整理できる。

ロイターは1996年時点で35のウェブサイトにニュースを提供し、黒字を確保。インターネットのニュース・サービスで支配的な存在となった。この事例からわかる通り、量をテコにしてコスト競争に勝つコスト・リーダーシップ戦略は、生の情報に付加価値をつけて幅広い層にアピールし、規模と範囲の経済をフル活用する手法に立脚する必要がある。

無論、ロイターの成功に、他の情報プロバイダーは熱い視線を送っている。特にマイケル・ブルームバーグは、@Home、CNet、AOLにオンライン・コンテンツを提供する契約を締結しており、「世界のネットユーザーのかなりの人が読むビジネスニュースサイト」

をつくりたいと言って憚《はばか》らない。ロイターは幸先の良いスタートを切ったが、市場シェアを維持するため、厳しい戦いを迫られるだろう。

先発優位

これまでみてきたように、情報産業独特の「規模の経済性」を活用すれば、攻撃的な価格設定を通じて市場で主導権を握れる可能性がある。だが、血で血を洗う価格競争を勝ち抜かないと主導権を握れないなら、主導権に何の価値があるのかという考えもあるだろう。市場で主導権を握るには、いち早く市場に参入して、先を見据えて価格を設定するという戦略がベストだ。

ブリタニカの例をみてもわかる通り、現在、情報産業では、かつて市場をリードしていた企業がトップの座を脅かされている。新しい技術が発達し、屋台骨だった情報財の制作・流通コストが劇的に下がったことが背景だ。ロイターは情報財を選別・分類し、付加価値をつけるという手法で対応した。法律情報サービスのウエストは、著作権で保護された検索システム「キー・ナンバー・システム」を活用して地位を保っている。こうした差別化戦略は、既存の大手企業を脅かしている新技術とまさに同じ新技術で実現できるケースが少なくない。

差別化が難しい場合や差別化の余地が限られる場合も、先に市場に参入していた大手の情報プロバイダーであれば、過去の価格設定に固執しない限り、コスト競争で主導権を握れる立場にある。情報産業は「規模の経済性」が顕著なため、市場をリードしてきた企業がコスト面でも主導権を握れることが多い。これまで市場をリードしてきたという強みがあり、コスト・技術面で新興企業に引けを取らないなら、トップの座を守り抜く価格戦略が見つかるはずだ。実際、警戒を怠らない限り、スケールメリットが味方してくれる。とりあえず規模は確保しているのだ。あとは、今まで通りの高値で販売できるとは思わないことである。

情報産業をリードしてきた既存の大手企業は、たとえ情報のコモディティー化が避けられなくても、次の2つのアプローチで利益を上げることが十分可能だ。

まず、欲張らないこと。同じ情報財を売る企業がまだ他にいない場合でも、似たような情報を売る企業が参入してくるリスクは、一部の分野を除いて非常に高い。この点を意識するなら、短期的な利益率を一部犠牲にしてでも市場の魅力を落とし、他社に新規参入を思いとどまらせることが必要になる。経済学では、これを「参入阻止価格」の設定（limit pricing）と呼んでいる。市場の参入に必要な埋没費用の投資を他社に思いとどまらせる価格帯で、できる限り高い値段をつければいい。もし、制作している情報が長く使えるものであれば（コンピューターのソフトウェアや辞書・事典類など）、攻撃的な価格設定で今のうちに当面の顧客を一部取り込んでおく。今売り上げを増やせば、将来、類似情報の需要が減ることになり、明日の新規参入を減らせるはずだ。また、今売っておけば、顧客を囲い込めるかもしれない。囲い込まれた顧客は、情報財を買い替える際に、別のブランドに乗り換えればコストがかかると感じる可能性がある（第5章「ロックイン――囲い込みを理解する」参照）。こうした諸々の理由から、他社の参入リスクが現実味を帯びた場合、今の利益を一部犠牲にしてでも値下げする価値はある。

したたかに立ち回れ。コモディティー化のリスクを逆手にとって、コモディティー化を強みに変える。「参入すれば、値下げ攻勢を仕掛ける」と相手に思わせるのがこつだ。同じ情報を複製すれば、間違いなく激しい値下げで対抗されるという状況で、誰が投資などするだろうか。手ごわい相手だという評判を確立する1つの方法として、短期的には痛みを伴うかもしれないが、自社の情報財を真似たコピー商品が出た場合、徹底的に叩き潰すという戦略が挙げられる。これは攻撃を受けた製品を守るだけでなく、他の分野で攻撃を仕掛けてくる他社を牽制する意味合いもある。「参入すれば大幅な値下げで対抗する」と相手に思い知らせれば、実際に今値下げする必要はない。そうした恐怖心を植え付ければ、相手は「投資しても埋没費用を回収できない」と考え、最初から市場参入をあきらめるかもしれない。

確かに、新規参入に値下げで対抗すれば、値下げ合戦が勃発しかねない。勝算がない限り、値下げ合戦は避けよう。ただ、値下げの是非を考える上では、値下げとは潜在的な競合他社を寄せ付けないための投資であるだけでなく、手ごわい競合相手だという評判を確立するための投資であることも認識する必要がある。この投資は、相手の参入意欲をそぐという意味で、長期的に十分割に合う。

筆者の経験では、ブランドを確立した情報プロバイダーは、値下げが遅れ、他社の参入を防げないケースが多い。おそらく、ブランド名で競争に勝てると考えているのだろう。確かに、高級ブランドであれば、一定のプレミアム（割増料金）を上乗せできるが、新技術の登場前と同じ価格、同じ利益率を維持できる保証はない。新技術の登場で1単位当たりのコピー費用と流通費用は下がっているのである。

参入意欲をそぐには、欲張らず、したたかに立ち回れ

新しい技術が発達すれば、基本的な情報の価格が下がるのはやむを得ない。この必然から目をそらす企業は、瞬く間にすべての戦線でシェアを失いかねない。「生の情報を入手できる」という競争上の強みは、今、四面楚歌の状態にある。ポイントは、先発企業としての強み、スケールメリットという強みから、「情報に付加価値をつける」という切り口に移行することだ。こちらのほうが、長期的な強みとなる。

業界トップの座は盤石だと考えているなら、次の呪文を3回唱えてほしい。「CP／M、ワードスター、ビジカルク」。CP／MはOS、ワードスターはワープロソフト、ビジカルクは表計算ソフトだが、いずれも一時期、市場シェア100％を誇った。しかし、いずれも競争への対応が遅れ、歴史の闇に葬り去られた。

商品のパーソナライズ
――個人別の商品設計

他社にはないユニークな情報製品を考案し、コモディティー化を避けられる体制が整えば、価格の設定と商品の設計――つまり、情報をどのようにパッケージして提供していくかという問題――で、ある程度、柔軟性を確保できる。せっかくの柔軟性をどう活かせばいいのか。どうすれば、自分の情報製品から最大限の価値を引き出せるのか。答えは、次の2つのステップを踏むことだ。（1）商品を個人別に設計して（パーソナライズ＝カスタマイズ）、顧客にとっての商品価値（カスタマーバリュー）を最大限高める。（2）そうした価値を最大限、懐に入れられる価格を設定する。

情報技術（IT）を使えば、情報サービスを個人別に設計（パーソナライズ）して、付加価値をつけられる。先ほど紹介したニュース・プロバイダーのポイントキャストが好例だ。ポイントキャストのニュースは高度にパーソナライズされており、「ボストン・レッドソックス」「コンピューター業界」「国際ビジネス」「ニューイングランドの天気」など、興味のあるトピックを指定しておけば、そのトピックに関連したニュースの見出しと本文が読める。

商品をパーソナライズし、価格をパーソナライズする

それだけではない。ポイントキャストでは、広告も同じように個人別に設計（パーソナライズ）されている。指定したトピックに応じて「野球」「ファストフード店のクーポン」「格安旅行代理店」「ボストンのレストラン」などに関連した広告が表示される。広告を顧客に応じてカスタマイズ＝パーソナライズできれば、非常に強力なマーケティング・ツールとなる。ネット関連会社はようやくこの点に気づき、この手法を取り入れ始めている。ダブルクリック社やソフトバンク・インタラクティブ・マーケティング社といったネット広告の配信会社は、曜日・時間帯・地域・国・州・OSなどを見極めてピンポイントで広告を配信しており、日々能力向上を図っている。

ヤフーなどの検索エンジンも、この種のパーソナライズを行っている。例えば「釣り」に関するウェブサイトを検索すると、釣りに関連するサイトに加え、釣りに関連した商品の広告が表示される。筆者がこの前、試してみたところ、フロリダキーズ諸島の深海釣りツアーの広告が出ていた。

ヤフーなどの検索エンジンは、検索された言葉（ホットワード）に連動する広告（検索連動型広告）に割増料金（プレミアム）を設定している。表2・1は、検索エンジンの広告料金表だ。不特定多数向けのバルク広告と対象顧客を絞り込んだターゲティング広告では、後者のほうが5割ほど料金が高い。理由は単純で、ターゲティング広告の閲覧者のほうが、広告された商品の価値を高く評価する可能性が高く、結果的に購入する確率も上がるのである。

これに関連して「検索エンジンスパム」（サイトに仕掛けをして検索結果の上位に表示させる行為）という問題も起きている。例えば、子供服を販売しているサイトに「子育て」という隠しキーワード（タグ）が埋め込まれていることがある。このサイトの運営者は「子育てに関心がある人なら

表2・1検索エンジンの広告料金
バルクとターゲティング
（閲覧1回当たり、単位セント）

サイト	バルク	ターゲティング
DejaNews	2	4
Excite	2.4	4
Infoseek	1.3	5
Lycos	2	5
Yahoo!	2	3

出所：Michael Lesk, “Projections for Making Money on the Web.” In Deborah Hurley, Brian Kahin, and Hal Varian, eds., *Internet Publishing and Beyond.* (Cambridge, Mass.: MIT Press, 1998)

子供服にも関心があるだろう」と考えたわけだ。この種の行為は検索精度の低下につながるので、各検索エンジンは対策を進めている。閲覧者には見えない隠しキーワードを検索用のインデックスから除外している検索エンジンもある。1997年9月、サンフランシスコの連邦地裁は「プレイボーイ」「プレイメイト」という隠しキーワードを埋め込んでいたサイトの運営差し止めを命じ、著作権侵害を訴えていたプレイボーイ誌の主張を認めた。見えなくても、言い訳にはならないのだ！

顧客を知る

情報財を個人別に設計（パーソナライズ）するためには、顧客を知らなくてはいけない。「汝の顧客を知れ」という先人の戒めは、情報経済でも、工業経済以上にとは言わないまでも、工業経済同様、重要だ。変わったのは、ウェブの双方向通信で情報プロバイダーが顧客を知る機会が劇的に増えたことだ。ケーブルテレビ会社が把握しているのは、加入者の住所や契約チャンネルだが、ウェブ上の情報プロバイダーは、ネットサーファーが実際に何を探しているか、どのサイトに時間を費やしているかなど、様々な情報を把握することが可能だ。ウェブ上で入手できるこうした他では得られない顧客情報をどう活用するのか。それをいち早く、どこよりも巧みに探り当てた企業が、多額の報酬を手にする環境を整備できる。

定額料金で課金する、使った分だけ課金する、広告収入で儲ける——どのような形で収入を確保するにしても、顧客情報は貴重だ。ユーザーに課金する場合は、ユーザーの好みを知る必要がある。広告収入でコンテンツを支える場合は、ユーザーはどんな人なのか、どんな広告に関心を示すのかを知る必要がある。ユーザー情報の入手経路は主に2つ。(1) 登録・課金を通じて、顧客のデモグラフィック属性(年齢・性別・住所・職業など、人口統計学的属性)を把握する (2)「検索クエリ」(検索時に入力したキーワード)や「クリックストリーム」(クリックの流れ。サイトの訪問者がどのような流れでページをみていったかという履歴情報)を通じて、顧客の行動を観察する——。以下、この2つについて説明していこう。

登録・課金

ニューヨーク・タイムズ紙はコンテンツに課金していないが、ユーザー登録を義務づけている。この登録を通じて、ユーザー210万人のデモグラフィック属性(年齢・性別・住所など)

や購読傾向を把握し、広告料金を設定しているのだ。同紙が読者に求めているのは、古典的な情報――紙ベースの定期購読ビジネスで利用している「ZAG」＝郵便番号（Zip code）、年齢（Age）、性別（Gender）である。

郵送ベースの定期購読の場合、郵便番号は自動的に必要となる。この郵便番号からは、顧客に関する様々な情報が読み取れ、広告主に簡単に顧客のデモグラフィック属性を説明できる。これに対し、ネットビジネスでは、顧客に個人情報を申告させるのが非常に難しい。コンピューターの前に犬が二匹座っていて「犬がネットを使っているなんて誰にもわからんだろうな」とつぶやく笑い話があったが、ユーザーが自己申告しない限り、郵便番号など「誰にもわからん」のである。

ウォールストリート・ジャーナル紙など、購読料が必要になるサイトでは、課金手続きの一環で郵便番号の入力が求められる。ユーザーが正しいデータを入力しているかは、クレジットカードの記録で確認できるため、情報の信頼度はかなり高い。

こうした登録・課金は、ニューヨーク・タイムズやウォールストリート・ジャーナルのような著名サイトでは可能だが、多くのウェブサイトはユーザー登録を義務づけていない。コンテンツの性格上、登録・課金が難しい、もしくは、ユーザーが登録・課金に抵抗することが理由だ。だが、AOLなどのプロバイダー（インターネット接続事業者）なら、こうした貴重な顧客情報を入手できる。AOLはユーザーに課金し、ログイン時に本人確認をしているため、広告主にユーザーのデモグラフィック属性を説明できる。これはマーケティング上、大きな強みであり、だからこそプロバイダーは、ウェブサイトの運営企業にプレミアム（割増料金）を請求できるのだ。第1章で取り上げたAOLとアマゾン・ドット・コムの例を思い出してほしい。あの1900万ドルの一部は、顧客のデモグラフィック属性を把握するための対価である。

もちろん、コンテンツを売る企業は、AOLに高いお金を払って情報を入手するよりも、自分で直接ユーザー情報を手に入れたいと考えるだろう。その場合は、ユーザーに「餌」を渡して適切なデモグラフィック属性を把握し、広告集めに活かすという戦略が考えられる。販促活動と情報の入手を同時に進めるのも一手だ。ユーザーが所定の個人情報を提供した場合に限って有効になるクーポンを渡すのである。オンライン広告市場が過熱するにつれ、信頼性のあるデモグラフィック情報は一段と価値を増していくだろう。もう1つの手として挙げられるのが、価値のあるサービスを提供して、情報を入手するというやり方だ。第1章で取り上げたホットメールは、アンケートに答えたユーザーに無料で電子メールサービスを提供している。

消費者は個人情報の提供を渋ることが多い。情報がどのように使われるかわからないためだ。ヴァンダービルト大学の調査によると、ネットユーザーの94％はサイトへの情報提供を拒否したことがある。嘘の情報を提供したことがある人も40％いた（Donna Hoffman, Tom Novak, Marcos Peralta）。この分野では、2つの面白い取り組みが進められている。1つは技術面の取り組み、もう1つは制度面の取り組みだ。

技術面の取り組みのほうは、W3グループが開発中の個人情報保護のオープン規格「OPS」（Open Profiling Standard）である。このシステムでは、消費者が名前・住所・購買傾向・趣味などの個人情報を保存しておき、一定の条件の下で情報を開示する。こうした規格があれば、個人情報の管理が今よりも便利で安全になる。

制度面の取り組みのほうは「プライバシーの監査機関」を設立するというもので、「TRUSTe（トラスティー）」などのサービスが挙げられる。企業が自社のプライバシーポリシーをきちんと順守しているか確認する機関だ。こうした中立的な監査機関があれば、消費者も企業の欲しがる情報を渡しやすくなるかもしれない。情報の保護体制がしっかりしていれば、多くの消費者がわずかな謝礼で喜んで個人情報を売るのではないか。ターゲットをしっかり絞った情報なら、消費者も受け取りたいと感じるというのが、1つの根拠だ。特に、情報をいつ受け取るかを自分で決められる非同期通信（例えば電話ではなく、メール）の場合はそうだろう。

観察

顧客を把握するもう1つの基本的な方法が、オンライン上の行動を観察するというものだ。大半のウェブサイトではサイト内検索が可能だが、サイトの運営者がユーザーの検索情報を保存していることは、あまりない。ユーザーが何を探しているのか、また探しているものが実際に見つかったのかを把握できれば、極めて貴重な情報になる。きちんと保存して、分析したほうがいい。

ユーザーの検索履歴だけではなく、ユーザーの「クリックストリーム」（クリックの流れ。サイトの訪問者がどのような流れでページをみていったか）も追跡しよう。ウェブのログファイル（記録ファイル）にも、ユーザーの行動に関する有益な情報が数多く含まれているが、複数の理由で分析が難しい。第1に、大量のデータが記録されているため、情報の整理に多大な労力が必要になる。第2に、ウェブを支えているHTTPプロトコルは「コネクションレス」型通信で、各ユーザーの各要求（ハイパーリンクのクリック）を別個のやり取りとして処理している。「特定のユーザーの一連のやり取り」という明確な概念は存在しないのである。

したがって、サイトを開設した人が、ユーザー個人の一連のやり取りを認識する仕組みを整える必要がある。この情報は、サーバー側に保存してもいいし（短いやり取りはメモリーに、長いやり取りはディスクに)、クッキー(cookie)の形でブラウザー側に保存してもいい。クッキーは、ブラウザーとサーバーのやり取りに関する情報が記録されたファイルで、ユーザーのハードディスクに保存されている。

ただ、どちらの選択肢もそれほど強力な武器にはならない。ユーザーの履歴情報には有益な情報が多数含まれているが、HTTPプロトコルの設計上、そうした情報の把握は難しいからだ。例えば、ユーザーが「興味深い」と考える項目と、その項目をみている時間の間には、非常に強い相関関係があることが心理学の研究で明らかになっている(ご自分が新聞をどう読むかを思い浮かべてほしい)。だが、ブラウザーとサーバーの間の標準的なやり取りでは、この種の情報はなかなか収集できない。

この問題で心強い味方となるのが、プログラミング言語「Java」だ。Javaを使えば、独自のブラウザーを開発でき、ユーザーの行動の様々な側面を把握できる。ユーザーが各項目を見るのにどの程度の時間を費やしているのかもわかるのだ。そうなると、手に入る顧客情報が格段に豊かになる。

そうした情報を集めて、どう活用するのか。「ピーボット」などのオンライン・ショッピングサイトの例を考えてみよう。ピーボットのスローガンは「忙しい人のための賢いショッピング」だ。ネットで注文した食料品を家まで届けてくれる。同社がサイトで提供する商品情報は、スーパーの比ではない。例えば、値段を比較して買い物ができるよう単位当たりの価格が表示してあったり、栄養分の細かな情報も記載されている。消費者がこうした製品情報のどんな項目を調べ、気にかけているのか――これは、マーケティング上、喉から手が出るほど欲しい情報だ。コンピューター部品の販売であれ、自動車の販売であれ、どんな小売りサイトにとっても、貴重な情報になる。顧客について詳しく知れば、顧客のニーズに対応した商品開発や価格設定ができる。ビジネスの価値を最大化するには、こうした顧客情報の入手と活用が欠かせない。

情報財を個人別に設計（パーソナライズ）して付加価値をつける上で、インターネットは便利なツールになる

商品に値段をつける

商品の個人設計（パーソナライズ）だけでなく、価格の個人設定（パーソナライズ）でも、インターネットは便利なツールとなる。販売する情報財が顧客のニーズにぴったり合っていれば、非常に柔軟に価格を設定できる。競合するノーブランド製品をそれほど気にしなくてよくなるためだ。

顧客のニーズに合わせた商品の最たる例が、調査会社のガートナー・グループ、フォレスター・リサーチ、リサーチ・ボードなどが制作するリポートだ。例えば、リサーチ・ボードは、企業の最高情報責任者の関心・ニーズにぴったり合う調査リポートを作成している。このように個人設計（パーソナライズ）された詳細な情報は、他ではなかなか手に入らないため、会員企業は年間5万〜7万ドルを払ってこの種の情報を買っている。

だが、個人設計（パーソナライズ）ができるのは高額の情報財だけではない。一般消費者向けのマスマーケット市場の情報財でも同じことができる。基本的なトレードオフの関係を理解するため、インテュイット社の家計簿ソフト「クイッケン」の新バージョンをいくらで販売すべきか、同社のマーケティング担当役員の立場に立って考えてみよう。このソフトにどの程度の価値を認めるかは、消費者によって異なる。このソフトなしには生活できないというヘビーユーザーもいるし、たまにしか使わないライトユーザーもいる。

価格を60ドルに設定すれば、ヘビーユーザーしか買わない。20ドルに設定すれば、多くのライトユーザーが買ってくれるが、ヘビーユーザーにはもっと高値で売れるため、潜在的な利益を逃すことになる。どちらの道を選ぶべきか。答えは、ヘビーユーザーとライトユーザーの数によって変わってくる。ヘビーユーザーが100万人、ライトユーザーが200万人だとすれば、価格60ドルの場合は100万人に、価格20ドルの場合は（ヘビーユーザーとライトユーザーの合計で）300万人に販売できる。この例では、どちらのケースも売り上げは同じになるが、ライトユーザーが200万人を超えれば、価格20ドルのほうが売り上げが増える。

こうした単純な計算で、売上高の見通しは立つ。利益の見通しについては、生産・流通・サポートコストを考えなければならない。ここでは単純化のため、とりあえずそうしたコストを無視して、売上高だけに着目しよう。

先ほどの単純な例を棒グラフにしたのが、図2・1だ。図Aと図Bは、今検証した売上高のトレードオフの関係を示してい

図2・1　高価格、低価格、差別価格

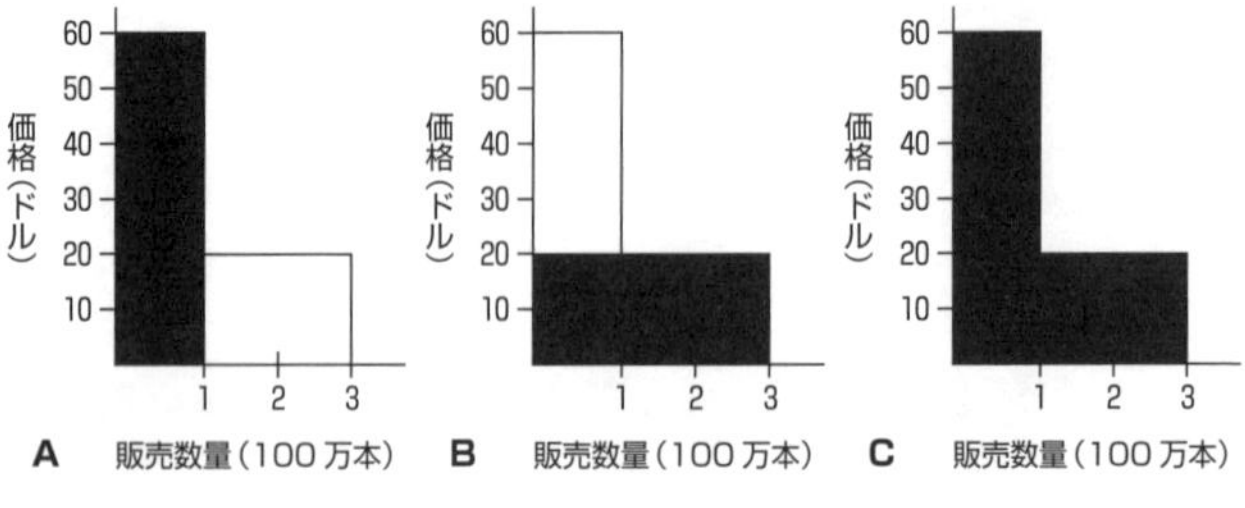

る。高い価格をつければ、商品に高い価値を認める人しか買ってくれない。安い価格をつければ、多くの人が買ってくれる。

さて、この例には暗黙の前提がある。クイッケンの値段は1種類しかないと想定しているのである。複数の値段をつけられれば（インテュイット社にとっては）好都合ではないだろうか。そうすれば、それぞれの顧客層が最大限支払ってもいいと考える価格でクイッケンを販売できる。今の単純な例では、100万人に60ドルで販売し、200万人に20ドルで販売する。売上総額は1億ドルで、図Cをみてもわかる通り、価格が1種類の場合より、はるかに多額の売り上げを見込める。各顧客の支払い意欲に応じて最大限課金することを、経済学では「完全価格差別」と呼んでいる。「完全」という限定語からもわかる通り、現実の世界で完全な価格差別を実現できることはまれだ（インテュイットが実際にどのような価格設定をしたかは、第3章で取り上げよう）。

完全価格差別の実現が難しい理由はたくさんあるが、まず明らかなのは、ある顧客が最大限支払ってもいいと考える価格は一体いくらなのか、見極めるのは困難を極めるという点だ。たとえ、それがわかったとしても、支払い意欲の低いライトユーザー向けに設定した低価格の商品をヘビーユーザーが買ってしまう事態をどう防ぐのか。

商品棚にモノを並べて定価で売る企業は、「単一価格」モデルにかなり固執しているといえる（おそらくクーポンを配布したり、たまに割引セールを実施するという形で戦略を補強することはあるだろうが）。ところが、インターネットのポイント・ツー・ポイント（1対1）技術を使えば、複数の価格で――場合によっては顧客別にパーソナライズした価格で――商品を販売することが可能だ。現在、この戦略は業界用語で「ワン・ツー・ワン」（1対1）マーケティングなどと呼ばれているが、この戦略を最初に指摘したのは、経済学者のA・C・ピグーだ。お世辞にもキャッチーなフレーズとは言えないが、1920年にこの種のマーケティング手法を「第1級差別」と名付けた。

ピグーは、差別価格を「第1級差別」「第2級差別」「第3級差別」に分類したが、本書ではもう少しわかりやすい言葉を使おう。

- **価格を個人別に設定する（パーソナライズ）** ユーザーによって異なる価格で販売する。
- **複数のバージョンをつくる** 商品のラインナップを揃え、ユーザーに一番好きなバージョンを選んでもらう。
- **グループごとに価格を設定する** 学生割引など、異なる消費者グループに異なる価格で販売する。

この章では、個人別とグループ別の価格設定を取り上げる。複数のバージョンをつくる戦略については、第3章「バージョン化――情報財に複数のバージョンをつくる」を丸ごと充てて論じよう。

価格のパーソナライズ――個人別の価格設定

従来型の印刷メディアで現在、活用されているのが、個人別の価格設定（価格のパーソナライズ）だ。例えば、郵送されてくる通信販売のカタログには、形は様々だが「特別価格でご提供」という折り込み広告が入っている。あまり知られていないが、こうした特別価格は、消費者によって値段を変えてあることが多い。あなたの「特別価格」はかなり割高かもしれないのである！

市場調査の一環で、顧客ごとに価格を変えるケースもある。住んでいる地域、デモグラフィック属性、過去の購買履歴は、顧客によって様々だ。印刷メディアは、顧客タイプ別の価格感度を概ね把握しており、時々市場調査を行って、価格への感度を調べている（ブリタニカはCD－ROM版の百科事典の需要を把握するため、70ドル〜125ドルまで様々な価格を使い分けてダイレクトメールを発送した）。動機が何であれ、カタログ販売では価格を個人別に設定（パーソナライズ）でき、異なる顧客に異なる料金を課金できる。

だが、情報技術（IT）を活用して、個人別の価格設定をさらに推し進めることはできないか。深海釣りツアーの例を思い出してほしい。あなたが深海釣りに興味があることをオンラインの旅行代理店が知っているとする。そしてあなたのような深海釣りのファンには裕福な人が多いことも知っているとする。その場合、旅行代理店は高級ホテルをパッケージした深海釣りツアーを売り込むことが可能だ。一方、相手がシュノーケリングに興味があり、シュノーケリングのファンは節約志向が強いという情報があるなら、格安なパックツアーを売り込めるかもしれない。

この例では、顧客の関心に最大限アピールできるパッケージをつくって、相応の価格を設定すればいい。ただし、深海釣りツアーに割増料金（プレミアム）を上乗せする場合は、慎重を期したほうがいい。富裕層も旅行代理店は選べるのだ。

従来型産業の価格のパーソナライズ

航空会社が様々な価格を巧みに使い分けていることは、よく知られている。1回のフライトで十数の価格を使い分けることも珍しくない。予約時期、チケットの条件、これまでの利用回数などで料金が変わってくる。

他の観光産業も、航空会社をお手本にしている。旅行会社のHFSにホテル予約の電話を入れれば「実に素晴らしい旅行プランがありますよ」と様々な割引プランを提示される。話を聞いた人のうち20~25%が実際にプランを申し込むという。これは同社の勧誘電話の2倍の契約率だ。割引クーポンを使う人は「自分は旅行好きで、価格に敏感です」と自己申告しているのである。そうした顧客には、個人別に設定(パーソナライズ)した割安な価格を提示しよう。

情報財の価格も、かなり個人別に設定(パーソナライズ)されている。オンライン・データベース「レクシスネクシス」では、事実上ユーザーごとに料金が異なる。顧客の組織形態(法人か、自営業か、政府か、学術機関か)、組織の規模、データベースの利用時間(日中か夜間か)、利用量(利用量が多ければ値引きする)、利用するデータベースの種類、印刷するか画面上で見るだけか、などによって料金が異なるのである。航空会社と同様、事実上ユーザーごとに細かく料金を設定している。

スーパーマーケットで導入が進んでいる「スマートレジ」も、個人によって価格を変えるパーソナライズの例だ。スマートレジのあるスーパーでは、価格に敏感だと判断された買い物客に割引クーポンが発行される。例えば、パスタを大量に買う客がいるとしよう。スマートレジがあれば、パスタソースのメーカーは、そうした顧客に割引クーポンを出せる。さらに巧妙なアイデアもある。競合他社のパスタソースを買った客にだけ、クーポンを渡すのだ。これはしたたかな販売戦略で、事実上、2つの価格を使い分けている。つまり、何もしなくても自社の製品を買ってくれる人には高い価格で売り、いま自社製品を使っていない人には値引きするのだ。

この手の技術は、スーパー業界の強力な援軍になっている。この業界の純利益率は、1993年の0・49%から1996年には1・2%に上昇している。年間4000億ドルを売り上げるスーパー業界で過去最高の記録だ。アナリストのブライアン・ウルフによると、顧客の利用頻度を増やす「フリークエント・ショッパーズ・プログラム」(ポイントカードの発行など)を活用すれば、粗利益率を2年で最大2%ポイント上げることも可能だ。スーパーマーケット「ドロシー・レーン」の戦略について、こんなリポートがある。

ドロシー・レーンは、会員カード「クラブＤＬＭ」の導入で、チラシ広告を打ち切ることができた。今では、これまでチラシ広告に使っていた年間25万ドルの予算の多くを「クラブＤＬＭ」に回している。値下げは会員限定。ダイレクトメールも各顧客の購買傾向に合わせてカスタマイズしてある。パンをたくさん買う人にはパンのクーポン券を渡し、カード会員の上位30％（売り上げ全体の約82％を占める）には毎月会報を送る。お得意様は得をする。感謝祭に七面鳥がプレゼントされるのだ！*

ドロシー・レーンの場合は、顧客の購入履歴を読み取って収集・分析する高価なインフラに多額の投資を迫られたが、オンラインビジネスはすでにＩＴ環境が整っている。問題はＩＴをどう活用するかだ。

インターネットを活用した価格のパーソナライズ

インターネットは、カタログよりも個人設計が容易で、双方向性も高いため、カタログ以上に

* Coleman, "Supermarkets Move into '90s."

柔軟な価格設定が可能だ。カタログの制作会社は、顧客の郵便番号と購買履歴を把握しており、そうした変数を基に価格を設定できるが、顧客がいま何を買おうとしているかを把握して、価格を提示するのは難しい。ところが、インターネットではこれが朝飯前だ。

ワインをネット販売しているバーチャル・ヴィンヤード社は、各ユーザーの「クリックストリーム」（クリックの流れ。サイトの訪問者がどのような流れでページをみていったか）を追跡しており、ユーザーの行動を基に即座に特別価格を提示できる。アマゾン・ドット・コムは、各ユーザーの購買履歴を把握し、ユーザーが次にログインした際に、お勧めの関連書籍を紹介している。これらは、インターネットならではのマーケティング手法のほんの一部でしかない。

カタログの場合、一度印刷物で提示した価格は取り消せない。色や形で「しくじった」商品は在庫として積み上がる。特別版のカタログを発行すれば、過剰在庫を解消できるかもしれないが、カタログの制作・流通コストが馬鹿にならない。価格をすべてオンラインで表示していれば、売れない商品は即座に値下げできる。この戦略をチケット販売で実践しているのが、高度な「イールド・マネジメント」（収益管理）手法を駆使している航空業界だ。リアルタイムで在庫を把握するだけでなく、価格もリアルタイムで調整できる企業は、着実に増えている。

インターネットを使えば、他の媒体では困難極まりないユニークなマーケティング戦略の展開が可能だ。アメリカン航空とキャセイパシフィック航空は、航空券のオークション販売で何度か成功を収めているし、クルーズ船も出航間際に空席を埋めるため、同じテクニックを使い始めている。

　インターネットでは価格を即座に変えられるので、バーゲンや見切り品の処分といったプロモーション（販促）価格の設定が、信じがたいほど容易にできる。こうした販促活動は、在庫を減らすのに好都合なだけでなく、価格の変化に市場がどう反応するかをリサーチする絶好の手段にもなる。例えば、サイトにログインしたユーザー20人につき1人に値下げを提示するという設定は簡単にできる。もしこうした値下げで売り上げが増えるなら、すべての顧客に値下げを提示するのも合理的かもしれない。インターネットでは極めて格安に市場調査を行える。オンライン取引が増えるにつれ、市場調査の重要性は増していくだろう。

　実際、先ほど触れた航空券のオークション販売には、2つの役割がある。売れ残った航空券を売りさばくとともに、需要を見極める手段にもなっているのである。パソコン小売りのエッグヘッドやコンプUSAは、メールを活用して特別セールを行っているが、これも同じ理由からだ。在庫を解消するとともに、いくらなら売れるのかを調査しているのである。

まとめ　価格のパーソナライズ

ここで、個人別の価格設定（価格のパーソナライズ）について、まとめてみよう。

●**商品をパーソナライズし、価格をパーソナライズする。**これは事実上インターネットに勝る手段はない。ネットでは顧客と1対1で向き合えるからだ。

●**汝の顧客を知れ。**ユーザー登録で、顧客のデモグラフィック属性を把握する。クリックストリームと検索履歴からは、顧客が何に関心を持っているかがわかる。情報を分析し、顧客のニーズを把握しよう。

●**可能なら価格差別をする。**商品にどの程度の価値を認めるかは、顧客によって違う。スーパーマーケットをお手本に、購買履歴など顧客の性格に合わせて、顧客ごとに異なる価格を設定しよう。

●**販促活動を通じて需要を調査する。**インターネットでは、販促活動を通じて価格への感度を楽々と調査できる。インターネットを使えば、手軽に市場調査ができるのである。

グループごとに価格を設定する

前のセクションでは、個々人に合わせて価格を設定（パーソナライズ）する手法を取り上げた。だが、実際には、完全に1人ずつ個別に価格を設定したわけではない。購買履歴、住所、行動パターンで一定の特徴を示す顧客に、他の顧客とは異なる価格を設定した。特定の性格を持つ顧客に同じ条件を提示したのである。

場合によっては、社会的なグループをそのまま活用して価格を設定することも可能だ。経済学で「第3級価格差別」と呼ぶ戦略である。ユーザー1人1人に直接販売するよりも、集団にまとめて販売したほうがよいと思える理由は4つある。

●**価格への感度**　集団によって価格への感度がきれいに分かれる場合、集団ごとに価格を設定すれば、利益を上げられる可能性がある。学生割引やシニア割引が典型例だ。

●**ネットワーク効果**　自分の所属するグループで他に何人の利用者がいるかで、その商品の価値が判断される場合、その商品をグループ内の標準規格にすれば、カスタマーバリューが高まる。マイクロソフトは業務用総合ソフト「オフィス」で、こうした標準化への欲求を巧みに利用している。

●**ロックイン（囲い込み）**　あるグループが特定の商品を標準規格として採用すれば、他の製品への乗り換えは、調整・再訓練の面で莫大なコストがかかる可能性がある。ここでも、マイクロソフトがわかりやすい例になる。

●**共有**　個々のユーザーが自分の使いたい情報財をすべて管理・整理するのは面倒なことが多い。図書館やシステム・アドミニストレーターといった情報の仲介機関が、コーディネーター役になってくれる。

価格感度

グループ別の価格設定でよく使われるのが、学割やシニア割引だ。なぜ企業はこうした割引をするのか。価格感度が理由だというのが一般的な回答だろう。利益の最大化を狙う企業が価格に敏感な消費者に割安な価格を設定するというのは、大学の経済学やマーケティングの授業で必ず取り上げられる戦略だ。

この価格戦略は、国際的に販売される情報財で多用されている。アメリカで70ドルする教科書は、インドでは5ドルだ。確かにインド版は安い紙を使い、カラーのイラストもないが、情報の中身は本質的には同じだ。インド版の教科書が安いのは、アメリカ版の価格ではインドの学生には買えないからに他ならない。インドで上映されるアメリカ映画も同じだ。映画のチケット料金はアメリカの何分の一でしかない。

この種の市場の細分化（セグメント化）は、非常にわかりやすいので、紙面を割いて詳しく説明する必要もないだろう。ただ、潜在的な問題を指摘しておきたい。素材がオンラインで入手可能になるにつれ、国別の価格差別は難しくなる。

教科書を例にとろう。アメリカの出版社がオンラインで教科書を販売する場合、おそらく価格を1つに統一する必要が出てくるだろう。この場合、インド向けの割安な価格ではなく、アメリカ向けの高い価格になる可能性が高い。そうなると、インドでは売れないことになる。インドの学生はアメリカの教科書を読む機会を奪われ、出版社も追加の収入源を失う。

この問題に対処するには、情報をローカライズ（現地化）するという手がある。国ごとに違うバージョンをつくるのだ。実例にルピーやインドの国内総生産（GDP）の数字を使った教科書は、アメリカではあまり売れないだろうが、インドでは大歓迎されるはずだ。こうした形で商品を差別化すれば、異なる価格設定が可能になり、すべての関係者が得をする可能性がある。

ソフトウェアのローカライズや映画の吹き替えは、よく行われている。グローバルなインターネットでは、様々な種類の情報財のローカライズが進んでいくと思われる。制作者にとって2つのメリットがあるためだ。ローカライズで市場を広げることができるというのが、第1のメリット。ローカライズすれば安い海外向けの製品が国内市場に逆流するのを防げるというのが、第2のメリットだ。

ネットワーク効果

ネットワーク効果は、第7章「ネットワークと正のフィードバック」で詳しく取り上げるので、ここでは基本的な考え方のみ示そう。第1章で説明した通り、他に何人の人が使っているかで、その商品の価値が判断される場合、ネットワーク効果が働く。

ネットワーク効果が働く理由は様々だが(後述)、ここで特に関連してくるのは、組織内の規格の統一(標準化)への欲求だ。従業員がファイルや経験を共有できれば、仕事が格段にスムーズに進む。

ソフトウェア会社は、この標準化への欲求を利用できる。法人顧客には、大口割引やサイトライセンス（同一組織内での一括ライセンス契約）が効果的だろう。サイトライセンスは、ある特定の場所で働いている職員・社員を対象にすることが普通だが、インターネットの登場で、地理的な近さは以前ほど重要ではなくなっており、サイトライセンスのあり方も変わっていくのかもしれない。

ソフトウェア会社のライセンス契約は、多岐にわたる。ソフトを同時に使用できるユーザーの数、ワークステーションやサーバーの数、販売地域、業種によって料金を変えるというパターンだ。ライセンス管理ソフトを使えば、様々な次元でソフトの使用状況を把握できるが、問題はどの次元を使うかだ。

これは一概にはいえない。その製品の性格によって答えは変わってくるだろう。ただ、原則を言えば、そのソフトのカスタマーバリューに密接に関わる次元に基づいて、価格を設定したほうがいい。そうなると、普通は様々な料金メニューを用意し、その組織にとって最適なメニューを選んでもらうことになる。

アドビの「フォトショップ」のような高性能の画像編集ソフトは、小さな制作プロダクションで1人のデザイナーが使う場合もあるし、大企業で数百人が使う場合もある。このため、大口割引が自然な戦略となる。統計解析ソフトなら、経理部門では誰かが月1回使う程度、予測調査部門では毎日使うという場合もあるだろう。この場合、経理部門には同時に使用するユーザー数（コンカレントユーザー）に応じたライセンス契約を勧め、予測調査部門には単純にユーザー数に応じたライセンス契約を勧めるとよいかもしれない。

ロックイン（囲い込み）

先ほど、学生は価格に非常に敏感なため、学割が効果的だと指摘した。ただ、学割のメリットはそれだけではない。もう1つのメリットを一言でまとめたスローガンが「若いうちに取り込め」だ。乗り換えコスト（第5章で詳述）の高い商品なら、大幅な値下げを提示して顧客をその製品の「中毒」にするという手がある。ソフトウェア会社が学校の校門の前で自社製品を売り込んでいる光景は（まだ）見られないが、狙いはそれとたいして変わらない。学生時代から使ってもらえれば、将来のお得意様を青田買いできる可能性が十分あるのだ。

ウォールストリート・ジャーナル紙は、この戦略を極めて効果的に活用している。同紙の大きな資産の1つが「ビジネス・経済分野の貴重な情報源」という評判だ。同紙はこの評判を維持するため、「教育現場に新聞を」というキャンペーンを打ち出し、経営学や経済学を専攻する学生に割安な購読プランを用意している。学生からみれば非常にお得なプランなのだが、それだけではない。学生が定期購読すれば、その学生を教えている教授はただで同紙を読めるのである。これには2つの効果がある。教授には授業で定期購読を義務づける（少なくとも奨励する）インセンティブが働く。また、教授が授業で記事を取り上げる機会も増えるだろう。同紙はこの2つの効果を通じて、評判の維持・確立を図っている。

先ほど取り上げたネットワーク効果は、乗り換えコストの典型的な発生源になる。組織内にある製品が浸透すれば、別の新製品に乗り換えるコストが大きく膨らむ。そうなれば、価格や契約条件の設定でかなり強気に出られるはずだ。

マイクロソフトの業務用総合ソフト「オフィス」は当初、ユーザー数に応じたライセンス、コンカレントユーザー（同時に使用するユーザー）数に応じたライセンスなど、様々なライセンス契約が用意されていた。ところが、最近、同社はコンカレントユーザー数に応じたライセンス（コンカレント・ライセンス）を廃止した。「『オフィス』を導入した企業では、事実上全員がこのソフトを使っている」というのがマイクロソフトの言い分だ。コンカレント・ライセンスの廃止で顧客は流出するのだろうか。おそらくそんなことはない、と専門家は指摘する。「マイクロソフト製品の上で動いている各社の専用システムを再構築・再導入し、研修と微調整をやり直すコストを考えれば、たいていの企業は資金を捻出して追加のライセンス料を払うだろう」（調査会社ガートナー・グループのリサーチディレクター、メアリ・ウェルチ）。＊この種の囲い込み（ロックイン）については、第5章「ロックイン――囲い込みを理解する」でさらに詳述する。

共有のお膳立て

先ほど取り上げたサイトライセンスは、「共有のお膳立て」（sharing arrangements）とでも呼べるものの一例にすぎない。学術誌の販売価格は図書館向けは高めに、個人向けは安めに設定されているが、これも共有の例に該当する。図書館が相対的に高い価格を受け入れるのは、多くのユーザーが情報財を共有するためだ。ビデオソフトも良い例だ。子供向けのソフトなど、一般家庭向けの値段がついているソフトもあるが、明らかにレンタル専用の価格がついているソフトもある。このレンタル用のソフトは、レンタル店で複数の消費者が「共有」するのである。エンドユーザー向けに情報財を整理・管理しているのである。図書館もレンタルビデオ店も「情報の仲介機関」の役割を果たしている。

「共有財の価格設定」の初期の例が、18世紀のイギリスの「貸本屋」だ。この時代は、小説が娯楽の1つとして大流行し、印刷が追いつかなくなった。本屋は仕方なく、人気最新小説の「レンタル」を始めたのだが、これが非常に儲かったため、多くの書店が書籍の販売をやめ、レンタル専業に転じた。事実上、営利図書館になったのである。

アメリカのビデオ店も、基本的に同じパターンを辿った。1970年代後半、ビデオは金持ちの道楽で、デッキは1000ドル以上、ソフトも100ドル近くする高価なものが少なくなかった。18世紀初めに本を買えたのはエリート層だけだったが、ビデオも富裕層しか買えなかったのである。

書籍とビデオの産業史はなかなか面白く、今日のコンテンツ・プロバイダーが抱えている問題を解消するヒントになる。詳しくは第4章「知的財産権の管理」で説明しよう。ここでは価格を個人向けにするのか、グループ向けにするのかという実際的な問題を考えたい。ポイントは取引コスト（経済取引に伴うコスト）だ。仲介機関とエンドユーザーのどちらが管理するほうが安上がりなのか。

ビデオソフトの例を考えよう。ソフトの価格を決める際にポイントになるのが、そのソフトが繰り返し見られるかどうかだ。大ヒットするソフトは、普通、子供向けだが、これは偶然ではない。子供は同じビデオを何度も見るので、親は人気の子供向けビデオを所有したほう

* Jng, "End of Concurrent Licensing Could Be Costly."

が、毎日レンタルビデオ屋に通うより安上がりだとすぐに気づくことになる。ソフトの価格を決める際には、まずそのソフトが繰り返し見られるかどうかを判断する必要がある。ハリウッドのマーケティングの達人は、10年前まで勘と経験に頼ってこの判断を下していたが、現在は、消費者に意見を聞く座談会（フォーカス・グループ）が多用されており、時に思わぬ効果を上げている。

例えば、ディズニーの幹部はロビン・ウィリアム主演の『グッドモーニング・ベトナム』を繰り返し見たいという声が多いのを知って驚いた。子供向けの映画ではないのに、このソフトを所有したいという強い欲求があったのである。さらに調べてみると、事情が呑み込めた。気のきいたセリフが機関銃のように連射されるので、一回では理解できない所が多く、何度も見てジョークをじっくり楽しみたいという人が多かったのだ。

図書館や学校といった仲介機関に書籍を販売する際も、同じ問題が持ち上がる。たまにしか読まない本は、図書館で読まれることが多い。公立図書館の貸し出しの7割以上はフィクションだ。この数字は過去200年以上変わらない。一般家庭でよく購入されるのは、辞書や事典など繰り返し使われる書籍である。

図書館とビデオの例からわかる通り、レンタルと購入は共存可能だ。販売用とレンタル用の商品を用意することで、市場を細分化（セグメント化）できる。セグメント化の戦略は第3章「バージョン化――情報財に複数のバージョンをつくる」で詳しく取り上げるが、書籍とビデオの例では、高い価値を認める顧客には「販売」し、それほど高い価値を認めない顧客には「共有」させるのが基本戦略となる。スティーブン・キングの大ファンなら、ハードカバーの最新刊をいち早く買いたいと思うかもしれない。それほどのファンでないなら、図書館で順番待ちの予約をするだろう。出版社はスティーブン・キングの熱心なファンには高く売り、待てる読者にはかなり安い価格で販売している。

電子ライブラリー

「購入」と「共有」の問題に翻弄されているインターネット企業がインフォノーティクス社だ。同社はオンラインのデータベース・サービス「電子ライブラリー」を提供している。新聞150紙・雑誌数百点のほか、国際ニュース、ラジオのスクリプトなど、質の高いメディア情報を自然言語で全文検索できるユーザーフレンドリーな商品だ。個人で利用する場合は、月9・95ドル、年間59・95ドルの定額料金がかかる。製品の質は高く、数々の教育賞・産業賞を受賞している。

同社は当初、この「電子ライブラリー」を学期末のリポートを書く高校生や大学生に売り込もうと考えた。が、これは苦戦を強いられた。料金を払う親は「地元や学校の図書館で調べればいいじゃないか」という当然の疑問を持ったのである。学期末のリポートは（たとえ書いたとしても！）滅多に書くものではない。定額制というビジネスモデル自体に難があった。また、ウェブ上に大量のコンテンツがただで出回るようになると、このビジネスモデルはさらに立ち行かなくなった。本章の冒頭で取り上げた『ブリタニカ大百科事典』と『エンカルタ』の競争のように、質の高いコンテンツは、質は低いが価格の安いコンテンツに攻められるのである。

同社は学校や図書館向けのサイトラインセンス契約では、相対的にかなりの実績を上げている。学校の先生や図書館の司書は、大半の親よりも的確に「電子ライブラリー」の価値を判断できる。学校や図書館なら、他の補完的な商品と組み合わせて活用することも可能で、売り込みが比較的楽なのである。また、学校や図書館に導入されれば、個人ユーザーを掘り起こせる可能性もある。図書館で採用されている権威ある商品で、実際に使ってみて良かったとなれば、個人で申し込もうと考える人が出てきてもおかしくない。

まとめ

●**情報財の制作・販売にどの程度投資したか、分析・把握する。**情報財は制作費は高いが、再生産のコストは安い。前倒しで多額の埋没費用を投入する必要があるが、生産能力面の制約は少ない。追加の生産コストも安いため、存続可能な市場構造の形は限られている。長期的に有意義な戦略を立てるには、その業界の先行きを見極めることが不可欠だ。

●**コモディティー化した市場で競争せざるを得ない場合は、攻撃的に、しかし欲張らずに動く。**多くの企業が同じような情報を売っている場合は、市場シェアを奪取し、規模の経済を活かして低コスト体質を確立する。また、情報を整理する、使いやすいシステムにする、タイムリーに提供するといった手段で、情報に付加価値をつけよう。

●**情報と値段を個人別に設定（パーソナライズ）し、商品を差別化する。**類似品の少ない商品を制作すれば、カスタマーバリューを基に価格を設定でき、競争で価格が決まる事態を避けられる。

●**市場データの収集・分析に投資する。消費者に意見を聞く座談会（フォーカス・グループ）、統計分析、販促活動など、マーケティング手法を活用する。**インターネットを使えば、従来よりもはるかに格安に、リアルタイムで市場調査を行える。ログファイルやクリックストリームの情報を活用しよう。

●**顧客情報を活用して、個人別に設計（パーソナライズ）した商品を個人別に設定（パーソナライズ）した価格で売り込む。**購買履歴、検索履歴、クリックストリームを活用して、価格と製品を差別化しよう。

●**グループ向けの販売で利益を得られるか分析する。**個人に直接販売するよりも、サイトライセンスやレンタルのほうが効果的な場合もある。価格感度、標準化への欲求、繰り返し使われるかどうか、市場を細分化（セグメント化）できるかが重要な判断材料となる。

第3章

Versioning Information

バージョン化

情報財に複数の
バージョンをつくる

ここまで、商品に値段をつける際には、カスタマーバリュー（顧客の認める商品価値）をベースにして価格を決めることが重要だと指摘してきた。顧客がいくらなら払ってもいいと考えるかに応じて、異なる顧客に異なる価格で販売するのである。第2章では、商品価値をベースに値段を決める際の2つのアプローチ――個人別の価格設定（価格のパーソナライズ）とグループ別の価格設定――を説明した。

個人別の価格設定には、顧客の個人情報が必要になる。個人情報は、顧客から直接入手するのがベストだ。「こんな商品が必要だ」「こんな商品が欲しい」「こんな分野の情報に関心がある」――そうした顧客の声を聞ければしめたものだ。

筆者は、顧客と双方向でやり取りし、商品開発に活かすことをもちろんお勧めする。だが、それが不可能な場合でも、貴重な顧客データは入手可能だ。つまり、顧客に個人情報を提供してもらわなくても――また、多額の投資をしてマーケティングでデータを集めなくても――そして、顧客の積極的な関与がなくても、貴重なデータは入手できる。どうするかというと、様々な商品メニューを用意して、顧客がどれを選ぶのかを観察するのである。

例えば、プロ向けの商品とアマチュア向けの商品を1種類ずつ用意して、両者の売り上げ比を調べれば、市場の構成が難なくわかる。本書では、こうした戦略を「バージョン化」

(versioning) と呼ぶ。情報財に複数のバージョンをつくり、異なる市場セグメント（区分）に異なる価格で販売するのである。

　自分の情報財から最大限利益を引き出すには、どのような「商品ラインナップ」を揃えればいいのか。この章ではその点を説明しよう。利益は次の2点で決まる。（1）顧客のために合計でどれだけの価値を生み出せるか（2）生み出した商品価値のうちの何%を課金という形で懐に入れられるか——。利益を最大化するには、自分が生み出す商品価値の合計を最大化した上で、できる限り多くの価値を引き出せばいい。この点を踏まえると、次の2つが情報財の商品ラインナップを設計する際の基本原理となる。

●顧客のニーズの違いに合わせたバージョンを用意する。情報製品のラインナップをフルに揃えれば、商品価値の合計を最大化できる。

●それぞれのバージョンは、各顧客層のニーズを際立たせる形にする。顧客の違いをはっきりさせれば、各顧客は自分のニーズにぴったり合ったバージョンを選択することになり、結果的に、創出した価値からより多くの価値を引き出せる。

経済学では、第2の原理を「自己選択」と呼んでいる。自己選択を促せば、顧客がバージョンの選択を通じて、その情報財にどんな価値を認めているかを教えてくれる。こちらから調べる必要はないのである。

第2章で取り上げたインテュイット社の家計簿ソフト「クイッケン」の例を考えよう。インテュイット社は実際にどのような価格設定をしたか。販売価格が20ドル前後の「ベーシック・クイッケン」と60ドル前後の「クイッケン・デラックス」という2つのバージョンを用意したのである。デラックス・バージョンには、ヘビーユーザーは重宝するがライトユーザーは滅多に使わない様々な機能がついている。

先ほどの2つの基本原理が、マスマーケット（一般消費者）向けの最古の情報提供手段の1つ――書籍の販売にどう応用されているかみてみよう。ヴァイキング社をはじめとする出版社が、スティーブン・キングの最新刊で利益を最大化するにはどうすればいいのか。ヴァイキング社は、スティーブン・キングの最新刊なら高くても買うという熱心なファンには高く売りたい。ただ、値段を高くすると、熱狂的なファン以外にはなかなか売れない。理想的には、1冊1冊値段を変えて売れればいい。つまり、第2章で説明した「個人別の価格設定（価格のパーソナライズ）」という戦略だ。

問題は、どの読者がいくら払ってもいいと考えているのか、出版社には知るすべがないということである。無論、スティーブン・キングの最新刊に最も高い価値を認める顧客に「お客様はこの商品に高い価値を認めていらっしゃいますので、追加料金を頂きます」とお願いするわけにはいかない（たとえ、ヴァイキング社や書店がスティーブン・キングの前作の購入者の情報を把握し、このグループに高く売りつけようとしても、前作の購入者は身元を隠すか、別のルートで新作を買うはずだ）。このため、一見したところ、出版社にできるのは、せいぜいグループ別の価格設定ではないかと思える。例えば、ブッククラブの会員向けの価格と一般書店向けの価格を分けるといった手法だ。

ところが、先ほどの第2の基本原理を応用すると、あっさり問題を解決できる。つまり、顧客の違いを際立たせるような複数のバージョンをつくるのである。この例では、高い価値を認める読者は新作をいち早く読みたい。そこまで価値を認めない読者は、別に待っても構わないと考える。大きな違いは、待てるかどうかだ。したがって、書籍のバージョン化では、ディレイをかけて（時間差をつけて）割安なバージョンを販売することがポイントになる。これは、出版社がまさに実践していることに他ならない。ヴァイキング社は、熱心なファン、図書館、ブッククラブの会員にハードカバー版（単行本）を売った後で、それ以外のファン全員が買えるようにペーパーバック版（文庫本）を発売している。最終的には、数年後に在庫処分が行われ、バーゲン品をあさる消費者にさらに安い価格で販売されることもある。無論、この書籍の例は誰でも知っていることだが、商品価値を最大限引き出すという基本原理は、様々なタイプの情報財の販売に広く応用できる。

考えてみれば、時間差をつけて異なるバージョンを発売する戦略は、情報財の販売で多用されている。映画の制作会社は、制作した映画をまず映画館で上映し、数ヵ月後にホテルや航空会社に売り込む。その数ヵ月後には家庭用のビデオソフトとして発売する。待ちきれない若者は映画館に行く。小さい子供のいる家庭や子供が独立した家庭は数ヵ月後にビデオで鑑賞する。

商品ラインナップを設計する

では、情報財をどのようにバージョン化すれば、顧客に「自己選択」を促せるのか。ポイントは、自分が販売する情報財のどのような次元（スピードなど）を一部の顧客は高く評価し、他の顧客はそれほど気にしないのかを見極めることだ。その上で、それぞれのタイプの顧客を意識した専用バージョンを用意する。顧客のタイプが違えば、そうした次元に対する評価も異なる。バージョン化で成果を上げるには、この基本的な事実を意識する必要がある。

ディレイ（時間差）

情報は牡蠣と同じで、新鮮な時に一番価値がある

普通、情報は牡蠣と同じで、鮮度が命だ。特に株価や金利の動きといった「戦略」情報は、新鮮な時が一番価値がある。戦略情報を入手した人は、入手していない人に対し、戦略上優位に立てる。ただ、この原理は情報一般に広く当てはまる。最新情報を知っておきたいというのは、誰もに共通する心理なのである。

情報を買う顧客が最新情報を欲しがっているなら、新鮮な情報には割増料金（プレミアム）を請求できる。情報をいち早く入手して届ける価値はある。バージョン化の基本原理を思い出そう。各顧客の違いに着目するのである。どんな情報をどこまで要求するかは、顧客によって千差万別だ。バージョン化の常套戦術である「ディレイ」は、この点を足掛かりにしている。

ディレイは、情報財だけでなく、様々なサービス業で効果が実証済みの戦術だ。宅配大手のフェデックスはディレイ（遅延）で有名なわけではないが、2つのサービスを用意している。翌朝10時までに配送する「プレミアム」サービスと、翌日中に届くが時間指定はできない「翌日配送」サービスだ。同社は顧客に自己選択を促すため、「翌日配送」サービスの荷物を午前10時前に届けることはなく、場合によっては同じ配達先に2度出向くことになる。「普通」便にプレミアムサービスを適用すれば、プレミアムサービスの価値が下がることを正しく見抜いているのである。アメリカの郵便公社は、翌朝までに届ける「エクスプレス・メール」で稼ぐため、「普通便」の配達を遅らせていると言われているが、これも同じ戦術だ。

同様に、情報を売る企業も、情報をいち早く届ける場合は、割増料金（プレミアム）を請求できる。例えば、オンライン証券会社のPAWWSフィナンシャル・ネットワークは、20分遅れの株価情報を利用した有価証券の分析サービスを月8・95ドルで提供しているが、50ドル払えば、リアルタイムの株価情報を利用できる。同社がどのようにリアルタイムデータを仕入れているのかは知らないが、リアルタイムデータを入手して、高いお金を払ってくれる顧客に直ちに配信し、他の顧客には同じ情報を時間差をつけて配信するという戦術は理にかなっている。同社は余計な手間をかけて情報の配信を遅らせ、顧客に自己選択を促しているといえる。これはフェデックスが1日1度ではなく2度配達するという余計な手間をかけているのと、全く同じだ。

ユーザーインターフェース

もう1つの可能性として、高いお金を払ってくれる顧客には、相対的に高度な検索機能を提供するという戦術が考えられる。経験豊富なユーザーと初心者のユーザーで検索のインターフェースを変えることが合理的なケースは少なくない。普通、経験豊富なユーザーは、支払い意欲が高い傾向にある。最初に契約してくれるのはこうしたユーザーであり、たいていは、購入した製品をフル活用してくれる。そのような場合は、高いお金を払ってくれるユーザーに高度な検索機能を提供する戦略が理にかなう。とはいえ、インターフェースを高度なものにしても、追加のコストはほとんどかからない。

ユーザーインターフェースの設計を工夫すれば、ユーザーの経験度に応じてインターフェースを高度化することが可能だ。ライトユーザーは余分な機能をそぎ落としたインターフェースを好む傾向が強い。一方のヘビーユーザーは、追加の機能を使いこなせる。だとすれば、検索インターフェースは、バージョン化の理想的な候補となる。（また、第5章「ロックイン――囲い込みを理解する」でみるように、ユーザーインターフェースがシンプルだと、初心者にもとっつきやすい。その後、複雑な専有インターフェースに慣れてくると、他社製品への乗り換えが難しくなる。）

メディア大手ナイト・リッダー系列のダイアログ社は、オンライン・データベースでこの戦略を活用している。同社の「ダイアログ・ウェブ」という商品は「情報のプロ、オンライン調査の専門家、リサーチャーをはじめとするプロフェッショナル向け」のデータベースだ。簡易版の「データスター」は、「ダイアログ・ウェブ」のデータベースの一部を格安料金で利用できる。後者のユーザーインターフェースは非常にシンプルで、「トレーニング不要」が謳《うた》い文句になっており、専門家以外のユーザーにアピールできる。ただ、前者のようなハイエンド製品ではないため、専門家にはアピールできない。ナイト・リッダーは、ユーザーインターフェースを変えてバージョン化することで、顧客からみたデータベースの価値を最大化した上で、そうした価値のかなりの部分を懐に入れているのである。

利便性

ディレイと密接に関わってくるバージョン化戦略が、利便性のコントロールだ。情報サービスを利用できる時間や場所を制限するのである。ダイアログ社は、ウェブが普及する前、夕方5時以降にのみ利用できる「ダイアログ・アフター・ダーク」というデータベース・サービスを提供していた。レンタルビデオ店は、レンタル期間1日・2日・5日といったプランを用意している。第4章で取り上げる「DivX」（デジタル・ビデオ・エクスプレス）というDVDのレンタル・フォーマットでは、DVDを視聴できる時間が48時間に制限されている。

時間ではなく場所を制限する手もある。例えば、一部のオンライン・データベースは、図書館向けのライセンス契約を用意している。図書館内では無制限で利用できるが、図書館以外の場所では利用が制限される。

画像の解像度

解像度でユーザーを差別する手法もある。ウェブ上で写真のデータベースを提供しているフォトディスク社を例にとろう。プロのユーザーは商業誌に印刷する高解像度の写真が必要だが、一般のユーザーは社内報などに掲載する中・低解像度の写真で十分だ。このため、同社はデータのサイズによって値段を変えている。本書の執筆時点では、600キロバイトの写真は19・95ドル、10メガバイトの写真は49・95ドルだ。購入する写真を選ぶオンラインのカタログには、低解像度の縮小画像（サムネイル）が「サービス画像」として表示されている。このサムネイルで欲しい写真が見つかれば、必要に応じて中解像度もしくは高解像度の写真をダウンロードする仕組みだ。

操作スピード

ソフトウェア業界で一般的なのが、処理能力の異なるバージョンを揃える戦略だ。ウルフラム・リサーチ社は数式処理システム「マセマティカ」を販売している。このソフトは、数式の記号処理、グラフィックス作成、数値計算ができるが、学生向けのバージョンでは、一時期、浮動小数点演算を専門に処理するコプロセッサー（副処理装置）の機能を無効にし、数式処理やグラフィックス作成のスピードを遅らせていた。同社は、この戦略を実行するために、価格がはるかに安い学生版に、わざわざ追加のコストをかけて、浮動小数点演算用のライブラリ（汎用性の高いプログラムを複数まとめたファイル）を組み込んでいたのである。

同じ戦略はハードウェアでも使われている。ＩＢＭのレーザープリンター「シリーズＥ」は、標準タイプのレーザープリンターと機能は同じだが、印刷スピードは標準タイプの1分10枚ではなく、1分5枚だった。消費者向けのリサーチを専門に行っているコンピューター機器の有力調査機関によると、シリーズＥでは印刷スピードを落とすため、プログラムに「待機」命令が挿入されていた！　なぜＩＢＭは、自社の製品の印刷速度をわざと落としたのか。シリーズEの性能が良すぎると、標準タイプの売り上げが落ちることを見抜いていたからだ。製品をバージョン化することで、プロフェッショナル向けモデルの販売を落とさずに、ホームオフィス向けに割安な価格を提示できたのである。

インテルもMPU「486SX」で似たような戦略をとった。内蔵してある数値演算コプロセッサーの機能を無効にしたのである。これにより、浮動小数点演算の必要のない顧客に廉価版を提供しながら、ハイエンド製品の価格を高めに維持することができた。

使い勝手

情報財のバージョン化の拠り所にできるもう1つの重要な次元が、保存・複製・印刷機能だ。かつてコピーガードのついたソフトが販売されていた頃、一部のソフトウェア会社（ボーランドなど）は、自社製品に2つのバージョンを用意していた。コピーできない低価格版とコピーガードのついていない高価格版だ。現在、レクシスネクシス社は、情報を印刷・ダウンロードする一部のユーザーに追加料金を課金している。ユーザーによって、情報の保存・複製・他のメディアへの複写に支払ってもいいと考える金額が大きく異なるなら、これもバージョン化で利益を上げる拠り所になる。

処理能力

表3・1は、音声認識ソフトのカーツワイル社の製品一覧だ。認識できる語彙数や、専門分野に応じて、様々なバージョンが用意されている。注目すべきは、その極端な価格差だ。外科医用のハイエンドバージョンとエントリーレベルのバージョンには100倍もの開きがある！異なる市場セグメントには異なるニーズがあることを――そしてハイエンドの顧客は処理能力の高いバージョンに気前よくお金を払うことを――カーツワイル社は正しく見抜いている。

機能

この章で先ほど取り上げた家計簿ソフト「クイッケン」は、製品の「機能」を活用して、市場のセグメント化を図った例といえる。「クイッケン・デラックス」には、投資信託を検索する機能、住宅ローンの返済額を計算できる機能、自分に合った保険のプランを計算できる機能など、ヘビーユーザー向けの機能を搭載している。標準バージョンはメインの家計簿機能のみ

表3・1　効果的なバージョン化の例（カーツワイル社）

製品	価格（ドル）	特徴
VoicePad Pro	79	語彙数2万語
Personal	295	語彙数3万語
Professional	595	語彙数5万語
Office Talk	795	一般事務用
Law Talk	1,195	法律用語を収録
Voice Med	6,000	医療現場用
Voice Ortho	8,000	特殊医療用語を収録

だ。インテュイット社は、確定申告書作成ソフト「ターボタックス」でも同じ戦略を採用し、機能をそぎ落とした簡易版と、デラックス版を用意している。

充実度

充実度が、バージョン化の重要な拠り所になるケースもある。一部の顧客は、充実度の高い情報に多額の割増料金を払ってくれる。情報の充実度といっても、状況次第で様々なことを意味し得る。オンライン・データベースの「ダイアログ」がどのように利用されるか考えてみよう。企業の広報担当者やジャーナリストは、国内外の新聞を検索できれば、充実度が高いと考えるだろう。専門的な論文を書く学者や学生なら、過去のデータが豊富にあれば、情報の充実度が高いと感じるはずだ。マーケティングの担当者は、顧客別に分類された情報や過去の購買履歴に関する詳細な情報があれば、データの充実度が高いと考えることが多い。専門性の高い「ダイアログ・ウェブ」と簡易版の「データスター」の違いは、こうした充実度という次元に基づいている側面がある。情報の充実度に基づいてバージョン化するのは、データベース会社にとって自然な戦略といえる。

わずらわしさ

「わずらわしさ」の代表例がナグウェア(nagware)だ。この種のソフトは無料で配布されるが、利用開始時や終了時に登録料を払うよう要求する画面がしつこく現れる。この戦略を利用して募金を集めた放送局もある。筆者の地元のPBS(公共放送サービス)加盟局は、募金があと1万ドル集まれば、音楽ライブを途中で遮らずに流すと告知していた!

サポート

ここで取り上げる最後の次元が、テクニカルサポートだ。ネットスケープは当初、インターネットからブラウザーをダウンロードする場合は無料、マニュアルとテクニカルサポートのついたCD-ROM版は有料としていた。言うまでもないが、ダウンロード版を無料にすることで、第1章で説明した「経験財」の問題に対処できる。つまり、ほぼノーリスクで製品を試してみることができるのだ。

第4章で詳しく取り上げるマカフィー・アソシエイツ社のウイルス対策ソフトは、無料版、シェアウェア版(試用期間中は無料のソフト)、そして専門家のアドバイス・通知・テクニカルサポートを受けられる定額サービス版が用意されている。

テクニカルサポートという戦略は、2つの理由でややリスクが高いといえる。まず、テクニカルサポートがなければ使いこなせないソフトなら、顧客から質の低いソフトだと判断される恐れがある。第2に、テクニカルサポートの提供は非常にコストがかかる。約束したサポートを提供できなければ、企業イメージに甚大な影響が及びかねない。

表3・2は、ここで取り上げたバージョン化の様々な次元と、そうした次元が効果を発揮するユーザー・用途をまとめたものだ。このリストは完全なものではないし、ここで挙げた事例は、あくまで説明のための例にすぎない。その情報財の次元の数だけ、バージョン化の足掛かりがある。バージョン化の手法は、製品によって千差万別だ。

表3・2　バージョン化の対象になり得る商品の次元と想定するユーザー・用途

商品の次元	想定するユーザー・用途
ディレイ	待てるユーザーか待てないユーザーか
ユーザーインターフェース	初心者のユーザーか経験豊富なユーザーか
利便性	業務用か一般家庭向けか
画像の解像度	社内報か高級雑誌か
操作スピード	学生向けか専門家向けか
フォーマット	画面上で閲覧するか印刷するか
処理能力	一般向けか特殊用途向けか
機能	ライトユーザーかヘビーユーザーか
充実度	一般ユーザーか専門家か
わずらわしさ	快適性を重視するかしないか
サポート	ライトユーザーかヘビーユーザーか

価格と品質を調整する

情報財をバージョン化する目的は、異なる市場セグメントに異なる価格で販売することだ。ローエンド版とハイエンド版をつくることで、支払い意欲が一様ではない様々な顧客に同じものを売り込める。

ローエンド製品の顧客の一部が、高価格帯のハイエンド製品に魅力を感じれば、しめたものだ。ローエンド製品を使い続ける場合よりも、その顧客からより多くの収入を得られる。このため、ハイエンド製品はできる限り魅力的なものにする価値がある。問題は商品ラインナップのもう一方の際《きわ》、ローエンド商品である。ローエンド版をあまり魅力的なものにしすぎると、高価格帯のハイエンド商品を買ってくれるはずの顧客まで引き寄せかねない。

ハイエンド版は価格を下げ、ローエンド版は品質を下げる

この「カニバリゼーション」（自社の商品が自社の商品を侵食してしまう「共食い」現象）を避けるには2つの方法がある。ハイエンド製品の価格を下げて、相対的な魅力を高めるのが、第1の手段。第2の手段は、ローエンド製品の質を下げて、相対的に魅力に欠ける商品にすることだ。

ハイエンド版の値下げ

情報財のローエンド版をつくる場合は、高いお金を払ってくれる顧客をつなぎとめるため、ハイエンド版の値下げが必要になるかもしれない。値下げが必要かどうかの判断基準は、競争を仕掛けられた時と同じだ。ハイエンド版のカスタマーバリューは、本当に顧客を満足させる水準なのか。ハイエンド版を値下げした場合、値下げ分を売り上げの増加で補えるのか。忘れてはならないが、ハイエンド版の売り上げが落ちてローエンド商品の売り上げが伸びても、お金が入ってくることに変わりはない。値下げによって、ハイエンド版とローエンド版の合計売上高がどう変わるかがポイントだ。

商品価値を落としたバージョン

これまで指摘してきたように、バージョン化はあらゆる種類の商品に利用できる。だが、情報財のバージョン化には、独特な特徴もある。

物理的な商品の場合、ハイエンド版の追加の1単位を生産するコストは、ローエンド版よりも高い。「レクサス」は「カムリ」よりも生産コストが高いし、19インチ型テレビは15インチ型テレビより生産コストが高い。ところが、情報財は、基本的にデラックス版もスタンダード版も、流通コストは同じだ。むしろ、多くのケースでは、ローエンド版の制作に追加のコストがかかる。というのも、ローエンド版は、ハイエンド版のグレードを下げたものであることが多いためだ。

ディレイ（時間差）について考えよう。リアルタイムの株価情報と配信時間を遅らせた株価情報の両方を提供している証券会社は、後者の情報を保存するため、追加のストレージ容量が必要になる。解像度であれば、画像を高解像度でスキャンした上で、解像度を下げて低解像度版を制作する必要がある。処理スピードの場合、数式処理システムのウルフラム・リサーチ社は、学生向けのバージョンを制作する際、浮動小数点演算用のエミュレーション・ライブラリを構築もしくは購入しなければならなかった。

情報財は、まずハイエンド版を制作し、その後、商品価値を落とす形でローエンド版を制作することが普通だ。例外はある。テクニカルサポートを軸にバージョン化を展開する場合は、ハイエンド版の作成に追加のコストがかかる。ただ、ハイエンド版からローエンド版をつくるのが基本的な設計原理だと言って差し支えないケースは多い。ソフトウェアなどの情報財に高度な新機能を追加する場合は、その機能を無効にする方法（！）も確保しておいたほうがいい。商品価値の高いプロ向けの製品が出来上がれば、そこから機能をそぎ落として一般ユーザー向けの製品をつくることが望ましいケースは少なくない。

落とし穴をどう避けるか

これまで紹介した手法には、消費者の反発を買うものもあるかもしれないが、次の点は指摘しておきたい。支払い意欲の高い層が買いたくないと思うような形で製品を「ダウングレード」できなければ、支払い意欲の低い層には全く商品を提供できないことが少なくない。中途半端なバージョン化しかできないなら、ハイエンド製品だけを販売し、高値で売るのがベストかもしれないのである。顧客には、ローエンド版の投入で消費者の選択の余地が広がるという点を強調しよう。実際、ローエンド版を選ぶ顧客は、ローエンド版を安く買うという選択肢に商品価値を認めているのである。

情報財の商品ラインナップを揃える際に重要になるのは、商品の適切な次元を選んで品質を調整すること、そして調整した品質を賢い消費者や仲介機関が元に戻してしまうリスクを減らすことだ。

ユーザーがローエンド版を簡単にハイエンド版に改造できないようにする

実例を挙げよう。マイクロソフトは「ウィンドウズNT」に2つのバージョンを用意している。「ウィンドウズNTワークステーション」（260ドル前後）と「ウィンドウズNTサーバー」（システム構成によって730〜1080ドル）だ。ワークステーション版はウェブサーバーを動かせるが、同時セッション数は10に限定されている。サーバー版は同時セッション数に制限はない。オライリー・ソフトウェア社の分析によると、この2つのバージョンは実質的には同じものだ。実際、カーネル（OSの中核部）は全く同じで、ワークステーション版に比較的わずかな調整を施せば、サーバー版につくり替えることができる。マイクロソフトはオライリー社の指摘に対して、2つのバージョンには700ヵ所以上の違いがあると反論しているが、ある記者はこんな風に書いている。

> レドモンドの森にいる「ビッグM」（マイクロソフト）の連中は、2つの製品に大きな違いがあると主張しているが、業界では「ワークステーション版にちょっと手を

加えればサーバー版に改造できる」といった批判が出ている。マイクロソフトのマーケティング担当者は、この種の批判に対し「男女の違いはY染色体だけで、両者に大差はないと言っているようなものだ」と反論しているが、ユーザーとしては、デート中の相手が女装していたことに気づいたような気持になる。*

マイクロソフトの販売戦略は理にかなっていた。問題は、洗練された一部のユーザーがローエンド版をハイエンド版に改造できた点にある。システム管理者がワークステーション版を簡単にサーバー版に改造できるなら、マイクロソフトの戦略は立ち行かなくなる恐れがある。

オンライン版とオフライン版

市場のセグメント化の話を進めていくと、オンラインの情報について、興味深い点が浮かび上がる。オンライン情報はオフラインでも手に入ることが多いのだ。実際、オフライン情報のほうが便利だというケースは少なくない。例えば、スクリーンで読むより紙で読んだほうがいいと感じる人は多い。同様に、音楽もパソコンの小さなスピーカーで聞くよりステレオで聞いたほうがいいと感じるはずだ。

この品質の違いを逆手に取ることもできる。スクリーン上の文字の品質が紙の文字の品質に劣るなら、場合によってはスクリーン版を無料にし、紙版を有料にすることも可能だ。エド・クロルの名著『インターネットユーザーズガイド』は、オンラインでは無料でダウンロードできるが、書店では24・95ドルで売っている。

以前取り上げたネットスケープのブラウザー「ナビゲーター」も、ダウンロード版は無料、ディスク版は有料だが、これも趣旨は同じだ。「ディスク版のほうが便利で、マニュアルとユーザーサポートもついてくる」という理由でディスク版を買うユーザーも多い。筆者が聞いた話によると、ネットスケープはこのディスク版の成功にかなり驚いていたようだ。というのも、同社の社員は全員、高速インターネットにアクセスでき、紙のマニュアルも軽視していたのである。4800bpsモデムでダイアルアップ接続している一般家庭の状況など知る由

* Hamilton, "Microsoft Refutes Claim."

もなかったわけだ。だが、そうした市場が存在することを理解したネットスケープは、喜んでこの市場を開拓した。

オンライン販売とオフライン販売の違いも逆手にとれる。オンライン版の情報財は、生産コストも流通コストもかからないため、オフライン版よりはるかに安く販売できる。もしオンライン版を売りたいなら、オフライン版よりも魅力的な商品にする方法を考えよう。

この点を考える上では、ジャーナリストや実業家・投資家として知られるエスター・ダイソンの言葉が参考になる。オンラインのコンテンツは、ただのつもりで扱えというのだ。そうすれば、いかにコンテンツに付加価値をつけるかに考えを集中できる。これは優れたアドバイスだ。情報財はモノではなくサービスだと考えるようになるからだ。

全米科学アカデミー出版局の手法が良い例だ。同局は書籍のオンライン版と印刷版の双方を提供している。内容をざっと確認する時はオンライン版が、実際に読む時は印刷版が便利なため、オンライン版の発行によって「内容をざっと確認できる」という付加価値を、印刷版の売り上げを侵食せずに、つけているといえる。

オンライン版とオフライン版の情報財を売るのは、様々な意味で、物理的な商品を2つの販売ルートで売るのに似ている。どちらの「ルート」をメインにするか。それぞれのルートでどのように価格を設定するか。決断に当たっては、それぞれのルートのコストや要件だけでなく、波及効果や共食い効果にも配慮する必要がある。オンライン版のダウンロードで、印刷版の販売が落ち込むなら、売り上げが減る可能性は十分にある。だが、今日のダウンロードで、明日のオンライン版とオフライン版の需要を増やせるなら、将来のために足元の収入を多少犠牲にするのは、ビジネス的にみて理にかなうかもしれない。

オンライン版がオフライン版の販売を減らすのか、刺激するのかを考える

考えなければならない重要なポイントは、オンライン版はオフライン版を補完する製品なのか、オフライン版に取って代わる製品なのかという点だ。もしオフライン版にとって代わる製品なら、オンライン版に課金して手数料や広告を通じてコストを回収するか、オフライン版と直接競合しない形でバージョン化すればいい。もしオフライン版を補完する製品であるなら、できる限り積極的に売り込もう。オフライン版の販売に弾みがつき、利益を押し上げる効果が期待できるからだ。

オンラインで情報財を提供すると、オフラインでは不可能な付加価値をつけられることが多い。これは、バージョン化の足掛かりになる。おそらく、最も明白で重要なのは、オンライ

ン情報では、電子的な検索・分類・抽出が可能だという点だろう。また、ハイパーリンクを通じて別の情報を相互参照できるというメリットもある。法律情報サービスのウエスト・パブリッシング社は、オンラインの定額サービスを利用している顧客にハイパーリンクで法律情報を検索できるCD－ROMを販売している。CD－ROM版の販売が、定額サービスの収入アップに一役買っているのである。

オフラインで手に入るものをオンラインに掲載しただけでは、付加価値をつけられず、割増料金も請求できない（顧客層を広げられるかもしれないが）。また、さらに重要な点だが、自分のオンライン・コンテンツに付加価値をつける方法を編み出さなければ、他社に必ず先を越される。

はっきり言ってしまえば、他社には絶対真似できないコンテンツ（単なる差別化したコンテンツではなく）を持っている企業は極めてまれだ。AP、UPI、ロイターは、いずれもニュースを配信している。先ほどみたように、ロイターはニュースを各業界向けにパッケージ化して流すという戦略で競争力を確保した。「オンラインのコンテンツは、ただのつもりで扱え」というダイソンの言葉を実践しているのだ。オフラインと同じコンテンツをオンラインで提供するだけでなく、オンラインのサービスにいかに付加価値をつけるかを戦略上重視しているのである。

バージョンをいくつつくるか

ソフトウェアや情報サービスをバージョン化する際、まず問題になるのがバージョンの数をいくつにするかだ。答えは、状況によって千差万別だが、一定のガイドラインを示すことはできる。

まず、バージョンの数が1つでは少なすぎる。理由はこの章で説明した通りだ。情報財を売る場合は、どうすれば市場をセグメント化できるかをぜひとも考えよう。だが、バージョンの数が多すぎるのも考えものだ。供給サイドからみれば、複数の異なる製品を維持するにはコストがかかる。需要サイドでも、ユーザーの混乱を招く恐れがある。自分にはどのバージョンがいいのか、顧客がすぐにわからなければいけない。

音声認識ソフトのカーツワイル社のラインナップ（表3・1）が、良いお手本だ。顧客は自分の職種がわかっているから、医療版にするか、法律版にするか迷うことはない。金融版、農業版など追加のバージョンをつくってもいいだろう。

データベースのダイアログ社が、一般ユーザー向けとプロフェッショナル向けに市場をセグメント化したのは自然な選択だが、「ダイアログ・ウェブ」「データスター」という商品名は少々わかりにくい。市場の細分化をさらに進めれば、ユーザーの混乱を招く恐れがある。少なくとも、もう少しわかりやすい商品名が必要だろう。

ところで、バージョン化は商品のどの次元を軸に展開すればいいのだろうか。基本戦略は2つある。自分の市場を分析すること、自分の商品を分析することだ。

自分の市場を分析する

あなたの市場では、消費者が自然と複数のグループに分かれているだろうか。また、品質の異なる商品が必要とされるほど（もしくは品質の差が容認されるほど）各グループの行動に大きな違いがあるだろうか。この2点を考えよう。

航空会社は、旅行客には基本的に2つのグループがあることを早くから認識していた。観光客と出張客だ。普通、観光客は事前に計画を立て、週末をはさんで数日間滞在する。出張客の行動パターンはかなり違う。平日の短期滞在型が多く、直前に行き先の変更が必要になるケースも少なくない。こうした大きな違いがあるからこそ、航空会社は2つの料金プランを提示して、市場をセグメント化できた。「土曜の夜に現地で宿泊する」「チケットの変更にペナルティーがつく」という条件の付いた前払い型のプランと、通常のエコノミークラスの2種類だ。

航空会社が出張客と観光客を区別するのは、自然だといえる。これが、あなたの市場について考える便利な出発点になるだろう。プロのユーザーとアマチュアのユーザーがいるか。もしそうなら、両者の違いは何か。ハイエンドのユーザーしか求めない「カギを握る特性」(キー属性)をローエンド版に搭載するのはまずい。自分の市場をしっかり理解すれば、顧客にとって価値があり、なおかつ収入アップにもつながるバージョンを編み出せるはずだ。

自分の商品を分析する

自分の商品を徹底的に検証し、「カギを握る特性」(キー属性)は何かを考えてみよう。そうした特性を足掛かりにして、市場をセグメント化するのである。表3・2をみてほしい。ディレイ、ユーザーインターフェース、解像度、スピード、フォーマット、処理能力、機能を軸にして、市場をセグメント化することはできないだろうか。まずは、顧客によって価値観が明らかに異なるキー属性について、ハイエンド版とローエンド版をつくることから考えてみよう。

すでに指摘したように、ハイエンド版をつくった後に何らかの形でグレードを落としてローエンド版をつくるのが、基本戦略だ。この戦略を自分の市場にどう応用できるか、慎重に検討してみよう。

あなたの商品には、表3・2に挙げたような次元があるだろうか。画像の解像度をプロのアーティスト向けにする、検索機能を最上位のユーザー向けにする、ダウンロードの速度を最も要求度の高いユーザー向けにする、などなど。これ以上機能を追加すれば、最も要求度の高い顧客からみて、追加の開発コストに見合うだけの商品価値の向上が期待できないというところまで、機能を追加するのである。

まずハイエンド版をつくった上で、機能をそぎ落としてローエンド版をつくる

そこまで行けば、ローエンド版の開発環境が整う。単に機能をそぎ落としていけばいいのだ。高解像度の画像から低解像度の画像を作成する、プログラムに「待機」命令を挿入してスピードを落とす、バッファーの作成をやめてスムーズな処理を妨げる。あらゆる手を尽くして「支払い意欲の高い層にとってはあまり魅力的ではないが、そのすぐ下の層にとってはまだ魅力的な商

品」をつくるのである。

こうしたトップダウンの商品設計には、2つのメリットがある。第1に、競争が起きた場合の対応が楽だ。「プレミアム」版が高解像度、「スタンダード」版が中解像度だとしよう。競争が起きて、高解像度の画像がマスマーケット向けの価格で出回るようになったら、プレミアム版をマスマーケット向けの商品に位置付ければいい。プレミアム版はもう出来上がっているので、基本的にはパッケージや販促方法を変えるだけで済む。

この場合、ハイエンド版に新たな機能を追加するという難題に見舞われるが、これは研究開発部門がすでに取り掛かっているはずの課題だ。最も要求度の高い顧客を念頭に新機能を開発するのが、研究開発部門の仕事である。新機能はまずハイエンド版に搭載し、その後、競争が新しい局面に入れば、下位のバージョンにも順次、組み込んでいく。

第2のメリットは、ローエンド版をハイエンド版の「広告」として利用できることだ。フォトディスク社は、有料の高解像度画像のサンプルとして、ウェブ上で解像度72dpiの無料画像を公開している。それと全く同じで、数式処理システム「マセマティカ」の学生版も、プロフェッショナル版の広告になる。ローエンド版のユーザーには、ハイエンド版が比べ物にならないほど高性能で高速だということを伝える必要がある。

この章で紹介したオンライン証券会社のＰＡＷＷＳは、有価証券分析サービスで他社から攻勢をかけられている。ライバルの１つが、ダウ・ジョーンズ、ＩＢＭ、インフィニティ・フィナンシャル・テクノロジーの３社が設立した合弁会社「リスクビュー」だ。リスクビューに関するプレスリリースには、３社の意図が記されている。

ダウ・ジョーンズ社は、データベースの無償公開を通じて、投資家や学術関係者に自社のインデックス（指数）商品をさらに知ってもらうことができると表明した。システム開発のインフィニティは、リスクビューの設立で証券会社のリスク分析ニーズが喚起され、高度なシステム設計の受注機会が広がると認識している。ＩＢＭは、金融リスク・経営分野でインターネット技術をアピールできる。同社が展開している別の投資情報サービスとリスクビューを結びつけることも可能だ。*

３社は、自社の有料サービスの利用を個人・法人に促すため、リスクビューのサービスを無償提供する意向を示している。ダウ・ジョーンズは、カスタマイズしたデータを売りたい。ＩＢＭとインフィニティは、リスクビューよりもさらに高度なサービスを売り込みたい。これはＰＡＷＷＳにとって、潜在的に恐ろしい競合相手になるが、ＰＡＷＷＳには、いち早く市場に参入し、顧客との取引で経験・知識を蓄積してきた「ナレッジベース」（知識のデータベース）という大きな強みがある。

ゴルディロックス
——程よい価格設定

自分の情報財の顧客を様々なグループに分けられる場合は、ユーザーの混乱を招かない範囲内で、多数のバージョンをつくって構わない。ロイターなど、オンラインの情報プロバイダーが提供している企業向けのニュースを例に取ろう。航空機業界向けのサービスとファストフード業界向けのサービスをつくっても、ユーザーが混乱することはない。もしそうなら、できる限り市場を細分化してみてはどうだろう。実際、情報は少ないほうが助かるという場合は少なく

* Sesit, "New Internet Site to Offer Risk-Analysis for Investors," C1.

ない。航空機メーカーの幹部がライバル社の情報を探す際、ファストフードのフランチャイズ契約に関する記事は邪魔になる。情報を選別・分類すれば、情報サービスの価値が高まる。

一方、一般消費者向けのソフトウェアは、バージョンの数を1つか2つに抑えてあることが多い。理由は2つある。1つは第2章で指摘したネットワーク効果だ。ユーザーは文書ファイルを交換したい。バージョンが1つしかなければ、利便性が格段に高まることになる。マイクロソフトが「オフィス97」でファイルのフォーマットを変更して非難の嵐にさらされたことを思い出してほしい。(もちろん、一方通行の互換性というマイクロソフトの戦略は、おそらくオフィス97の普及を促す要因となった。詳しくは第7章で説明しよう。)

バージョン数を抑えるもう1つの理由は、どの製品が自分に合っているか、わからないという素人のユーザーが少なくないためだ。だが、この問題は逆手に取ることが可能だし、自分の利益につなげることもできる。例えば、新しいデジタルカメラを買うと、アドビの画像編集ソフト「フォトショップ」の簡易版である「フォトデラックス」がついてくることが多い。初めてデジタルカメラを買う人は、デジタル写真は初めてというケースが多く、「フォトデラックス」も箱から取り出してすぐに使うことが考えられる。慣れてくれれば、プロフェッショナル版の「フォトショップ」にアップグレードしてくれる可能性が十分にある。

だが、ユーザーの「自然な」区分けができない場合は、どうすればいいのか。多くの企業は「プロフェッショナル版」と「スタンダード版」の2種類をつくっているようだが、筆者の考えでは、これはおそらくベストな戦略とはいえない。「スタンダード版」「プロフェッショナル版」「ゴールド版」の3種類をつくったほうがいいのではないか。つまり、その製品に非常に高い価値を認めているユーザー向けにハイエンド版を追加するのである。

このアイデアの論理的な根拠は「極端の回避」と呼ばれる心理現象に求めることができる。消費者は普通、極端な選択を避け、無難な選択がしたいと考える。商品ラインナップの一番上も一番下もリスクが高いと感じ、真ん中あたりが無難ではないかと考えることが多い。ある製品を中間に位置づけることで、結果的に売り上げが伸びるのである。熱すぎず冷たすぎない適温のスープにありついた少女(ゴルディロックス)の童話があるが、たいていの消費者も「大きすぎる」ものや「小さすぎる」ものは選びたくない。「ちょうどいい」商品が欲しいのだ。

マクドナルドのようなファストフード店で、ソフトドリンクのサイズが「スモール」と「ラージ」しかなかったとしよう。どちらにするか即断できる人もいれば、迷ってしまう人もいるだろう。悩んだ末に小さい、安いほうを選べば、店の売り上げが目減りする。

ソフトドリンクに3種類のサイズが用意されていた場合はどうか。「スモール」「ラージ」「ミディアム」だ。先ほど選択に迷った人も、今度は迷わず「ミディアム」を選ぶだろう。これは選択肢が3つあった場合の「ミディアム」の価格とサイズが、選択肢が2つだった場合の「ラージ」と全く同じでも、そうなのである！ ほとんど誰も買わない「ジャンボ」サイズを追加することで、選択肢が2つしかない場合よりも売り上げを増やせる。高額の「ジャンボ」版と比べれば、「ミディアム」版がちょうどいい商品に思えてくることが一因だ。

この戦略は大きな効果が期待できる。電子レンジを使ったマーケティングの実験を紹介しよう。* 安物の電子レンジ（109・99ドル）と中価格帯の電子レンジ（179・99ドル）の2つしか選択肢がない場合、全体の45％が中価格帯のレンジを選んだ。この商品ラインナップに高価格帯のレンジ（199・99ドル）を加えると、同じ中価格帯のレンジを選ぶ人が60％に増えたのである！「商品ラインナップに高級品を追加しても、必ずしも高級品自体が飛ぶように売れるわけではない。ただ、高級品を追加することで、消費者の考える『安いほう』に中価格帯が含まれるようになり、低価格志向の顧客の選ぶ商品が高額化する効果がある」。**

バージョンの数で迷ったら、3つにする

「極端の回避」はマーケティングのあらゆる場面で使われている。レストランの経営者な

ら、下から2番目に安いワインが一番売れることを知っている。一般的な手法では、明らかに品質の劣るワインを一番下に置き、そのすぐ上に少しだけ高いワインを置く。そうすると、この下から2番目のワインが最高の選択肢に思えてくる。これが売れ筋の商品となることは、まず間違いない。

「極端の回避」は情報財にどう応用できるだろうか。ポイントは、本当に売りたい商品を中間に置くことだ。ハイエンド商品は、真ん中の商品を選ばせるために置くだけにすぎない。ニュースレターを売っているなら、速報サービスの提供を検討しよう。画像を売っているなら、大半のユーザーには必要ない超高解像度の画像を用意しよう。機能別に複数のバージョンを展開しているなら、ほとんど誰も使わないが、それによってハイエンド版の存在感が際立つ機能を追加しよう。

質の高いテクニカルサポートを差別化の柱にして「ゴールドクラス」をつくるという重要な戦略もある。テクニカルサポートにすぐに問い合わせができる「優先対応」サービスといった形でもいいだろう。コストは、それほどかからない。ゴールドクラスを選ぶ人が殺到しない

* Simonson and Tversky, "Choice in Context," 281-295.
** Smith and Nagle, "Frames of Reference and Buyers' Perception."

限り、この種のサポートを追加するコストはたかが知れている。

閲覧ソフトとコンテンツのカスタマイズ

第2章では、プログラミング言語「Ｊａｖａ」を使えば、収集する情報をカスタマイズでき、手に入る顧客行動の情報が格段に豊かになると指摘した。Ｊａｖａは、情報財のバージョン化にも役立つ。カスタマイズを通じて、各バージョンの表示方法を最適化できるからだ。

例えば、テキストデータのビットマップ画像を販売している場合、ビューアー（閲覧ソフト）を白黒のテキストデータにふさわしい形に最適化できる。オブジェクトを３Ｄ表示にして、様々な角度から眺められるようにしたければ、それも比較的簡単にできる。

画像を閲覧する際の特性を利用して、商品に付加価値をつけることも可能だ。例えば、今オンライン記事の17ページを読んでいる顧客は、次は18ページを読む可能性が高い。Ｊａｖａ

ベースのビューアーを使えば、バックグラウンドで18ページをダウンロードしておくことができる。

やろうと思えば、他にも様々な形のカスタマイズが可能だ。動画配信サービス「ムービーリンク」なら、各ユーザーのお気に入りの「劇場」を初期画面にする、金融情報サービスなら、ユーザーの保有する銘柄を強調表示にするといった具合だ。こうした個人向けの設定（パーソナライズ）は、サーバー側でもできるが、ブラウザー側で処理するほうが拡張性が高い。Ｊａｖａ（もしくはＪａｖａのような言語）を使えば、ブラウザーを最適化して、従来よりも便利かつ効果的に情報を表示できる。

だが、もう少ししたたかな作戦として、Ｊａｖａを使って情報財をバージョン化するという手がある。情報財のカスタマーバリュー向上につながる優れた機能がある場合、一部のユーザーにはそうした機能を外すのである。プロのユーザーには、ページバッファーを利用してスムーズに情報を送信する。一般のユーザーには同じ情報をバッファーを利用せずに流す。支払い意欲の高いユーザーは早い方を選び、支払い意欲の低いユーザーは遅い方で我慢する。この種の仕掛けを使えば、極めてクリエイティブに市場をセグメント化できる。Ｊａｖａベースのビューアーを使えば、情報へのアクセスの仕方を顧客ごとに変えられる。これは自己選択を促す新しいツールとなる。

バンドリング

「バンドリング」(bundling)とは、複数の異なる商品をセットにして一定の価格で販売する手法だ。これはバージョン化の特殊な形といえる。ソフトウェア業界で特に有名なのが、マイクロソフトの「オフィス」だ。これはワープロ、表計算、データベース、プレゼンテーション用のソフトをバンドリングした商品だが、各ソフトは個別にも販売されている。バンドリングと「抱き合わせ販売」(tying)の違いはここにあり、後者ではバラ売りはしない。

「オフィス」は驚異的な成功を収めており、業務用総合ソフト市場でシェア90%以上を誇っている。勝因は複数ある。まず、各ソフトの連携が「保証」されている。ある文書のデータを別の文書にカット&ペーストしたり、リンクを張れるという一定の安心感がある。また、各ソフトのプログラムではライブラリ(汎用性の高いプログラムを複数まとめたファイル)を共有できるので、各ソフトを個別にインストールした場合よりも、ディスクスペースを節約でき、より効果的な連携が可能になる。

バンドリングは、こうした統合上のメリットがない場合も、収益アップの魅力的な手段になり得る。バンドリングした商品の価格は、個々の商品価格の合計よりも安いことが普通だ。２つの商品をバンドリングするというのは、「割安なら２つ目の商品を買ってもいい」と考えている顧客――個別に買うよりも少ない追加料金で買えるなら買うという顧客――に商品を販売していることに等しい。それぞれ70ドルの商品を２点バンドリングして１００ドルで売っている場合、２つ目の商品は30ドルの追加料金で買え、個別に買う場合に支払う70ドルより安く済む。商品リサーチの分野でこれと全く同じ手法を活用しているのが、調査会社ダン・アンド・ブラッドストリート（D&B）だ。同社はスーパーなどのレジのスキャナーで読み取った情報を販売しているが、ある地域のデータを購入したメーカーには、別の地域のデータを割引している。

もともとある商品を買うつもりだった顧客に、別の商品を限定値下げする――これがバンドリングだ。本当に値下げする意味はあるのか、バンドリングを検討する際はこの点をよく考えよう。例えば、今年の情報に高い価値を認める顧客が、去年の情報にも高い価値を認める可能性が高い場合、２年分の情報をバンドリングして値引き販売する意味はない。ウォールストリート・ジャーナル紙は、紙版の定期購読者に対して、オンライン版を値引き販売している。すでに定期購読している人がオンライン版を読んでも、未購読者ほどの価値は得られないためだ。ただし、過去記事の検索サービスについては、定期購読者でも値引きはしていない。紙版の購読者からみれば、オンライン版はそれほど価値がないが、検索サービスは、むしろ紙版の購読者のほうにアピールできる。したがって、値引きの必要はない。この点を同紙は正しく見抜いている。もちろん、ライバルが利幅の厚い顧客を狙って値下げを仕掛けてくれば、同紙も値下げを強いられる可能性はある。

カスタマーバリューのばらつき

アプリケーションソフトも、場合によってはバンドリングで大幅な売り上げアップを見込める。バンドリングで顧客間の支払い意欲の差（ばらつき）を減らせる場合だ。単純な例を考えてみよう。

表3・3は、ワープロソフトと表計算ソフトについて、マークさんとノアさんの支払い意欲を示したものだ。マークさんはマーケティング部で働いており、ワープロソフトはよく使うが、表計算ソフトはたまにしか使わない。ノア

表3・3　アプリケーションソフトに対する支払い意欲

	ワープロソフト	表計算ソフト
マークさん	$120	$100
ノアさん	$100	$120

さんは経理部で働いており、表計算ソフトをよく使うが、ワープロソフトはたまにしか使わない。

ワープロソフトと表計算ソフトにどのような価格を設定すれば、売り上げを最大化できるか。単純化のため、合理的な価格は100ドルか120ドルかの2種類しかないと考える。両方とも120ドルで販売すれば、マークさんはワープロソフトしか買わず、ノアさんは表計算ソフトしか買わない。それぞれ120ドルで販売するので、売上高は合計240ドルだ。反対に、両方とも100ドルに設定すれば、2人ともワープロソフトと表計算ソフトを買うので、合計売上高は400ドルになる。この場合は、戦略上、明らかに双方の価格を100ドルに設定することが望ましい。

だが、ワープロソフトと表計算ソフトをバンドリングした場合は、どうだろうか。控えめに見積もって、バンドリングした商品に対する支払い意欲が、構成製品に対する支払い意欲の合計だと仮定してみよう。この場合、ノアさんとマークさんは、バンドリングした業務用総合ソフトにそれぞれ220ドル払ってもいいと考えることになる。合計売上高は440ドルだ！

この例でバンドリングによって売り上げが伸びるのは、バンドリングした商品に対する支払い意欲が、構成製品に対する支払い意欲よりも、ばらつきが少ないからだ。構成製品のどちらかの一方に高い支払い意欲を示す顧客が、もう一方の製品に低い支払い意欲を示すことが多い場合――つまり構成製品のカスタマーバリューが逆相関の関係にある場合、この現象が起きる。先ほど指摘した通り、構成商品の価格を一律にする場合は、最も支払い意欲の低い顧客が払ってもいいと考える値段しかつけられない。この例では100ドルだ。そのため、価格を一律にする場合は、支払い意欲のばらつきを減らすテクニックで収入アップを図れることが多い。バンドリングの活用が可能だ。

もちろん、差別価格を利用できるなら、高い価値を認める顧客に高い料金を課金できるため、ばらつきはそれほど問題にはならない。ばらつきが問題になるのは、価格を一律にしなければならないケースのみだ。

バンドリングは、カスタマーバリューが正の相関関係にあっても、支払い意欲のばらつきを減らせる場合がある。多数の商品を1つにまとめていけば、顧客間のカスタマーバリューの差はたいてい縮まっていくからだ。構成製品のカスタマーバリューが完全な正の相関関係ではない場合、普通、バンドリングすることで、ばらつきを一定程度減らすことができる。

バンドリングのその他のメリット

コンピューターソフトなどの情報財をバンドリングするメリットは他にも様々ある。1つは「オプション価値」（「将来権利を行使できる」という価値）である。いま表計算ソフトを使わない人でも、マイクロソフトの「オフィス」に魅力を感じる可能性はある。将来、使うかもしれないからだ。

将来のある時点で実際に表計算ソフトが必要になった場合、その人は当然「ただ」で使えるオフィスの表計算ソフトを使うだろう。もちろん、オフィスの表計算ソフトは、本当はただではない。バンドリング商品であるオフィスを買った時に代金を払っているのだが、バンドリング製品を購入した以上、追加の費用は発生しない。

バンドリングを活用して、顧客に新商品を体験させよう

マイクロソフトは、この種の価格設定を面白い形で応用していた。まだOS市場で競争にさらされていた頃の話だ。MS-DOS（マイクロソフトが販売していたOS）のライセンス料をMS-DOSのインストール数ではなく、取引先のパソコン生産台数に連動させていたのである。この契約は「プロセッサー・ライセンス」（per-processor license）と呼ばれていた。パソコンメーカーが生産したプロセッサー（パソコン）の数に基づいて、MS-DOSのロイヤルティー

を払うためだ。料金は、MS-DOSをインストールしたパソコンの数ではなく、生産したパソコンの数で決まるのである。そうなると、メーカーが出荷前のパソコンにOSをインストールする場合は、MS-DOSが自然な選択となる。MS-DOSの代金はライセンス契約に従ってすでに払ってあるからだ。追加費用を払わなくてもインストールできるので、競合OSに比べて非常に割安に感じられたのである。1994年、司法省はこの価格設定を問題視し、マイクロソフトも撤回に応じた。詳細は第10章「情報政策」を参照してほしい。

情報のバンドリング

現在、情報はバンドリングして販売されることが一般的だ。雑誌は記事のバンドリングだし、定期購読は雑誌の各号のバンドリングである。これは理にかなっている。1つの雑誌に掲載されている各記事にいくら払っていいと感じるかは、読者によってかなり差があることが多い。エコノミスト誌の読者の中には「アメリカに関する記事しか読まないが、それだけで十分買う価値がある」と感じる人や「ヨーロッパの記事しか読まないが、それでも買う価値はある」と感じる人がいるかもしれない。エコノミスト誌は、欧米の記事をバンドリングしてセット販売することで、顧客の支払い意欲の差を減らしているのである。読んだ記事の数に応じて課金するシステムだと、売り上げは大幅に減少する可能性が高い。

これは定期購読にも言えることだ。興味がなかったり、時間がなかったりで、定期購読しているすべての雑誌を毎号きちんと読む人は少ないだろう。それでも、一部の号の一部の記事に価値があるからという理由で、定期購読を続ける人は少なくない。

もちろん、複数の記事を1冊の雑誌にバンドリングする理由は他にもある。印刷・製本・出荷・販促では規模の経済が働く。ただ、たとえ電子出版のように、そうした「規模の経済」効果が低下する場合も、今述べた理由で、記事をバンドリングして定期購読の形で販売する意味はあるかもしれない。バンドリングすれば、支払い意欲のばらつきが減り、収入アップにつながることが多いのである。

バンドリングのカスタマイズ

ＩＴ（情報技術）を活用すれば、なかなか面白い形でバンドリングに一ひねり加えることができる。現在ポップミュージックはＣＤで販売されているが、このＣＤは普通、個別の楽曲をバンドリングしたものだ。これも先ほどの原理にかなっている。曲の好みは人それぞれなので、楽曲をまとめてバンドリングすることで、支払い意欲の差を減らすことができる。

最近では、技術の進歩でユーザーがマイCDをつくれるようになってきた。音楽編集ソフトの「ミュージックメーカー」を使えば、3万曲のデータベースから好きな曲を選び、20ドル以下で自分用にカスタマイズしたCDを制作できる。情報財の「マス・カスタマイゼーション」（個別大量生産）の格好の例といえるだろう。

もう1つの例が、いわゆる「マイ・ニュース」（personalized newspaper）だ。ユーザーが興味のあるカテゴリーを登録すると、ソフトウェアが自動的に記事を構成して配信してくれる。この技術を使えば、ユーザーが自分で記事をバンドリングできる。教科書をカスタマイズすることも可能だ。

この種の商品は、どのように価格を設定すればいいのか。ヒントは、先ほどバンドリングの説明で使ったノアさんとマークさんの例にある。ソフトに対する2人の支払い意欲をマイCDに収録する個別の楽曲に対する支払い意欲に置き換えてみよう（現実的な価格設定にするため、100ドルを1ドルに換えてみる）。もし1曲1ドルにすれば、2人に4ドル課金できる。だが「非直線的」な価格体系を採用し、1曲目は1・20ドル、2曲目以降は1曲1ドルとするとどうだろう。2人は両方の曲を買うから、合計売上高は4・40ドルになる。売り手が商品をバンドリングするのと全く同じ効果が得られるのである。たくさん買うと安くなる数量割引は、バンドリングと同じ効果を発揮する場合がある。実際、数量割引はバンドリングを一般化した形と考えることもでき、バンドリングと概ね同じ理由で効果的だ。ここで紹介した音楽編集ソフトの「ミュージックメーカー」も、まさにこの数量割引という形を利用している。最小発注単位は5曲で9・95ドル。6曲目以降は1曲1ドルで追加できる。

プロモーション価格の設定

プロモーション(販促)価格の設定は、マーケティング戦略で多用されている。販促には様々な形がある。バーゲン(期間限定の値下げ)、クーポン(クーポン券を持参した場合に値引きする)、払い戻し(レシートを郵送すると、支払った代金が一部戻ってくる)、などなど。こうした諸々のマーケティング手法には1つの共通点がある。顧客にひと手間かけさせるのだ。

バーゲンの場合、顧客はいつバーゲンがあるか注意していなければならない。クーポンの場合は、クーポン券を切り取って、忘れずに店までもっていく必要がある。払い戻しの場合は、忘れずに所定の用紙に記入して郵送しなければならない。

成人の8~9割は、何らかの形でクーポン券を使ったことがあるが、発行されるクーポン券のうち実際に使われるのは全体の2%にすぎない。これは消費者がクーポン券を厳選して使っていることを意味している。ある人は食品のクーポン券を使い、ある人はパソコンソフトのクーポン券を使う。言うまでもないが、もし誰もがクーポン券を使うなら、クーポンはマーケティング戦略として意味がない。誰もがクーポン券を使うなら、最初から値下げしてクーポン券を発行する手間を省いたほうがいい。

クーポン券は、市場をセグメント化できるから、戦略としての価値がある。クーポン券を持参する人は「私は価格に敏感です。こんなに手間暇かけてクーポン券を集めたのだから間違いありません」と自己申告しているのである。クーポン券は支払い意欲を把握する「信頼できるシグナル」になる——これが経済学者の見解だ。なぜ「信頼できる」のか。一般にクーポン券は支払い意欲の低い人しか利用しないからである。

同じことはバーゲンにも言える。期間限定の値下げ会場に現れる人は、バーゲン時期をチェックする価値があると感じている。こうした人は価格に敏感なことが多い。価格が高くても買う層は、それほど価格に敏感ではない(これは同語反復かもしれないが)。つまり、バーゲンをはじめとする販促策は、往々にして市場を「価格に敏感な層」と「敏感ではない層」にセグメント化する手段になるのである。

この点は情報財の価格設定とどう関わってくるのだろうか。何を言いたいのかというと、例えば、ITの発達で検索コストが下がり、誰もが、手間をかけずに最安値の商品を探せるようになったとしよう。その場合、バーゲンは市場をセグメント化する効果的な手段ではなくなる。もしくは、手間いらずでオンラインのクーポン券を探してくれるソフトがあったとしよう。この場合、クーポン券は存在意義がなくなる。

この種の販促策は、顧客に負担をかけなければ意味がない。負担をかけなければ、価格に敏感な層をあぶりだせないからだ。コンピューターで手間暇かけずに最安値の検索やクーポンの収集ができるようになれば、この種のマーケティング手法は、役割を終えることになる。

プロモーション価格は、市場をセグメント化できなければ、意味がない

「バーゲン・ファインダー」が格好の例だ。アンダーセン・コンサルティングのリサーチャー、ブライアン・クラルウィッチは、オンラインのCDショップを検索して、一番安い音楽CDを探してくれる「バーゲン・ファインダー」というちょっとしたプログラムを開発した。これはネット上でたちまち大ヒットし、配信から2ヵ月

で10万人以上のユーザーを集めた。しかし、配信開始から数ヵ月もすると、バーゲン・ファインダーの検索対象となっていたオンラインショップ8店のうち3店が、情報提供を拒否するようになった。

第2章の一番初めの教訓を思い出してほしい。コモディティー化を防げ、だ。オンラインのCDショップは、価格だけで勝負したくなかった。サービスや付加価値で勝負したかった。「バーゲン・ファインダー」がサービスの一面しか取り上げないなら、商品がコモディティー化することになる。

ネットショッピングでは、こうしたコモディティー化は避けがたいのかもしれない。「プライススキャン」といったサイトでは、コンピューター機器や家電の広告掲載価格を一覧できる。消費者にとっては素晴らしいサービスだが、小売業界の競争は、今後これまで以上に熾烈を極めることになるだろう。

まとめ

- **販売する情報財の特性を調整して、カスタマーバリューの違いを際立たせる。**顧客のタイプ別にセールスポイントを変えたバージョンを複数用意する。必要なら価格を調整して顧客を区分けしよう。
- **商品は様々な次元でバージョン化できる。**次元の例としては、ディレイ、ユーザーインターフェース、解像度、操作スピード、フォーマット、処理能力、機能、充実度、わずらわしさ、サポートなどが挙げられる。
- **オンライン情報は、印刷物との差別化を図るため、付加価値をつける。**テキストをただ単にオンラインに掲載するのではなく、印刷版ではできない機能を何か加える。最低でも検索機能や相互参照用のリンクを追加しよう。
- **市場が自然とセグメント化されている場合は、それに合わせる形で情報財を設計する。**例えば、プロのユーザーとアマチュアのユーザーがいる場合は、それぞれの層にアピールできるバージョン・価格を用意しよう。

●**市場が自然とセグメント化されていない場合は、3つのバージョンを用意する（ゴルディロックス ―― 適温のスープを）。** 市場がいくつのセグメントに分かれているかわからない場合は、とりあえずバージョンを3種類つくってみる。真ん中のバージョンで稼ぐことを考える。

●**ブラウザーを操作する。** Javaなどの技術を利用して、ブラウザー（閲覧ソフト）を操作し、情報の表示方法を変える。これはバージョン化や価格設定に役立つ。

●**バンドリングは、支払い意欲のばらつきを減らせる場合、合理的な戦略となる。** 相互補完の関係にある商品を統合することで、顧客の支払い意欲の差を減らせるなら、バンドリングは売り上げアップにつながる。

●**非直線的な価格体系を利用すれば、顧客自身にバンドリングしてもらうことも可能。** 数量割引を活用して、利用量と売り上げを同時に増やそう。

●**プロモーション価格は、市場をセグメント化できるなら、合理的な戦略になる。** 異なるタイプの顧客から異なる反応を引き出せる販促策を考えよう。こうした目的を絞った販促活動で、バージョン化を補強できる。

第4章

Rights Management

知的財産権の管理

著作権の所有者は、インターネットに対して、今も複雑な感情を抱いている。流通手段としては、夢のような新メディアだ。だが、インターネットを「歯止めのきかない巨大なコピーマシン」と考える出版関係者は多い。

デジタルメディアで生じる問題の多くは、従来の知的財産権法による保護では対応できないようにみえる。頻繁に引用されるが、詩人ジョン・ペリー・バーロウは「知的財産権法を補強しても、改正しても、拡充しても、デジタル・コンテンツを捕捉することはできない。（……）このかつてない全く新しい状況に対応するには、かつてない全く新しい方法を編み出す必要がある」と述べている。*

バーロウは正しいのだろうか。著作権法は時代に合わない過去の遺物なのか。筆者はそうは思わない。本書で取り上げてきた他の事例でもそうだったが、昔ながらの原理は今も通用する。変わったのは、インターネットや情報技術（ＩＴ）全般の発達で、そうした原理を応用する新しいチャンスと課題が生まれたことだ。

技術の発展に伴い、複製・流通コストが劇的に下がり、知的財産権の管理は難しくなっ

* Barlow, "The Economy of Ideas," 85.

た。だが、知的コンテンツの制作者は、この技術発展でまたとないチャンスも手にした。19世紀の鉱業権の所有者が、鉄道の敷設で貴重な鉱石の販路が開けたと歓迎したように、20世紀の知的財産権の所有者・クリエーターも、デジタル革命で販路が一気に開けたと喜ぶべきだ。印刷機、ビデオデッキなど、新しい複製技術が登場するたびに「あの業界はもう終わりだ」といった不吉な予言が繰り返されてきたが、実際にはそうした事態を何とか乗り越えてきた。過去のコピー技術の脅威を乗り越えてきた知的財産の所有者は、デジタルコピーの脅威も克服できるはずだ。

生産・流通コスト

デジタル技術の登場で、コンテンツ制作者が直面する2つの大きなコストに変化が生じた。

●再生産（複製）コスト　デジタル技術の登場で、完璧なコピーをつくるコストが劇的に下がった。

●**流通（配布）コスト**　デジタル技術の登場で、複製した商品を迅速かつ簡単・格安に配布できるようになった。

2つのコストがこのように変化した結果、何が起きるかについては、混同されているところが少なくない。2つの変化を分けて考えることが大切だ。デジタル化以外の技術発展では「コピーを容易にする技術」「流通を容易にする技術」という形で、複製コストと流通コストの区別が相対的にはっきりできた。以下の2つの例を考えてみてほしい。

●カセットテープ・レコーダーの登場で、音楽を安くコピーできるようになった。ただ、複製したカセットを流通させるコストは、オリジナルのカセットを流通するコストと変わらない。カセットテープ・レコーダーの登場で複製コストは下がったが、流通コストは下がっていない。

●クラシック音楽をAM放送で流せば、高品質のCDよりも安く音楽を配布できる。だが、サウンドの忠実性の面で見劣りするほか、何よりも自分の好きな時間に聴くことができない。同様に、システィーナ礼拝堂を取り上げた美術書も、白黒コピーをとれば、安く配布できるかもしれないが、オリジナルのフルカラーの美術書と比べれば、カスタマーバリューは落ちる。両者のケースでは、流通（配布）コストは下がるが、複製した商品の品質は、オリジナルに遠く及ばない。

デジタル技術が圧倒的な威力を発揮するのは、複製コストと流通コストの両方を一気に減らせるからだ。それぞれのコストに新たな可能性が生じたから、知的財産権を管理する上で、様々な問題が生じ、様々な対応が必要になる。

流通コストの低下を利用する

流通コストの低下に抵抗してはならない。流通コストの低下は利用すべきだ。流通コストが下がれば、効果的に販売を促進できる。これは大きなメリットだ。

コンテンツの無償提供

第1章では、情報財の大きな特徴の1つとして、情報財が「経験財」であることを指摘した。実際に経験してみなければ、価値の判断ができない商品だ。これは、たとえパッケージや配信の方法を工夫しても、いかんともしがたい。このため、情報を売る企業は、いつの時代も、商品を経験してもらう方法を編み出さざるを得なかった。

普通、書店では立ち読みが許される。著者も、物を書く人間として、特に同業者の書いた本は何度も立ち読みしてきた。ところが、最近は立ち読みをする必要がない。快適な椅子に腰かけて、カプチーノをすすりながら、ビジネス戦略の最新の考え方を身に着けられるのである。大型書店は、快適に「立ち読み」ができる環境を整えるようになってきた。そのほうが本が売れると気づいたのである。コンテンツの少なくとも一部を「無償提供」することで、収益は大幅にアップする。

無料サンプルを提供してコンテンツを売る

インターネットは、コンテンツの無料サンプルを配布するまたとない手段となる。ここ数年、インターネットにはどのような広告モデルがふさわしいかという議論が交わされてきたが、答えは最初から見えている。インターネットは、通販番組などで活用されている「インフォマーシャル」（商品を詳しく取り上げて説明する情報提供型広告）の理想的な手段なのである。家でくつろいでいる相手に商品説明をしたり、商品の一部をただで配ることさえできる。ところが、インターネットを使ったインフォマーシャルには、1つ難点がある。物理的な商品を扱っている場合は、インフォマーシャルで売り上げが落ちる心配はない。シャツの画像と実際のシャツは全くの別物だ。だが、写真の画像は写真であり、たいていの場合、写真の画像があれば、それで用は足りる。写真を売る業者は、当然の理由でウェブに写真を載せたがらない。ネットにただで載せてしまったら、どうやって稼ぐのか。

答えは簡単だ。商品の一部だけを無償提供するのである。これは、消費財の無料サンプルを配るという従来のマーケティング戦術を、デジタル化の時代に合わせたものだ。流通の限界費用（追加の1単位を配布するコスト）がゼロの商品は、極めて簡単に無料サンプルが配れる。これが情報財の素晴らしいところだ。ポイントは商品を2つのパーツに分けること——無償で提供するパーツと課金するパーツに分けることにある。無償提供するパーツは、課金するパーツの広告——インフォマーシャル——である。

この知的財産権の管理戦略は、第3章で説明したバージョン化戦略を応用したものだ。第3章では、情報財の商品ラインナップはフルに取り揃えるべきだと指摘した。格安のバージョン（場合によっては無料にしてもいい）は、高価格バージョンの広告として使えるのである。

書籍の例を考えてみよう。オンラインで本を1冊読み通したいと思う人はいないだろう。雑誌の長い記事でさえそうだ。今の技術では、スクリーンで読み通すのが苦痛に感じられる。複数の調査によると、たいていのネットユーザーは、2ページ分も読むとサイトを離れていく。

オンライン読書の人間工学的な負担を考えれば、ウェブに大量のコンテンツを掲載しても、印刷物の売り上げは必ずしも落ちない。実際、オンラインにコンテンツを掲載することで、印刷版の販売を増やせるケースは少なくない。全米科学アカデミーは、数千点以上の書籍をオンラインに掲載したが、電子版が出回ったことで、印刷版の販売が2～3倍に伸びた。マサチューセッツ工科大学出版局（MITプレス）でも、似たような結果が出ている。電子版をウェブで入手できる形にしたところ、販売がほぼ倍増したという。

ただ、注意が必要だ。オンライン版が簡単に印刷できるようだと、印刷版の販売が落ち込む恐れがある。オンライン版は、斜め読みがしやすい形にする一方で（1ページ当たりの文字数を減らす、リンクを多数張るなど）、全文を印刷しにくい形にするのがベストだ。

繰り返しに対する需要

音楽など、ある種の情報財は、繰り返し再生できることが非常に重要だ。ラジオで好みの曲が流れれば、またすぐに聞きたくなるかもしれない。一方、長編小説の場合は、たとえどんなに面白かったとしても、すぐに読み返したくなることは少ないだろう。ラジオで曲を流せば、曲の宣伝になる。もう少し正確に言えば、曲をもっと便利な形でパッケージしたバージョンの宣伝になる。ラジオで流す曲は無料のサンプルだが、不便な形でしか提供されない。このサンプルはDJがその曲を流したいと思ったときに配布される。必ずしもリスナーが聴きたい時に配布されるわけではない。一方、この曲のCD版には、いつでもどこでも好きなように再生できるという付加価値がつく。CDには経済学でいう「オプション価値」(「将来権利を行使できる」という価値)が備わっている。ラジオで流れる曲と違い、CDを買えば、好きな場所で好きな時にその曲を再生する権利を行使できる。これは第3章で提案したバージョン化戦略にそっくりだ。DJが提供する不便なバージョンは無償で配布し、利便性の高いCD版に課金するのである。

繰り返し楽しみたいという欲求は、子供に共通したものだ。子供は、同じ話を何度も読んだり、同じ曲を何度も聞いたり、同じビデオを繰り返し何度も見るのが大好きだ。このため、子供向けの情報財は、製品の一部を無償で提供するのが効果的なマーケティング戦略になることが少なくない。

例えば、子供向け番組『バーニー&フレンズ』の主人公「恐竜バーニーちゃん」をご存じだろうか。かわいい紫色のティラノサウルスなのだが、おセンチなキャラクターで、少なくとも一部の人から反感を買っている。早くからインターネットで話題になり、ユーズネットのニュースグループ（電子会議室）では「恐竜バーニー死ね、死ね、死ね」というタイトルの投稿の場ができたほどだ。ここには、バーニー嫌いの人がバーニーちゃん人形をどうやっていじめるかが事細かに記されている。バーニーちゃんを取り上げたウェブサイトはたくさんあり、「バーニーは悪魔だ」などと断じているところもある。

だが、バーニーちゃんには、たくさんのファンがいる。公式ウェブサイトによると、バーニーの子供向けビデオの売り上げは3500万本以上、ファンクラブの会員はアメリカだけで100万人を超えている。6歳未満の部で最も視聴者の多いTV番組が、この『バーニー&フレンズ』だ。

バーニーちゃんは、巨大メディアが生み出したキャラクターではない。まさに草の根レベルの地道な活動が実を結んだキャラクターだ。バーニーちゃんは、学校の先生だったシェリル・リーチという女性が1980年代後半に考案した。バーニーが登場するホームビデオを制作し、地元の店に置いてもらうまでは、比較的順調だったが、このビデオはなかなか売れなかった。そこで思いついたのが、売れないなら、ただで配るというアイデアだ。リーチさんは早速、店の近くの保育所や幼稚園にただでビデオを送り始めた。郵送したビデオには、保護者向けに、このビデオが置いてある店のリストを同封した。これは第6章で説明する「マルチプレーヤー」戦略の一例といえる。ある人に「餌」を渡し、別の人を囲い込む戦略だ。リーチさんは、本当の意思決定者である子供にただでバーニーちゃんを見せ、家計を管理している（ことになっている）保護者という代理人（エージェント）を事実上、囲い込んだのである。

この戦略は驚異的な成功を収め、バーニーちゃんはアメリカ文化のアイドルとなった。最近では、マイクロソフトと公共放送サービス（PBS）が、共同でバーニーちゃんの新シリーズを開発すると発表。テレビの信号を受信して動くバーニーちゃんロボットなどを投入する予定だ。

こうしたマーケティング戦略は、子供向けメディアの雄ウォルト・ディズニーとは対照的といえる。ディズニーは「著作権侵害が見つかれば、とことん対処する」（ニューヨークを拠点に活躍する同社の弁護士ジョン・J・トーミー）。同社に言わせれば、ミッキーマウスの商標権に関する限り、些細な訴訟など存在しない。同社は、適切なライセンスを得ずにディズニーのビデオを見せたとして複数の保育園を提訴。1990年代初めには、壁にディズニーのキャラクターを描いた保育園3ヵ所に提訴の意向を伝えている。

こうしたディズニーの対応は、法的には全く問題がない。確かに、商標権は積極的に守らなければ、権利を失う恐れがある。ここで問題にしているのは、ディズニーの行動が適切かどうかではなく、収益にどのような影響が出るかだ。ディズニーだけではない。音楽の演奏権を許諾するアメリカ作曲家作詞家出版者協会（ASCAP）は、ガールスカウトが、協会に所属する作曲家や音楽出版社の曲を無断で歌ったとして、訴訟をちらつかせた。ガールスカウトから得られる収入などたかが知れており、対外的なイメージは明らかに悪化する。さらに、ガールスカウトで歌えば、その歌手が出しているCDの需要喚起にもつながるが、それでも訴訟をちらつかせたのだ。「著作権物を利用する人をすべて探し出して課金する」という意識は根深く、普段は聡明な経営者も、著作権が絡むと、経済的なメリットを度外視して著作権の保護に走ることが少なくない。

筆者の考えでは、ディズニーが、バーニーちゃんと同じマーケティング戦略を、少なくとも試験的に、保育所や幼稚園で試してみる価値は十分にある。例えば、保育園向けにディズニービデオの特別バージョンを用意してはどうだろう。保護者に家庭用ソフトの割引クーポンを配れば、保育園で一定期間ビデオを上映できるという商品だ。クーポンは地元の小売店やディズニーの直営店で利用できる形にする。未就学児にビデオを見せるのは、広告として非常に効果的だ。家庭用ソフトの需要喚起につながる。

繰り返し見たいという需要は、大人の間でもかなり多い。時には意外な理由でそうした需要が盛り上がることもある。第2章で取り上げた『グッドモーニング・ベトナム』の例を思い出してほしい。一回聞いただけではジョークを全部理解できないという理由で、繰り返し見たいという需要が膨らんだ。ビデオ市場は拡大しているが、レンタルは過去7年間横ばいで、市場の拡大はすべてセルビデオの増加によるものだ。その背景の1つに挙げられるのが、様々なビデオを繰り返し見たいという強い欲求である。

全く同じではないが、同系列の商品

無料サンプルの配布と深く関わってくるのが、「全く同じではないが、同系列の商品を有料で販売する」という戦略である。雑誌、テレビ、オンラインなど様々なメディアで目にする画像が、よい例だ。消費者は同じ画像を繰り返し見たくない。それを少し変えたバリエーション

――ただし、変えすぎてはいけない――が欲しい。プレイボーイ誌が好例だろう。読者は全く同じ画像を繰り返し見ると飽きてしまう。読者が欲しいのはバリエーションだ。ただし、基本的に同じ路線でのバリエーションである。

プレイボーイ誌も、他のコンテンツ・プロバイダーの例に漏れず、「知的」財産権の侵害を懸念しており、ウェブサイトに掲載するグラビアには「デジタル・ウォーターマーク」（電子透かし）がついている。これは、画像を構成する画素の輝度を調整して、著作権情報を符号化する技術だ。デジタル画像サービスのコービス社など、セクシー系以外の画像プロバイダーも、同様の技術を採用している。

プレイボーイ誌が採用している電子透かしを開発したディジマーク社は、別のサービスも用意している。同社の電子透かしが入った画像をネット上で検索できる「マークスパイダー」というソフトだ。このソフトを使えば、ディジマーク社は自社の電子透かしの利用状況を把握できる。顧客も自社の画像の不正使用を追跡できるため、有意義なサービスといえる。

著作権物の出所を確認できる電子透かしは、技術的には優れたアイデアだが、これを収益の最大化につなげるには、プレイボーイ誌の考えている利用法とは少し違う視点が必要かもしれない。例えば、バーニーちゃん同様、コンテンツの一部を無償提供し、他の有料商品の需要を喚起できれば、申し分ないだろう。無論、同誌は著作権にはあまりこだわらず、「今月のプレイメイト」の無料画像を掲載している。なぜそうしているのか。ウェブサイトに無料写真を掲載すれば、バナー広告で確実に月1万ドル以上の広告料を稼げるからだ。ただ、広告料をとるには、サイトの閲覧者数や、閲覧者のデモグラフィック属性（年齢・性別・住所・職業など）を広告主に伝える必要がある。プレイボーイ誌は、サイトの訪問者数はカウントできるが、誰が無料画像のコピーを拡散しているかは特定できない。ここで登場するのが先ほどの「マークスパイダー」だ。同誌の広報担当の言葉を借りれば、マークスパイダーを通じてウェブ上の画像を追跡していくと「誰がいつどこで当社の画像に何をしたか」がわかる。

　こうした市場リサーチは、非常に貴重だ。マーケティングの基本は、そう、「汝の顧客を知れ」だ。マークスパイダーのような技術が、その助けになる。「今月のプレイメイト」の画像をただで配布する戦略は合理的なのだが、ただし、その写真を見た人が「これはプレイボーイ誌のグラビアだ」と認識しなければ意味がない。ロゴ、説明文、ハイパーリンクを画像に埋め込めば、画像の出所をユーザーに伝えることができる。もし出所がわかれば、ユーザーは、そのサイトに行けばもっと同じような画像があるかもしれないと考えるだろう。そうなれば、プレイボーイ誌

無料サンプルで顧客をサイトに誘導する

は、広告・定期購読・ペイパービューを通じて、サイトの訪問者から収益を上げることできる。

無料サンプルは、画像以外にも応用できる。ウイルス対策ソフト大手マカフィー・アソシエイツ社の主力製品は、コンピューターウイルスを検出・削除してくれる「ウイルススキャン」というソフトだ。同社を創設したエンジニアのジョン・マカフィーは、ロッキード社でウイルスの問題に取り組んだ人物である。1989年にパソコンの掲示板にウイルス対策プログラムを公開し、ダウンロードする人に「これなら払ってもいい」と思える金額を送るよう呼びかけた。初年度の売り上げは500万ドルに達した。

1992年には株式を公開。1997年の時価総額は32億ドルだ。この年に全世界で出荷されたウイルス対策ソフトの半分以上は、マカフィーの製品である。同社は今も多くの製品をネットで無償提供し、アップグレードやカスタマーサービスで稼いでいる。法人向けにはサイトライセンスを用意し、個人ユーザーには年間53~160ドルで追加のサービスを提供している。1997年12月にはネットワークジェネラル社と合併し、「ネットワークアソシエイツ」に改称。独立系では最大手のオンラインセキュリティー会社であり、独立系ソフト開発会社としても第10位にランクインしている。今後トラステッド・インフォメーション・システムズ社との合併が予定されており、ランキングはさらに上がるだろう。商品を「ただで」配っている会社とは思えない実績だ！

デジタル技術とインターネットの登場で、情報財の無料サンプルをクリエイティブに活用できる大きなチャンスが広がった。これが筆者の結論だ。画像でも、ニュースでも、データベースでも、株価でも構わない。情報財の無料サンプルが効果的なのは(1)顧客には、商品内容を確かめるサンプルが必要だから(経験財の問題)、そして(2)デジタル情報のサンプルを追加で提供してもコストは、ただ同然だからだ(限界費用「ゼロ」)。だが、読者はこう質問するかもしれない。無料サンプルをばらまいたとしても、ただでダウンロードする人からどうやってお金を集めるのか——。答えはバージョン化にある。ローエンド版は無料で提供するが、範囲・利便性・品質・量を制限するのである。

補完的商品

次は補完的な商品を有料販売するという戦略だ。これは剃刀と剃刀の刃をセットで売るという昔ながらの戦略だが、インターネットでは、様々な応用が可能だ。

1つの面白いアイデアとして、索引や目次を無料提供し、本文に課金するという手がある。目次とコンテンツは明らかに相互補完の関係にある。それを利用するのだ。科学出版のエルセビア社は、定期刊行物の目次をウェブで公開しているほか、新刊雑誌の目次を電子メールで通知するプッシュ型（自動配信型）サービス「コンテンツ・アラート」も提供している。ウォールストリート・ジャーナル紙やエコノミスト誌では、バックナンバーの全文検索が無料でできるが、検索した記事をダウンロードにするには数ドルかかる。どちらの例も、形態は同じだ。目次や検索サービスを無料にして、有料コンテンツの需要を増やすのである。

その逆の例もある。コンテンツは無料で、要点をまとめたレポートを有料にするという手法だ。ファーキャスト社は、特定分野の最新情報を提供する「カレント・アウェアネス」サービスを展開している。商品名は「インクウィジット」。「ビジネス情報の諜報機関」を謳っている。自動ソフトが様々な情報源を検索し、検索内容を報告してくれるサービスだ。検索対象の情報源の一部は（すべてではないが）、すでにオンラインで無償公開されている。このサービスは、コンテンツ自体の提供ではなく、コンテンツを検索して、まとめることで付加価値をつけている。月間利用料は約13ドル。（もちろん！）2週間の無料お試し期間がついている。

不正コピー

読者は、ここまで紹介した戦術について、「確かに効果的だが、無料で提供したくない商品、本当に売りたい商品はどうするのか」と思われるかもしれない。誰かがただでコンテンツを取得してしまったら、どうやって稼ぐのか、と。「海賊版」を無視するわけにはいかない。当然だが、海賊版が出回れば、利益が一気に目減りしかねない。だが、幸いなことに、不安を和らげる要素はいくつかある。

まず、タイミングよく提供される情報や、すぐに飽きられる情報は、不正コピーの被害に遭いにくい。スポーツの結果、金融情報、ゴシップは（どれもインターネットに溢れているが）新鮮な時に一番価値がある。先月のスポーツの結果が不正コピーされた例など、あまり見たことがないはずだ。

この種の情報については、自社が提供している最新データの質の高さを伝えるため、古いデータを活用することが可能だ。ただし、「古い」コンテンツを大量に提供するのはリスクが高い。データベースから一部の情報を抽出して、無料サンプルにするのは良いが、検索機能を提供して無制限でアクセスを認めるのは考えものだ。ウォールストリート・ジャーナル紙は、直近2～3週間のデータは無料で提供しているが、それ以前のデータは有料にしている。そうしたデータベースには計り知れない価値があるからだ。

第2に、海賊版を制作した人間は、密造品を売りさばく業者と同じ問題を抱えることになる。顧客に販売場所を知らせなければならないが、販売場所を宣伝すれば、警察に居所がばれるのである。密売ビジネスでも宣伝は効果的だが、やりすぎは禁物だ。このため、営利目的の不正事業は、自然と規模が制限される。派手にやれば、それだけ検挙されるリスクが高まるからだ。電子透かしの入った画像を検索してくれる「マークスパイダー」のようなソフトを使えば、不正コピーを自動的に検出できる。デジタル製品の海賊版は根絶できないが（これは、他のすべての違法行為にも当てはまることだ）、一定の範囲内に抑えることはできる。必要なのは、知的財産権を保護するという政治的な意思だけだ。

複製コストの低下を利用する

次は、デジタル技術がもたらしたもう1つの大きなコスト要素——複製——に目を向けよう。

デジタル製品のコピーは、オリジナルの完璧なコピーだ。デジタル・コンテンツの場合、生産とは複製に他ならない。違法CDは1枚1ドル以下で十分プレスでき、しかもマスターCDの完璧なコピーである。完璧な不正コピーは、オリジナルの完璧な代用品になる。完璧なコピーが格安で手に入るなら、誰がオリジナルを買いたいと思うだろうか。

デジタル・コンテンツでは、生産＝複製である

こうした不安はいくらでも煽り立てることができるが、「完璧さ」は一部の人が考えるほど決定的な要素にはならない。ヘビーメタルのCDのアナログコピーは、オリジナルのデジタル盤と全く遜色がない。むしろアナログ盤のほうが良いという人もいるだろう。ある実験によると、プロの音楽プロデューサーが、2代目のアナログコピーと20代目のアナログコピーを正しく識別できる確率は、わずか63％だ。つまり、偶然当たる確率と13％しか違わない。ものによっては20代目のコピーのほうが良いというプロデューサーもいた！

脅威という点では、完璧なコピーがつくれる世界も、非常に良質なアナログコピーがつくれる世界も、それほど大差ない。私たちは、文書・音楽・ビデオのアナログコピーと共存するすべを学んできた。デジタルコピーと共存するすべも学べるはずだ。

歴史を振り返る

格安な生産・流通システムの導入は、決して今に始まったことではない。この点を認識することが重要だ。中世の大学教授は、原始的な方法で知的財産を守っていた。講義室を暗くして学生にノートを取らせなかったのである。歴史が下っても、中年の大学教授はいまだに講義室を暗くしている。パワーポイントのプレゼンテーションを見やすくするためだが……。

歴史は繰り返さないかもしれないが、いつか来た道を辿っていく。印刷機、コピー機、インターネットの登場で、テキストの複製コストがどんどん安くなり、速達便やファックスの登場で、テキストの流通コストも一気に低下した。そして、コストが低下するたびに、流通する情報量が激増した。今日の出版点数と、そこから生じる収入は、かつてないほど膨らんでいる。

コピー機の登場で、出版業界は衰退に向かうはずだった。ところが実際には、コピーが安くなったおかげで、印刷物の需要は逆に高まったとみられる。例えば、図書館向けの書籍（学術誌など）は、コピー機が普及したおかげで、高い価格をつけられる。簡単にコピーできるから、利用価値が高まったのである。

貸本屋の登場

この「図書館」自体も、イノベーションの好例といえる。当初は出版業界を脅かすと思われていたが、結果的には、出版業界の飛躍的な拡大を促すことになった。

18世紀に書籍を購入できたのは富裕層だけで、本1冊の価格が平均的な労働者の週給に相当した。書物が高かったからこそ、読み書きの勉強に自己投資する意味もなかったのである。19世紀初めにイングランド全土で読書習慣があった人は、わずか8万人だった。

大きな転機が訪れたのは1741年。小説『パメラ』の出版だ。当時、書籍といえば、退屈な神学の論文が多かったが、この本には、刺激的でなまめかしい少女の生活が描かれていた。パメラはベストセラーになり、多くの類書が現れた。イギリス小説という全く新しいジャンルが誕生したのである。パメラがダニエル・デフォーの『モル・フランダーズ』を生み、『モル・フランダーズ』がヘンリー・フィールディングの『トム・ジョーンズ』を生んだ、という具合だ。こうした古典的な小説は、サミュエル・コールリッジをはじめとする知識人から批判を浴びた。「(小説の)愛好者は、時間をつぶしている、いや、時間を無駄にしているのであり、これはお世辞にも読書とはいえない。卑しい白昼夢であり、怠惰と感傷で心を満たしているだけだ」(サミュエル・コールリッジ)[*]。小説がテレビと同じくらい悪者扱いされているではないか。

だが、一般読者は批判には耳を貸さず、飽くことなく煽情的な物語を求めた。冒険物、恋愛物といった小説は、すぐに売り切れるため、書店は本のレンタルを始める。こうした貸本屋(circulating library)は、知識人から「文学の安売り」と批判されたが、出版社や書店も、全く別の理由で貸本屋に批判を浴びせた。商売の邪魔になることを恐れたのである。「貸本屋が登場すると、書店の間に強い警戒感が広がった。その後、次々に貸本屋が増えていくと、書店の懸念は募り、本の売り上げが大きく落ち込むと考えるようになった[**]」。

だが、長い目でみると、貸本屋は間違いなく出版業界の発展に大きく貢献した。娯楽本が安く読めるようになったため、読み書きを学ぶ人が増えたのである。読書習慣のある人は、1800年には8万人だったが、1850年には500万人を超えている。一般読者向けの書物を販売する出版社は繁盛し、エリート向けの本しか扱わない出版社は姿を消していった。

* Watt, *The Rise of the Novel*, 200.
** Knight, *The Old Printer and the Modern Press*, 284.

市場が拡大するにつれ、本は借りるものではなく、買うものになった。先ほどの引用の続きはこうだ。「ところが、貸本屋の登場が本の販売減少ではなく、販売促進につながることが経験上わかってきた。多くの家庭が、貸本屋という書物の宝庫から本を安く借りたことで、読書という趣味が広がったのである。最初は本を借りていた人が、本を読んで面白いと感じて本を買うようになり、結果的に毎年たくさんの本が売れるようになった*」。

因果関係を慎重に確認しよう。貸本屋が登場し、古い出版モデルが崩壊した。だが、同時にマスマーケット（一般消費者）向けに書籍を販売するという新しいビジネスモデルが誕生した。営利目的の貸本屋は、1950年代までは生き延びた。貸本屋が消滅したのは、読書への関心が薄れたためではなく、一般消費者にさらに安く書物を提供する手段――ペーパーバック（文庫本）――が登場したためだ。

ビデオの登場

1980年代に入ると、ビデオソフト市場で同じような動きが起きた。1980年代初め、ビデオデッキは1000ドル以上、ビデオテープは1本90ドルした。ビデオは1800年頃の書籍と同じで、金持ちのためのメディアだった。

それがレンタルビデオ店の登場で一変した。レンタル店は300年前の貸本屋と同じく、この新しい娯楽を一般消費者の間に広めたのである。店はビデオデッキとソフトを一般家庭向けに貸し出した。ビデオデッキのメーカーはこれで売り上げが伸び、規模の経済を活用できるようになった。1980年代半ばには、平均的な中流世帯がデッキを買えるようになり、レンタル店が繁盛した。

ハリウッドは、このレンタルビジネスが気に食わなかった。映画制作会社は、様々なライセンス契約を通じてレンタル業界を管理しようと考えたが、個人経営のレンタル店は協力を拒んだ。言うまでもないが、ハリウッドは、結果的には、自ら反対していたレンタルビジネスから多額の収益を上げることになる。映画が安く視聴できるようになったことで、消費者がたくさんの映画を見るようになったのだ。1980年代後半には、ビデオデッキの価格は200ドル以下に下がり、アメリカの世帯の85%がビデオデッキを1台所有していた。ビデオレンタル大手ブロックバスターの社名が示すように、レンタルビジネスは大成功《ブロックバスター》を収めたのである。

1980年代初めのうちは、ソフトの値段に大きな変化はなかった。小売りは90ドル前

* Ibid., 284.

後、レンタル店向けは60ドル前後。レンタル料は2〜3ドルだった。だがその後、ディズニーは、適切に価格を設定すれば一般家庭もビデオを買うことに気づいた。同社初の家庭用ビデオソフト『わんわん物語』は、1本29・95ドルで320万本を売り上げた。

市場には、すぐに格安なソフトが氾濫するようになる。19・95ドル、14・95ドル、中には9・95ドルといったものまで出てきた。それも数ヵ月前に公開されたばかりの映画である。レンタルビデオ市場は、1990年以降横ばいが続いている。勢いがあるのはセルビデオ市場だけだ。ソフトの価格はこの15年で90%以上下落したが、ハリウッドはかつてない繁栄を謳歌している。

ビデオデッキの普及は、第1章で触れた「正のフィードバック」(第7章で詳述)の最たるものといえる。デッキが普及すれば、ソフトの需要も拡大する。ソフトがたくさん出回るようになれば、デッキの需要も膨らむ。家庭用ビデオソフト、留守録画、レンタルビデオは、普及率が「クリティカルマス」(商品が爆発的に普及するために最小限必要とされる市場普及率)に達した。クリティカルマスに達すれば、正のフィードバックが始まるのである。

ビデオソフトは、ハリウッドの衰退を招くどころか、ハリウッドの救世主となった。書籍の場合と全く同じで、ビデオのレンタル市場は、レンタル製品と販売製品の双方に新しい巨大な商機をもたらした。新しい技術の意味するところを理解した企業は、夢にも思わなかった成功を収め、古いビジネスモデルに固執した企業は、歴史の闇に葬り去られた。

市場を広げる

今日のデジタル・コンテンツの制作者も、1800年頃の出版社や1975年頃の映画制作会社と、ほぼ同じ立場にある。新しいメディアに内在する脅威を指摘するのはたやすいが、その潜在的な可能性を見抜くのは難しい。ポイントは、どうやって規模の経済を活用するかだ。生産・流通コスト5ドルのソフトを1本10ドルで100人に売るより、生産・流通コストが数セントのソフトを1本1ドルで1000人にダウンロードしてもらったほうが、はるかに儲かる。

流通コストの劇的な低下は、脅威に感じられるかもしれないが、実際には大きな商機になる

1800年頃の出版社と1980年頃の映画制作会社は、市場がいかに劇的に拡大し得るかを理解していなかった。裕福なエリート層を相手にしていた出版社は、面白い読み物があれば、読み書きを習う人が劇的に増えるという点を見逃していた。ハリウッドのプロデューサーも、人気のビデオソフトを発売すれば、ビデオデッキが普及することを見逃していた。出版社も制作会社も、自分の市場は理解していたが、自社ではつくれないパーツを補完してくれる補完産業を理解していなかった。

制作者が知的財産の保護にこだわりすぎるのは、自然なことだと思う。大切なのは、保護のための保護ではなく、知的財産の価値を最大化することだ。自分の財産を売ったり、貸したりすることで、財産が目減りしても、それはビジネスをする上でのコストにすぎない。減価償却、在庫の減少、設備の老朽化と同列のコストにすぎない。

契約条件を設定する

過去の話はもういいだろう。今の話をしよう。あなたがある知的財産を所有しており、この知的財産を好きなように販売できる法的な権利があるとしよう。この知的財産をどのような契約条件で販売すればいいのだろうか。

まずは、知的財産の管理とカスタマーバリュー（顧客が認める商品価値）の基本的なトレードオフを理解する必要がある。商品の利用条件を緩やかにすれば、カスタマーバリューは高まる。友達とシェアしたり、貸し借りできる商品、繰り返し利用できたり、転売できる商品は、限られた条件の下で1人1回しか利用できない商品よりも、当然カスタマーバリューが高い。

　契約条件を緩めて、商品価値を高めれば、2つのメリットが得られる。まず、高く売れる。そして買いたいと思う消費者が増える。ただ、デメリットもある。契約条件を緩めれば、競合製品が現れる。つまりレンタル市場、転売市場の拡大で、オリジナルの商品の販売が落ち込み、収入が目減りするのである。中古品のようなオリジナルに近い代替品があるなら、消費者は安い方を選ぶ。

　知的財産を管理する上で難しいのが、このメ

図4・1　契約条件と販売量のトレードオフ

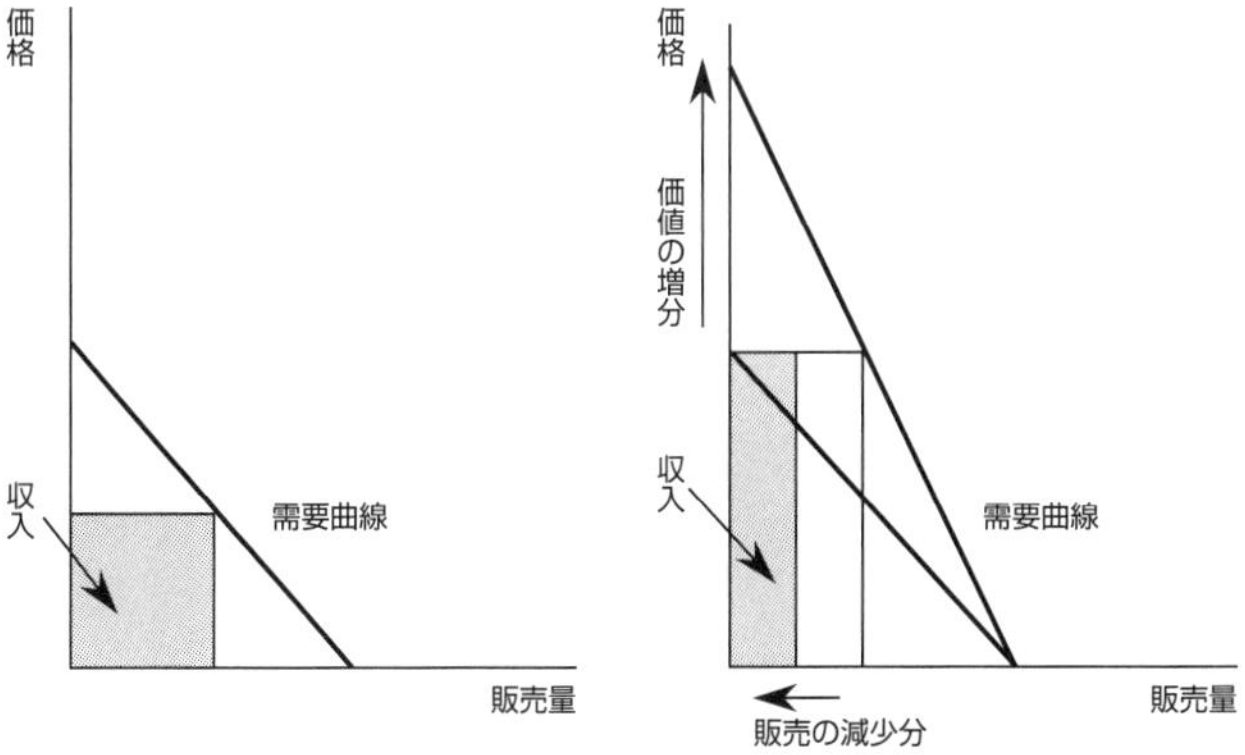

A　基本モデル　　**B**　条件を緩和した場合

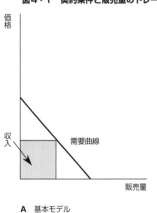

リットとデメリットの折り合いをどうつけるか――つまり、自分が所有する知的財産の価値を最大化する契約条件をどのように設定するかだ。知的財産は、契約条件を緩めれば、高く売れるが、販売量は減る。

知的財産権の管理を分析する

このトレードオフの関係は、経済学の基本的なツールである需要曲線を使って検証できる。たいていの情報財は、単位当たりの生産コストが非常に低く、純粋なデジタル財の場合はただ同然のため、ここでは生産コストを無視して考えよう。

目標は、収入の最大化につながる価格を設定することだ。図4・1の需要曲線は、標準的なトレードオフの関係を示したものである。価格を高くすれば、販売量が減る。マーケティング調査をしっかり行えば、収入を最大化できる価格を設定できるはずだ。収入はグラフの網掛け部分。(A)を基本モデルとしよう。

だが、どのような契約条件で販売すればいいのか。条件を緩めれば、カスタマーバリューが高まるので、需要曲線は上方にシフトする。一方で、条件を緩くすると、コピーや共有が増えるので販売量は減る。条件を緩めたケースをグラフ化した図4・1(B)の需要曲線は、傾斜が（A）の2倍になっている。これは条件を緩和すると、2倍の価格で売れるという意味だ。だが、条件が緩くなるため、販売量は落ちる。ここでは販売が50％減少すると想定している。網掛け部分は、高さが（A）の2倍、幅が（A）の2分の1になっており、収入は（A）と同じだ。もし、条件を緩めて販売が50％超落ち込めば、収入は減る。販売の落ち込みが50％未満なら、収入は増える。契約条件の緩和で高まったカスタマーバリューの増分（これは値上げという形で制作者の懐に入る）が、販売の落ち込み分よりも多ければ、契約条件の緩和は、利益の拡大につながる。

消費者に認める権利を増やせば、値上げできるが、販売量は減る

この点を踏まえれば、契約条件のトレードオフが実際のビジネスにどう関わってくるかが理解できるだろう。レンタルビデオ大手ブロックバスターが最近行った契約条件の実験を例に挙げよう。筆者の地元の店舗では、レンタル期間1日・3日・5日間のプラン、ポップコーンのプレゼント、早く返却すれば料金を割引するサービスが用意されている。ブロックバスターは、どのソフトをどのプランの対象にするかを決める際、契約条件がカスタマーバリューとレンタル本数の双方にどう影響するかを考えることになる。もし、5泊6日のレンタルには1泊2日の2倍の値段をつけられるが、5泊6日のレンタル本数は1泊2日の半分だという場合は、5泊6日のレンタル

も1泊2日のレンタルも収入は同じだ。もし顧客が5泊6日には1泊2日の2倍の価値を認めるが、レンタルする本数は1泊2日の40%にとどまるなら、ブロックバスターとしては1泊2日で貸したいと考えるはずだ。

取引コスト

第2章で指摘したが、カスタマーバリューを大きく左右する要素の1つが、取引コストだ。これは消費者や生産者が取引を行う際に発生するコストである。例えば、ビデオの最新作を借りるには、その店に出向く必要がある。大人気のソフトなら、何度も出向くことになるかもしれない。ようやく借りられても、家に持ち帰って鑑賞し、翌日には返却しなければならない。移動のコストや、返却が遅れた場合のコストは馬鹿にならない。返却する手間を考えれば、3ドルで借りるよりは12・95ドルで買った方がよいと考える消費者は少なくない。

「DivX」(デジタル・ビデオ・エクスプレス)という新しいDVDのレンタル・フォーマットでは、DVDを視聴できる時間が48時間に制限され

表4・1　業務用総合ソフトのサイトライセンス

ソフト名	1,000	5,000	10,000　(ユーザー数)
Lotus SmartSuite	$133	$125	$125　(1ユーザー当たり単価)
Corel WordPerfect	69	64	64
Microsoft Office	158	171	167

出所：*InfoWorld*, October 28, 1996, p. 14.

ており、ペイパービュー方式でDVDを視聴できる。DivXの映画を5ドルで購入し、見終わったら捨てるというスタイルだ。DivXを5ドルで売る制作会社は、3ドルで借りたビデオを返却する手間を省けるなら2ドル払ってもいいと考える消費者をターゲットにしている。この取引は、制作会社と消費者の両方に利益をもたらす可能性がある。制作会社は2ドルの追加収入を得られ、借りるほうも深夜にレンタル店まで出向く手間を省ける。

取引コストの重要性を示すもう1つの好例が、ソフトウェアのサイトライセンス（同一組織内での一括ライセンス契約）だ。サイトライセンス料は、ユーザー数と製品単価の積よりも割安な価格に設定されることが多い。表4・1は、業務用総合ソフト3製品の1ユーザー当たりのサイトライセンス料だ。

サイトライセンスには、買い手と売り手の双方の取引コストを下げるメリットがある。組織内のユーザー1人1人にソフトのコピーを作成・保存・配布するよりは、ファイルサーバー（ファイルを共有するために設置するサーバー）にソフトをインストールしたほうが、ずっと安上がりだ。ユーザーサポートのコストを売り手ではなく、その組織内で負担する場合は、なおのこと安上がりといえる。

サイトライセンスは、情報財の価格設定や販売促進という面でも、効果的な戦略になる。

例えば、大手投資銀行の社員は、個人でウォールストリート・ジャーナル紙の購読を管理するより、勤務している投資銀行が電子版のサイトライセンスを契約してくれたほうが、ずっと便利だと感じるはずだ。サイトライセンスがあれば、気兼ねなく社内で記事を転送できるが、サイトライセンスがないと、契約条件の検証・順守に多額の取引コストがかかり得る。（この種の料金プランのマーケティング上のメリットについては、第2章で取り上げたグループ別の価格設定を参照。）

情報財を所有しているなら、こう自問しよう。「自分が直接エンドユーザーに商品を配布したほうが安上がりなのか、取引先の組織を通じてエンドユーザーに配布したほうが安上がりなのか」。もし、取引先を通じて配布したほうが安上がりなら、配布・流通システムの効率化で得られるメリットを取引先と分け合う形の契約が結べるはずだ。

また、組織内で使う製品を統一すれば、コストを大幅に削減できることが少なくない。一度ある製品を採用した組織が、他の製品への乗り換えを強く渋る可能性もある。そうしたお得意先の納入基盤を増やしていけば、アップグレードで安定した収入が得られる。最初に契約する際に値引きが必要になっても、十分割に合う可能性がある。次の第5章では、この乗り換えコストにかかわる戦略を詳述しよう。

まとめ

●**デジタル技術の登場で、知的財産権の管理に2つの課題が生じた。**第1に、コピーをつくるコストが下がった。第2に、コピーを迅速かつ簡単・格安に配布できるようになった。この課題は、チャンスに変えることもできる。

●**流通コストの低下を利用して、無料サンプルを安く配布し、商品を広告しよう。**これは繰り返し視聴したいという需要や、同系列のコンテンツが欲しいという需要が多い場合、有効だ。無料サンプルを活用して、有料コンテンツの売り上げを増やすこともできる。

●**流通コストが下がれば、海賊版を扱う業者も得をするが、宣伝の必要があるため、不正事業の規模は制限される。**海賊版業者は、派手に動けば、すぐに検挙される。

●**コピー防止システムは、ユーザーに負担をかけるため、競争上、大きな弱点になり得る。**システムのセキュリティー強化、暗号化といったコピー防止対策には、それなりの意義があるが、マスマーケット向けの情報財では、フル活用できない可能性が高い。標準化の問題や他社との競争があるためだ。

●**契約条件を決める際は、基本的なトレードオフを意識する。契約条件を緩くすれば、普通、カスタマーバリューが高まるが、販売量が落ち込みかねない。**ポイントは、知的財産の保護を最大化する契約条件ではなく、知的財産の価値を最大化する契約条件を設定することだ。

●**サイトライセンスなど、グループ向けの料金プランは、契約条件を管理する貴重な手段になる。**サイトライセンスを通じて、売り手・買い手双方の取引コストを削減できる。

第5章

Recognizing Lock-In

ロックイン

囲い込みを理解する

インターネットの登場で、「摩擦のないスムーズな経済」という資本主義の最も理想的な形が現実となる——そんな夢物語を口にする人がいるが、だとすれば、21世紀を目前にして世界を震撼させた西暦2000年問題は、何とも皮肉な出来事だ。情報経済を悩ます途轍もない硬直性が露呈したのである。

確かに、インターネットの登場で買い物はかつてないほど便利になるのだろうが、摩擦《フリクション》のない経済というのは、大半が作り話《フィクション》にすぎない。店まで車を飛ばさなくても、新しいパソコンは注文できるが、未来の選択が過去の選択に縛られる状況は今後も続く。情報化時代は、買い手が嫌でも情報システムの乗り換えコストを負担するのが普通だ。今日の経済で成功を収めるには、新しい技術、また新しいブランドでさえも、乗り換えるにはコストがかかるという点をまず理解する必要がある。

車とコンピューターを比べてみよう。何年か乗ったフォード車を買い替えるとき、次もGMやトヨタではなく、是が非でもフォードにしなければならない理由はない。フォード車でもシボレーでも、きちんとガレージに入るし、トヨタ車の運転にもすぐに慣れるだろう。シボレーでもトヨタでも、同じトレーラーをつけられる。つまり、これまで投資した「自動車のインフラ」は、別ブランドの車でも滞りなく利用できる。ところが、何年か使っていたMacを買い替える場合、どうしてもという理由がなければ、Ｍａｃをやめて、ウィンドウズ機やＵｎｉｘマシンに乗り換えようとは思わない。Ｍａｃ用のソフトを山ほど持っているし、Ｍａｃの使い方にも習熟している。Ｍａｃ用のプリンターもまだ何年も使えるかもしれない。おそらく、他のＭａｃユーザーとファイルの交換もしているだろう。ある情報技術から別の情報技術に乗り換えるとなれば、多大なコストを負担しなければならない。

Ｍａｃユーザーは、Ｍａｃ専用の「補完的耐久資産」(durable complementary asset) にかなりの投資をしている。こうした資産は、経済寿命（経済的に使える耐用年数）がそれぞれ異なるため、互換性のない新たなシステムを使い始めるきっかけが、なかなかつかめない。結果的に「乗り換えコスト」(switching cost) が壁となり、事実上、今使っているシステムやブランドに囲い込まれる。

ある技術ブランドから別の技術ブランドに乗り換えるコストが相当な額に上ると、ユーザーは「ロックイン」（囲い込み lock-in）に直面する。囲い込まれ、ロックされてしまうのである。情報システムでは、この乗り換えコストとロックインが至るところで発生し、売り手も買い手も乗り換えコストの管理に頭を悩ませることになる。「囲い込まれてはいけない」とか「商品のライフサイクル（市場投入から廃棄まで）を基にコストを見積もる」といった単純なアドバイスは、あまり役に立たない。情報システムを利用・販売する場合は、将来の乗り換えコスト――自分の乗り換えコストと顧客の乗り換えコスト――をしっかり予測することが何よりも大切だ。ロックイン（囲い込み）は、自分がロックされて外に出られなければ、大きな頭痛の種になるが、ドアを開閉するカギを手にすれば、莫大な利益の元にもなる。乗り換えコストを駆使して市場の頂点に立つなら、ロックインを避けて通ることはできないし、これ幸いと受け入れるだけではいけない。戦略的に考えることだ。先を見据え、論理的に振り返ることだ。

ロックイン（囲い込み）を理解するには、先を見据え、論理的に振り返る

このアドバイスは、少し禅問答めいて聞こえるかもしれないが、本章と次の第6章「ロックインを操作する」を読んで頂ければ、意味が明確になるはずだ。第5章では、乗り換えコストの一般的な発生パターンを説明する。乗り換えコストを正しく見積もり、どのような状況でロックインが起きるのかを理解することが目的だ。第6章では、ロックインをどう味方につけるか――少なくともロックインを仕掛けられた場合にどう影響を緩和するか――を説明する。

ただ、乗り換えコストの分類と、ロックインを活用した事業戦略の分析を始める前に、ロックインがどんな問題を引き起こすか、具体例をいくつかつかみておこう。

ロックインの具体例

ロックイン（囲い込み）という現象を理解するには、実例を検証するのが一番だ。以下の例をみれば、ベル・アトランティックのような大企業も、自分の電話番号を割り振られた個人も、等しくロックインの餌食になることがわかる。

ベル・アトランティック

電話会社のベル・アトランティックは、通信網を管理するため、1980年代半ばから後半にかけて30億ドルを投じてAT&Tのデジタル交換機「5ESS」を導入した。この5ESSは、1台何百万ドルもする複雑な巨大装置だ。ひとことで言ってしまえば、伝送機器などに接続された特殊なメインフレーム・コンピューター（大型汎用機）である。つまり、ベル・アトランティックは、デジタル化時代にふさわしい通信システムを構築するため、ノーザン・テレコムやシーメンスの交換機ではなく、AT&Tの交換機を選んだ。当時、AT&Tの交換機が画期的なシステムだったことは間違いないが、果たしてベル・アトランティックは10年先を見据えて、ロックインから身を守る手立てを講じていたといえるだろうか。

何が問題だったのか。この5ESSを動かす基本ソフト（OS）は、ソースコードが公開されていないAT&Tの「専有」規格（プロプライエタリ規格）で、通信システムに新しい機能を追加する場合や、交換機に新しい周辺機器を接続する場合は、AT&TにOSのアップグレードやインターフェースの開発を委託しなければならない。AT&Tの製品から他社製品に乗り換えるには、莫大なコストがかかるため、ベル・アトランティックはAT&Tの交換機に囲い込まれたのだ。

そうなると、事はAT&Tのペースで進む。AT&Tは、交換機の様々な拡張やアップグレードで独占力を行使できる強い立場を手にしたのである。例えば、ベル・アトランティックが、888で始まる電話番号を通話料無料のフリーダイヤルと認識させたい場合、AT&Tに頼るしかない。自力で開発しようにも、必要なソースコードはAT&Tに握られている。立場の強いAT&Tは、888を認識するソフトウェアの代金として800万ドルを請求した。同様に、相手の名前を言えば、電話番号を押さなくても電話がかけられる「ボイス・ダイアリング」機能を追加する時も、AT&Tに頼らざるを得なく、ソフトウェアの開発費として1000万ドルを請求された。どちらのケースでも、他に調達先があればもっと安上がりにソフトを開発できたというのが、ベル・アトランティックの言い分だ。

AT&Tにしてみれば、5ESS交換機という自社商品の納入先（＝「納入基盤」installed base　商品の納入《インストール》先というビジネスをする上での地盤）は、貴重極まりない資産であり、安定した収入源となることが期待できる。ベル・アトランティックによると、AT&Tは、交換機関連収入の3〜4割を交換機納入後のソフトウェアのアップグレードで稼いでいる。OSのアップグレード費用は、ベル・アトランティック1社だけで年間約1億ドルに達する（ベル・アトランティックは数ある大口納入先の1つにすぎない）。さらに、ベル・アトランティックに周辺機器も販売すれば、かなりの儲けが期待できる。AT&Tには、交換機の改善やアップグレードを進める動機があったし、高い料金を請求する力もあった。また、インターフェース（＝出入り口）の専有権を活用することで、競合他社による互換機の供給を少なくとも短期的には防げる立場にあった。

ベル・アトランティックは、5ESSのアップグレードや機能拡張といった「アフターマーケット」（商品の販売後に生じる市場機会）で足元を見られたことに我慢がならず、1995年、AT&Tを独占禁止法違反で提訴するに至った。

なぜ、ベル・アトランティックは、ここまで追い詰められたのか。それは、他社の交換機に乗り換えるには、巨額のコストがかかったからだ。交換機の耐用年数は15年以上で、撤去や再導入にも高額の費用がかかる。交換機を転売しようにも、中古品の価格は購入時の価格をはるかに下回る。中古品を購入した企業も、拡張とアップグレードをAT&Tに委託しなければならないことが一因だ。

これがロックイン（囲い込み）の実態である。ベル・アトランティックは、AT&Tの交換機を購入・設置した途端に、AT&Tに囲い込まれた——つまり、AT&Tに頼らなければ、交換機を効果的に活用できない状況に追い込まれた。別の言い方をすれば、交換機を他社ブランドに替える際に発生する多額の乗り換えコストは、ベル・アトランティックが負担するのだ。

コンピュータ・アソシエイツ

ロックインのもう1つの好例が、IBMのメインフレーム・コンピューター（大型汎用機）上で特殊な専用ソフトを使って大量のデータを管理している法人顧客の実情だ。こうした法人顧客は、IBMの汎用機・OSに完全に囲い込まれているため、汎用機上で動作する専用ソフトの開発が、非常にうまみのあるビジネスになっている。開発会社の数が限られているソフトは、特にそうだ。

このＩＢＭ汎用機のロックイン（囲い込み）で大きな商機を得たのが、コンピュータ・アソシエイツである。同社はＩＢＭの汎用機用ＯＳ「ＭＶＳ（Multiple Virtual Storage）」「ＶＳＥ／ＥＳＡ（Virtual Storage Extended/Enterprise Systems Architecture）」上で動く様々なシステム管理ソフトを開発する大手企業で、ＶＳＥ向けの磁気テープ管理ソフト、ディスク管理ソフト、ジョブ（バッチ処理）管理ソフト、セキュリティーソフト、ＭＶＳ向けの磁気テープ管理ソフト、ジョブ管理ソフトなどを販売している。

１９９６年3月期の売上高は35億ドル。独立系ソフトウェア会社としては、マイクロソフト、オラクルに次ぐ3位だ。従業員１人当たりの売上高は43万２０００ドルで、マイクロソフトの42万２０００ドル、オラクルの18万ドルを凌駕している。

この市場では、２つの次元でロックインが起きている。システムという次元と開発会社という次元だ。言うまでもないが、顧客はそう頻繁に汎用機やＯＳを替えるわけにはいかない。つまり、ＩＢＭのシステムに囲い込まれている。だが、システム管理ソフトの開発会社も、そう頻繁に替えるわけにはいかない。つまり、ソフトウェアの開発会社にも囲い込まれているのだ。こうしたソフトは業務の基幹となるもので、新しい開発会社、特に実績のない会社に開発を任せるのはリスクが高い。顧客が負担する乗り換えコストには、業務が大きく混乱するリスクも含まれる。ＩＴの基幹部分が混乱に陥るリスクに比べれば、現金支出を伴う他の乗り換えコストなど、たかが知れているケースもある。コンピュータ・アソシエイツは実績があるため、ソフトウェアの開発でかなりの割増料金（プレミアム）を請求できる。

もちろん、ＩＢＭの「ＭＶＳ」「ＶＳＥ／ＥＳＡ」に完全に囲い込まれている顧客であっても、コンピュータ・アソシエイツのシステム管理ソフトに完全に囲い込まれているわけではない。システム管理ソフトの多くは、他社からも調達できる。ところが、１９９５年、コンピュータ・アソシエイツは、顧客の選択肢を減らして囲い込みを強化する策に打って出た。ＩＢＭ互換の汎用機向けソフトで独立系2位のレジェント・コーポレーションを18億ドルで買収したのである。米司法省は、この買収を認可すれば、囲い込まれた法人顧客の選択肢が制限されると判断。買収認可の条件として、コンピュータ・アソシエイツに一部のソフトウェア事業の切り離しを命じた。

この例では、司法省の反トラスト局が動いたため、囲い込まれた企業がさらに食い物にされる事態をある程度まで防ぐことができた。だが、保護が必要なら待っているだけでは駄目だ。計画されている合併・買収（Ｍ＆Ａ）で、発注先の選択肢が激減するなら、連邦取引委員会（FTC）や司法省に懸念を伝えることで、M&Aを阻止したり、譲歩を引き出せる可能性が高まる。こうした政府機関には、消費者の利益に反するM&Aを阻止できる強大な権限がある。ただし、何が何でも自分の身を守るというなら、公開の法廷で自分がいかに弱小な存在であるかをさらけ出す覚悟が必要だ。

マスマーケットの囲い込み

これまでの例は、乗り換えコストが高額だった。ベル・アトランティックの場合、交換機の乗り換えには数十億ドルかかる。だが、誤解してはいけない。乗り換えコストが些細にみえる場合でも、戦略上、決して無視できないケースがある。乗り換えコストが1億ドルの顧客1社と、乗り換えコストが1人100ドルの顧客100万人は、合計すれば同じ価値を持つ。ポイントは、売り上げに対してどの程度の乗り換えコストが発生するかを顧客1人当たりで算出した上で、全顧客の乗り換えコストを合算することだ。

売り上げに対して どの程度の乗り換えコストが発生するか、顧客1人当たりで算出する

そうすることで、自分の「納入基盤」の価値を算出できる。この原理は、顧客が法人でも個人でも変わらない。

「些細な」乗り換えコストが、戦略や市場シェアに甚大な影響を及ぼし得ることを説明するため、今、通信業界を揺るがしている「ナンバーポータビリティ（番号持ち運び）制度」を取り上げよう。この制度が導入されれば、電話会社を替えても今の電話番号をそのまま利用できる。争点はこうだ。電話番号は電話加入者のもので、電話会社を替えても継続利用できるのか。それとも、電話番号は電話会社のもので、電話会社を替えるなら電話番号も替えなければならないのか。AT&T、MCI、スプリントなど、市場シェアを拡大したい長距離電話会社は、ナンバーポータビリティ制度の導入を訴えている。現在、圧倒的な市場シェアを誇るベル系の地域電話会社は二の足を踏んでいる。この制度を導入すれば、地域電話市場の競争が現実になることを誰もが承知しているのだ。電話番号を替えるコストは、1人当たりでみるとそれほど大きくないかもしれないが、電話加入者数百万人のコストを合計すると、積み上がったコスト＝利権は莫大なものになる。

圧倒的なシェアを持つ大手の地域電話会社は、できる限り早期にナンバーポータビリティ制度を導入するよう指導されている。いま議論されているのは、自動転送サービスなど「仮のナンバーポータビリティ制度」を導入すれば、それで義務を果たしたことになるのかという問題だ。既存の大手と競合する電話会社は、市場を独占している大手に「本物」のナンバーポータビリティ制度の導入を迫っている。これは1980年代半ばの「イコール・アクセス（平等な条件）」をめぐる議論を彷彿とさせる。長距離通話でダイアルする番号の桁数が多いというハンデを抱えていたMCIとスプリントが、格差是正を求めた問題だ。ここからは、各顧客の乗り換えコストはわずかでも、それが積み重なれば、大きな参入障壁になり得ることがわかる。特にマスマーケット（一般消費者）向けの商品の場合はそういえる。

「些細な」乗り換えコストが市場シェアを大きく左右する例は、インターネット接続事業者（プロバイダー）にもみられる。アメリカ・オンライン（AOL）から別のプロバイダーに乗り換えるには、電子メールのアドレスを変更しなければならない。汎用機の乗り換えに比べれば、アドレスの変更など些細なコストだが、月々のプロバイダー料金と比べれば、アドレスを変更する負担は決して無視できるものではない。また、AOLのような市場シェアの高い大手であれば、古いアドレスに届いたメールの転送を拒否することで、乗り換えコストを引き上げることも可能だ。実際、AOLを退会したユーザーにメールを送ると、配信不能というメッセージが返ってくる。

この電子メールによる囲い込みを逆手に取っているインターネット企業が、ホットメールである。同社は、どのプロバイダーに加入していても利用できる無料のウェブメール・サービスを提供している。ホットメールは一体どこで儲けているのか。メール画面の脇に表示する広告だ。同社はユーザー登録時に興味のある分野を入力する仕組みも整えており、各ユーザーの関心に合わせた広告が表示される。以前取り上げた広告の個人向け設定（パーソナライズ）の一例である。ホットメールの加入者は950万人、サイト訪問者数は世界14位。マイクロソフトとネットスケープが関心を寄せていたが、先ごろマイクロソフトが推定3億～4億ドルで買収した。まだ黒字化していない企業としては、なかなかの高値で身売りできたといえる。

米計算機学会（ACM）など一部の専門家組織は、アドレスによる囲い込みを回避するため、メールの転送サービスを用意している。このサービスは、寄付金集めにつながるとの思惑もあり、カリフォルニア工科大学など複数の大学が、卒業生に提供している。

アドレスによる囲い込みは、個人ユーザーにとっては「些細な」問題かもしれないが、巨大組織にとっては大きなリスクとなる。昨今、インターネットのドメイン名（ネット上の住所）をどう管理するかをめぐって、白熱した議論が繰り広げられている背景の1つには、ロックイン（囲い込み）のリスクという問題がある。ウェブサイトを開設して、顧客を集めた後で、中央の管理組織にアドレスを没収されたり、「自分の」アドレスの年間管理料を大幅に値上げされたら、どうなるだろう。そうした懸念があるからこそ、ドメイン名制度をはじめとするインターネットの管理体制（インターネット・ガバナンス）への関心が高まっているのである。

些細なロックインがなぜ重要かを示す最後の例は、ユーザーのウェブ上の行動に関するものだ。複数のユーザー調査によると、ウェブ上のコンテンツの読まれ方と紙のコンテンツの読まれ方には違いがある。ウェブの読者は非常に移り気で、興味がなくなると、すぐにサイトを離れてしまう。インターネット業界の1年は他の業界の7年分に相当するというが（ドッグイヤー）、ウェブ上では人々の関心が持続する時間も、7分の1になる。

こうしたユーザーの行動は、ある程度まで人間工学で説明がつく。ただ単に、モニターで読むのは苦痛だという理由だ。だが、乗り換えコストの問題も指摘できる。本棚から雑誌や本を取り出して、お気に入りのソファーで読んでいる場合、他の雑誌や本に乗り換えるには、わずかだが手間がかかる。ところが、ウェブのページを閲覧しているなら、わずか1クリックで別のページに移れるのである。

ということは、ウェブ向けの文書と紙の文書では、書き方を変えなければならない。ウェブでは、言いたいことを素早く簡潔に伝える必要がある。スクロールやクリックで、別のページに飛ぶことを要求すれば、サイトから離れる良い口実となる。次々にサイトを渡り歩くネットサーファーは、常に動き回っている傾向がある。同じページにとどまっているようなら、きっとスナック菓子でも取りに行っているのだ。

乗り換えコストは至るところに

情報経済では、乗り換えコストは日常的に発生しており、珍しいものではない。自分のビジネスを振り返れば、ロックイン（囲い込み）と乗り換えコストへの対応が、日常的に必要になることに気づかれるのではないだろうか。もしかすると、あなたの顧客は、あなたの商品やサービスに囲い込まれているかもしれない。あなた自身も、日ごろ使っている情報システムに囲い込まれるリスクが確実にある。

ロックインを理解して自分の身を守り、できる限り自分に有利な形でロックインを利用しなければ、競争上、危うい立場に立たされる。情報の蓄積・加工・送信が必要となる産業の多くでは、露骨なロックインが幅を利かせている。ロックインの影響を事前に予測しておけば一儲けも可能だが、予測を怠れば損害を被りかねない。新規顧客の獲得を目指すなら、同業他社に囲い込まれている顧客の惰性を打ち破る必要がある。自分が囲い込まれてしまった人は、契約段階で身を守る手立てを講じていれば、交渉力の低下は避けられたかもしれない。囲い込まれることがわかっているなら、ロックインの埋め合わせとなるような「おいしい特典」を初めに要求しておくのはどうだろう。

この第5章の狙いは、乗り換えコストとロックインの理解を深め、その重要性を見極めることにある。改めて言うが、ロックインは諸刃の剣だ。自分が買い手なら迷惑千万かもしれないが、自分が売り手ならこれ幸いと受け入れるかもしれない。いずれにしても、乗り換えコストの理解を深め、事前に予測して、コストを見積もるノウハウを身につけなければならない。次の第6章では、そうした理解を基に、どのような戦略を立てるかを説明しよう。

納入基盤の価値を算出する

ロックインへの理解を深め、ロックインとうまく付き合うには、まず乗り換えコストの本質を見極める必要がある。ある顧客が特定の企業にどこまで囲い込まれているかを数値化したのが、乗り換えコストだ。アメリカ・オンライン（ＡＯＬ）は、どこまで積極的に新規の顧客を開拓すべきなのか。既存の顧客向けの料金はどう設定すべきなのか。これは、顧客の乗り換えコストを見積もらないことには決められない。別の言い方をすれば、AOLは、おそらくもっとも重要な資産である顧客という「納入基盤」の価値を算出する必要がある。クレジットカード会社、長距離電話会社、ケーブルテレビ会社もそうだが、プロバイダーも、新規の顧客からどの程度の収入フローを見込めるか推計しない限り、顧客の獲得にどこまで資金を投じてよいか判断できない。銀行がクレジットカード債権を買い取る場合や、IBMがロータスを買収する場合など、顧客をまとめて買い取る場合にも似たような作業が必要になる。この作業は想像以上に難しい。

これまで、買い手の乗り換えコストを強調してきたが、新規顧客の開拓では、売り手のほうも一定のコストを負担する。売り手が負担するコストは、データベースに新規の顧客データを入力するといった小さなものから、サポートチームの設置といったかなり大きなものまで様々だ。買い手のコストも売り手のコストも重要であって、双方を合計することで、顧客1人当たりに発生する「総乗り換えコスト」を算出できる。納入基盤の価値を算出する上でカギを握るのが、この総乗り換えコストだ。

顧客Cが企業Aから企業Bに乗り換える際に発生する総乗り換えコストは、顧客Cと企業B、企業Bが共同で負担するコストの合計額だ。この総乗り換えコストが負担されない限り、企業B

は、企業Aと同等の立場で顧客Cに接することはできない。
この概念を長距離電話会社の例で説明してみよう。長距離電話会社をAT&TからMCIに乗り換える場合、総乗り換えコストは「乗り換え手続きにかかる顧客の手間暇」と「MCIが負担するマーケティング費用と回線の設定費用」の合計だ。MCIが総乗り換えコストを引き下げようとしても、手段は限られている。

総乗り換えコスト＝
顧客が負担するコスト＋
乗り換え先の企業が負担するコスト

MCIに乗り換えてくれる顧客に25ドルをキャッシュバックしても、総乗り換えコストは変わらない。顧客の乗り換えコストが25ドル減り、MCIの負担する乗り換えコストが25ドル増えるだけだ。ところが、MCIが特典として100分の無料通話をサービスしたらどうだろう。無料通話のカスタマーバリューが1分15セント、100分で15ドルだとすると、顧客の負担する乗り換えコストは15ドル下がる。無料通話サービスのMCI側の実費負担（接続料など）が1分当たり5セント、100分で5ドルだとすると、MCIが負担する乗り換えコストは5ドルしか上がらない。無料通話サービスの提供で総乗り換えコストは10ドル下がった。製品やサービスの利ざや（販売価格マイナス限界費用）がかなり厚い場合、このように現物で特典を支給すれば、総乗り換えコストを下げられる。

顧客の負担するコストだけでなく、乗り換え先の企業が負担するコストも考慮に入れるのは、奇妙に思えるかもしれないが、新規の顧客を獲得する価値があるかをしっかり分析するためには、これは必要不可欠だ。長距離電話会社をＡＴ＆ＴからＭＣＩに乗り換える際に発生する手間暇やコストは、顧客が負担しようが、ＭＣＩが負担しようが、ブランドを乗り換えるためのコストであることに変わりはない。実際、乗り換え先の企業が、顧客の乗り換えコストを一部肩代わりすることは珍しくない。例えば、オンライン予約システムの「アポロ」は、ライバルの「セーバー」からの乗り換えを旅行代理店に促すため、「セーバー」の契約解除にかかる費用を旅行代理店に支給していた。最近の長距離電話会社は、ライバルから顧客を奪うため、無料通話サービスという「契約金」を顧客に用意している。

新しい顧客の獲得にどこまで費用をかけるべきか。答えは、自分と顧客が負担するコストの合計額によって変わってくる。例えば、インターネットプロバイダーが顧客基盤の拡大を目指しているとする。顧客の負担する乗り換えコストが50ドル相当、プロバイダーの負担するアカウント開設費用が25ドルだとすると、総乗り換えコストは75ドルだ。顧客に乗り換えを促してよいのは、新規の顧客から見込める利益のフローが現在価値ベースで75ドルを超える場合のみである。もし現在価値ベースで１００ドルの利益のフローを見込めるなら、２ヵ月分の無料サービス（1ヵ月当たり25ドル相当）を提供して顧客の負担する乗り換えコストを相殺し、アカウントの開設費25ドルを負担しても、まだ25ドルの利益が出る。2ヵ月分の無料サービスではなく、広告に50ドルを投じて、「手間暇をかけても乗り換える価値がある」とアピールしてもいい。しかし、新規の顧客から現在価値ベースで70ドルの利益しか見込めないなら、新規顧客を獲得する意味はない。総乗り換えコスト（75ドル）が利益（70ドル）を上回っているからだ。

先ほどのコンピュータ・アソシエイツの例でも指摘したが、乗り換えでは、乗り換えに伴うサービスの混乱・中断が重要な検討材料となることが少なくない。基幹となるITシステムでは、こうした混乱・中断リスクが乗り換えコストの過半を占める。買い手からみてさらに油断ならないのは、この種のコストが売り手によって戦略的に操作される可能性があることだ。例えば、大手の地域電話会社から新規の通信事業者に乗り換える顧客は、一定期間、電話が使えなくなることが多く、これが新規参入企業の悩みの種になっている。このサービスの中断が、電話会社の乗り換えを妨げる大きな障壁になっていることは言うまでもない。特に法人顧客がそうだ。この問題は、規制当局に繰り返し苦情が寄せられている。

納入基盤（＝顧客）の価値を算出する上で、顧客の乗り換えコストの測定は欠かせない。大雑把に言えば、ある企業が1人の顧客から引き出せる利益は、先ほど定義した総乗り換えコストに、その企業の品質・コスト面の競争上の強みが持つ価値を加えた値に等しい。この「競争上の強み」は、顧客の受け止め方が大きく物を言う。評判や広告を基に確立したブランド名で割増料金（プレミアム）を請求できる場合もあるし、商品の実力を基に割増料金を請求できる場合もあるが、請求できる割増料金が同じなら、双方とも同じ価値がある。一般論で言えば、コストと品質が競合他社と同等の場合――つまり、市場の競争が非常に激しい場合――1人の顧客から引き出せる利益は、継続ベース・現在価値ベースで、総乗り換えコストにちょうど等しくなる。顧客によって乗り換えコストが大きく異なるなど、乗り換えコストの測定が難しい場合は、そうすっきりとはいかないが、それでも、この原理は当てはまる。

既存の顧客から引き出せる利益＝総乗り換えコスト＋品質・コスト面の強み

この原理を使って、既存の大手電話会社の顧客にどの程度の価値があるか、算出してみよう。現行の連邦通信委員会（FCC）のルールでは、既存の大手は、基本通話サービスに進出する新規事業者に対して、回線などの施設を原価で貸し出さなければならない。そうなると、大手はブランド名を基に割増料金を請求できる場合――もしくは、顧客が他社への乗り換えコストに相当する額を大手に支払う場合――にしか、基本通話サービスで利益を上げられない。顧客が電話会社を乗り換える手間暇の金銭的なコストを100ドルと考えているとしよう。先ほどの価値算出の原理を当てはめれば、この大手電話会社は、この顧客からちょうど100ドル（現在価値ベース）の追加利益を引き出せる。これは毎月の通話料を競合他社より1ドル高く設定できる（1ドルの割増料金を請求できる）という形になるかもしれない（月1ドルを永久に請求していくと、その合計額の現在価値は、通常の金利環境では、概ね100ドルとなるためだ）。

本格的なナンバーポータビリティ制度が導入され、簡単に電話会社の乗り換えができ、中断なくサービスを受けられる環境が整えば、顧客の乗り換えコストは一気にゼロに近づくだろう。基本的には、電話会社を換える取引コストまで下がるはずだ。その日が来れば、大手電話会社の納入基盤の価値は低下する。その日が来るという見通しが強まれば、大手の納入基盤の顧客1人当たりの価値は低下し、半永久的に利益のフローを生む存在だった顧客は、利益を生む期間がどんどん短くなっていく。だからこそ、既存の大手は、本格的なナンバーポータビリティ制度への移行に抵抗しているのであり、だからこそ新規参入企業は、通話サービスの円滑な移行に向けた業務サポート体制の再構築を大手に強く求めているのである。現在、既存の大手は、高い市場シェアを基に強みを発揮しているが、本格的なナンバーポータビリティ制度が導入されれば、そうした強み（の1つ）を失うことになる。大手も競争の激化を予想しており、長距離電話サービスへの進出、インターネット接続事業への参入、顧客満足度・顧客愛着度全般の向上といった対策を通じて、来たるべき顧客の乗り換えコスト低下に備えている。

この価値算出の原理は、耐久資本財の保有や長期契約の縛りによって乗り換えコストが発生している場合にも、利用できる。例えば、チケット販売大手のチケットマスターは、スタジアムやコンサート会場などと複数年のチケット販売契約を結んでいる。同社に競争を仕掛ける場合（ロックバンド「パール・ジャム」がチケットの販売手数料をめぐってチケットマスターと法廷闘争を繰り広げたこともあり、数は少ないが、新規参入企業は存在する）、新参組は複数年契約が切れるのを待つか（契約が切れれば、長期契約に基づく乗り換えコストは消滅する）、スタジアムやコンサート会場を買収して契約を解除するしかない。だが、会場側がチケットマスター専用の発券システムを購入して従業員を訓練している場合や、チケットマスターの店舗でチケットが買えると宣伝している場合は、長期契約の期限が切れても、乗り換えコストは消滅しない。これからみていくように、この「乗り換えコストがなかなか消滅しない」というのが、情報財のロックインの大きな特徴の1つだ。耐久財はいずれ消耗し、乗り換えコストが下がるが、専用データベースは引き続き利用され蓄積されていくため、時とともにロックインが強化されていく。

先ほどの価値算出の原理は、複数の目的に利用できる。

●第1に、納入基盤（顧客）の明日の価値を予測することで、新規顧客の獲得（納入基盤の拡大）に今日いくら投資してよいか——値引き、広告、研究開発といった形で今日いくら投資してよいか——を判断できる。

●第2に、納入基盤（顧客）が重要な資産になっている企業をターゲット（標的）にする場合、この原理を使ってその企業の価値を算出できる。当該企業の顧客から発生する売り上げ・コストのフローを見積もるのではなく、顧客の乗り換えコストを算出したほうが手っ取り早いケースもある。

●第3に、納入基盤の価値を把握できれば、製品設計や互換性の問題など、顧客の乗り換えコストを左右する決断を下す際の参考になる。

ロックインの分類

ロックイン（囲い込み）について、これまで述べてきたことは以下の通りだ。

●情報経済では、普通、顧客の囲い込みが起きる。これは、情報の蓄積・加工・伝達が、複数のハードウェア、ソフトウェアで構成する「システム」を通じて行われるためだ。また、特定のシステムを使いこなすのに専門のトレーニングが必要になることも、ロックインの原因になる。

●乗り換えコストは、顧客1人当たりベースで、顧客1人当たりの売り上げとの比較で価値を判断する必要がある。通信業界や家電業界などのマスマーケット市場では、「些細な」乗り換えコストが事を大きく左右する場合がある。

●総乗り換えコストは、システムを乗り換える顧客が負担するコストと、新規顧客を受け入れる乗り換え先の企業が負担するコストの合計である。

●大雑把に言えば、既存の大手が囲い込んだ1人の顧客の現在価値は、(1)その顧客の総乗り換えコストと、(2)その企業が相対的な低コスト・高品質(イメージでも構わない)を基に発揮している他の強みの価値——の合計に等しい。

さあ、これで準備は整った。ここからは、乗り換えコストの発生源を、戦略的な意味合いを念頭に置いて、さらに詳しくみていこう。様々な業種で発生する乗り換えコストには、いくつかのタイプがある。表5・1がその一覧だ。このパターンを押さえておけば、ロックインを識別して、事前に予測する助けになる。自分や顧客の乗り換えコストを見積もり、それに応じたプランを立てる際に役立つはずだ。以下、表5・1に取り上げた各種のロックインを1つ1つ細かく検証していく。

契約による縛り

最初のロックインは、最もあからさまな囲い込みだ。「ある特定の売り手から購入する」という契約上の縛りである。無論、価格がわからない段階で調達先を1社に絞るのは論外だが、契約関係では、売り

表5・1　ロックインのタイプとその乗り換えコスト

ロックインのタイプ	乗り換えの際に負担するコスト
契約による縛り	解約金、違約金。
耐久財の購入	新しい機器の調達コスト(老朽化に伴い、乗り換えコストは低下)。
ブランド専門のトレーニング	新しいシステムの習得に投資したコストと、乗り換えに伴う生産性の低下(乗り換えコストは時間とともに増加)。
情報・データベースの蓄積	データを新しいフォーマットに転換するコスト(データの蓄積が進むにつれ、乗り換えコストは上昇)。
特殊機器・ソフトの調達	新しい調達先を育てるコスト(調達先がなかなか見つからない場合や調達先が消滅する場合は、乗り換えコストが時間とともに上昇する可能性)。
検索コスト	買い手と売り手の検索コスト。他の取引先の質を調べるコストなど。
ロイヤルティー・プログラム	これまでに貯めたポイント。購買実績を一から積み上げ直すことが必要になる場合も。

手が一定範囲内で毎年価格を見直せるケースや、「妥当な」価格を請求できるケースも少なくない。モノを購入する際は、こうした不明瞭な価格調整に注意が必要だ。また、価格の改定を厳しく制限した契約であっても、売り手には、価格以外の変数（サービスの質など）をある程度まで操作する余地が必然的に残る。買い手として契約を結ぶ際は、こうした契約には盛り込めない商品の側面に配慮する必要がある。実際、取引先に価格の据え置きを求めた結果、ロックインに乗じて、品質など価格以外の条件を落とされるなら、かえって損をすることになる。

価格は保証するが、品質は保証しない契約に注意する

契約による縛りでどこまで囲い込まれるかは、契約の性格に左右される。「全量購入契約」では、買い手が長期間、業務に必要な商品を全量、契約先の企業から購入することを義務づけられる。一方、「最低購入量保証契約」の場合は、一定量だけ購入すればいいので、不満があれば、別の業者に発注できる。

契約による縛りが明確な場合、契約に違反した際の違約金が多額になり、乗り換えコストの過半を占めることがある。無論、乗り換え先の企業が喜んで違約金を補塡してくれるケースもあるだろう（ただし、今度はこの企業に囲い込まれる可能性が高い）。また、乗り換え先の企業が大幅な値引きを用意しているなら、違約金を自腹で払っても割に合うケースもある。違約金が相

当な額に上れば、完全に囲い込まれる。「自動更新契約」にも注意が必要だ。当初定めた契約期限が切れる60~90日前に、契約が自動更新される仕組みになっている。

契約を結ぶ際は、契約そのもので定める条件や期間だけでなく、契約が切れた後の乗り換えコストや選択肢にも事前に目配りしたほうがいい。例えば、耐用年数10年の特殊機器を購入して、購入時から3年間の保守サービス契約を結んだ場合、残り7年間の保守サービスについて、どんな選択肢があるかを考えておく。顧客データベースについて5年間の管理委託契約を結ぶ場合は、5年後に委託先を換える場合の乗り換えコストを慎重に検討して、乗り換えコストを最小限に抑える契約を締結する。データの管理や加工に使う一部のプログラムについて、相手の独占権を認めない契約を結ぶのも一手だろう。

耐久財の購入

ベル・アトランティックとコンピュータ・アソシエイツの例では、高額の耐久財（交換機や汎用機・OS）を購入した後で、補完的な商品（伝送機器・ボイス・ダイアリング機能、システム管理ソフト）の購入を迫られるというロックインの事例を検証した。これは非常によくあるタイプの極めて重要な囲い込みのパターンだ。ある耐久財を買うと、その耐久財と連携して機能する商品を追加で買わざるを得なくなる。結果的に、多くの耐久財メーカーは、売り上げの大半ではないにしても、利益の大半を「アフターマーケット」（商品販売後に生じる各種の需要）で、稼いでいる。病院に医療機器を納入しているシーメンス、法人顧客に大型コピー機を販売しているゼロックス、磁気ディスク記憶装置「ＺＩＰドライブ」を個人・法人向けに開発したアイオメガ社が、その例だ。

このタイプのロックインでは、耐久財の経済寿命（経済的に使える耐用年数）が事を左右する。急速な技術発展などで耐久財の経済価値がすぐに低下する場合、ロックインの強度・期間はそれほどでもない。中古品の市場があれば、乗り換え時に転売し、購入費用の一部を回収できるため、乗り換えコストはさらに下がるかもしれない。実際、新しい機器を売り込みたい同業者が、相場を上回る価格で古い機器を下取りし、顧客の乗り換えコストを下げるケースは少なくない。中古品市場の取引が活発なら、この戦術は実行しやすい。

ハードウェアの耐久財は、機器の価値低下に伴い、時間とともに乗り換えコストが低下する傾向がある。したがって、一般的にロックインにはおのずと限界がある。ここでの乗り換えコストは、手持ちのハードウェアを同等の性能を持つハードウェアに換えるコスト（もしくは、手持ちのハードウェアを相対的に性能の良い最新型のハードウェアに換えるコストから、最新型のハードウェアに追加された便益を引いたもの）であり、このコストは、機器の老朽化に伴い低下する。技術発展のペースが急速なら、ハードウェアの購入によるロックイン効果は薄れる。

ハードウェアのロックイン効果は時間とともに薄れるという原理には、例外がある。似たような機器を複数使っており、同一メーカーの機器を揃えることで効率性を確保できる場合だ。この場合、1つの機器が完全に無価値になったとしても、別の補完的な機器がまだ使えるため、依然として乗り換えには多額のコストがかかる。今使っているメーカーの縛りが最も弱まるのは、保有する機器の大半が寿命を迎える時だ。企業と顧客の結びつきは、こうしたロックインの強度が最小となる局面で、切れることが多い。鎖は最も弱い環のところで切れる。ロックインの切れ目が、縁の切れ目なのである。この点を意識しているメーカーは、顧客が保有する機器の耐用年数が重ならないようにしたり、古い機器の耐用年数が切れる前に買い替えを勧めるといった対策を通じて、ロックイン効果の最小値を最大限引き上げようとしている。

耐久機器は、機器の価値低下に伴い、時間とともに乗り換えコストが下がる

耐久財の乗り換えコストを下げる効果的な手法として、購入するのではなく、レンタルや

リースの契約を結ぶという手もある。「アフターマーケット」（商品の購入後）の契約を減らし、「フォアマーケット」（商品の購入前　foremarket）の契約を増やせば、囲い込まれる前の自由を謳歌できる。例えば、コピー機をレンタル、リースする際に、修理・保守などの補完的サービスも最初から契約しておけば、リース期間中にそうしたサービス料を値上げされる心配はない。保証期間の延長にも同じ効果がある。反対に、コピー機を購入してしまえば、たとえ購入時に保守サービス契約を結んでも、保守サービスの契約更新時に大幅な値上げを通知される恐れがある。

このタイプのロックインでもう1つ重要なのは、囲い込まれた顧客にどの程度、選択の余地が残されているかだ。ある技術に囲い込まれても、必ずしもあるメーカーに囲い込まれるわけではない。後で購入する補完的商品を様々な企業から調達できれば、ロックインはそれほど大きな縛りではなくなる。ベル・アトランティックは、AT&Tの交換機に接続できる伝送機器（もしくはその他のソフト、ハード）を別の企業から調達できれば、AT&Tに頼る必要はなかった。つまり、耐久財の購入に伴うロックインの全容を把握するためには、アフターマーケット（購入後）の選択肢に関する情報が欠かせない。この点は、第7章でインターフェースと互換性を論じる際に重要になる。

大半の耐久機器は、付随的な商品の購入が必要になるため、この種の囲い込みは極めて頻繁に発生する。大多数の耐久機器は、丈夫で長持ちするだけでなく、将来、実に様々な補完的商品が必要になるのである。耐久機器だけでなく、コンピューターソフトなど他の耐久財にしても、アップグレードや改良はごく普通に行われている。こうしたアップグレードは、特許や著作権などの関係で、その製品を開発した企業しか手掛けられないことが非常に多い。大半の機器にはアフターサービスやスペアパーツが不可欠で、これも、その機器の製造元の独占市場、寡占市場となっているケースがある。よく知られている例を挙げれば、コンピューターのハードウェア、高速プリンター複合機、通信設備、航空機、防衛システム、医療機器などがそうだ。実際、アフターマーケット（販売後の市場）の攻略は、ハイテク耐久機器メーカーの戦略の柱になっている。

現在、法廷では、こうした戦略がどこまで許されるのかが問われている。製造元以外の業者からアフターサービスを受けられないのは独占禁止法違反だという集団訴訟が起きた業界では、中小のサービス事業者が増えてきている。そうした外部の事業者が直接、製造元を訴えるケースも出てきた。きっかけとなったのが、1992年の画期的な最高裁判決だ。この訴訟では、イメージ・テクニカル・サービス社とイーストマン・コダックが争ったが、最高裁は、メーカーが自社ブランドのアフターマーケット（販売後の市場）で独占力を持っていると認定できるケースがあり得るため、競合他社が反トラスト法訴訟を起こすことは可能との判断を示した。

特定ブランド専門のトレーニング

耐久財を使うトレーニングを受けた場合、耐久財の購入による囲い込みとよく似たパターンの囲い込みが起きる。こうしたトレーニングは、ある特定ブランドの製品に習熟するための専門的なトレーニングであることが多い。使い慣れた製品と同等に新製品を使いこなすには、相当な時間と労力が一から必要になる。このケースで相互補完の関係にあるのは、耐久財そのものと、その耐久財専用のトレーニングだ。特定ブランドのトレーニングではない汎用性の高いトレーニングでは、ロックインは起きない。第8章では標準化の戦略を取り上げるが、トレーニングの成果を他の製品に応用できるかどうかが、売り手と買い手の双方にとって大きな問題となる。標準的なユーザーインターフェースやプロトコルを採用している場合は、トレーニングの成果を他の製品に応用しやすくなる。

特定ブランド専門のトレーニングを受けると、時間とともに乗り換えコストが増える傾向がある。そのシステムへの習熟度が、時とともに高まるためだ。ハードウェアの耐久財はその逆で、時間とともに乗り換えコストが低下する。時とともに機器の老朽化が進み、高性能の新モデルが導入されるためだ。

特定ブランド専門のトレーニングを受けると、乗り換えコストが時とともに増えていく

多くの人が思いつく格好の例は、パソコンソフトだ。誰しも経験があるだろうが、新しいソフトは、使いこなすのはもとより、使い方を覚えるのにも相当な時間がかかる。また、新しいソフトを使い慣れたソフトと同程度まで使いこなすためのトレーニングの負担は、使い慣れたソフトの習熟度に応じて、増える傾向がある。さらには、ソフトウェアの開発会社がバージョンアップを繰り返して新機能を追加すれば、乗り換えコストは高止まりする。ユーザーが新機能を覚えるため、ますます時間を投資するためだ。

もちろん、操作を覚えやすい新製品が登場すれば、乗り換えコストは下がる。実際、多くのユーザーが特定製品のトレーニングを受けている市場に参入する場合は、普及している製品の真似をするという手がある。そうでなければ、操作を覚えやすい製品を開発するしかない。表計算ソフト「クアトロプロ」を開発したボーランドは、ライバルの「ロータス1-2-3」のユーザーを取り込むため、この作戦を使った。マイクロソフトのワープロソフト「ワード」

にも、(かつての!)ライバル製品「ワードパーフェクト」のユーザー向けに作成した特製ヘルプが内蔵されている。

特定ブランド専門のトレーニングを受けると、個々の製品の寿命が尽きても、ロックイン(囲い込み)の効果は、なかなか薄れない。これは、同じメーカーの製品で社内の機器を統一(標準化)したいというニーズが顧客の側にある場合、特に顕著だ。例えば、航空会社は「機材の統一」を重視するようになってきている。つまり、すべてではないにしても、運航する機体の大半を同じメーカーから調達するのである。コックピットの構成も似たようなもので統一する。機材の共通化を進めることで、保守やトレーニングのコストを大幅に削減でき、安全運航にもつながるという考え方だ。こうした事情もあり、アメリカン航空、デルタ航空、コンチネンタル航空は先ごろ、今後20年間、新規の航空機をすべてボーイングから調達することを決めた。実際、マクドネル・ダグラスの凋落に拍車をかけたのも、この「機材の統一」に対するニーズだった。航空機の品揃えが充実しておらず、「すべての機材をダグラス機で揃える」という顧客の忠誠度も低かったマクドネル・ダグラスは、1996年に独立路線を断念。商用機市場で生き残れないと判断し、ボーイングの傘下に入った。

情報・データベースの蓄積

この第3のタイプの乗り換えコストでは、(1)情報を保存・管理するハードウェア、ソフトウェアと(2)情報自体、データベース自体――が、ロックインを生む相互補完の関係にある。大量の情報を専用フォーマットでコード化しているユーザーは、データの管理に新しいハードウェアやソフトウェアのアップデートが必要になった際、弱い立場に立たされる。このケースでは、情報を滞りなく別のシステムに移植できるかどうかがカギを握る。情報の移植にどの程度のコストがかかるか、また移植により情報のどの側面が失われるのかを考えておく必要がある。

本書で取り上げた多くの事例は、このパターンに該当する。例えば、CDプレーヤーを購入した消費者は、CDのコレクションを揃えていく。CDプレーヤーが音飛びするようになった頃には(これは避けがたいことに思える)、もしくは新しい高度なオーディオ技術が登場する頃には、この消費者はCDというフォーマットに囲い込まれている。この場合、情報は移植できない。だからこそ、DVDなど新しいフォーマットの再生機を開発するメーカーは、どこも、後方互換性の確立――CDも再生できる機器の開発――を目指しているのである。これまでに登場したビデオデッキ、レーザーディスク、DVD、レコードプレーヤーではすべて、このハードウェアとソフトウェアの関係から生じる乗り換えコストが発生している。

専用の情報フォーマットという点では、コンピューターソフトとデータファイルの関係も忘れてはならない。この場合は、CDのコレクション同様、情報のコレクションが増えていくため、ロックイン効果は時間とともに強まる。専用フォーマットで情報を蓄積していくシステムでは、この問題が必ず生じる。税務ソフトには前年までの税務情報が保存されている。会計ソフトでは過去のデータを活用する。グラフィックス用ソフトでも過去に制作したデザインを利用できる。いずれも、このタイプのロックインの具体例だ。アシュトンテイト社が開発したデータベース管理システム「dBASE（ディーベース）」は長年重宝されたが、これは多くのユーザーがdBASEでプログラムを書いていたことが理由である。普通、コード化された情報は、生の情報に比べて、はるかに移植が難しい。こうしたケースでは、いずれも売り手側が専有フォーマットと標準フォーマットの決定的な違いを利用して買い手の乗り換えコストを操作するというテクニックを戦略の主軸に据えている。

情報やデータベースが絡む囲い込みでは、情報がデータベースに蓄積されていくため、乗り換えコストは時間とともに上昇する傾向がある。ユーザーとしてこのタイプの乗り換えコストを抑制したい場合、1つの対抗策として、可能な限り標準的なフォーマットとインターフェースの採用を求めるという手が考えられる。開発企業にインターフェースの仕様公開を求め、競合他社が、少なくとも相当程度まで互換性のある製品を供給できる体制を整えてもいいだろう。このような「オープン」インターフェースについては、第8章「協力と互換性」でさらに詳しく論じる。

情報やデータベースは、標準的なフォーマットとインターフェースで管理する

特殊機器・ソフトの調達

もう1つの重要な囲い込みのパターンは、特殊な機器を時間をかけて買い増していく場合に発生する。モノを買うときは、今日の選択で明日のニーズが決まることを肝に銘じよう。特殊機器の調達先を1社に絞れば、将来その会社に依存することになる。特定ブランドで統一すれば何かとメリットがあるため、初回の機器購入は、その後の追加の機器購入と相互補完の関係にあるといえる。

買い手からみてさらに悪いことに、最初の入札で調達先を1社に絞ってしまえば、同等な能力を持つ代わりの調達先が見つからないケースもあり得る。忘れてはならないことだが、特殊機器の囲い込みでは、将来的に必要になる特殊機器を別の企業からきちんと調達できるかど

うかで、乗り換えコストが変わってくる。耐久機器・ソフトが極めて特殊なものである場合、将来代わりの調達先を見つけるのはなかなか難しく、次の製品を購入する際も、いま契約している企業が強烈なロックイン効果を発揮する。

情報経済では、特殊機器の調達先に囲い込まれるケースが増えているが、このパターンは、決して情報産業に限られるものではない。実際、ある巨大産業では、少なくとも数十年前からこの問題への対応が進められている。防衛産業だ。国防総省は、軍備の調達方針をめぐって、たびたび批判されているが、同省の特殊機器メーカーとの付き合い方（特に調達先を大幅に減らした1990年代の付き合い方）は、今日の情報企業にとって大いに参考になる。

国防総省は次のことを痛感していた。複雑な防衛システムの入札に敗れた企業は、第一線から退く形になり、必要な専門能力を維持できない。一方、落札した企業のほうは、経験から確実に学び、契約を履行する過程で顧客のニーズをより良く理解できるようになる――。最先端技術を外部から調達している組織は、どこもこの問題に頭を悩ませている。NASAは、次世代の単段式宇宙往還機「スペースシャトル」にロッキード・マーチンの「ベンチャースター」構想を採用した。将来、ロッキードに不満を感じても、他の調達先はなかなか見つからないだろう。ロッキードとNASAほどの関係ではないが、広告代理店・会計事務所・法律事務所と法人顧客の関係にも、専門家集団ならではのロックイン効果がみられる。

要するに、特殊な技術に巨費を投じる必要がある場合、一度調達先を決めてしまえば、その後の選択肢が狭まるのが普通だ。国防総省は、単発の長期大型契約の発注で、巧みに競争原理を働かせることが多い。例えば「統合打撃戦闘機（JSF）」の開発では、1996年に発注先の候補を3社から2社に絞り込んだ。マクドネル・ダグラスを選考から外し、ロッキード・マーチンとボーイングに追加の開発費を拠出したのである。ロッキードとボーイングは国防総省からおよそ22億ドルの開発費を支給され、5年かけて新型戦闘機の試作品を開発する。両社の試作機をテスト飛行して最終的な発注先を決めるのは2002年頃だ。受注したメーカーは、JSFが利用される期間中に約2000億ドルの収入を見込める。

国防総省が、調達先を選定する過程で、将来の諸々のニーズを完璧に予測し、取引先を契約で縛ることができれば、ロックインは問題にならない。ただ、世の中はそう甘くはない。たとえ、一定の価格で大量の戦闘機を購入できる契約を交わしたとしても、2002年時点では想定できなかった改良費が2006年に発生するなど、将来、必ず何らかの問題が生じるだろう。そうなれば、国防総省を囲い込んだ落札企業が、一定の交渉力を発揮することになる。もちろん、国防総省は、顧客として強い影響力を発揮できるし、コストを監視・削減する強力な監査権限もある。企業の側も、独占的な地位を乱用していると思われれば、次の入札に影響するため、度を越したことはしないだろう。しかしそれでも、相当なロックイン効果が発生するのは避けられない。

情報産業の調達戦略を紹介する前に、まず国防総省の2大戦略をまとめておこう。第1に、大型契約の発注先を選定する場合は、様々な縛りをかけ、複数の選択肢を残しておく。第2に、別の調達先をもう1社確保しておく（「2社購買」dual sourcing）。例えば、1997年、米空軍は新型の低コストロケット「発展型使い捨てロケット」（EELV）の開発で、調達先を1社に絞らず、ロッキード・マーチンとボーイングの2社に開発費を支給した。商業用ロケットの需要が拡大していることもあり、両社を支援しても問題ないと判断したのである。「ニーズが特殊で他社には任せられない」「固定費が膨らむ」といった理由で、本当の2社購買が難しい場合も、大型契約を結ぶのであれば、複数の業者を育成し、将来の競争を促す努力を怠ってはならない。国防総省は、取引先が新製品の開発能力を維持し、次の大型入札に参加できるよう資金援助を行う、という形で競争を促している。

2社購買はIBMとインテルの事例が有名で、ハイテク業界ではよく知られている。IBMは1980年代初め、パソコン用のMPUの調達先を1社に絞らないよう、2社購買を活用していた。インテルと契約するに当たって、インテルに代わる第2の調達先（セカンド・ソース）も確保しておきたいと主張したのである。第2の調達先に選ばれたのが、アドバンスト・マイクロ・デバイセズ（AMD）だ。このインテルの話は、買い手（IBM）の立場からみて、2社購買に限界があることも教えてくれる。2社購買契約で定めたAMDの権利の範囲・期間をめぐって、インテルとAMDが対立し、長期の訴訟に発展したのである。その後、インテルは1990年代に圧倒的な市場シェアを確保した。教訓として言えるのは、2社購買は、強い企業と弱い企業の組み合わせではなく、強い企業同士の組み合わせのほうが、長い目でみてうまくいく可能性が高いということだ。変化のスピードが速い市場で2社購買を実践する場合、継続的に自力で技術を開発・改良できる2社を選べば、買い手にとっては一番安心だろう。

2社購買は普通、買い手の利益になるが、売り手の利益になることもある

2社購買が、選択肢を残しておきたい買い手の利益につながることは明白だが、これが売り手の利益にもなり得ることは、あまり認識されていない。自社の技術を普及させたい場合、「複数の企業から調達できる」という安心感はセールスポイントになり得る。この作戦については、第8章「協力と互換性」でオープン・システムと標準規格のロジックを取り上げる際にさらに詳しく論じよ

う。

検索コスト――代わりの取引先を探すコスト

次のパターンの乗り換えコストは、もう少し平凡なものだが、特にマスマーケット（一般消費者向けの商品）では無視できない。買い手と売り手が互いを探し出し、取引関係を結ぶ際に負担する「検索コスト」――代わりの取引先を探すコスト――だ。こうしたコストは、些細なものに思えるかもしれないが、あなたはいつも決まった旅行代理店や保険会社、銀行を利用していないだろうか。今の取引先が間違いなくベストだと断言できるだろうか。オンライン取引の普及で、取引先の探し方や取引先への愛着は変わるだろうか。

代わりの取引先を探す検索コストは、どこまで強いロックイン効果を発揮するのか。この点を見極める上でポイントになるのが、「両側」の検索コストだ。つまり、顧客の負担するコストと乗り換え先の企業が負担するコストである。この点は乗り換えコストを定義した際に強調した。顧客がブランドを乗り換える際に負担する検索コストには、慣れ親しんだ習慣を変えるという心理的な負担、新しい取引先を探す時間と手間、よく知らない企業と契約するリスクが含まれる。新規の顧客に接近して契約する企業が負担する検索コストには、販促コスト、実際の契約締結時にかかるコスト、新しいアカウント・口座を開設するコスト、よく知らない顧客と取引するリスク（信用リスクなど）が含まれる。

こうした検索コストが目立つのがクレジットカード業界だ。顧客がクレジットカードの決済銀行を替えることは少ない。カードを発行する銀行は、新規の顧客を探すため、ダイレクトメールなど販促にかなりのコストを投じている。新規口座の開設にもコストがかかる。逆選択（adverse selection）のリスク（情報の非対称性から生じるリスク）があるためだ。つまり、債務不履行に陥る顧客を抱え込むリスクもあるし、おかしな話だが、カードをつくっておきながらカードローンを全く利用せず、銀行の収益に貢献しない顧客を抱え込むリスクもある。銀行は、こうしたコストを回収するため、カードローンの金利を高めに設定している。実際、銀行が保有するクレジットカード債権の売却や証券化では、1億ドルの債権に1億2000万ドル前後の値段がつく。これは、銀行が保有する「忠誠度」の高いカード顧客という納入基盤を市場が高く評価していることを示す好例といえる。

検索コストは（1）買い手が新しい魅力的な取引先を見つけるためにどの程度の手間暇がかかるのか（2）売り手が顧客を見つけるためにどの程度の費用がかかるのか——の2点で決まる。取引先を滅多に替えない忠誠度の高い顧客は、有利な条件を引き出せる。その点を新しい取引先に伝えれば、顧客として高く評価されるはずだ。「動きが鈍い」顧客は、その分、高く評価される。

情報経済では、様々な検索コストが低下していくとみられる。情報化で「摩擦のない経済」が実現するという主張は、この点では確かに正しい。情報財にしても、伝統的な製品にしても、インターネットを介した流通コストは、以前とは比べものにならないほど下がっていくはずだ。先ほど取り上げた納入基盤（顧客）の価値算出原理を当てはめれば、マスマーケット向けの商品を開発する既存の大手企業は、本当に優れた商品がないと、検索コストの低下で深刻な脅威にさらされ得る。流通の進歩で売り手と買い手の距離が縮まれば、これまで接近コストの最も高かった消費者に特に大きな影響が出るはずだ。

しかし、たとえ検索コストが低下しても、消費者の側には、「既存の取引先を変えない」という純粋な惰性と忠誠心が必ずある程度まで残る。この惰性と忠誠心は、ある意味で人間の限界を浮き彫りにしている。いくら低コストで見込み客にプランを提示できるようになっても、消費者の側からすれば（たとえ自動ソフトの手助けがあっても）そうしたプランを検討して価値判断するのは、やはり手間暇がかかる。したがって、たとえ銀行がインターネットで見込み客にプランを提示し、ダイレクトメールのコストを削減できるようになっても、顧客にしてみれば、プランを検討する手間暇は変わらないし、新しいクレジットカードの申請に、拒否されるリスクや個人情報が洩れるリスクが付きまとうことにも変わりはない。

ロイヤルティー・プログラム——お得意様向けの優待サービス

次のパターンのロックインは「人工的なロックイン」とでも呼べるかもしれない。まさにビジネス戦略が生み出したロックインに他ならないからだ。繰り返し購入すると特典がつくという、今急速に普及しているマーケティング手法である。こうした「ロイヤルティー・プログラム」(顧客の忠誠度を高めるためのお得意様優待サービス)には、基本的に同じ企業から商品を購入するよう仕向けたり、他の企業から購入しないよう仕向けるための「餌」があからさまに組み込まれている。

誰もが知っているポピュラーな例が、航空機のマイレージサービス(フリークエント・フライヤー・プログラム)だろう。最近では、ホテルも同様のサービス(フリークエント・ゲスト・プログラム)を導入している。地方の商店街でさえ「10回買えば1回無料」といった形で、この戦術を活用している。例えば、筆者の地元の写真店では、10回現像すると1回無料で現像できる。近所のメキシコ料理店では、ポイントカードを忘れずに持参すれば、10回に1回、タコスをサービスしてくれる。

こうしたロイヤルティー・プログラムでは、2つのパターンで乗り換えコストを創出している。第1に、馴染みの取引先を変えると、それまで作った「貸し」が一部没収されかねない。今1万5000マイル貯めており、2万5000万マイルで無料チケットが進呈される場合、期限内にあと1万マイル乗らなければ、それまで貯めた1万5000マイルが無駄になる。このケースでは、ある程度まで貸しを返してもらってから航空会社を替えれば、乗り換えコストを最小限に抑えられる。第2に、こちらのほうが重要だが、累積の利用実績に応じて特典が決まる。例えば、年間5万マイル以上利用すると、マイルが2倍になるとか、会員専用の優待サービスが受けられるといったパターンだ。こうした特典は、総乗り換えコストの一部となる。つまり、航空会社を乗り換える場合は、顧客がこうした特典を失うか（顧客が負担する乗り換えコスト）、乗り換え先の航空会社が、その埋め合わせをすることになる（企業が負担する乗り換えコスト）。オンライン取引の爆発的な普及を背景に、今後ますます多くの企業がロイヤルティー・プログラムを導入し、過去の利用実績に基づいて顧客を優遇していくはずだ。つまり、このタイプの乗り換えコストがどんどん創出されていくのである。

企業は、個人別の価格設定（価格のパーソナライズ、第2章参照）を進めるため、顧客の購買パターンに関する情報を蓄積しており、今後ロイヤルティー・プログラムは、以前とは比べ物にならないほど手軽に運用できるようになるはずだ。多くの小売り企業は、すでに顧客個人の購買パターンを細かく把握している。こうしたデータベースを駆使すれば、過去の購買パターンに基づく販促活動や、累積の購買実績に応じた値引きをたやすく展開できる。筆者は、今後、情報の争奪戦が激化すると予想している。有望な顧客の開拓や、ロイヤルティー・プログラムを通じた顧客の囲い込みで、個人情報が活用される場面が急速に増えていくはずだ。

情報経済では、検索コスト・流通コストといった伝統的な摩擦の原因が減っていく。だが、そうした摩擦の解消に役立つＩＴ技術が、今度はロイヤルティー・プログラムに代表される新たな「人工摩擦」を生み出していく。摩擦は消滅するのではなく、新しい形に姿を変えるのである。

ロイヤルティー・プログラム型の値引きには、事実上、無限のバリエーションがある。他社とは取引しない顧客に値引きする、一定の最低発注量を確約した顧客に値引きする、前年より多く買ってくれた顧客に値引きする、といったパターンが可能だ。数量割引を通じて顧客に継続購入を促し、他社の商品を試させないのである。一方、新規の顧客を開拓する場合は、初回割引を活用して、他社から乗り換える顧客のコストを一部肩代わりする手がある。おそらく、この分野の最終兵器は、見込み客が競合他社のロイヤルティー・プログラムでどのような待遇を受けているかを基に、値引きの程度を変えるという戦略だろう。

ロイヤルティー・プログラムは、増殖していく

今後、これまでよりも簡単にきめ細かな顧客情報を収集できるようになれば、ロイヤルティー・プログラムを活用する企業が一段と増えていくはずだ。また、ホテルと航空会社のように、相互補完の関係にある企業がロイヤルティー・プログラムで提携する場面も増えていくだろう。オンライン取引の普及で、可能性は無限に広がる。タコスを買うたびにクーポン券を舐めて台紙に張ったり、スタンプカードにスタンプを押してもらうよりもはるかに楽に、様々な商品の購買履歴を記録できる時代が来るだろう。

ロイヤルティー・プログラムがあれば、顧客は比較的簡単に乗り換えコストを計算できる。これまで貯めたポイントが使えなくなる、追加の購入で得られる特典（限界収益）が減るといった形で、乗り換えコストを算出できるのである。競合他社で貯めたポイントを買い取ってくれる企業も出てくるだろう。これはソフトウェア業界で活用されている「乗り換えアップグレード」（competitive upgrade　他社ソフトから乗り換えるユーザーに優待価格を適用する）という手法

に似ている。例えば、航空業界では、競合他社からの乗り換えを促すため、他社の「ゴールド会員」を自動的にゴールド会員にするロイヤルティー・プログラムが増えていくはずだ。

オンライン書籍販売のアマゾン・ドット・コムは、ロイヤルティー・プログラムを実に巧みに応用している。同社の「アソシエイト（アフィリエイト）プログラム」では、自分のウェブサイトで本を紹介し、アマゾンのリンクを張れば、「紹介料」として売り上げの5・125％がもらえる。1998年3月時点で、アマゾンには3万5000人以上のアソシエイトがいる。

書店大手バーンズ＆ノーブルとのシェア争いで、アマゾンの強力な援軍になっているのが、このアソシエイトだ。バーンズ＆ノーブルも、独自の「アフィリエイト・プログラム」で対抗している。こちらはオンライン書店向けに受注処理・決済・配送を代行するサービスで、同社に書籍を発注したオンライン書店は、本の売り上げの最大7％を受け取れる。アマゾンも反撃し、上位500のウェブサイトにボーナス（紹介料の1・5倍相当）を支給する作戦に出た。

アマゾンには、もっといい作戦があるかもしれない。累積の紹介件数を基に紹介料を設定する――つまり紹介件数が一定の水準を超えれば、ボーナスを払うという作戦だ。アマゾンが紹介料を適切に設定すれば、アソシエイトはリンクを張る先を1社に絞りたいと考えるだろう。この場合、それはアマゾンになる可能性が非常に高い。マイレージサービスの乗り換えが高くつくのと全く同じように、アソシエイトが他のオンライン書店に乗り換えるのも高くつくことになる。

売り手や提携先もロックインに見舞われる

これまでは、買い手ばかりが乗り換えコストを負担するかのように話を進めてきた。だが、そうではない。本書では、今後も買い手の乗り換えコストを中心に話を進めていくが、売り手の側も決してロックインから逃れられない。実際のところを言えば、ある特定の売り手、ある特定の顧客、ある特定の提携先に投資すれば、投資の経済寿命が尽きるまで（投資の経済効果がなくなるまで）、誰もがその投資にロックインされる（縛られる）のである。要は、顧客や提携先が逃げ出したり、尻込みしたり、破産すれば、投資の減損処理を迫られるということだ。

実際、売り手と買い手が、契約締結と同時に互いにロックインされるケースは珍しくない。こうした双方向の、両側のロックインでは、互いに後に引けないぎりぎりの交渉が繰り返される可能性だけでなく、ある種の「恐怖の均衡」――どちらも最終兵器を持っているため、互いに攻撃を仕掛けられない状態――に陥る可能性がある。古典的な例が、炭坑や火力発電所など、ある単一の顧客のために引き込み線を引いた鉄道会社のケースだ。一度敷設した引き込み線は、その顧客を失えば、事実上、無価値になる。その意味で、鉄道会社はその顧客に囲い込まれている。同時に、顧客のほうも、引き込み線の再敷設には巨額の資金が必要になる。その意味で、この顧客は鉄道会社に囲い込まれている。これは経済学で言う「双方独占」で、売り手と買い手の双方が独占状態にある。同じ関係は、情報産業でも成立する。ソフトウェア会社が単一のクライアント向けに特殊なソフトを開発する場合だ。

また、ロックインに見舞われるのは、売り手と買い手だけではない。提携先もロックインに見舞われる。例えば、ダグラス機専用のエンジンを開発していたプラット&ホイットニーは、合併後の新会社マクドネル・ダグラス社と直接取引する意図はなかったが、結果的に長期にわたってマクドネル・ダグラスに囲い込まれることになった。

情報産業では、売り手側のロックイン、双方向のロックイン、提携先のロックインが頻繁に起きる。当初Ｍａｃ用ソフト専門でスタートしたソフトウェア会社は、すぐに方針の見直しを迫られた。莫大な乗り換えコストを負担して、ＤＯＳ用やウィンドウズ用ソフトの開発をマスターしなければならなかったのである。ソニーの「プレイステーション」専業、任天堂の「ＮＩＮＴＥＮＤＯ64」専業のゲーム開発会社も、同じ目に遭った。

売り手のロックインも、提携先のロックインも、買い手のロックインと同じ経済原理で説明できる。たとえ自分が買い手ではなくても、将来の交渉力低下につながる投資には警戒が必要だ。売り手の場合は、コストの全額とは言わないまでもコストの大半を回収できるような契約を顧客と結ぶことで、リスクを減らせる。具体的には、ある大口顧客向けに製品を開発し、開発コストの全額もしくは一部をその顧客から回収する一方で、他の顧客に別バージョンを販売する権利も確保しておくといった手が考えられる。他社と提携する場合は、自分は顧客だと考えよう。発売日や製品の仕様、販売価格について、提携先から確約を得る必要がある。投入時期が悪くて誰も買わないパソコンや、高すぎて誰も買わないパソコン向けにソフトを開発しても、徒労に終わるだけだ。

ロックイン・サイクル

ロックインは、そもそも動的な概念だ。投資をすると発生し、時間に伴い変化する。乗り換えコストは時とともに上昇・低下するが、一定水準にとどまることはない。

ロックインを動的にとらえるために、図を1つつくってみた。この図は、これまで取り上げたすべての種類のロックインに当てはまる。この図5・1を「ロックイン・サイクル」と名づけよう。

このロックイン・サイクルは、ぐるぐると回っているのだが、一番飛び乗りやすいポイントが「ブランド選択」(Brand selection)の地点だ。つまり、顧客が新しいブランドを選ぶ地点である。ブランドの選択は、何億ドルもする新型交換機の購入であったり、ビデオデッキや新しいソフトの購入であったり、マイ

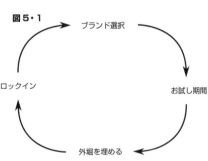

図5・1

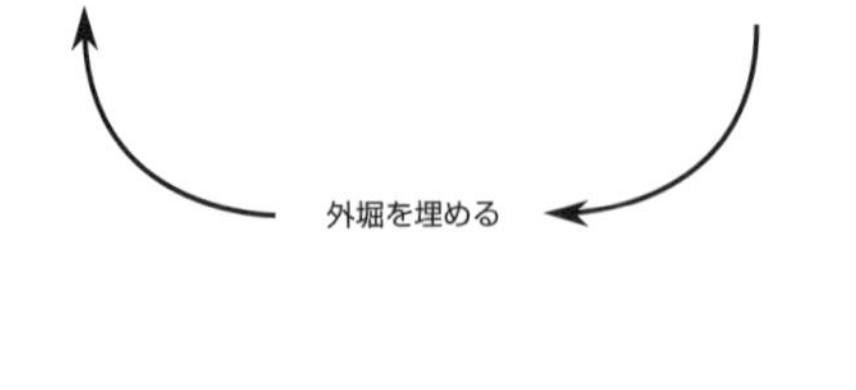

レージサービスへの新規加入であったりする。ある顧客が最初にブランドを選ぶ際は、ロックインに左右されずに好きなブランドを選ぶことができる。初めから「囲い込まれている」わけではなく、自分で選択を下した時に囲い込まれるのである。しかし、このサイクルを一回りして戻ってくると、それほど自由な選択は下せなくなる。

ブランド選択の次に来るのが、「お試し期間」(Sampling)だ。顧客が積極的に新しいブランドを使ってみる段階、おいしい特典があれば積極的に試してみる段階である。新規顧客の開拓で特典を大盤振る舞いすると、無料サンプルを利用するばかりで売り上げには全くつながらない顧客を抱え込むリスクがある。このリスクを冒して8冊1ドルで本を売るブッククラブもあれば、会員に一定数の定価購入を義務づけるブッククラブもある。第2章の「情報に値段をつける」で指摘したが、情報財は限界費用が低いため、新規の顧客に初回限定サービスを用意する戦略は特に効果的だ。生産コストが1冊5ドル以上の書籍ではなく、1枚1ドル以下のCDであれば、なおさらそういえる。

お試し期間の段階を過ぎると、「外堀を埋める段階」(Entrenchment)に入る。顧客が新しいブランドに慣れ、そのブランドへの愛着が増す段階だ。場合によっては、補完的な商品に投資しており、そのブランドに囲い込まれているかもしれない。通常、売り手はこの期間を長引かせ、顧客が他のブランドへの乗り換えを本気で検討する時期を何とか先送りしようと考える。その間に顧客の乗り換えコストが上昇することに期待をかけているのである。外堀を完全に埋めてしまえば、顧客は「ロックイン」される。乗り換えに法外なコストがかかる段階だ。

こうして顧客は、再びブランド戦略の地点に戻ってくる。ここではブランドを乗り換えるか、他のブランドを本気で検討した挙句、乗り換えを見送るかを決める。もちろん、前回「ブランド戦略」の地点にいた頃とは、状況は変わっている。顧客の乗り換えコストは、前回よりも確実に上がっているのである。国防総省の例で取り上げたような特殊な製品であれば、一周する間に他のブランドが消滅していたり、生産能力を失っていたりする。その一方で、新しい技術が登場している場合もある。

ロックインを理解し、ロックインに対処する上で最も基本となるのが、このサイクル全体を最初から見据えておくという原則だ。実際のところ、初めからきちんと戦略を立てるのであれば、この一回りのサイクルを想定するだけでは駄目で、将来このサイクルを何周もすることを想定しておかなければならない。先を見据えるための作業の1つが、納入基盤の価値の算出だ。将来（サイクルを一周した時に）顧客の価値はどうなっているのか。それがわかれば、今、顧客にどこまで投資すべきかが判断できる（例えば、特典を用意して、次の「お試し期間」に進ませるなど)。乗り換えコストが時間とともに下がるのではなく(耐久財の老朽化が進み、新型の高性能モデルに買い替えられる場合など)、乗り換えコストが時間とともに上がる場合には(情報の蓄積やブランド専門のトレーニングが進む場合など)、なおさらそうした判断が重要になる。

次の第6章「ロックインを操作する」では、買い手・売り手双方の視点から、このサイクルの各段階をさらに詳しく検証する。そこから様々な教訓を引き出し、どうすれば勝負に勝てる戦略を編み出せるか考えよう。

まとめ

●**情報産業には乗り換えコストがつきものだ。**乗り換えコストは、巨額にのぼる場合もあるし(例えばベル・アトランティックは、AT&Tの専有OSを搭載した電話交換機に数十億ドルを投資した)、些細な負担にとどまる場合もある(クレジットカードを新たにつくる際に審査が必要になるなど)。いずれの場合も、ロックインと乗り換えコストは利益の元にもなるし、損失の元にもなる。情報経済で勝ち残るためには、乗り換えコストを識別・

測定・理解した上で、適切な戦略を立てるノウハウを身に着ける必要がある。

●〈自分が買い手の場合〉**乗り換えコストを理解しないと、売り手の意のままに操られる恐れがある。**たとえある程度のロックインは避けられないにしても、あらかじめ「おいしい特典」を要求しておけば、ロックインの苦みを和らげることができる。

●〈自分が売り手の場合〉**乗り換えコストは、納入基盤の価値の算出に欠かせない。**情報経済で特に強力な資産となるのが、納入基盤（＝顧客）だ。同業他社からの乗り換えを促すには、初期コストが必要になる。この壁を乗り越えないことには、納入基盤をうまく築き上げることはできない。初期コストを肩代わりする場合は、顧客のロックイン・サイクルを事前に予想しておこう。見込み客が他社に乗り換える場合に負担するコストも、視野に入れたほうがいい。

●**ロックインは、様々な業界で発生するが、幸いなことに、一定の発生パターンがあり、パターンの把握は可能だ。**どのようなパターンのロックインでも、「ブランドを選択し、お試し期間を経て、外堀を埋められ、また新たなブランド選択の地点に戻る」というロックイン・サイクルを辿る。ロックイン・サイクルの各段階の戦略を練るには、サイクル全体を理解し、事前に予測しておく必要がある。

●今日の投資が明日の選択肢を狭める――これがロックインの本質だ。今日の投資が明日の選択肢にどのような影響を及ぼすかは、自分がどんな商品（＝技術）に投資するかで変わってくるが、影響を予測することは可能だ。本章では、ロックインを生み出す主な経済パターンを7つ取り上げた。契約による縛り、耐久財とアフターマーケット、特定ブランド製品のトレーニング、情報・データベースの蓄積、特殊機器・ソフトの調達、検索コスト、ロイヤルティー・プログラムだ。こうした分野で自分の出費が時間の経過とともにどう変化していくのか。顧客や提携先の出費がどう変化していくのか。この点を意識することで、自分のビジネスにロックインがどう関わってくるかを体系的に把握できる。

次の第6章では、こうした原理を基にロックインをどう味方につけるか、戦略の立て方を指南してみたい。

第6章

Managing Lock-In

ロックインを操作する

情報化時代が生む巨額の富を手にするのは、専有権のあるアーキテクチャー（基本設計）を確立し、囲い込みを通じて強大な納入基盤を築き上げた一握りの企業だ。劣った情報システム、孤立した情報システム、限られた企業が独占供給する情報システムに囲い込まれた企業は、情報化時代が生む数々の大問題を抱え込むことになる。

先の第5章では、乗り換えコストとロックインの基本的な原因をどのように特定・数値化・分類するかを考えた。乗り換えコストの理解が深まったところで、今度はロックインを操作する戦略を考えてみよう。

本章の前半では、情報システムの買い手の戦略を考える。これは、今日の経済で、事実上、誰もに関わってくる問題だろう。私たちはみんな、ある程度のロックインを経験しているが、誰もがロックインへの対応でミスを犯している。そうしたミスを防ぐため、ロックインを最小限に抑え、独占による搾取を阻止する一連の戦略を紹介したい。タイミングさえ間違えなければ、自分の乗り換えコストを武器に変えることさえできる。

本章の後半では、売り手の競争戦略をさらに深く掘り下げていく。念頭に置いているのは、顧客が相当な乗り換えコストに見舞われる市場でモノやサービスを販売している企業だ。売り手の立場からすれば、顧客の乗り換えコストは顧客の問題で自分には関係がない、と思うかもしれないが、そうではない。新しい技術を売りにして市場に参入する場合、自分の商品に乗り換える顧客が負担するコストを無視するわけにはいかない。裏を返せば、今現在、市場を支配している大手にとって、新規参入企業がどこまで脅威になるかは、自分の顧客がライバルに乗り換える際に負担するコストの合計額によって大きく変わってくる。顧客のロックインを理解し、ロックインの価値を算出する——これがネットワーク型経済の競争戦略の柱となる。

買い手のロックイン戦略

情報システムのユーザーは、乗り換えコストから逃れられない。自分の乗り換えコストにどう対処するか。戦略を練るには、乗り換えコストの特定と測定が必要だ。これは前章で説明した。

今、基幹データベースの構築にどのブランドのソフトを使うか、検討しているとしよう。選定にあたって重要になるのは、数年後にどこまでスムーズに他のフォーマットにデータを変換できるかだ。また、将来データベースを改良する場合、委託先が複数あるかもチェックしておいたほうがいい。こうした乗り換えコストをロックインの発生前に適切に測定しておけば、将来何百万ドルもの資金を会社が節約できる可能性がある。

さて、将来の乗り換えコストを把握したら、次は何をすればいいのか。ITの購入に伴うロックインへの対応では、次の2つが基本戦略となる。

●ロックイン・サイクルの起点で激しく掛け合い、囲い込まれる前に、何らかの「おいしい特典」を要求しておく。もしくは、何らかの形で長期的に自分の身を守る手立てを講じておく。

●ロックイン・サイクルの全体を通じて乗り換えコストを最小化する措置を講じる。

どちらか一方の戦略を取るということではない。2つを組み合わせることが重要だ。以下でさらに詳しくみていこう。

囲い込まれる前に激しく掛け合う

新しい情報システムの買い手として交渉に臨む際は、ロックインされる前に様々な「おいしい特典」を要求するのが一番だ。直ちに得をする特典もある。ハードウェアに初回割引が適用される、サービス契約を結ばなくても無料で保証期間が延長される、以前使っていた情報システムからの乗り換えをサポートしてくれる、といった特典だ。ただし、今得をすればそれでいいというわけではない。交渉ではロックイン・サイクル全体を事前に見越し、クリエイティブに要求することが重要だ。サービスとサポートの保証を要求する、一定期間は無料でアップグレードできるようにする、最恵待遇を要求する——。相手からどのような譲歩を引き出すにせよ、一度相手の商品に資本を投下してしまえば、自分の交渉力は低下する。ロックイン・サイクルの起点で買い手としてしたたかな交渉力を発揮した好例が、ケーブルテレビ大手のＴＣＩだ。ウォールストリート・ジャーナル紙によると、ＴＣＩをはじめとするケーブルテレビ会社は、加入者に支給するデジタル受信機（セットトップ・ボックス）のＯＳを調達するため、８ヵ月にわたってマイクロソフトと提携交渉を進めたが、交渉中は「まるで毒グモと交尾するかのように」用心に用心を重ねていたという。* マイクロソフトなどによる囲い込みを警戒したＴＣＩは、慎重に選択肢を残しておいた。マイクロソフトから「ウィンドウズＣＥ」を数百万本調達する一方で、サンの「Ｊａｖａ」を利用する権利も確保したのだ。

新しい取引先を選ぶ際は、自分が負担する乗り換えコスト（トレーニングをやり直すコスト、サービスの混乱や中断に伴うコストなど）を強調し、相手から最大限譲歩を引き出そう。「まだ当面、今のシステムで問題ないので、乗り換えコストを負担するつもりは全くない」と相手に思わせることができれば、特に効果的だ。相手が納得して「確かに今のシステムで不都合ない」「乗り換えコストが大きい」と判断すれば、何かとサービスしてくれるだろう。また「うちのような会社は最先端技術などいらない」と撥ねつければ、交渉で優位に立てる。市場が相対的に成熟しており、どこもたいてい既存の取引先があるというケースでは、決定を先送りすることが非常に貴重な交渉術になり得る。

あらかじめ好条件を引き出す第2の戦術として、「この顧客には初回サービスを大盤振る舞いする価値がある」と相手に思わせるという手がある。「後で大量の商品を追加購入するつもりだ」とアピールしてもいい。ファクトリー・オートメーション（工場自動化）事業を展開するハネウェルは、進出の足場づくりのため、複数の工場を保有する企業に値引きしている。

第3の戦術は、「自分が買えば他の顧客も買う」と相手に思わせることだ。これは、相手が納得すれば、中し分のない作戦になる。事実上の紹介料を初回割引という形で手にできるの

＊ Bank, "TCI Uses Hi-Tech 'Layer Cake.'" 及び Hamm, "Dance, He Said," 118.

だ。もし以下の3点をアピールできれば、「影響力のある顧客」として優遇される条件が文句なく整う。(1)自分が買えば、他の顧客からも追加で大量の発注が来る(2)追加の発注分は粗利が大きい(情報財・サービスの場合は、特にそうだろう)(3)そうした効果を囲い込みで長期間維持できる――。筆者のもとには、様々なビジネス出版社から「購読料をただにするので学生を紹介してほしい」との依頼が絶えない。出版社は、今MBAの受講生と契約しておけば、将来社会人の読者が増えることを正しく見抜いているのである。

妙な話だが、「この顧客の乗り換えコストはロックイン・サイクルの後半で大きく膨らむ」と相手に思わせるのも、初回サービスを引き出す上で非常に効果的な戦術となる。「将来、乗り換えコストが高まる顧客」と判断されれば、その分だけ囲い込む価値のある顧客として重宝され、その分だけ契約獲得に投資してもらえる。例えば、特殊な情報管理システムを購入する場合、「将来様々な専有機器が追加で必要になるため、乗り換えコストが高まる」と相手が判断すれば、相対的に良い条件を初めの段階で引き出せる。

ただし、将来の乗り換えコストを強調する際は、注意が必要だ。ロックイン・サイクルの

初めの段階で激しく掛け合う。顧客としての影響力を駆使する

後半で態度を変えることになるので、自分の将来の弱みをあまり見せすぎてもいけない！　本当に賢いやり方は、最初の段階で乗り換えコストが高いと相手に思わせておいて、大きな特典を引き出し、後の段階で、実はそれほど乗り換えコストは高くないことを相手に悟らせる。そうすれば、ロックイン・サイクルの後の段階で法外な料金をふっかけられることもないだろう。これは繊細な駆け引きであり、情報量の差で勝負が決まる。買い手が将来の乗り換えコストを誇張したいように、売り手も将来の乗り換えコストを実際より軽く見せたい。情報量が多いのはどちらだろうか。自分の業務についてはこちらのほうが精通しているが、相手の技術と相手の顧客の過去の経緯については、向こうの方が情報量が多い。用心したほうがいい。

契約には、ロックイン・サイクルの全期間を通じて自分の身を守る自衛策を当然、盛り込むべきだ。ただし、ここでも注意が必要だ。書面に盛り込んだところで、大した「自衛」にはならない場合がある。例えば、購入した機器の保守サービス料を取り決めても、売り手はサービスの質（対応のスピード、技術者のスキルなど）をかなりの程度まで操作できる。実際のところ、そうした「中途半端な」自衛策を主張すると、かえって損をしかねない。相手は契約上、値上げができないので、手抜きをしようと考えるかもしれない。そうなれば、かえって割高になり、関係も悪化しかねない。結局のところ、最初に割引してもらい、選択肢を残しておくというのが、最高の自衛策になる。これについては、次の「選択肢を残しておく」で論じる。

また、曖昧な約束には注意すべきだ。相手は虎視眈々とロックインを狙っている。第5章で取り上げたベル・アトランティックは「AT&Tから交換機は『オープン』設計になると聞いていた」と主張しているが、両社はこの点をめぐって契約締結後に激しく対立している。

ロックウェルとモトローラも、同じような係争に陥った。ロックウェルは、モトローラの特許技術を組み込んだ28・8kbpsモデムの技術標準を採用することに合意した。モトローラはこの技術標準の普及を目指しており、必須特許のライセンスを「公正、妥当、非差別的な条件」(FRAND条件)で許諾したが、その後、両社はこのFRAND条件の解釈をめぐって激しく対立している。

こうした対立は、双方にとって高くつく。交渉が長引けば、ビジネスのための貴重な時間が無駄になる。対立の結果、先行き不透明感が強まれば、その後の技術の選定が難しくなる。買い手として投資を続ければ、もう信頼できなくなった相手にさらに依存することになる。相手は本当に当社との関係を維持したいのか。この状況を利用して短期的な利益を上げたいだけではないのか……。こうなると、取引コストだけが膨らみかねない。泥沼の離婚訴訟のように、儲かるのは弁護士だけとなる。

選択肢を残しておく

ブランド選択の地点でどのような譲歩を引き出したとしても、自分の乗り換えコストは低く抑えておこう。これに劣らず重要なのが、「乗り換えなどいくらでもできる」と相手に思わせることだ。たとえ、嘘でも構わない！　外堀を埋められた後で、相手から譲歩を引き出すにはこれが一番だ。

乗り換えコストの管理は、まだ乗り換えコストが発生していないうちから始まる。つまり、ロックイン・サイクルの後の段階で使える選択肢を最大限確保する取引関係をあらかじめ築いておくのである。以前紹介した戦術の1つが、簡単に乗り換えられる第2の調達先（セカンド・ソース）の確保だ。そうすれば、乗り換えコストは、セカンド・ソースにビジネスを移管するコストになる。全く新しい技術やアーキテクチャー（基本設計）に移行するコストに比べれば、はるかに割安だ。これに関連するアプローチが、初めから「オープン」なシステムを選んでおくという戦略である。この場合も、1つの調達先に縛られずに済む。この戦略を取る場合は、「オープン」の定義をはっきりさせ、曖昧な部分を残さないことが重要だ。

ロックイン・サイクルで外堀を埋められる段階に入った場合、もしくは新しいブランドを選択する地点に戻ってきた場合、今の取引先に、乗り換えコストが低いことをアピールし、できる限り最高の条件を引き出そう。具体的な方法としては、本当に乗り換えてしまうという手がある！　短期的には高くつくかもしれないが、取引先から乗り換えコストの低い顧客だと思われれば、長い目でみて割に合う可能性がある。自分の乗り換えコストを取引先よりも熟知している場合は、特に効果的だ。例えば、「乗り換えに伴い社内が混乱する」というコストが、乗り換えコストのかなりの部分を占める場合、社内でどの程度の負担《コスト》が発生するかは、取引先よりも自分のほうが詳しいはずだ。実際に取引先を替えてみて、混乱のコストが少ないことを相手に思い知らせるのである。これは、一部のビジネスや地域を対象に部分的に他社に乗り換えることで実現できる。そうすれば、残りのビジネスや地域について、交渉を有利に進められるかもしれない。ただし、こうした「混合体制」の運営コストが割に合わない場合、この戦略はお勧めできない。

　買い手としては、ロックイン効果がじわじわと高まるリスクを常に警戒しておく必要がある。ロックイン・サイクルの「お試し期間」の段階は、ロックインがまだそれほど強くないが、追加の機器を購入していくにつれ――そして、特定のフォーマットでデータの蓄積を進めていくにつれ――さらにはあなたと取引のある顧客が、そうした特定メーカーの製品や機能に慣れていくにつれ――ロックインの強度は増していく。こうした追加の投資に際しては、「ブランド選択」の際に強調した方針と全く同じ方針で臨むことが大切だ。つまり、外堀をまた1つ埋められる時（例えば、ハードウェアやソフトウェアを追加購入する時や、ブランド専門のトレーニングを追加で受ける時など）には、必ず相手から譲歩を引き出すのである。社内の連携が必要になる場合もあるかもしれない。一部の部署が、会社全体の乗り換えコストを事実上引き上げる決定を下す場合は、見返りとして、他の部署に対する応分の値下げを交渉するといったやり方だ。情報システムに関する社内の決定を一元化する大きな理由はここにある。

情報経済では、取引関係で発生する情報の所有権を強く主張することが、買い手の身を守る効果的な防衛策となる場合がある。医者を替えようと思っても、自分のカルテを新しい医者に渡せなければ、身動きが取れない。それと同じで、過去のメンテナンスの記録は、乗り換え先のサービス事業者にとって貴重な情報になり得る。自分のサイズを把握しておけば、オンラインのオーダーメイド店に乗り換える際に役に立つ。電話会社を替える際、通話パターンを記録しておけば、どの会社のどのプランが自分に一番合っているかを判断する貴重な資料になるかもしれない。乗り換えを考えているなら、自分で記録を取っておくか、今の取引先から乗り換え先にデータを移管する権利を確

ロックイン効果がじわじわと高まるリスクに注意する

保しておくことだ。

買い手のチェックリスト

買い手にお勧めするロックイン対策は、以下の通りだ。

- 初めのうちに特典（値引きや、以前使っていた情報システムからの乗り換えサポートなど）を強く要求しておく。
- あまり乗り気ではないという印象を相手に与える。乗り換えのメリットが小さく、負担が大きいと相手に思わせる。
- 自分と契約すれば将来得をすると相手に思わせる。将来の追加購入や、他の顧客への影響力を示唆する。
- 独占による搾取から身を守る手立てを事前に講じておく。ただし、曖昧な約束には注意する。
- 代わりの調達先（セカンド・ソース）を確保して、選択肢を残しておく。部分的な乗り換えを通じて、交渉を有利に進める。
- ロックイン効果がじわじわと高まるリスクを警戒する。利用記録などの情報を保存しておく。

売り手のロックイン戦略

今度は視点を変えて、情報製品・サービスの売り手の立場に立ってみよう。自分がモノを売る場合、顧客のロックインをどう活用すれば、一番効果的なのだろうか。もちろん、売り手と買い手の戦略は表裏一体であり、どんな取引関係でも緊張は避けられない。ロックイン・サイクルを見渡せば、当然、買い手と売り手の間で「綱引き」が繰り広げられる。売り手は囲い込んだ顧客から利益を上げたいし、買い手は選択肢を残して交渉力を高めようとする。だが、これからみていくように、ロックイン・サイクルはゼロサムゲームではない。サイクルの起点で賢い取引関係を築ければ、売り手も買い手もメリットを享受できる。

情報システムを販売する場合、ロックインにどう向き合えばいいのか。基本戦略の土台となる3大原理は、以下の通りだ。

1 投資する。顧客という納入基盤を築くには投資が必要だと覚悟する。他社に囲い込まれた顧客に進んで譲歩しない企業、譲歩できない企業は、競争で勝ち残れない。様々な戦術を駆使して、できる限り少ないコストで納入基盤を築こう。自分にとって貴重な顧客を見分け、顧客の貴重度に応じて販売条件を変える。

2 外堀を埋める。「お試し期間」で終わらせずに、顧客の外堀を埋める。製品の設計や販促を工夫して、自社製品・システムへの投資を継続させ、時間とともに囲い込みを強化する。システムに専有機能を追加して改良を施し、ロックイン・サイクルの期間を延ばすとともに、次の「ブランド選択」の地点で顧客が乗り換えを見送りたくなるような環境を整える。

3 最大限活用する。忠誠度の高い顧客に補完的な商品を販売して、納入基盤の価値を最大限高める。顧客基盤にアクセスする権利を他の業者に販売してもいい。

ここからは、以上の3大原理を応用し、実戦にどう活用するかを解説しよう。

納入基盤に投資する

今、新しい情報システムを発売するところだとしよう。新型の携帯端末でも、最新の音声認識ソフトでもいい。大ヒット間違いなしの新技術で、何もしなくても売れるという幸運に恵まれるかもしれない。さらに幸運に恵まれれば、顧客のロックインが自然と進み、この先何年も利益を生む貴重極まりない納入基盤（顧客）を一夜にして築けるかもしれない。そうした夢のような状態にあるなら、最大の課題は、この成功をどうやって再現するかだ。そのような読者は、このセクションを読み飛ばして「納入基盤を最大限活用する」に進んで頂きたい。

残念ながら、そうした読者がたくさんいるとは思えない。ロックインが自然と成立するような、他を圧倒する突出した新技術は、滅多に登場しない。たいていの場合、激しい競争を勝ち抜いて、忠誠度の高い顧客基盤を築き上げた上で、それを維持していかなければならない。

アイオメガ社を例にとって説明しよう。同社は1995年、今では有名となった磁気ディスク記憶装置「ＺＩＰドライブ」を発売した。これはパソコン用の着脱式記憶装置で、記憶容量は100ＭＢと、従来のフロッピーディスク（1・44ＭＢ）の70倍。この製品は、同社が製造したＺＩＰ互換のディスクしか読み込めない設計になっている。ＺＩＰドライブのユーザーという納入基盤を築き上げ、囲い込んだユーザーにＺＩＰディスクを販売して儲けようという作戦だ。この作戦を実行に移すため、同社は投資をして、ＺＩＰドライブの納入基盤の構築を進めた。多額の販促費を投入し、損益分岐点を下回る大幅な割引価格でＺＩＰドライブを販売したのである。

この業界は、磁気テープや、さらに容量の大きいハードディスクなど、競合する記憶装置がたくさんあり、アイオメガ社は、こうした投資の必要性を認識していた。商品力に自信のあった同社は、ＺＩＰドライブを売り出せば、口コミで評判が広がり、ドライブの販売に弾みがつくと考えていた。そうなれば、ドライブのユーザーが、利ざやの厚いＺＩＰディスクを買ってくれるので、最終的には採算が取れると踏んでいたのである。ＺＩＰドライブの出荷台数は１９９８年までに１２００万台に達したが、その後、同社の株価は急落していった。競合するシステム（ドライブ＋ディスク）を開発したサイクエスト社やイメーション社などから、激しい攻勢をかけられたためだ。

あなたが開発した商品は、世紀の大発明かもしれないし、顧客の財布に群がる数ある商品の１つかもしれない。どちらのケースであっても、納入基盤（＝顧客）の構築にいくら投資すべきか、どうすれば最も効率良く投資できるかを考える必要がある。

先を見据え、ロックイン・サイクル全体を把握する。納入基盤の構築に投資する際は、まず何よりも先を見据え、ロックイン・サイクルの全容を把握しよう。この基本的な点を何度も繰り返すのは、この基本が疎かにされることがあまりにも多いためだ。納入基盤からは、どの時点をとってみても、一定の営業利益のフローが発生している公算が大きい。アップグレード、メンテナンス契約、新しい機器の販売、主力製品を補完する製品の販売など、様々な収入源があるためだ。ただ、ある特定の時点を切り出した「断面図」をみているだけでは、ロックイン・サイクルを操作できない。ポイントは、各タイプの見込み客からロックイン・サイクルの全期間を通じてどの程度の利益を引き出せるか、その点を見極めることにある。

ロックイン・サイクルの財務分析は、今期の損益計算書ではなく、割引現在価値を基準にしている。納入基盤を構成する各顧客の価値は、今後その顧客に販売していく商品の利ざやを予測すれば算出できる。また、第5章で指摘した通り、囲い込んだ各顧客の価値は、次の2つの要素を合計することでも導き出せる。「その顧客の総乗り換えコスト」＋「自社製品の競争上の強み（品質面・コスト面）の貨幣価値」だ。（品質・コスト面で他社に劣っているとみなされている場合は「＋」ではなく「－」とする。）

情報システムの各パーツの販売価格を決める場合もそうだが、新規の顧客に投じる販促費を決める場合も、囲い込む顧客1人1人をそれぞれ1つの貴重な資産として扱おう。そうしない限り、新規顧客の開拓にどこまで資金を投じてよいか判断できない。例えば、他社ソフトから乗り換えるユーザーに優待価格を適用する「乗り換えアップグレード」を使って、パソコンソフトを販売する場合、奪った顧客からどの程度の追加収入を見込めるかを数値化しなければ、乗り換えアップグレードの価格を適切に設定することはできない。

この場合、従来の静的な財務データを利用できる場面は限られるだろう。今の販促費とソフトの利ざやを比較するだけでは駄目だ。ロックイン・サイクル全体を見据え、顧客をタイプ別に分けながら分析を進める必要がある。

囲い込んだ顧客が貴重な資産であることを認識する

忠誠度の高い顧客という納入基盤から安定した利益のフローが見込めることは、株主には強調してしかるべきだが、そうしたフローに着目しても、新規顧客の獲得にいくら投資すればよいか、判断がつかないケースもある。というのも、既存の顧客と新規の顧客では、デモグラフィック属性（年齢・性別・住所・職業など）や利用パターンが異なる可能性が高いからだ。例えば、携帯電話の普及率はここ10年で上昇したが、普通、平均通話回数は新規顧客が加入するたびに減少していく。これは少し考えればわかることだが、最初に携帯電話に加入した人は、ヘビーユーザーだ。通勤時間が長く、急な仕事が多く、所得も多い。こうしたヘビーユーザーの通話パターンを基に、新規顧客の価値を判断するのは誤りだろう。一般論で言えば、既存顧客の利ざやのフローが参考になるのは、主に、ライバルから顧客を横取りされそうになった際、顧客のつなぎとめにどこまで資金を投じるかを決める場合だ。新規顧客の価値を判断する際の参考にする場合は、注意が必要だ。

新規顧客の争奪。伝統的な経済原理、特に教科書に出てくる「完全競争モデル」は、情報経済では全く役に立たない、といった見方が一部の専門家の間で出ている。筆者がこうした見方に反対するのはもうおわかりだろう。ロックインのロジックが、格好の例になる。古典的な完全競争モデルでは、多くの中小企業が価格競争を繰り広げる。この壮絶な競争で、価格は原価まで下がり、超過利益はゼロになる。

この完全競争モデルに、ロックインを重ね合わせるとどうなるだろう。超過利益を消滅させる激しい競争と、納入基盤を貴重な資産に変えるロックイン。両者の辻褄を合わせるには、どうすればいいのか。極端な（あまり想像したくない）例を考えてみよう。まず、新規顧客の争奪戦で互角のライバルから激しい攻勢をかけられているとする。獲得した顧客を囲い込めることは、自分もライバルも承知している。この場合、競争により、確かに超過利益は市場から消滅する。ただし、それはライフサイクル（市場投入から廃棄までの期間）全体で見た場合の話だ。結局のところ、企業は新規顧客の開拓で資金を失い（＝投資）、囲い込んだ顧客への販売で投資を回収している（にすぎない）という結論を受け入れざるを得ない。

ロックインが発生する場合、激しい競争が起きるため、顧客には最初の段階で特典を大盤振る舞いせざるを得ない。このため、ライフサイクル全体で見た場合、先行投資に対するごく当然の見返り（＝通常の投資収益率 normal rate of return）以上のものは得られない。納入基盤を構築すれば、あたかも相当な営業マージンを稼いでいるように感じられるが、これは納入基盤の開拓・構築という初期投資のごく当然の見返りでしかない。経済学では、顧客基盤への販売から生じるこうした利ざやを「準利益」（quasi-profit）と呼んでいる。その時点では本当の（超過）利益のようにみえるが、それは過去の投資に対するごく当然の見返り（通常の投資収益率）にすぎないのである。

囲い込んだ顧客から引き出せる収益は、顧客に対する先行投資の見返りである

それでは、ロックインが発生する市場で、「通常」以上の投資収益率を上げるにはどうす

ればいいのか。「ロックイン」型の市場で優れた業績を上げるカギは、概ね他の市場と変わりない。製品を差別化し、ライバルよりも明らかに優れた商品を提供するか（差別化戦略）、コスト面で主導権を握り、コスト効率で相手に勝つか（コスト・リーダーシップ戦略）だ。理想的には、差別化と低コストの両方を目指せばいい。

ネットワーク型経済では、いち早く市場に参入すれば、差別化と低コストの両方を実現できる。カギは、納入基盤（顧客）の確立を通じて、参入時期の早さを長期的な強みに変えることにある。アマゾンのように、先発優位を武器に、競争が本格化する前に納入基盤を築き上げてもいい。インテュイット社の家計簿ソフト「クイッケン」のように、他社よりも優れた製品を開発してもいい。もしくは「ウォールストリート・ジャーナル電子版」のように、他の商品の販売実績、流通網、ブランド名がある場合は、新規顧客を開拓する際、情報面で優位に立てるかもしれない。

このように、差別化戦略とコスト・リーダーシップ戦略が大きな骨組みとなるのだが、ロックイン型の市場では、この骨組みの下で、ある一定の明確な戦術が浮かび上がる。以下では、そうした戦術について説明していくが、その前に、準利益と本当の利益の混同という問題を指摘しておきたい。残念ながら、連邦裁判所は一部の訴訟で両者を混同している。顧客を囲い込んだという理由だけで、特定の企業を「独占企業」と認定し、反トラスト法訴訟への道を開いたのである。コダックの複写機事業の例を挙げよう。

コダックの大型複写機市場のシェアは、1995年時点で約20％だった。当時、シェアは低下傾向にあり、利益率も低迷していた。後に複写機事業の売却入札を実施し、保守サービス事業をダンカ社に売却したほどだ。にもかかわらず、コダックは大型複写機の保守サービス市場を「独占」したとして、1995年に7000万ドル（上訴審で半減）の支払いを命じる陪審評決を受けた。何が罪に問われたのか。競合する外部のサービス事業者（コダックの元社員が少なくなかった）に対し、コダックが特許を持つ専有部品の販売を拒否したことが、問題視されたのである。コダックに降りかかった災難は、特にハイテク企業には座視できない。陪審評決が出た連邦第9巡回区控訴裁判所は、シリコンバレーを含むアメリカ西部地域全体を管轄しているのである。皮肉なことに、アメリカ中西部を管轄する連邦裁判所は、同じ大型複写機市場で70％のシェアを持つゼロックスに対し、正反対の判決を出した。「ゼロックスには、アフターマーケットで競合する外部のサービス事業者に対し、自社が特許を保有する部品の販売を拒否する法的な権利がある」との判断を示したのである。コダックは連邦最高裁に上告したが、最高裁は1998年にこの訴えを退けた。

筆者の見解はこうだ。コダックは非常に競争の厳しい複写機市場で、大幅な値引きという先行投資を行ったのであり、保守サービス収入はその経済的な見返りにすぎなかった。市場に参入する企業だけでなく、独禁法当局や裁判所も、ロックイン・サイクル全体を視野に入れる必要がある。

ライフサイクル全体を見据えて、取引を組み立てる。複雑な交渉はすべてそうだが、ライフサイクル（市場導入から廃棄までの期間）全体を視野に入れた取引は、売り手と買い手の相互利益につながる。双方のニーズ、リスク許容度、金銭の時間的価値、今後の市場観を最大限反映した取引を構築しよう。

例えば、買い手は営業経費とは別に、設備投資の予算を組んでいる場合がある。設備投資予算が少ない相手に耐久財を販売する場合は、機器を値引き販売し、収入の大半を複数年のサービス契約という形で稼げばいい。この戦略は、買い手の資本調達コストが非常に高い場合も効果的だ。

専有システムを販売する場合は、顧客の金銭負担を将来に先延ばしする戦略――ライフサイクルの前半は負担を軽くし、後半に負担を増やす戦略――をとるのが自然だろう。買い手も、ライフサイクルの後半に乗り換えコストが高まることを知っているので、「ブランド選択」の時点で、おいしい特典を要求しておくのである。

顧客が囲い込みを警戒して、初回特典の大盤振る舞いを拒否するようなら、方針を転換して、将来相手の手足を縛るようなことはしないと安心させる手もある。基本的には、販売する商品が「オープン」インターフェースである（出入り口が開放されている）ことを約束することになる。だが、この「オープン性」（開放性）の約束は、一筋縄ではいかない。というのも、最終的には、やはり相手の外堀を埋めたいのである。先ほど、買い手はこうした約束に注意が必要だと指摘したが、そう、売り手にもやはり同じことが言える。自分が望む以上のオープン性を約束しては駄目だ。法的なリスクはもとより、企業イメージが悪化するリスクを抱え込むことになる。

「オープン性」は、たとえどんなに誠意を尽くして定義しても、将来、解釈の余地が生じる。マイクロソフトは時折、次のような考えを示唆している。ウィンドウズは「オープン」だが、それは、外部のソフトウェア会社が、ウィンドウズ対応ソフトの開発に必要な「出入り口」（API＝アプリケーション・プログラミング・インターフェース）に完全にアクセスできるという意味でオープンなのである――。ただ、そう言ったところで、マイクロソフトのプログラマーがウィンドウズ対応ソフトの開発で有利な立場にあることに変わりはない。ウィンドウズの変更について最初に情報を得るのは当然、社内のプログラマーなのである。

マイクロソフトとは対照的に、ブラウザーの競争で「オープン」戦略を採っているのがネットスケープだ。同社の戦略は、ページ記述言語「ポストスクリプト」でアドビがとった戦略とよく似ている（第8章参照）。つまり、「この商品はオープンであり、将来ネットスケープ（そしてマイクロソフト！）に囲い込まれることはない」とアピールする戦略だ。一方のマイクロソフトの場合、顧客が同社のデスクトップ・アプリケーションにすでに囲い込まれていることは周知の事実である。このデスクトップ・アプリ、ローカルエリア・アプリにウェブ・アプリを統合することで囲い込みをインターネットにも広げようというのが、マイクロソフトの戦略だ。ユーザーの選択肢は明快である。オープン規格のネットスケープを採用して、ロックインの程度を相対的に軽くするのか。将来の乗り換えコストは上がるが、非常に統合性の高いマイクロソフトのシステムを採用するのかだ。

また、「オープン」な側面と「閉じられた」側面を併せ持つ情報システムも少なくない。専有権のないオープン・インターフェースは機能を制限し、専有権のあるインターフェースについては機能を大幅に拡充するという作戦である。例えば、電子設計自動化ソフト大手ケイデンス・デザイン・システムズは、業界標準のインターフェースを複数開発して、主力商品「ヴァーチュオーゾ」と他社製品の間で設計やデータのやり取りを可能にする一方、高度な機能を搭載した同社専用の専有インターフェースも開発している。機能を制限した「オープン」規格のもう1つの例が、マイクロソフトの文書ファイル・フォーマット「リッチテキスト形式（RTF）」だ。このフォーマットは、比較的容易に他のフォーマットに変換できるが、変換できる範囲がかなり制限されており、変換の過程で元の文書のフォーマットが必ず一部失われる。

新規顧客の開拓でオープン性を約束する場合は、定義を明確にしておく

市場シェアが高くても、乗り換えコストが高いとは限らない。お得意様になれば（もしくは、囲い込んでしまえば、と言い換えてもよいが）将来かなりの利ざやを期待できる顧客に、初回割引を提示するのは、確かに理にかなっている。だが、ロックイン型の市場で、ありもしないロックインに期待をかければ、間違いなく痛い目に合う。顧客の忠誠度と乗り換えコストが高まれば、追加の販売で一儲けできると見込んで商品を無償提供したはいいが、後になって乗り換えコストがそれほど高くないことがわかって真っ青になるというパターンだ。そうならないよう、各顧客の将来の乗り換えコ

ストを正確に分析して、その顧客からどの程度の売り上げを期待できるか――つまり、その顧客の獲得にどこまで資金を投じてよいか――を判断する必要がある。

1つのリスクを挙げれば、アフターマーケット（販売後の市場）にライバルが登場し、顧客がわずかなコストでライバルに乗り換えてしまうケースがある。ボーランドの表計算ソフト「クワトロ・プロ」は、この戦略を駆使してライバルの「ロータス1－2－3」のユーザーの乗り換えコストを抑え、ロータスから顧客を奪った。コダックとゼロックスも、複写機市場で同様の問題に見舞われた。新型の大型複写機を積極的に売り込み、保守サービスで粗利をしっかり稼ぐというビジネスモデルだったが、外部のサービス事業者から納入基盤に攻撃を仕掛けられた。ヒューレット・パッカード（HP）も、プリンターのインクカートリッジを販売する外部の事業者から、同じような攻勢をかけられている。

情報産業では、類似品の登場で価格が下がり、納入基盤を奪われるというリスクに、特に注意が必要だ。1つには、ライバルが乗り換えコストを最小限に抑えた製品をぶつけてくることが多いという事情がある。この点は、ネットスケープの「ナビゲーター」とマイクロソフトの「インターネット・エクスプローラー」のブラウザーをめぐる標準化戦争にも当てはまる。ネットスケープの時価総額をみると、市場は一時期、ナビゲーターの納入基盤（＝ユーザー）を極めて貴重な資産と認識していたようだ。だが、筆者はそうした市場の見方には疑問を感じる。というのも、ナビゲーターからエクスプローラーに乗り換えるコストが非常に高いと感じるユーザーは、それほど多いとは思えないからだ。実際、マイクロソフトがエクスプローラーの改良と無償提供を進め、OSにブラウザー機能を組み込む中、ネットスケープの市場シェアは、じわじわと低下している。

言うまでもないが、マイクロソフトには、デスクトップのOS環境を握っているという戦略上の大きな強みがある。ファイル・ブラウザー（閲覧ソフト）をはじめとする「ウィンドウズ95」の様々なパーツと、インターネット・ブラウザーを統合するのが、同社の狙いだ。これはネットスケープにはなかなか真似できない。マイクロソフトはインターネット・エクスプローラーを「ずっと無料」にすると表明しているが、これは、バンドリングやある種の製品統合を通じて、エクスプローラーを同社のデスクトップ環境に組み込むという意味でしかない。

市場シェアが高くても、ロックインが成立しているとは限らない

市場シェアは高いが、顧客をうまく囲い込めていないと思われるもう1つの会社が、シスコシステムズだ。同社はインターネットの情報を流す「配管」の基礎部品となるルーターを開発しており、市場シェアは約

80％、株式時価総額は、本書の執筆時点で約670億ドルと、驚異的な額に達している。年間売上高は約80億ドルだ。品質に定評があり、互換性のあるネットワーキング機器をフルに取り揃えている。何よりも、プロダクトの性能面で他社の一歩先を行く開発力がある。シスコの企業価値の土台にあるのは、こうした要素であり、全体でみると、納入基盤（＝囲い込んだ顧客）から利益を上げる能力が、企業価値の土台にあるわけではない。ルーターの設計では、基本的に、インターネットのデータのやり取りに使われているオープン規格を利用している。インターネットの爆発的な普及の立役者となったのが、こうしたオープン規格であり、シスコの製品もオープン性が売り物だ。だが、そうしたオープン性は、競争上、弱点にもなり得る。シスコは、この弱点を補うため、自社のルーター用ソフトに「ＩＯＳ」（Internetwork Operating System）というブランド名をつけるようになった。

シスコは、オープン・アーキテクチャーを使って、今後も他社の一歩先を走り続けることができるのか。それとも、一部の製品に専有機能をうまく組み込んで、中・長期的な競争力を確保していくのか。これが同社の行方を左右する。これまでのところ、シスコはオープンなインターネット環境で業績を伸ばしており、内部留保のかなりの部分を巧みな買収戦略に充てている。主力のルーター事業を補完するハブ製品（少数のコンピューターを接続する、ルーターよりも単純な装置）やフレームリレー交換機・関連機器のメーカー・技術を取得しているのだ。1996年には40億ドルでフレームリレー交換機のストラタコム社を買収した。実際、シスコの買収戦略は高く評価されており、買収を通じて競争力を維持するとともに、新しい専有技術を取得している。

シスコのルーターもそうだが、納入基盤（＝累積の納入台数）でシェアが高い企業でも、直近の出荷台数でシェアが高いとは限らない。実際、市場シェアを測るこの2つの指標に乖離がみられる場合は、どんな企業も警戒が必要だ。直近の出荷ベースのシェアが、累積の納入ベースのシェアを上回っている企業は、ライバルとの差を縮めている。乗り換えコストが高ければ、市場の動きがその分鈍り、これまでのシェア（＝今の累積納入ベースのシェア）と直近のシェアの乖離も小さくなる。

実際、シスコはスリーコムをはじめとする他のルーター・メーカーから攻勢をかけられている。同等の技術を大幅に値引きして売るのがスリーコムの戦略だ。6万5000ドルするシスコの高性能ルーターと直接競合する製品を1万5000ドル〜2万ドルで提供しているのである。シスコの顧客がどこまで囲い込まれているのか、すぐに真相が明らかになるだろう！

ネットスケープも同じ境遇にある。同社はブラウザーの「累積納入実績」（＝納入基盤）で高いシェアを維持しているが、「新規の納入実績」ではシェアをかなり落としている。もっとも、この統計も単純には受け入れられない。マイクロソフトが不特定多数のユーザーに「インターネット・エクスプローラー」を無償配布しているからだ。パソコンのハードディスクにはたくさんのソフトが格納されているため、実際にそのソフトが使われているかどうかをチェックする必要がある。こうした「アクティブ」な納入基盤（今現在、その商品を実際に利用している顧客の総数）は、累積の納入実績よりも、はるかに重要だ。ブラウザーの場合、ウェブサーバーに保存されている記録を見れば、利用実績を測定することが可能だ。ウェブサーバーには、どのブラウザーでアクセスしたかという記録が残されている。

市場シェアを高めても、自動的にロックインの恩恵に与れるわけではないということは、裏を返せば、市場シェアが低くても、おいしい特権にありつける可能性があるということだ。固定客から継続的に多額の売り上げを見込めるというパターンだ。好例が、第5章で取り上げたコンピュータ・アソシエイツである。汎用機市場の長期低迷にもかかわらず、同社の業績はすこぶる好調だ。コンピュータ・アソシエイツは、特に市場シェアが高いわけではないが、多くの顧客は、基幹ソフトが混乱・中断した場合のコストやリスクを負担するくらいなら、他社に乗り換えずに同社に割増料金（プレミアム）を払ったほうがいいと考えているはずだ。

もちろん、市場シェアが高く、顧客の乗り換えコストも高いなら、言うことなしだ。だが、顧客を縛ればシェアが伸び悩むケースもあるだろう。また、小さくても盤石なシェアを手にすれば、非常に手堅く稼げる場合もある。後者のニッチ路線を目指すなら、一部の取引先をつかんで離さない、他社には真似できない商品力が必要だ。規模が小さいので、コスト面では不利になるし、時間の経過とともにシェアが緩やかに低下しても不思議ではない。コンピューターソフトウェアの開発やコンテンツの提供など、「規模の経済」が強力な効果を発揮する市場では、特にその点を覚悟する必要がある。

乗り換えコストの高い顧客を取り込む。 乗り換えコストの高い顧客は、苦労してでも早い段階で取り込む価値がある。ただし、以下の2つの点に注意が必要だ。第1に、囲い込めそうな顧客は、すでに他社に囲い込まれていることが多く、早い段階で取り込むのは容易ではない。第2に、すでに指摘したが、顧客には、乗り換えコストを事前に水増し請求して、おいしい特典をたっぷり引き出そうという思惑が働く。言われたことをすべて真に受けては駄目だ！

もっとも、顧客の事業やニーズに精通すれば、乗り換えコストの見当をつけることはできる。例えば、ハードウェアやソフトウェアを初めて納入する場合、「この取引先は将来、商品の補充が必要になった際、同一メーカーで製品を統一したいと考えるだろうか」と自問してみよう。もし、ロックインの強度・期間がかなりの程度に達するなら、追加の売り上げが期待でき、先々稼げる利ざやも大きくなる。

また、買い手の乗り換えコストという壁を乗り越えるため、厳しい戦いを迫られる場合もある。乗り換えコストの肩代わりが必要になるケースもあるかもしれないが、顧客の回転には注意が必要だ。他社からの乗り換えを補助するため、大幅に値引きしても、その顧客の乗り換えコストが低かった場合、補助した資金を永遠に回収できない恐れがある。ロックイン・サイクルの後半で資金の回収に動けば、また別の会社に乗り換えるきっかけになるからだ。実際、AT&T、MCI、スプリントといった長距離電話会社の初回割引を利用するため、乗り換えを繰り返す顧客もいる。

ニーズが高まっていく顧客――つまり、乗り換えコストが高まっていく顧客――は、特に貴重だ。運が良ければ、ちょっとした特典を最初に用意するだけで、各種の補完的商品をはじめとするアフターマーケット（販売後）のニーズが膨らみ、少なからぬ粗利を稼ぎ出せる。

影響力のある顧客を取り込む。影響力のある顧客を積極的に取り込めば、かなり効率良く納入基盤（顧客基盤）を築ける可能性がある。有力顧客の獲得にどこまで投資するかを判断する際は、投資の効果を数値化することが重要だ。顧客の「影響力」を測る上で重要になるのは、資金力でも収益力でも知名度でもない。それよりずっと実利的なもの——その顧客を取り込むことで獲得できる他の顧客から、合計でいくらの粗利を稼ぎ出せるかだ。

影響力のある顧客には値引きする

大企業の一部門に製品を売り込めば、その会社の他の部門と取引できるチャンスが広がらないだろうか。顧客の口コミや紹介、また取引先の社員の転職を通じて、販路を拡大できないだろうか。名門企業や、調達先の選定で定評のある企業から受注できれば、他の顧客からも一目置かれないだろうか。潜在的な有力顧客の取り込みにいくら投資するかを決める際は、こうした点を自問自答してみよう。

コンピューター大手のシリコングラフィックス（SGI）は、映画「ジュラシック・パーク」の視覚効果を担当したインダストリアル・ライト&マジック社（IL&M）に対し、SGIのワークステーションで恐竜のコンピュータグラフィックスを制作できるとアピールした。映画で採用されれば宣伝になり、売り上げが伸びると考えたのだ。この作戦は大成功を収めた。IL&Mのプログラマーは、この映画のために、SGIのハードウェアを補完する新しいオブジェクト指向のソフトウェア開発ツールを制作。SGIとIL&Mの長期にわたる取引関係を深めるきっかけにもなった。

大企業が影響力を発揮する場合もある。情報を受け取る際のフォーマットを取引先に指定できるためだ。あなたの開発したプロトコルやフォーマットが、インテルの電子設計自動化ソフトに採用されれば、集積回路・プリント回路基板の中小メーカーから追加の注文が入る可能性が高い。特殊効果用ソフトを大手の映画会社に売り込めば、中小の制作会社を事実上、囲い込めるかもしれない。インテルやソニー・ピクチャーズに値引きすれば、貴重な取引先が増え、自社の商品を割増料金（プレミアム）で販売できる。もちろん、インテルもソニーも、その点は百も承知だ。

大口顧客が製品規格の確立・普及で影響力を発揮するケースもある。これは第8章「協力と互換性」で論じる。例えば、モデム業界では、ロックウェル社が、モデムの頭脳であるチップセットで圧倒的なシェアを誇っている。このため、同社はモデム間の通信で使用する規格やプロトコルに大きな影響力を行使できる立場にある。

小口の顧客でも、大きな影響力を発揮することがある。互換性の問題が絡む場合だ。1980年代初めにモデムの通信速度が1200bpsから2400bpsに上がった際、モデムメーカーは、電子掲示板の運営者を対象に特別セールを実施した。高速モデムでアクセスできる掲示板が増えれば、一般ユーザーも高速モデムに買い替えるのではないかと考えたのである。掲示板の運営者1人に原価でモデムを提供すれば、その掲示板を利用したい数十人のユーザーにモデムを売り込める。この種の戦略については、第7章で「ネットワーク外部性」の概念を説明しながら、さらに検証を進めよう。

顧客が影響力を発揮できるのは、周囲からリーダーと認められているからであり、規模の大小は関係がない。ファッション業界を動かしているのも、ファッションリーダーだ。ハイテク業界では、デモンストレーション効果（他者の影響で購買行動が変化する現象）が非常に重要になる。周囲の尊敬を集めるユーザーから、直接・間接に評価されれば、大きなポイントになるのだ。名門病院が新しい治療法の商用化に先鞭をつけるように、新しい情報技術は、華やかなIT企業が採用したり、支持を表明することで、普及が進むことがある。サンのプログラミング言語「Java」は、ビッグネームの後ろ盾を得ることをマーケティング戦略の柱にしていた。最終的には、大物中の大物マイクロソフトのお墨付きまで得たのである。もっとも、噂によると、ビル・ゲイツ自身は内心Javaを支持していなかった。現在、マイクロソフトは、自社のウェブサイトでJavaの使用を禁じており、ウィンドウズ版のJavaに改良を加え、Ｊａｖａに代わるダイナミックＨＴＭＬやＸＭＬの普及を進めている。いずれもサンへの反撃が狙いではないかとみられている。

マルチプレーヤー戦略。有力顧客を取り込むという戦略は、ある顧客が第三者に影響を及ぼすことがあるという事実を応用したものだ。ここでは、これに関連して「マルチプレーヤー」戦略をいくつか紹介しよう。それぞれ登場人物《プレーヤー》の組み合わせは異なるが、いずれも「第三者への影響力を利用する」という同じ発想に基づいている。特に目新しい戦略ではないが、情報製品をはじめ、粗利の大きい商品には効果的だ。

航空会社のマイレージサービスを例にとろう。このロイヤルティー・プログラムには、たいてい3者のプレーヤーが関わっている。航空会社、搭乗者、そして搭乗者の勤務先（＝実際にチケット代金を払う支払人）の3者だ。おそらく読者もそうだと思うが、搭乗者としては、できるだけマイルが貯まる航空会社を選びたい。少なくともマイルを私的に使える場合はそうだろう。その場合、航空会社は、比較的わずかなマイレージサービスで搭乗者を買収できる。運賃が割高でも、料金を払うのは勤務先なのである。航空会社は、マイレージサービスを利用して「意思決定者」（社員＝搭乗者）に影響力を及ぼし、「支払人」（勤務先）と「意思決定者」の結束を妨げているといえる。

ロックイン・サイクルの起点で、ある顧客を取り込むと、他の顧客を芋づる式に取り込めるというケースでも、第三者への影響力を利用していることが多い。例えば、粉ミルクのメーカーは、病院向けにかなりの値引きをしている。初産の母親が、退院後も病院と同じ粉ミルクを選ぶ傾向が強いことに着目しているのだ。同様に、これまでの事例を振り返ると、自動車メーカーもスパークプラグ（エンジンの点火プラグ）のメーカーから、かなりの割引を受けている。プラグ交換の際、ドライバーが同じブランドのプラグを求める傾向が強いためだ。

他の顧客の囲い込みにつながる登場人物《プレーヤー》に着目する戦略は、意思決定者と支払人が、買い手として同じ組織に属している場合でも利用できる。医療機器の販売では、有力な医師を1人味方につければ、病院にカテーテルや複雑な診断機器などを売り込める可能性がある。メーカーは、病院の予算に強い発言権を持つ医師がいること、そして、特定ブランドや特定モデルの医療機器を一度使い始めれば、その病院を囲い込める可能性が高いことを知っている。医師に対する働きかけは、ストレートなマーケティング（製品のメリットを説明する）から、あからさまな買収（研究費の支給、会議の名目でハワイに招待するなど）まで多岐に渡る。

購入に複数のプレーヤーが関わる場合、利害関係の違いを利用できないか考える

もう1つのタイプのマルチプレーヤー戦略は、顧客の取引先に補完的商品を売り込むというものだ。1995年にシリコングラフィックスの傘下に入った高性能グラフィックソフト開発のエイリアス・リサーチ社を例に取ろう。同社では、アニメ制作用ソフトを発売すると、補完的な商品であるレンダリング用ソフトの販売が伸びる。コンピューター・シミュレーションを制作する一連の過程で、この2つのソフトがスムーズに連携するためだ。

こうした相互補完の関係を利用する1つの手として、最初に購入する顧客に割引し、その後で関連商品を買う顧客に割増料金を請求して、投資を回収するという戦略が考えられる。もちろん、この戦略は、最初の顧客と同じブランドを選べば、2番目の顧客のパフォーマンスが改善するというケースでしか使えない。この戦略のバリエーションの1つとして挙げられるのが、相対的に長期的な視点で商品を選んでいる顧客に値引きし、ロックイン・サイクルの起点で将来のコストを予測できない顧客（先のことをあまり考えない顧客）への販売で、値引きの原資を回収するという作戦だ。

ネットスケープも、相互補完の戦略を展開した。ウェブのクライアント側に「ネットスケープ・ナビゲーター」を無償提供して納入基盤を構築し、ウェブのサーバー側向けの商品を有料で販売しようとしたのである。ただ、先ほど指摘したように、主軸となる製品（この場合はブラウザー）の囲い込みが不完全な場合、この戦略は高いリスクを伴う。

外堀を埋める

新しい顧客を納入基盤に加えた後も、仕事は残っている。まだロックイン・サイクルの次のステージ──「外堀を埋める」に進んだだけだ。顧客に価値を提供しながら、顧客があなたの商品・技術・サービスにますますのめり込んでいくような関係を築く──これが次の目標だ。

商品設計を通じて外堀を埋める。 顧客の乗り換えコストの大きさは、操作できる。買い手に「1つの調達先に縛られたくない」との思惑が働くように、売り手には「顧客に取引関係への投資を促し、乗り換えコストを引き上げたい」との思惑が働く。

買い手と売り手は、ロックイン・サイクルを通じて、複雑な駆け引きを繰り返しており、ロックインの強度（つまり、買い手の乗り換えコスト）は、時とともに変化する。売り手なら、製品やサービスに新しい専有機能を追加できないか検討しよう。買い手は、何とかして抵抗しようとするだろう。高性能の画像編集ソフトを例に取れば、広告代理店など多くのユーザーは、かつてアドビの「イラストレーター」とアルダスの「フリーハンド」の両方を購入していた。

重複する機能はかなり多いが、囲い込みを避けるための自衛策だ。ところが、気の毒なことに、この作戦はアドビとアルダスの合併で立ち行かなくなってしまった。

顧客の外堀を埋めるもう1つの素晴らしい作戦として、付加価値の高い情報サービスを次から次に提供するという手がある。医薬品の卸売業界を例に取ろう。本来の業務は、製薬メーカーから薬を取り寄せて、倉庫に保管し、ドラッグストアや病院などの顧客に配送することだが、この業界では、ここ10年で情報システムや情報サービスの役割が飛躍的に高まっている。業界大手のマッケソン、カーディナル、バーゲン・ブランズウィック、アメリソースは、全米規模の大口顧客に高度な情報サービスを提供することで差別化を図っているのである。こうした大手の卸売業者は、顧客の外堀をさらに埋めるため、自動調剤や情報通知の専有システムを独自に開発。助言サービスと組み合わせることで、取引先との関係を深めている。

付加価値の高い情報を提供して、取引先との関係を深めよう

ロイヤルティー・プログラムと「累積割引」。第5章で取り上げた「人工的な」ロックイン=ロイヤルティー・プログラム（お得意様向けの優待サービス）を使えば、顧客の乗り換えコストをあからさまに操作できる。忠誠心を失った顧客には過去の忠誠に報いないというのが、ロ

イヤルティー・プログラムのみそだ。普通、これには２つのやり方がある。いずれも、過去の累積利用実績の多い顧客を継続的に特別扱いするという戦術だ。第１は、お得意様をＶＩＰ扱いするという作戦。ユナイテッド航空のプレミア会員向けサービス「マイレージ・プラス・プレミア」が好例だろう。頻繁に搭乗する人は「優先的に座席を選べる」「ファーストクラスやビジネスクラスへのアップグレードができる」「会員専用の電話窓口を利用できる」といった特典を受けられる。第２の作戦は、お得意様が商品を購入してくれた場合に、ボーナスポイントを進呈するというものだ。ユナイテッド航空の場合、頻繁に利用すると、通常の２〜３倍のマイルがもらえる。

　突き詰めれば、こうした手法は、すべて数量割引の一種だといえる。累積の利用実績が多い顧客の追加の購入分に割引を適用するのである。繰り返しになるが、こうした「累積割引」を活用するには、顧客１人１人の購入履歴を追跡して顧客ごとに記録した上で、進呈したポイントの残高を管理する必要がある。この種の情報処理コストは、ＩＴの発展で今後さらに低下するだろう。そうなれば、顧客データの管理がコストに見合うという企業が、中小企業も含めて、どんどん増えていくはずだ。昔は、多くの企業が協力して累積割引を行っていた。加盟小売店が発行するスタンプを集めて台帳に貼っていけば、プレゼントがもらえる「グリーン・スタンプ」システムが好例だ。こうした「直接競合しない企業と手を組んで累積割引を提供する」という手法は、今日の中小企業の間で、再び注目を集めるのではないか。といっても、顧客がスタンプを舐めて台帳に張る形ではなく、加盟店のサイトにアクセスして累積の購入実績をチェックする形になる可能性が高い。今後、ロイヤルティー・プログラムの運営に必要な情報をこれまで以上に正確かつ手軽に記録できるようになれば、ロイヤルティー・プログラムを自前で開発できる中小企業・零細企業も増えていくはずだ。

特に情報産業では日常的に発生する乗り換えコスト――新しいブランドを探して、評価して、使い方を覚えるコスト――は、近い将来、大きく変容していく可能性が高い。一部の商品では、すでにこの種の検索コストが劇的に低下している。インターネットの登場やIT全般の発展で、的を絞ったマーケティングが手軽かつ割安に、高い精度で行えるようになってきたためだ。第5章で紹介したアマゾンの「アソシエイト（アフィリエイト）プログラム」は、頻繁に顧客を紹介すれば得をするという申し分ないロイヤルティー・プログラムの一例だ。今後、こうしたプログラムを真似する動きが広がっていくだろう。

こうした人工的なロイヤルティー・プログラムは、従来型の市場を次々にロックイン型の市場に変えていく。「ブランドを替えれば今まで貯めたポイントが無駄になる」という多大な乗り換えコストの負担が意識されるためだ。特定の取引先を頻繁に利用するという意味での顧客の「忠誠度」(ロイヤルティー)も、同じ理由で高まっていく可能性が高い。アメリカン航空が1982年に初めてマイレージサービスを導入してライバルに差をつけたように、衣料品のカタログ販売でも、オンライン販売でも、ホテルや長距離電話でも、利幅の厚いヘビーユーザーをとらえて離さない料金体系を構築した企業が、ライバルに競り勝つことになる。高度な情報システムや的を絞った販促活動で勝負するという形の競争が、商品の設計や価格で勝負するという従来型の競争と同じくらい、幅を利かせるようになるはずだ。こうしたロイヤルティー・プログラムをうまく運用すれば、顧客の価格感度が鈍り、定価の引き上げが可能になる。そうなれば、増収分をお得意様へのポイント還元に回せる。うまくいった販促策は、ライバルにすぐ真似される。だからこそ、顧客――特に利幅の厚い大口顧客――は、割増料金(プレミアム)を払ってでも、早めに囲い込んだほうがいい。

ロイヤルティー・プログラムは、従来型の市場をロックイン型の市場に変えていく

情報システム産業で、既存の大手と新規参入企業を隔てている壁が、乗り換えコストだ。自分の顧客の乗り換えコストは自分を守る壁となる。他社から顧客を奪うには、乗り換えコストの壁を乗り越えなければ

ならない。USロボティクスの携帯情報端末（PDA）「パーム・パイロット」に乗り換える顧客は、端末を買うだけではなく、住所録など既存のデータをパーム・パイロットのフォーマットに移す必要があった。この顧客の乗り換えコストが、乗り越えなければならない壁だった。その後、パーム・パイロットは大ヒットした。今度は、パーム・パイロットのユーザーが他のシステムに乗り換える際に負担するコストが、（USロボティクスを買収した）スリーコムを守る壁となっている。スリーコムは、今後もパーム・パイロットのユーザーという納入基盤を拡大できるのか。そして、既存の顧客へのアップグレードや新商品の販売という形で、納入基盤を最大限活用できるのか。これが大きな課題となる。

納入基盤を活用する

乗り換えコストを駆使して、納入基盤をうまく築き上げることができたとしよう。次のステップは、先を見据えて納入基盤を最大限活用することだ。具体的には「顧客基盤に補完的な商品を販売する」「顧客基盤にアクセスする権利を販売する」といった手法が考えられる。

補完的な商品を販売する。顧客の獲得にどこまで積極的に投資するか。この点を判断するには、新規の顧客から将来見込める利益のフローを予測する必要がある。この「将来の利益フロー」を予測する際は、柔軟な発想が大切だ。あらゆる手を尽くして将来の利益フローを最大化しないと、競争には勝てない。新規の顧客からどのように収益のフローを上げるのか、アイデアの数でライバルに負ければ、ライバルが顧客を「高く買い取って」いく可能性が高い。顧客の乗り換えコストを冷静に見極めながら、クリエイティブに収益のフローを生み出す――これがポイントだ。ロックイン型の市場を制する特に効果的な戦略の1つとして、補完的な商品をライバルよりも数多く取り揃えて、顧客の争奪戦を有利に進めるという手が挙げられる。将来の商機が広がる分、攻撃的に顧客を獲得できる。

すでに指摘した通り、メインの商品を購入した顧客に、様々な「付随的」商品・サービスを売り込めば、顧客を囲い込めるかもしれない。耐久財の保守サービスがこのパターンに該当するし、コンピューターソフトのアップグレード・拡張もそうだろう。

ロックイン型の市場では、顧客の囲い込みにつながる補完的商品の幅を広げようという競争が起きる。決済サービスの分野で、この勝負を制してアメックスを抑えていたのが、ビザとマスターカードだ。両社と提携する銀行には「メイン」の商品である決済サービスを無料で提供できる余裕があった。加盟店への手数料引き下げに加え、カードの利用者に利用額に基づくポイントまで進呈できたのである。なぜか。利幅の厚い補完的商品――高利息のクレジットカード・ローン――も一緒に販売していたからだ。アメックスのほうは、カードローンの必要性をなかなか認識できなかった。個人向け融資のリスク管理にそれほど長けていなかったことが一因だろう。それは、初めてキャッシング機能を搭載したカード「オプティマ」の導入後にかなりの問題を抱え込んだことからも窺える。ビザ、マスターカードと両社の提携銀行は、決済サービスに、得意分野である個人向け融資を結びつけたことで、高いワレット・シェア（財布シェア＝消費者の可処分所得に占めるシェア）を実現できた。

このカード会社の競争から、どんな教訓を引き出せるだろうか。銀行と手を組んだビザとマスターカードが、市場シェアでアメックスを大きく引き離すことができたのは、メインの商品（決済サービス）で顧客を非常に攻撃的に囲い込み、利幅の極めて厚い補完的商品（個人向け融資）を売り込んだからだ。この戦略が大成功を収めた背景には、消費者が終始一貫してカードローンの金利負担を軽視しているという事情がある。消費者にこうした知覚の偏りがあるから、月間手数料の引き下げやポイントの進呈では競争が起きるが、ローン金利では激しい競争が起きない。結果的に金利は高止まりしている。

納入基盤に補完的な製品・サービスを販売する戦略には、非常に大きなメリットがある。

追加の販売で巧みに利益を上げながら、顧客との関係を損なうのではなく、顧客との関係を深められる——つまり、顧客の外堀を埋められるのである。マイクロソフトは、ウィンドウズ対応ソフトの販売でこの戦略を非常にうまく利用している。情報財は価格と限界費用の差が大きいため、実勢価格で販売してそこそこのシェアを確保すれば、それだけで相当な儲けを期待できる。必ずしも法外な「独占」価格をつける必要はないし、補完的商品の囲い込みが成立していなくても利益は出る（もっとも、新しいソフトには使い方を覚えるという乗り換えコストがあるため、マイクロソフトは、ウィンドウズ対応ソフトでも、ある程度まで顧客を囲い込んでいる）。

納入基盤に補完的な製品を販売する

例えば、医療用の画像診断機器なら、保守サービスやスペアパーツだけでなく、媒体（フィルムなど）自体や他の画像診断機器も追加で売り込める企業が勝負を制する可能性が高い。具体例を挙げると、ボストン・サイエンティフィック社は、高度な画像診断用カテーテルと画像の解析機器（ハード＋ソフト）をセットで売り込もうとしている。高度な解析機器は、カテーテルで利ざやを稼いで値下げしなければ、なかなか売れないだろう。眼科のレーザー治療もそうだ。この市場では、サミット社とＶＩＳＸ社が高度な機器の販売でしのぎを削っているが、両社の機器は施術ごとに課金される仕組みになっており、アフターマーケットで収入フローが期待できる。事実上、少なくとも機器を販売した分だけ、特許権のある情報を売り込めるのである。どちらの例でも、利用頻度の高い医師ほど、機器の購入時に大幅な値引きを受けられるはずだ。

インテュイットも、家計簿ソフト「クイッケン」の個人ユーザー向けに、同じような戦略を展開している。消耗品（領収書・封筒）や補完的な商品（税務ソフト）のほか、オンライン・サービス（同社のサイトで保険や住宅ローンを申し込める）、さらに高度なソフト（中小企業向けの会計ソフト「クイックブックス」）を販売しているのだ。

ブラウザー利用者の囲い込みが盤石とはいえないネットスケープは、補完的商品を統合した「コミュニケーター」の販売を通じて、囲い込みを補強し、納入基盤の価値を最大限引き出そうとしている。コミュニケーターは、ブラウザー、メールソフト、コラボレーション・ツール、カレンダー・スケジュール管理ソフトなどで構成されており、各ソフトがまずまずスムーズに連携する。いずれのソフトもオープン規格に準拠しているが、独自の機能も様々な形で追加されている。例えば、ネットニュース投稿・閲覧ソフト「コラブラ」は、ユーズネットのニュースグループ（電子会議室）で実績のあるＮＮＴＰプロトコルに準拠しているが、ネットスケープ版は、埋め込まれたＨＴＭＬ文書をリッチテキストとして、グラフやホットリンク（直リンク）とともに表示できる。

ロックイン型の市場では、魅力的な補完的商品を多数取り揃えて利益を出せる企業が、メインの製品で圧倒的な強みを発揮できる。メインの製品を他社よりも安く販売できるからだ。これは、事実上、補完的商品の利ざやの一部を顧客と分け合っていることに等しい。そうなると、何とも素晴らしいことに、買い手と売り手の関係は、もうゼロサムゲームではなくなる。性能が同じなら、買い手は喜んでハードやOSと同じメーカーのソフトを買うだろう。「同じメーカーから一度にまとめて買える」「統合度が高くて使いやすい」「安心して購入できる」といったメリットが考えられる。例えば、OSの開発企業であれば、実際に規模の経済と範囲の経済を活かして、統合度の高い各種ソフトを他社よりも安く販売できるかもしれない。

この種の「相互補完」戦略に勝算がある場合、メインの製品市場の競争は激化するだろう。納入基盤を確保する価値が高まるためだ。とはいえ、すでに盤石な納入基盤を築いている企業が、補完的商品でビジネスを広げれば、いいことずくめとなる可能性もある。製品ラインナップに補完的商品を加えれば、納入基盤の価値を最大限引き出せ、顧客にも付加価値を提供できる。これは申し分のない戦略となる。

納入基盤にアクセスする権利を売る。納入基盤を無駄にするのはもったいない。既存の顧客に販売する補完的商品がない場合は、顧客にアクセスする権利を販売することも可能だ。

この戦略を巧みに活用しているのが、アメリカ・オンライン（ＡＯＬ）だ。同社は社内でコンテンツを開発するだけでなく、納入基盤にアクセスする権利を小売り企業やコンテンツ・プロバイダーに販売している。ＡＯＬは１９９７年８月時点で、70社以上のオンラインショップと提携。同社ホームページの目の玉ほどの広告スペースは、レンタル料が年間12万５０００ドルから、手数料は５～60％だ。第２章でみた通り、ＡＯＬが契約時に顧客から自動的に入手する情報には、郵便番号という貴重な情報が含まれている。この郵便番号から引き出せる顧客のデモグラフィック属性は、オンライン・マーケティングで貴重極まりないデータとなる。

マイクロソフトも、様々なコンテンツ・プロバイダーと提携しており、「インターネット・エクスプローラー」でしかアクセスできない特殊な機能をサイトに追加するよう推奨することもある。ＳＦ映画「スタートレック」のサイトでは、エクスプローラーでしか利用できない便利な機能が複数用意されている。もっとも、筆者が前回アクセスした時には「ネットスケープとマッキントッシュのユーザー向けに近く機能を拡充します」と表示されていた。

こうしたクロスマーケティング（顧客の相互紹介を通じたマーケティング）は、決してオンライン・サービスに限った話ではない。スーパーは以前から銀行などと提携して、納入基盤（顧客）に付加価値を提供している。ただ、ITの発展で通信システムや記録管理システムが向上したからこそ、そうした提携が実現したケースが少なくないことを指摘しておきたい。

差別価格を利用して囲い込む。 新しいオンライン雑誌を立ち上げ、一定の読者を確保したとしよう。今は収入の大半を広告に頼っているが、いずれ経営環境が悪化し、読者への課金が必要になることがわかっているとする。月々の購読料を決めるため、読者や同業他社の調査はある程度済ませた。本書の第2章を踏まえて、読者のタイプ別に複数の購読料を設定することにする。だが、ここで基本的な問題が浮上する。いつも読んでくれているお得意様の読者と、これから開拓する新しい読者のどちらを料金面で優遇すればいいのだろうか。

第2章でみた通り、顧客情報を管理しておけば、商品や価格を顧客別にカスタマイズする際に役立つ。それが顧客情報を管理する大きなメリットの1つだ。この場合は、顧客の過去の購読パターンを把握して、購読履歴を基に料金をカスタマイズするのがいいだろう。だが、購読履歴を基に料金を変えると言っても、具体的にどうすればいいのか。

この問題は、2つの段階を踏んで解決しよう。まず、過去の利用パターンを基に、顧客に提示したいと思う価格とバージョンを考える。次に、そうした目標とする価格とバージョンにどこまで近づけるか、目標を阻む次の3つの要因に目を向ける。(1)すでに納入基盤に約束してある条件(2)新旧顧客の過去の購買履歴に関する情報量(3)顧客による裁定取引(鞘取り)——の3つだ。

まずは顧客を2つのグループに分けてみよう。「今あなたの商品を利用している顧客」と「利用していない顧客」だ。もし激しく競り合っているライバルがいるなら、後者のグループをさらに2つに分けてみよう。「今ライバル商品を利用している顧客」と「今この分野の商品は何も利用していない顧客」だ。電話会社を例に取ろう。アメリカの携帯電話会社は、長年1つの地域に2社と決まっていた。うち1社は地元の地域電話会社の系列企業だ。この場合、電話会社は顧客を3つのグループに分けることができる。自分の顧客、ライバルの顧客、まだ携帯電話を使っていない顧客だ。この3つのグループをそれぞれ「自分の納入基盤」「ライバルの納入基盤」「新規の顧客」と呼ぶことにする。

この3タイプの顧客に対し、どのような価格を設定すればいいのだろうか。基本的には「自分の納入基盤」に最も高い料金を設定すればいい。自分の納入基盤は、すでに自分の商品に投資しているし、自分の商品に高い価値を認めているから契約してくれたのである。乗り換えコストが発生する「ライバルの納入基盤」については、値引きして乗り越えコストの壁を乗り越える必要がある。もっとも、忘れてはならないが、他社の顧客を奪えば、自分の顧客も奪われる恐れがある。「新規の顧客」も、支払い意欲が低いため、値引きが必要だ。この価格設定の原則は、第2章で取り上げた基本原理を基にしている。

この点は、情報サービスの定期購読を思い浮かべれば、わかりやすいだろう。多くの新聞・雑誌は、新規購読者に初回限定（最初の90日間、半年間など）の割引を用意している。はっきり言えば、これまで定期購読をしたことのない新規の顧客は、新聞・雑誌と縁遠い生活を送ってきた可能性があり、これまで定期購読には特に関心を示していなかった。むしろ、本人にとっての商品価値を見極めてしまえば、恐らく上顧客にはならないだろう。このようなケースでは、初回の特別割引が非常に理にかなう。お得意様以上に優遇しても構わない。ライバルの情報サービスを購読している顧客についても、値引きが合理的だ。こうした顧客は、日ごろ同じような情報を別のフォーマットで入手しているのであり、一定期間、ライバルのサービスと併せて購読してくれるかもしれない。お得意様については、このケースでは特に値引きする意味はない。長期間購読している読者は、あなたの情報サービスが気に入っているのであり、支払い意欲は高いとみられる。

囲い込んだ顧客が「重荷」になるというパターンには、注意が必要だ。たくさんの顧客を囲い込めたら、値上げしたいという誘惑に駆られるはずだ。もちろん、そのためにわざわざ苦労して最初に顧客を集めたのである。だが、新規顧客に割安な価格を提示できないと、顧客の争奪戦で不利な立場に立たされ、結果的に市場シェアの維持が難しくなる。この問題は（顧客と顧客の購買履歴を調査した上で）新規顧客に限って値下げするという価格差別で解決できる。

囲い込んだ顧客向けの価格では新規顧客にアピールしないので、価格差別が必要

新規の顧客を優遇する場合は、既存の顧客との関係に配慮しよう。うまくやれば、お得意様との関係を損なわずに、新しい顧客に値引きできる。「なぜ優待料金が適用されないのか」と不満を言うお得意様には、契約時に同じような初回サービスを提供したことを思い出してもらうという手がある。「お得意様には割増料金を請求しています」と言えば角が立つが、「新規のお客様には初回サービスをご用意しています」と言えば、印象がずっと良くなる！　また、サービスや機能を拡張したバージョンをお得意様に提供するという手もある。追加の情報は、プレゼントにはもってこいだ。コストはそれほどかからないし、お得意様は機能の拡張を相対的に高く評価する可能性が高い。第３章で指摘したように、バージョン化は、顧客の好みの差

を際立たせた設計にしよう。ソフトウェア会社は、この戦略を活用して、新規の顧客には使いやすいバージョンを、納入基盤には機能を充実したバージョンを販売している（後者は、顧客の外堀を埋める手段にもなる）。

自分の納入基盤以外に値引きする場合は、不公平だという批判を招かないよう注意が必要だ。「お得意様を搾取している」という悪評が立てば、将来の売り上げに影響しかねない。これはなかなか難しい問題だ。納入基盤への先行投資の回収と、「搾取」は、はっきり区別できるものではない。ただし、そうした悪評が立てば、新規顧客の獲得に甚大な影響が及びかねない。顧客の争奪戦が激しい場合は、特にそうだ。このため、顧客から「不公正だ」「悪質だ」と受け止められない料金体系をつくって、きちんと説明する必要がある。

先ほど指摘した通り、納入基盤から割増料金（プレミアム）を引き出す上で妨げになる要素は、評判以外に3つある。第1に、契約時に交わした約束は必ず守らなければならない。ロイヤルティー・プログラムで既存の顧客に値引きしているなら、新規顧客より高い料金を既存の顧客に設定するのは難しい。今の顧客に「最恵待遇」を約束している場合、新規の開拓に値引きするなら今の顧客にも値引きしなければならない。もっとも、新規顧客向けに別バージョンを用意すれば、そうした「最恵待遇」の発動を回避できるかもしれない。

第2に、実際にどのような戦術をとれるかは、顧客の購買履歴について、どこまで正確な情報を入手できるかに左右される。だからこそ、購買履歴はしっかり記録しよう。以前、値引きに反応した顧客は、価格感度が高い顧客であり、今後も値引きする意味がある。反対に、値段にかかわらず定期的に商品を購入してくれる顧客に値引きする意味はあまりない。あなたの商品をまだ利用していない顧客の情報も、重要極まりない。例えば、そうした顧客の過去の購買情報があれば、ライバルの顧客と、この分野の商品を利用したことのない顧客を分けることができる。今後は、顧客が他社の情報サービスやソフトウェアを利用していることを簡単に証明でき、それに応じた特別割引を受けられる環境が整っていくだろう。別の言い方をすれば、取引情報の追跡が進み、第三者から情報を格安に入手できるようになる。これは的を絞ったマーケティングの助けになる。

第3に、顧客の裁定取引（鞘取り）を事前に予測して、防がなければならない。裁定取引というのは、囲い込んだ顧客が新規の顧客を装って（もしくは、誰か別の人に頼んで）初回割引を利用する行為だ。第3章でみたように、こうした裁定取引の問題は、新規顧客向けの特別バージョンの作成で対応できる。普通は、機能をそぎ落としたバージョンになるはずだ。お得意様のヘビーユーザー向けに開発した機能をすべて必要とする新規顧客は少ないだろうし、機能をそぎ落としたバージョンのほうが操作を覚えやすく、他社からの乗り換えコストが下がる。顧客があなたの商品に慣れ、ロックイン・サイクルの「お試し期間」を過ぎたら、(操作は覚えづらくても）機能が充実した使い勝手の良いバージョンへのアップグレードを促せばいい。アドビの画像編集ソフト「フォトショップ」が良い例だ。第3章でみたように、多くのスキャナーやデジタルカメラには、機能をそぎ落としたバージョンがバンドリングされている。新規のユーザーにはこれで十分だが、もう少し本格的に画像を編集したいユーザーは、いずれ機能が充実したバージョンにアップグレードすることになる。

ここまで差別価格について述べてきたが、コンピューターソフトのような耐久財を販売している場合は、全く別の問題が浮上する。情報サービスではなく、耐久財の場合、顧客は以前購入した商品を漫然と使い続けることができる。その場合、「既存の顧客は、あなたの商品に対する支払い意欲が最も高い」という前提は崩れる。むしろ、旧バージョンを持っているため、支払い意欲は最も低い可能性がある。

老朽化しないコンピューターソフトの場合、旧バージョンの所有者には必然的に「改良」を販売することになる。「改良」の価値は、基本機能の価値を大幅に下回るのが普通だ。このため、たとえ顧客の囲い込みが成立しており、顧客が全く別のソフトに乗り換える可能性が低い場合でも、既存顧客に販売するアップグレード版の価格は、その顧客にとっての価値の増分を基に設定する必要がある。顧客にアップグレードのメリットを訴え、できる限りスムーズにアップグレードできる環境を整えよう。

ハードウェアの入れ替えも、ソフトウェアのアップグレードもそうだが、既存の顧客に追加の販売ができれば、顧客の外堀をさらに埋めて、ロックイン・サイクルを長期化することができる。そうなれば、さらに追加の商品を売り込んだり、補完的な商品を納入するチャンスが広がる。旧バージョンにはなかった専有機能をアップグレード版や新しいハードウェアに搭載した場合は、特にそうだろう。

自分を探しやすく、ライバルを探しづらくする

検索コストを上げる。本章で指摘したように、インターネットの普及で検索コストは下がる傾向にある。ウェブを活用して、会社や商品を宣伝することはもちろんだが、裏を返せば「他社の製品を探しづらくしたい」「他社と比較されないようにしたい」という気持ちになるかもしれない。これは試してみる価値はあるが、ネット上では難しいというのが筆者の本音だ。

第3章で取り上げた「バーゲン・ファインダー」を覚えてい

らっしゃるだろうか。オンラインのCDショップを検索して、一番安い音楽CDを探してくれるプログラムだが、検索対象となっていたオンラインショップ8店のうち3店が、価格を比較されたくないとして、情報提供を拒否するようになった。だが、そうした戦略は長続きしない。CDショップは、検索を拒否するよりも、同じ第3章で取り上げたマイCD制作ソフト「ミュージックメーカー」のように、コストの削減と製品の差別化に力を入れたほうがいい。他社には真似できない唯一無二の商品を開発すれば、ライバル商品を検索する消費者を恐れる必要はなくなる。

先発優位（First-Mover Advantage）を活用する。ロックイン型の市場では、早く参入した強み（＝先発優位）が、長期にわたって圧倒的な威力を発揮する場合がある。特に「規模の経済」効果が大きい情報産業はそうだ。競争が起きる前に納入基盤を築いてしまえば、後発組はなかなか「規模の経済」を確保できず、苦戦を強いられる。普通は先発組の納入基盤をじわじわとしか奪えないため、そうなる可能性が高い。つまり、後発組はしばらくの間、先発組よりも規模で劣るため、「規模の経済」効果が大きい産業では、効率面で劣勢に立たされる公算が非常に大きいのだ。

先発優位を活用する戦略の1つに、大手顧客と複数年契約を結び、ロックイン・サイクルの長さを操作するという手がある。大手の顧客が相対的に少ない場合、この戦略は特に効果的だ。例えば、チケット販売大手のチケットマスターは、大型のスタジアムやコンサート会場などと複数年のチケット販売契約を結んでおり、新興企業は市場に割って入る突破口がなかなか見つからない。また、チケットの販売店舗を主要都市に張り巡らせる必要もあり、新規参入は至難の業だ。ただし、こうした従来の原始的な販売手法から、新しい販売技術（オンライン販売、電子チケットなど）への移行が進めば、チケットマスターの市場支配力は低下する。チケットの電子販売は、クレジットカードを持っていない若いロックファンの取り込みが最大のハードルになるだろう。

先発優位を最大限活用する戦略の1つとして、各顧客の契約満了日を意識的にずらすというテクニックが挙げられる。このテクニックを使えば、新規参入企業は、たとえ主要顧客の引き抜きを図っても、しばらくの間、効率的な事業規模を確保できない。つまり、顧客の乗り換えコストが高く、新規参入のうまみがない場合、ロックインはロックアウト（締め出し）につながることがある。動物の世界に目を転じれば、セミなどの昆虫は、7年、13年、17年といった素数の周期で地上に現れて繁殖する。出現時期を外敵とずらせば、「規模の経済」で一気に食い尽くされるリスクが減る。目の前には、弱肉強食の世界が広がっている！

ライバルが規模の経済を活用できないよう、各顧客の契約満了日をずらす

サイクルの長さは、新バージョンやアップグレード版の投入頻度・投入時期を通じて操作することもできる。顧客のロックイン効果がある時点で一気に低下すれば、ライバルが市場に参入し、ここぞとばかりに納入基盤に攻撃を仕掛けられる。こうした事態は避けたい。ロックインの切れ目が縁の切れ目なのである。

競争は、商品の発売前から始まっている。半年後に他社から新商品が出るなら、今の商品にこれ以上囲い込まれたくないと思うのが人情だろう。ライバルが、商品の発売前に顧客との交渉を進めるケースもある。ライバルのプランが生煮えで、説得力に欠ける段階なら、一部の顧客をつなぎとめることは可能だ。一定の譲歩を強いられるかもしれないが、相手の商品が大ヒットした場合は、傷が浅くて済む。もっとも、この種の情報戦は諸刃の剣で、「他社から新商品が出る」と揺さぶりをかけて、交渉を有利に進める顧客も出てくる。顧客にしてみれば、そうした情報を入手して駆け引きの材料にしない手はない。また、マイクロソフトやＩＢＭといったソフト、ハードの巨大企業が「悪質な発売予告」（いわゆる「幻の製品《ベイパーウェア》」）で槍玉に挙げら

れたケースもある。(第9章「標準化戦争に突入する」では、ペイパーウェアを通じて消費者の期待を管理する戦略を取り上げる。)

サイクルの長さを操作する。ロックイン・サイクルの期間は、操作することができる。サイクルの長さは、契約期間、耐久財の寿命、耐久財と連携して機能する諸々の補完的商品の経済寿命に左右されるほか、囲い込んだ顧客にライバルがどこまで攻撃的に、どんな戦略でアプローチしてくるか、各顧客のロックインの強度とタイミングをライバルがどこまで把握しているか、また、顧客がどの程度の頻度で乗り換えコストの負担を受け入れるか——にも左右される。

「顧客はサイクルの期間を短くしたいが、売り手はサイクルを長期化したい」と思われるかもしれないが、必ずしもそうではない。アメリカン航空は、喜んでボーイングと長期契約を結んだ。(1)機材を統一すればメンテナンスが楽になる(2)長期契約で購入価格を固定できる——というメリットがあったからだ。実際、ロックイン効果が長期に及ぶ契約では、顧客のほうも長期の自衛策を主張することが少なくない。長期のロックインが成立しているなら、むしろ相対的に短期の契約を結ぶ方が、売り手には好都合かもしれない。強い立場で契約更新に臨めるためだ。

ロックイン・サイクルを途中で打ち切るという手もある。多用されているのが、契約満了日のかなり前の段階で、新しい複数年契約を結ぶという作戦だ。機器が老朽化する前に新しい機器を売り込む、アップデートがまだ不要な段階でアップデート版を売り込む、という手も考えてみよう。期限前の契約更新は、不動産取引ではごく一般的だ。退去の意思を事前に伝えなければ、家主もテナントも困ったことになるという事情もあるが、事前の計画がそれほど重要でない場合も、情報や情報システムの販売では、契約やシステムを早めに更新しておいたほうがいい。顧客とのつながりが切れていない契約満了前の段階で交渉しておけば、ライバルが顧客に接近して本格的な交渉に入るリスクを減らすことができる。賢い顧客は、これと全く同じ理由で、契約の更新には慎重を期し、他社からの見積もりを取るはずだ。

契約の満了前に契約を更新させる

まとめ

情報経済にロックインはつきものだ。消費者は、特定の技術や、特定のブランドにも囲い込まれる。売り手も買い手も、自分の行動がどのような結果につながるのか、ロックイン・サイクル全体を視野に入れて考えれば、大きなメリットが得られる。目先のことばかり考えていると、乗り換えコストとの絡みで大損を被りかねない。

情報システム・情報技術を買う場合は、以下の3つの基本を押さえておく。

●**囲い込まれれば、交渉力が低下する。囲い込まれる前に激しく掛け合い、譲歩を引き出しておこう。**ロックインが避けられない場合は、少なくとも囲い込まれる前に、何らかのおいしい特典を要求しておく。

●**ロックインの強度を最小限に抑えるため、代わりの調達先（セカンド・ソース）やオープン・システムなどを活用する。**特定の技術への投資が避けられない場合も、あらかじめ計画を立てておけば、1つの調達先に縛られずに済む。

●**次の「ブランド選択」の地点で交渉を有利に進められるよう、交渉時期を見越してあら**

かじめ手を打っておく。メンテナンス記録や利用パターンなど、今の取引先との取引記録を残しておけば、乗り換え時にコストを削減できる可能性がある。こうした情報は、取引関係を解消する際、貴重な資産になる。

ロックイン型の市場でいかにモノを売るか。本章では売り手の戦略も多数取り上げた。ポイントは以下の通りだ。

●**納入基盤を築くには投資が必要だと覚悟する。販促活動や初回の値引きが必要になる。**こうした投資を怠れば、競争の激しいロックイン型の市場では勝ち残れない。

●**影響力のある顧客と、乗り換えコストの高い顧客を大切にする。**最も利益が上がるのは、こうした顧客だ。

●**商品設計や料金体系を工夫して、顧客に投資を促し、乗り換えコストを引き上げる。**ロイヤルティー・プログラムを活用して、次の「ブランド選択」の地点で顧客をつなぎとめる。そのためには、顧客の購入履歴を管理しなければならない。

●**補完的商品や、納入基盤にアクセスする権利を販売して、納入基盤の価値を最大限高める。**納入基盤は、新商品を売り込む絶好の足場となる。これまで蓄積した顧客の購買履歴情報を活用できることが大きな強みだ。

第7章

Networks and Positive Feedback

ネットワークと
正のフィードバック

工業経済には寡占がつきものだった。少数の企業が市場を支配するパターンだ。市場シェアが緩やかにしか変化しない、心地の良い世界であり、市場の安定は経営者の終身雇用にも投影されていた。アメリカでは、自動車、鉄鋼、アルミ、石油、各種化学産業など多くの産業が、20世紀の大半の間、このパターンに該当していた。

一方の情報経済では、一時的に独占が起きる。市場の覇権を争うハードウェア、ソフトウェア会社は、優れた技術を持つ新興企業の登場で、今の最先端技術・アーキテクチャーが、おそらくあっという間に葬り去られることを覚悟している。

何が変わったのか。オールドエコノミー（旧産業構造）とニューエコノミー（新産業構造）の根本的な違いはこうだ。オールドエコノミーの原動力は「規模の経済」だった。ニューエコノミーである情報経済の原動力は「ネットワークの経済」だ。この第7章では、ネットワーク型経済の基本原理を詳しく説明し、それが市場の力学や競争戦略にどのような影響を及ぼすか、細かく検証していく。カギを握る概念が「正のフィードバック」(positive feedback) だ。

この重要極まりない概念は、悲しくはあるがよく知られた、あのアップルコンピュータの話を例にとって説明しよう。アップルは昨今、シェアが低迷している。競合するウィンテル連合（マイクロソフトとインテル）のシステムが「正のフィードバック」の追い風に乗っているためだ。ユーザーからみれば、パソコン市場でウィンテルのシェアが伸びれば、ウィンテルの魅力が一段と増していく。成功が成功を呼ぶ――これが正のフィードバックのエッセンスだ。アップルのシェア低下が続く中で、ユーザーの間には「アップルのＭａｃは近くコンピューター版のソニーのベータになるのではないか。孤立して、対応ソフトが少しずつ減っていき、緩やかな死を迎えるのではないか」といった懸念が広がっている。こうした懸念は、アップルの販売低迷の一因になっており、場合によっては、自己実現的な予言になりかねない。失敗が失敗を呼ぶ。これも正のフィードバックのエッセンスだ。

正のフィードバックは、勝ち組をさらに強くし……負け組をさらに弱くする

なぜハイテク産業では、正のフィードバックがこれほど重要なのか。筆者の答えの中心にあるのが、ネットワークという概念だ。電話網、鉄道網、航空網といった物理的なネットワークなら、誰にも馴染みがある。ハイテク製品のネットワークにも、そうした「リアル」なネットワークにかなり近いものがある。互換性のあるファックス同士のネットワーク、互換性のあるモデム同士のネットワーク、電子メールユーザーのネットワーク、ＡＴＭ（現金自動預け払い機）のネットワーク。インターネット自体もそうだ。ただ、他の多くのハイテク製品は、「バーチャル」なネットワークで結ばれている。Ｍａｃユーザー

のネットワーク、CDプレーヤーのネットワーク、NINTENDO64のユーザーのネットワークなどだ。

「リアル」なネットワークは、点と点が物理的な線（線路や電話線など）でつながっている。バーチャルなネットワークは、点と点を結ぶ線が目に見えない。だが、この目に見えない線も、市場の力学と競争戦略に重大極まりない影響を及ぼす。もし同じソフトを使って同じファイルを共有しているなら、同じコンピューター・ネットワークにいる。本線と接続できない鉄道の支線が存続の危機にさらされるように、大多数のユーザーとつながれない、互換性のないハードウェアやソフトウェアを使っているユーザーは、孤立することになる。アップルの場合は、事実上Ｍａｃのネットワークが存在するが、このネットワークは「クリティカルマス」（商品が爆発的に普及するために最小限必要とされる市場普及率）を割り込む恐れがある。

リアル、バーチャルを問わず、ネットワークには、経済上、基本的な特性がある。あるネットワークに接続することでどの程度の価値を得られるかは、その時点で他に何人がそのネットワークに接続しているかに左右されるのだ。

この基本的な価値提案（Value Proposition）には、様々な名前がついている。「ネットワーク効果」「ネットワーク外部性」「需要サイドの規模の経済」。本質的にはどれも同じことを言っている。つまり、他の条件が等しければ、小さいネットワークより大きいネットワークに接続するほうがいいということだ。これからみていくように、この「大きければ大きいほどいい」というネットワークの特性があるからこそ、今日の経済では、正のフィードバックがこれほど幅を利かせているのである。

本書を通じて主張してきたことだが、正しく物を見れば、ニューエコノミーの特徴の多くは、オールドエコノミーにもみて取れる。正のフィードバックとネットワーク外部性は、今に始まったことではない。それどころか、輸送・通信産業では、昔からネットワーク外部性が重要なポイントとして意識されてきた。こうした産業では、ネットワークの規模を広げようという競争が起きる。別のネットワークと相互接続すれば、ネットワークの価値を劇的に上げることも可能だ。ネットワーク型経済で道を踏み外したくない人は、郵便、鉄道、航空、電話の歴史から多くのことを学べる。

この章では、リアル、バーチャル双方のネットワークについて、市場の力学と競争戦略の大本をなす重要な経済概念を実例を挙げながら解説する。その後、そうした概念を基に、ネットワーク型経済で効果を発揮する4つの一般戦略（generic strategy）を確認したい。その上で、過去の事例のケーススタディーを通じて、そうした概念と戦略をビジネスの現場にどう応用できるかをみていこう。

続く第8章、第9章では、この章で構築した経済の枠組みを基に、様々なIT企業に共通する切実な問題を段階的に攻略していきたい。第8章では、提携先と協力して新しい技術を打ち立てる方法——つまり新しいネットワークを立ち上げる方法を論じる。もうお分かりかもしれないが、ここでは相互接続と標準化をめぐる交渉がカギを握る。第9章では、そうした交渉が決裂した場合、一体何が起きるのかをみていく。標準化戦争をどう戦えばいいのか、正のフィードバックをいかに味方につけて、互換性のないライバルの技術に攻勢をかけるのかを解説したい。

正のフィードバック

IT経済を理解する上で欠かせないのが「正のフィードバック」という概念だ。正のフィードバックが起きれば、強者はさらに強く、弱者はさらに弱くなるため、極端な結果が出る。マイクで喋っていてハウリングが起きた経験はないだろうか。あれはマイクで拡声した声が、再びマイクに拾われ、増幅を繰り返す結果、耳をつんざくほどの大きな音になるという正のフィードバックの一例だ。音声信号がオーディオシステムの限界まで（もしくは人間の耳の限界まで）自己増幅を繰り返すことがあるのと全く同じで、市場で正のフィードバックが起きれば、極端な結果が出る。つまり、1つの企業や1つの技術が市場を独占するのである。

正のフィードバックの反対が「負のフィードバック」だ。負のフィードバックの世界では、強者が弱くなり、弱者が強くなるため、どちらも程よい中庸の状態に近づいていく。この章の冒頭で指摘した工業経済の寡占では、少なくとも成熟した段階に至れば、負のフィードバックが起きていた。業界最大手が中小からシェアを奪おうとすると、中小はたいてい稼働率を維持して猛烈な攻勢をかけてくる。こうした競争上の反応があるため、大手は市場を独占できない。また、大企業の経営は複雑そのもので、一定の規模を超えると、それ以上の成長が難しくなることが多かった。大企業が高コスト体質に苦しむ中、身動きの軽い中小は、ニッチな市場で利益を上げていたのである。こうした企業の浮き沈みは、負のフィードバックの存在を物語っている。市場が「一人勝ち」という極端に向かわず、バランスのとれた平衡状態が実現していたのである。時には自動車大手のスチュードベーカーのように、売り上げがクリティカルマスを下回って倒産する企業や、効率の良いライバル企業に買収される会社もあったが、基本的には、市場シェアの激変は珍しく、独占ではなく寡占が普通の状態だった。

正のフィードバックが起きれば、それだけで成長が期待できるわけではない。確かに、今日のインターネットのように、運良く上昇気流に乗った技術は、正のフィードバックで急成長が期待できる。成功が成功を呼ぶという好循環だ。だが、この力には負の側面もある。「この製品は駄目だ」と思われれば、それだけで破滅につながりかねない。アップルのＭａｃは、今、そうした危険な状態にある。「正の」フィードバックが、あまりプラスには感じられない状態だ。成長の好循環は、あっという間に破滅の悪循環に姿を変えることがある。死のスパイラルは、正のフィードバックの存在を物語っている。「弱者はさらに弱くなる」と「強者はさらに強くなる」は、表裏一体なのだ。

正のフィードバック効果が強い市場で、複数の企業が競争している場合、勝者として浮上するのは1社だけかもしれない。経済学で言う「一方向に傾きやすい」(tippy)市場だ。市場が1～2社に有利な方向に傾くため、すべての企業が生き残れる可能性は低い。56ｋｂｐｓモデムの標準化戦争の場合、互換性のない複数のモデムが長期間共存できないことは誰の目にも明らかだった。唯一の問題は、どちらの規格が市場を制するのか、もしくは妥協を通じて統一規格が成立するのかだった。他に「一方向に傾きやすい」市場の例としては、１９８０年代の家庭用ビデオ市場（VHS対ベータ）、1990年代のパソコン用OS市場（ウィンテル対アップル）が挙げられる。極端な場合、正のフィードバックが起きれば、「勝者総取り」型の市場が出来上がる。1つの企業や1つの技術が1人勝ちして、ライバルがすべて消滅するパターンだ。現実にも、そうした例はいくつか起きている。

図7・1は、勝者総取り型の市場が出来上がる過程をグラフ化したものだ。例えば、先に60％の市場シェアを取った技術は、100％近くまでシェアを伸ばす。一方、最初のシェアが40％だった技術は、シェアが10％まで落ち込む。こうした力学が働くのは、ユーザーの側に「最終的に主流になる技術を選びたい」という強い欲求――つまり「最もユーザー数の多い（もしくは多くなる）ネットワークを選びたい」という強い欲求があるからだ。結果的に、強者はますます強くなり、弱者はますます弱くなる。情報インフラ市場では、こうした正のフィードバック効果が特に顕著だ。

情報経済の最大の勝者は、一般の消費者を除けば、開発した技術が正のフィードバックの上昇気流に乗った企業だろう。そのためには、相当な強運だけでなく、忍耐と先見の明が要る。正のフィードバック型産業を攻略するには、必然的に動的《ダイナミック》な戦略が必要になる。本章の最大の狙いは、ネットワーク型産業の攻略法に必要となる要素を洗い出し、読者がそれぞれの事業環境で最も勝率の高い戦略を編み出せるよう、お手伝いをすることだ。

ネットワーク型経済では、過去例のない強力な正のフィードバックが起きている

正のフィードバックを駆使して莫大な価値を生み出した企業の好例が、任天堂だ。同社がアメリカの家庭用ゲーム機市場に参入した１９８５年当時、市場は飽和状態にあると考えられており、先行する最大手のアタリ社は市場の掘り起こしにあまり関心を寄せていなかった。ところが、１９８６年のクリスマス商戦では「ニンテンドーエンターテインメントシステム（ＮＥＳ）」（「ファミコン」の海外版）が大ヒット商品となった。ＮＥＳの人気に火が付くと、需要がさらに増し、専用ゲームソフトを開発する会社も増え、結果的にＮＥＳの魅力がさらに高まった。任天堂は「自社の技術をしっかりコントロールしながら、正のフィードバック曲線に乗る」というハイテク産業

図7・1　正のフィードバック

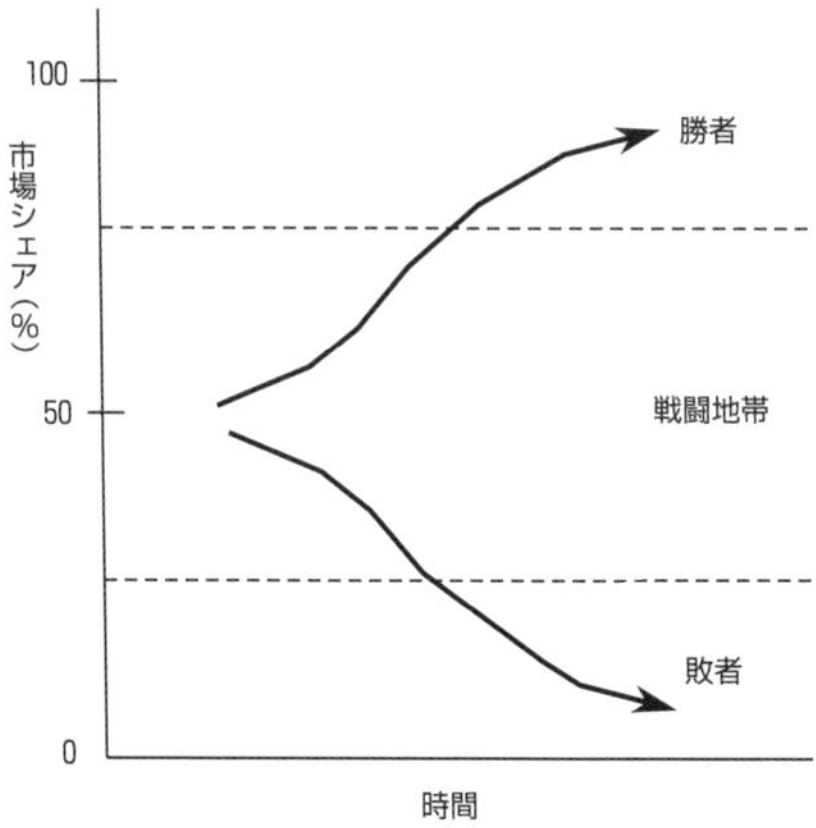

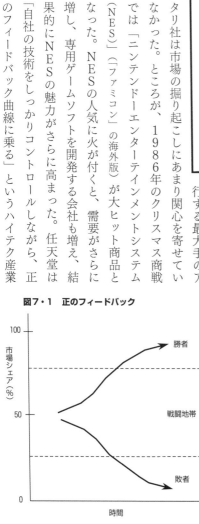

の奥義を極めたといえる。外部のゲーム開発会社は、どこも任天堂にロイヤルティーを払った。そればかりか、リリース後2年間は、競合する他社のシステム向けの開発を見送るとまで約束したのだ！

この章では、需要サイドもしくは供給サイドの「規模の経済」を通じて、強力な正のフィードバックが起きる市場に着目する。こうした「規模の経済」という原理が、最も直接的に関わってくるのは業界最大手の企業だが、中小の企業もこの原理をおさえておく必要がある。差別化した独自の小さなネットワークを築く時や、最大手がスポンサーを務める大きなネットワークに潜り込む時に、役に立つはずだ。

「正のフィードバック」のシステムが辿るパターンは、予測が可能だ。過去に何度も繰り返されてきたことだが、新しい技術が普及する際は、3つの段階を踏んでS字型の曲線を辿っていく。（1）リリース時は横ばい

図7・2　普及のパターン

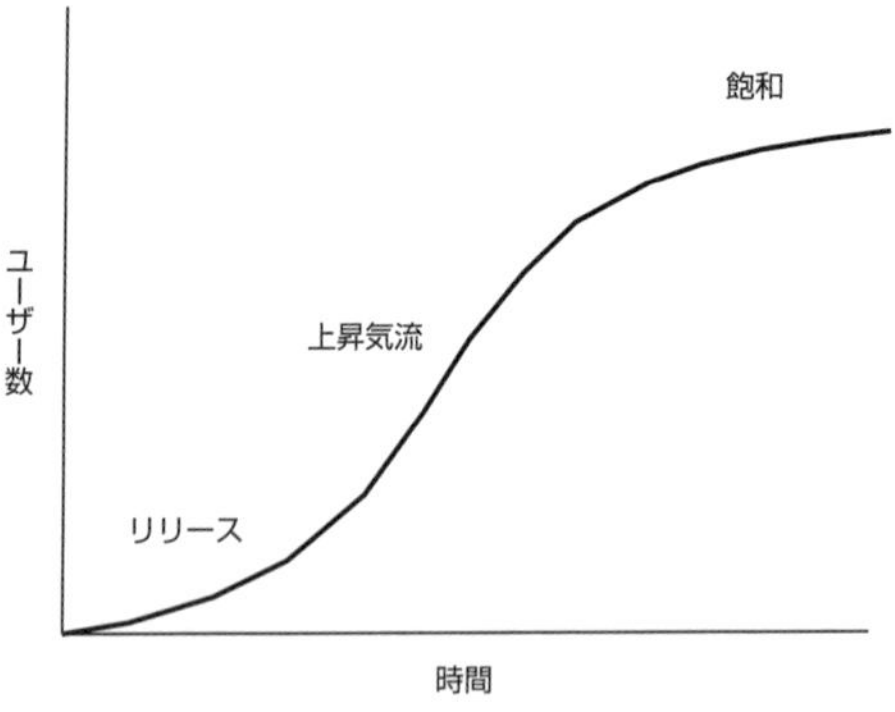

（2）その後、正のフィードバックが起きて、一気に上昇気流に乗る（3）飽和状態に達し、頭打ちとなる――。図7・2が典型的なパターンだ。

このS字型の成長パターンは「ロジスティック曲線」と呼ばれ、生物学の世界でもよく知られている。例えば、ウイルスの増殖はこのパターンを辿る傾向がある。ITの世界では、ファックス、CD、カラーテレビ、ビデオゲーム機、電子メール、インターネットの普及が、このS字型の成長パターンを辿った（インターネットも今後、成長率が鈍化するのは間違いない。問題はそれがいつ起きるのかだ）。

需要サイドの規模の経済

正のフィードバックは、全く目新しい現象というわけではない。事実上、どの産業も発展の初期の段階で正のフィードバックが起きている。自動車大手のゼネラル・モーターズ（GM）が中小のメーカーより効率的だったのは、スケールメリットによるところが大きかった。GMは、この効率性を武器に、さらなる飛躍を遂げたのである。この正のフィードバックの原動力は、生産の「規模の経済」として知られている。大企業は（少なくとも、ある時点までは）１単位当たりのコストが低いことが多い。今日の視点でみると、こうした従来型の規模の経済は「供給サイドの規模の経済」と呼ぶことができる。

ＧＭは供給サイドの規模の経済を活用できたが、自動車市場を独占するには至らなかった。なぜこの市場は独占型ではなく、寡占型となったのか。これは20世紀の他の多くの産業にも共通する疑問だ。答えはこうである。生産活動をベースとする従来型の「規模の経済」は、市場の独占が実現するはるか以前の段階で、失速してしまうことが多い。少なくとも市場規模の大きいアメリカではそうだ。つまり、供給サイドの「規模の経済」をベースとする正のフィードバックはおのずと限界に達し、そこから負のフィードバックが始まるのである。なぜ限界に達するのか。これは巨大組織を運営する難しさが関係していることが多い。ＧＭはアルフレッド・スローンという天才的な経営者の下で、この限界を先送りすることはできたが、そのスローンでさえ、負のフィードバックに完全に歯止めをかけることはできなかった。

情報経済では、正のフィードバックが供給サイドだけではなく、需要サイドも巻き込んだ、新しい猛烈な形をとる。マイクロソフトの例を挙げよう。同社の株式時価総額は、１９９８年５月時点で約２１００億ドルに達している。この途轍もない価値は、ソフトウェア開発の

「規模の経済」を足掛かりにしたものではない。いや、確かに、ソフトの設計でも規模の経済は働く。それは他のすべての情報製品にもいえることだ。だが、「ウィンドウズ95」や「ウィンドウズNT」と同等（もしくはそれ以上）の性能を持ったOSは他にも複数ある。対抗するOSを開発する費用も、マイクロソフトの時価総額に比べれば微々たるものだ。マイクロソフトの主力アプリケーションソフトについても、全く同じことが言える。そう、同社は需要サイドの規模の経済を足掛かりにして、市場を支配している。同社の顧客がウィンドウズを高く評価するのは、みんなが使っている事実上の業界標準だからだ。競合するOSは、ただ単に「クリティカルマス」（商品が爆発的に普及するために最小限必要とされる市場普及率）を確保できないため、大きな脅威とはなり得ない。需要サイドの規模の経済は、供給サイドの規模の経済とは違って、市場が拡大しても消滅しない。みんながマイクロソフトの「ワード」を使っていれば、自分も「ワード」を使う理由が増えるのである。

図7・3は、普及度とカスタマーバリューの正の関係をグラフにしたものだ。曲線の右上の矢印は「好循環」を示している。互換性のあるユーザー数が多い人気商品は、ユーザー数がさらに増えれば、カスタマーバリューが一段と高まる。左下の矢印は「悪循環」だ。ユーザーに見放されてカスタマーバリューが下がっていく死のスパイラルである。この場合、「この製

品が好きでたまらない」「乗り換えコストが高い」といった理由で長年その製品を愛用しているユーザーは、いずれ孤立することになる。

1980年代に需要サイドの規模の経済を大いに活用したのが、表計算ソフトの「ロータス1-2-3」だ。性能が良かったため、1980年代初めには、業界最大の納入基盤（顧客基盤）を築き上げていた。パソコンの高速化が進み、表計算ソフトの利便性に気づく企業が増えていくと、圧倒的多数の新規ユーザーは、ロータス1-2-3を選んだ。他のユーザーとファイルを共有できることや、多くのユーザーがロータスの高度なマクロの作成に慣れていたことが理由だ。このプロセスが自己増殖を繰り返し、好循環が生まれた。ユーザー数で首位に立ったから、ファンがさらに増えたのである。その結果、表計算ソフトの市場規模が爆発的に膨らんだ。同時期、パソコン向け表計算ソフトの草分けだった「ビジカルク」は、悪循環に陥った。正のフィードバックの負の側面に苦しんだのである。優れた対抗商品を素早く投入で

図7・3　ネットワーク型産業では、普及すればカスタマーバリューが高まる

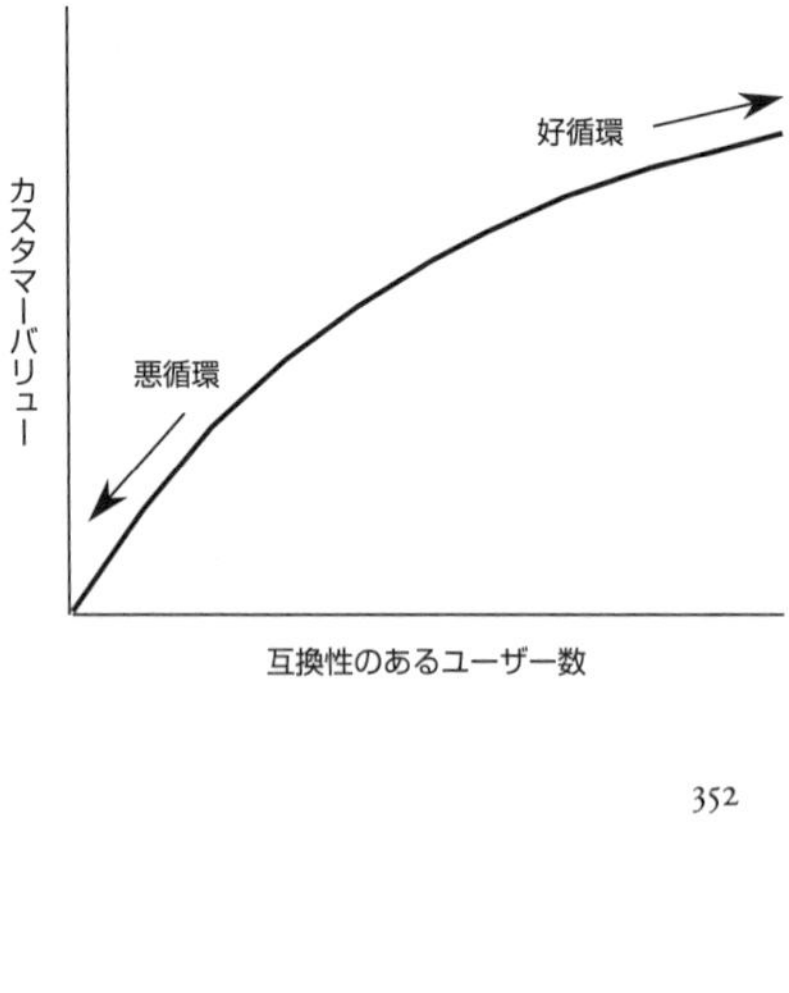

きなかったビジカルクは、あっという間に姿を消した。

あなたの商品が図7・3の曲線の真ん中に位置しているとしよう。これからどちらに動くのだろうか。消費者の間に、あなたの製品が主流になるとの見方が広がれば、「勝ち馬に乗りたい」というバンドワゴン効果で、好循環が始まり、消費者の予想が正しかったことになる。だが、あなたの商品が不発に終わるとの見方が広がれば、販売が伸び悩み、悪循環が始まる。ここでも消費者の予想は、やはり正しかったことになる。背筋が寒くなるような話だが、以下の点がはっきり引き出せる。成功と失敗は、その商品の実力と同じくらい、消費者の予想と運に左右される。タイミング良く正しい方向に一歩踏み出せるかどうかで、その後の運命が大きく変わってくる。ネットワーク型の市場では、消費者の期待に働きかけるマーケティング戦略が欠かせない。需要サイドの「規模の経済」効果が強い場合、「いずれ主流になる」というオーラは強力な武器になる。

需要サイドの「規模の経済」効果が強い場合、「いずれ主流になる」というオーラが強力な武器になる

需要サイドの規模の経済は、情報産業にはつきものだ。消費者は普及が進んでいない家電商品の購入には二の足を踏む。負け組を選べば、世間から孤立し、あまり価値のない商品を抱

え込むことになると警戒するからだ。全く売れなかったフォードの「エドセル」を買ってしまっても、少なくとも車としては利用できる。だが、1970年代に姿を消したテレビ電話「ピクチャーフォン」を買ってしまった人は、ほとんど使い道のない商品を抱え込むことになった。結局、多くの情報技術・情報フォーマットは、緩やかなスタートを切り、その後クリティカルマスに達して上昇気流に乗るか、クリティカルマスを確保できず、廃れていく運命にある。

「正のフィードバック効果は瞬く間に広がるので、直ちに勝者が決まる」とか「正のフィードバック効果は事前に予想できるので、敗者は戦わずして敗れ去る」と言っているわけではない。それは全く違う。複数の技術が大接戦を演じ、何年も拮抗した例は枚挙に暇がない。「勝者総取り」は「出遅れれば勝ち目がない」という意味ではない。一般に、先に参入したほうが有利だが、先に参入しても必ずしも勝てるわけでないことを示す事例は、「ワードスター」「ビジカルク」「DR－DOS」などいくらでもある。

また「需要サイドの規模の経済は非常に強力な効果を発揮するので、競争に負ければ必ず葬り去られる」といっているわけでもない。ワープロ市場では「ワードパーフェクト」がマイクロソフトの「ワード」にシェアで大差をつけられたが、まだ現役で戦っている。ただ、情報経済では、業界最大手の懐に入る報酬のシェアが以前にもまして増えており、二番手は何とか生き延びているにすぎない。

需要サイドの規模の経済を足掛かりとする正のフィードバックは、以前よりもはるかに重要度が高まっているが、これは決して目新しい現象ではない。どんな通信網にも当てはまるものだ。そのネットワークを利用するユーザーが多ければ多いほど、各ユーザーにとってのカスタマーバリューが高まる。この章で後ほど詳しく取り上げるが、アメリカ電話産業の黎明期を振り返れば、需要サイドの強力な「規模の経済」効果と、巧みな戦略を組み合わせれば、市場を独占できることがわかる。この電話産業のケースでは、AT&Tが20世紀初頭に有力な電話網として頭角を現し、激しい競争をかわして、長距離電話サービスを独占するに至った。

ネットワーク型経済では、供給サイドと需要サイドの「規模の経済」が重なることで、正のフィードバック効果が特に強まる

輸送網にも、同じような特性がある。配送先や目的地が増えるほど、ネットワークの価値が高まるのだ。このため、相対的に充実したネットワークが成長し、中小が苦戦するケースが多い。特に中小が大手のネットワークに接続できない場合（鉄道・航空業界で言う「相互乗り入れ」ができない場合）はそうだ。

需要サイドの「規模の経済」と供給サイドの「規模の経済」は、どちらも昔から存在していた。だが、多くのIT産業でこの2つが組み合わさったというのは、新しい現象だ。これが「弱り目に祟《たた》り目」につながる。需要サイドである商品の人気に火が付けば、供給サイドのコストが下がると同時に、他の顧客から見たその商品の魅力も増していく。そうなると、需要の伸びにさらに弾みがつく。結果的に、非常に強力な正のフィードバックが起き、業界全体が、工業経済の時代よりもはるかに目まぐるしく、興廃を繰り返すことになる。

ネットワーク外部性

先ほど、ネットワークは、小さいより大きいほうがユーザーにとって魅力的だと書いた。経済学では、この効果を「ネットワーク外部性」と呼ぶ。この専門用語は、競争戦略にとって重要極まりない情報システムの2つの側面を浮き彫りにしている。

まずは「ネットワーク」という言葉に着目しよう。すでに指摘したように、「バーチャルなネットワーク」という視点で情報技術を眺めると、今まで見えなかったものが見えてくる。

バーチャルなネットワークは、通信網や輸送網のような「リアルなネットワーク」との共通点が多い。本書では、Ｍａｃの全ユーザーが「Ｍａｃネットワーク」に入っていると考える。アップルは、このネットワークの「スポンサー」だ。スポンサーは、ネットワークを構築して、管理する。ネットワークを大きくして利益を上げることが狙いだ。アップルの場合は、まずＭａｃを投入して、Ｍａｃネットワークを立ち上げた。アップルは、このネットワークへのアクセス（出入り）を許可するインターフェース（出入り口）を管理しているといえる。例えば、Ｍａｃの価格を設定したり、クローン（互換機）の生産ライセンスの条件を決めたり、機器の無断販売に法的措置を講じたりして、ネットワークのインターフェース（出入り口）を管理しているのである。また、Ｍａｃのアーキテクチャー（基本設計）を改善するのも、アップルの大きな仕事だ。

同社は、Ｍａｃを補完する製品（ソフトや周辺機器など）の販売についても、インターフェースの管理を通じて、強大な影響力を行使している。Ｍａｃを買う人は、単にパソコンを買っているのではなく、ネットワークを選んでいるのであり、アップルはその点に配慮した戦略を練り上げる必要がある。製品を開発するだけでは、ネットワークは構築できない。提携先を見つける、戦略的なアライアンスを結成する、普及に弾みをつけるノウハウを身に着ける。こうしたことがすべて、技術開発力に劣らぬほど重要なポイントになり得る。

次に、経済学者が大好きな「外部性」（外部への影響）という言葉に着目しよう。外部性とは、ある市場参加者が、対価を支払わずに、周囲の人に影響を及ぼすという現象だ。フィードバックと同様、正の外部性と負の外部性がある。負の外部性の古典的な例が公害だ。誰かが汚水を垂れ流しにしたために、近隣のプールや飲み水が汚染されるといったケースである。嬉しいことに、「ネットワーク外部性」は、負の外部性ではなく、正の外部性であることが多い。私があなたのネットワークに加入すれば、ネットワークが大きくなり、ネットワークの価値も高まるため、あなたが得をする。

正のネットワーク外部性は、正のフィードバックを引き起こす。私がファックスを買えば、あなたのファックスの価値が高まる。あなたは私にファックスを送れるようになり、私からのファックスも受け取れるようになるためだ。もし、あなたがまだファックスを持っていなくても、私との連絡用に使えるので、自分も買ってみようかという気になる。

コンピューター・ネットワークの規格「イーサネット」を開発したボブ・メトカーフの名を冠した「メトカーフの法則」の背景にあるのも、このネットワーク外部性だ（本人によると、この法則名をつけたのは経済学者・未来学者のジョージ・ギルダーだが、メトカーフ本人は大変名誉なことだと話していた)。

メトカーフの法則は、法則というよりは経験則だが、比較的自然に導き出せる。あるネットワークにn人のユーザーがいて、各ユーザーから見たネットワークの価値が他のユーザーの数に比例する場合、(すべてのユーザーにとっての)ネットワークの合計価値は、$n \times (n - 1) = n^2 - n$に比例する。もし、あるユーザーからみて、ネットワークのユーザーが1人増えればネットワークの価値が1ドル上がる場合、ユーザーが10人いるネットワークの合計価値は約100ドルとなる。これに対し、ユーザーが100人なら、ネットワークの価値はおよそ1万ドルだ。ネットワークは、規模が10倍になると、価値が100倍になる。

メトカーフの法則＝ネットワークの価値は、ユーザー数の2乗に比例する

集団の乗り換えコスト

ネットワーク外部性が存在する場合、小さなネットワークで儲けるのは、事実上不可能だ。だが、新しいネットワークは、すべてゼロから立ち上げる必要がある。他の技術と互換性のない新技術を市場に投入する場合に課題になるのが、「集団の乗り換えコスト」（＝全ユーザーの乗り換えコストの総計　*collective switching cost*）だ。ネットワークの規模を増強するには、この問題を乗り越える必要がある。

第5章で指摘したように、乗り換えコストは、「ＬＰレコードとレコードプレーヤー」「ハードウェアとソフトウェア」「情報システムとそれを使いこなすためのトレーニング」といった、相互補完的な耐久資産から発生することが少なくない。ネットワーク効果が存在する場合、ある人のネットワークへの投資と、別の人のネットワークへの投資が、相互補完の関係になり、補完的資産の数が一気に増える。データベースソフト「アクセス」のプログラミングを学ぶという形でアクセスに投資する人が増えれば、アクセスのカスタマーバリューも上がるし、プログラミングの習得に投資する価値も高まる。

多くの情報産業で、既存の大手企業を守る最大の防護壁となっているのが、この「集団の乗り換えコスト」だ。しかも、新規参入者やイノベーターにとって不都合極まりないことに、この乗り換えコストは、直線的に上がっていくものではない。つまり、自分のネットワークと互換性のないネットワークにいる10人のユーザーに乗り換えを促す場合、１人に乗り換えを促す場合の10倍以上の労力が必要になる。しかも、10人全員か、少なくとも大半のユーザーが乗り換えなければ、自分に勝ち目はないのである。ネットワーク外部性のメリットを投げうって、率先して1人孤立するリスクを取りたいと思う人はいない。様々なユーザーが足並みを揃えて、互換性のない別の技術に乗り換えるコーディネート（調整）が至難の業であるからこそ、多数のユーザーという納入基盤を掌握することが、最高の資産となり得る。

タイプライターのキーボードの配列を例にとって考えてみよう。集団の乗り換えコストとは何か、優れた技術に足並みを揃えて移行する際のコーディネートがいかに難しいかを理解する上で大いに参考になる。今標準となっているキーボードの配列はQWERTY配列と呼ばれている。最上段の文字が左から「QWERTY」の順に並んでいるためだ。なぜこのような配列になったのか。1870年代に発売された初期の「タイプライター」ブランドの商品は、ジャミング（アームの絡まり）が起きやすく、このジャミングを減らすため、販売促進上、わざと打ちにくい配列にして打鍵速度を落としたという記録が多数残されている。タイプライター黎明期の開発者は「手書きよりも早く、しかも確実に文書を作成できる機械を世に送り出す」という商業上の課題を抱えていたのであり、なかなかうまいことを思いついたといえる。また、このQWERTY配列では、タイプライターのセールスマンが、目にもとまらぬ速さで

「Type Writer」と打って顧客をびっくりさせることもできた。最上段のキーだけで打てるのである。

だが、QWERTY配列の導入後、タイプライターの設計はすぐに向上し、ジャミングは大きく減った。もちろん、今のコンピューターのキーボードでは、ジャミングなどまず起きない！　そして当然のことながら、20世紀初めには別の配列が複数考案され、高い評価を得るものも出てきた。1932年に特許を取ったドボラック配列は、キーボードのホームポジション（中段）が「AOEUIDHTNS」という5つの母音をすべて並べた配列になっており、タイピングの早い人が昔から愛用している。こうした点を考え併せれば、QWERTY配列はもう用済みとなり、もっと効率の良い配列が普及していてもおかしくないはずだ。

では、なぜ私たちはいまだにQWERTY配列を使っているのか。――「それは簡単な話で、みんなが新しい配列のキーボードを覚えるのはコストが高すぎ、そこまでして移行するメリットがないのだ」とばっさり切り捨てる学者もいる。「ドボラック配列は、個人が乗り換えコストの壁を乗り越えて学習するほど、優れた配列ではない」というのだ。だが、別の説もある。私たち集団全体で考えれば、ドボラック配列のほうが好都合だ（この点は、まだQWERTY配列を覚えていない子どもも考慮に入れる必要がある）。だが、誰も率先してドボラック配列に移行しようとはしない。集団の乗り換えでは、足並みを揃えるためのコーディネートが極めて難しく、個々人の乗り換えコストの合計とは比べ物にならないほどのコストがかかる——という解釈である。

実際、タイプライターの時代は、このコーディネートのコストが高かった。次の点を考えてみてほしい。オフィスにタイプライターを導入する場合、なぜ他にもっと効率の良い配列があるのに、一番普及しているQWERTY配列を選ぶのか。大きな理由は2つあるが、いずれにしても、「タイプライターのキーボードというシステムは、2つの要素——キーボードの配列と、システムの人的な要素（＝タイピスト）——からできている」という事実が根底にある。QWERTY配列を選ぶ第1の理由は、経験豊富なタイピストがすでにQWERTY配列に習熟しているから、第2の理由は、経験の浅いタイピストも、手に職をつけるという理由で、どこでも使えるQWERTY配列のトレーニングを望むからだ。人的資本（＝トレーニング）は、QWERTY専門のトレーニングであり、ネットワーク効果が働く。市場規模が横ばいの、買い替え中心の市場では、古くなったQWERTY配列のキーボードを新しいQWERTY配列のキーボードに買い替えたいという心理が強く働く。市場が成長している場合も、初めて購入する人は、納入基盤の大きい配列のほうに傾くだろう。いずれにしても、正のフィードバックが起きる。もっとも、この「コーディネートのコスト」という考え方は、昨今、今一つ説得力に欠けるようになってきている。ドボラック配列をマスターしている人は、コンピューターのキーボードの設定を変えれば、新しい職場でも自分のスキルを活かせる。となれば、ドボラック配列のほうが絶対優れていると文句を言いながら、今日のコンピューター社会でいまだにＱＷＥＲＴＹ配列を使っているのは、自己矛盾と言えるのではないだろうか。

あなたの業界では、正のフィードバックが起きるか

誤解して頂きたくないが、すべての情報インフラ市場で、正のフィードバックが幅を利かせているわけではない。標準規格品の販売で多くの企業が競合するというパターンは存在する。例えば、電話端末や構内交換機（ＰＢＸ）の販売では、多数の企業が競合している。公衆回線網にきちんと相互接続できれば、そうした競合は可能だ。同様に、パソコン産業には強いネット

ワーク効果が働くが、ＩＢＭ互換パソコン市場の内部では、需要サイドの「規模の経済」効果は、それほど働かない。自分のパソコンがデルで、相手がコンパックでも、ファイルやメールの交換は可能だし、使い方を教え合うこともできる。電話とパソコンのハードウェア端末は、事実上、標準化が実現しており、以前とは違って、相互運用とそれに伴うネットワーク効果は、問題ではなくなってきている。

　ネットワーク効果が現在それほど高くないハイテク産業のもう１つの例が、インターネット接続事業者（プロバイダー）だ。一時は、アメリカ・オンライン（ＡＯＬ）、コンピュサーブ、デルファイの３社が、メニュー、電子メール、会議室で独自の専有システムを提供しようとしていた。別のプロバイダーのユーザーにメールを送るのも、不可能ではなかったが、面倒だった。当時は、ネットワーク外部性があり、消費者が他の消費者と最もつながりやすいネットワークに引き寄せられる傾向があった。

　ところが、インターネットの商業化で状況が一変した。メニュー（＝ブラウザー）、電子メール、チャットのプロトコルが標準化されると、大手のプロバイダーに加入するメリットが薄れ、中小のプロバイダーが多数参入できるようになった。自分がＡＯＬの会員でも、ＩＢＭネットワークに加入しているボストンの妹と、メールを交換できるのである。

今後、新しいインターネット技術の登場で、テレビ会議などアプリケーションの質を差別化できるようになれば、状況はまた変わるのかもしれない。同一ネットワーク内の通信サービスの質を操作することは、以前よりたやすくなっており、大手プロバイダーが有利になる可能性もある。ボストンの妹と同じネットワークに加入しているほうが、テレビ会議がずっと楽だという話になれば、ネットワーク外部性が強くなり、プロバイダー業界の構造変化で統合と集中が進むシナリオも考えられる。業界では、通信大手のワールドコムがＭＣＩを買収すれば、自社のネットワーク内ですべての通信を行う顧客を優遇して、市場を支配するのではないかとの懸念が浮上している。

ポイントは、自分の業界のネットワーク外部性にどの程度の強度があるのか、そして、それがどんな意味を持つのかを慎重に考えることだ。フォードはかつて「ベストセラーカー」の栄冠を勝ち取るため、高いリベートを払って、何千台もの「トーラス」を（傘下の）レンタカー大手ハーツに売った。だが、果たしてそこまでする意味はあっただろうか。「みんなが買っているから」という理由だけで、同じ車を買う人がいるだろうか。正のフィードバックという考えに押し流されて、自分を見失ってはいけない。すべての市場が一方向に傾くわ

すべての市場が一方向に傾くわけではない

けではない。

あなたの市場は、1つの有力技術・有力企業に傾く一極集中型の市場なのだろうか。ここで取り上げた基本戦略のいずれかを採用する場合は、是非ともこの点を考えてほしい。もし、あなたの市場が、本当に一方向に傾く勝者総取り型の市場なら、標準化を進めない限り、市場自体が上昇気流に乗らないかもしれない。しかも、そうした正のフィードバックが起きる市場で競争すれば、非常に高いリスクを抱え込むことになる。正のフィードバックには負の側面があるためだ。「勝者総取り」は、裏を返せば「敗者完敗」である。これに対し、複数の企業が存続できる市場でビジネスを展開しているなら、競争は、1社しか勝ち残れない標準化戦争とは異なる様相を帯びる。

市場が一方向に傾くかどうかは、「規模の経済」と「多様性」という2つの基本原理のバランスで決まる。図7・1の分類をみてほしい。

需要サイドであれ、供給サイドであれ、「規模の経済」効果が強い場合、市場は一方に傾きやすくなる。だが、標準化は普通、多様性の喪失につながる（1つの標準規格を様々な製品に応用することは可能かもしれないが）。もし十人十色の

表7・1　市場が1つの技術に傾く可能性

	「規模の経済」効果が低い	「規模の経済」効果が高い
「多様性」への需要が小さい	まずない	可能性大
「多様性」への需要が大きい	可能性は低い	状況次第

ニーズがあるなら、市場が一方向に傾く可能性は低下する。高精細テレビ（HDTV＝ハイビジョン放送）は、国ごとに方式が異なる。前世代の方式に互換性がなかったことや、海外企業より国内企業を優遇する傾向が強いことが理由だ。この結果、国内の市場は一方向に傾いているが、世界全体の市場は一方向に傾いていない。結論を言えば、テレビのネットワーク外部性が、国境や大陸の枠を超えて強く働くことはない。アメリカのテレビを日本に持ち込みたい人はそう多くなく、各国の伝送規格に互換性がなくても、あまり大きな問題にはならない。

ここまでは需要サイドの規模の経済を中心に話を進めてきたが、市場が一方向に傾くかどうかは、総合的な「規模の経済」効果の合計によって決まる。確かに、情報産業では、需要サイドで最も強い正のフィードバックが起きる。しかし、市場の傾き度合いを判断する際は、供給サイドも無視できない。需要サイドの規模の経済は、各技術に特有の従来型の「規模の経済」で増幅されるし、学習や経験の蓄積（経験による学習効果、経験曲線）から生み出される「動学的な規模の経済」（時間の経過とともに単位コストが下がる現象）でも、増幅される。

このセクションの冒頭、IBM互換パソコンには、需要サイドの規模の経済がそれほど働かないと指摘したが、だからといって、この市場が正のフィードバックと無縁だというわけではない。生産サイドで「規模の経済」が強く働く可能性が十分にあるためだ。現在、コンパック、デル、HP、IBMの4社は、パソコン市場の24%を掌握しているが、一部のアナリストは、今後4社のシェアが伸びると予想している。中小メーカーよりも単位当たりの生産コストが低いためだ。そうかもしれない。だが、これは昔ながらの供給サイドの「規模の経済」の話をしているという点を忘れてはならない。4社のパソコンは、ブランドが違っても相互運用が可能なため、需要サイドの規模の経済は強く働かない。

情報財や情報インフラでは、需要サイドと供給サイドの両方で「規模の経済」が成り立つことが多い。ディジタル・イクイップメント・コーポレーション（DEC）が開発したMPU「アルファ」は、性能は素晴らしいが、インテルとの競争で苦戦している。規模が小さく、製造コストを下げられないことが一因だ。このため、DECは圧倒的な生産力を誇るインテルやサムスンにアルファの生産を委託することで、この問題を乗り越えようとしている。だが、DECが十分な数の取引先を確保して、アルファに正のフィードバックを起こせるのかは不透明だ。HDTVの分野では、アメリカとヨーロッパが、世界中の国を巻き込んで標準化戦争を繰り広げている。HDTVの市場が一方に傾くとすれば、それはネットワーク効果ではなく、テレビの生産コストを下げるという昔ながらの「規模の経済」が原動力になるはずだ。

ここまで、ハードウェアの例を中心にして、情報技術のネットワーク性を浮き彫りにしてきたが、ネットワーク効果はソフトウェアでも働く。バーチャルリアリティーを体験できる新商品をつくっても、それを閲覧するためのビューアーにアクセスできなければ市場シェアは増やせない。……だが、コンテンツがなければ、誰もビューアーなど買わない。

ところが、インターネットの登場で、この「卵が先か、鶏が先か」というチキン・エッグ問題への対応が格段に容易になった。今では、コンテンツをダウンロードする前に(もしくはダウンロード中に)、ビューアーをダウンロードできる。PDFファイルが読みたければ、アドビのサイトに行って「アクロバット」の最新版をダウンロードすればいい。マリンバ社などが提供している新しいデータ配信技術を使えば、インターネットを通じて自動的にビューアーをアップグレードできる。Javaで開発したビューアーなら、コンテンツとビューアーを一緒にダウンロードすることが可能だ。これはコンピューターを使って、ファックス機とファックス文書を一緒にダウンロードしているようなものだ。

新しいソフトや規格をインターネットを通じて配布できるのは、とても便利だ。乗り換えコストが低下するので、ソフトウェアのネットワーク外部性は、ある程度弱まる。システム全体をオンデマンドで提供できるなら、多様性の実現も容易になるかもしれない。だが、インターネットで、ソフトウェアのネットワーク外部性をなくすことはできない。生産サイドでは、依然として相互運用性（interoperability）が大きな問題になるのである。バーチャルリアリティー製品を例に取れば、ユーザーのほうは、コンテンツに合ったビューアーをダウンロードすればいいが、ビューアーを開発・生産する側としては、異なる規格を5つや6つもつくりたくない。実際、こうした生産者側の抵抗があるからこそ、マイクロソフトとネットスケープは、バーチャルリアリティー・マークアップ言語（VRML）の標準規格で合意した。これについては、第8章で論じよう。

正のフィードバックに火をつける
――「性能」と「互換性」のトレードオフ

どうすれば、新しい技術で市場を制覇できるのか。どうすれば、新技術を悪循環ではなく、好循環に乗せることができるのか。フィリップスとソニーは、1980年代初めにコンパクトディスク（CD）を発売して、市場を完全に制覇した。今では、レコードプレーヤーもLPレコードも、すっかり見かけなくなった。子供にレコードを見せても不思議な顔をされる。

どうすれば、ネットワーク外部性を味方につけて、新製品や新技術を売り込むことができるのか。どうすれば「集団の乗り換えコスト」の壁を乗り越えて、ユーザーのネットワークを築き上げることができるのか。はっきりさせておきたいが、既存のネットワークに対抗して、新しい技術の顧客基盤を独自に築き上げるのは、生易しいことではない。家電産業だけをみても、失敗例は山ほどある。素人には理解できない専門分野ではなおさらだ。実際、CDで成功を収めたソニーとフィリップスも、その後、少なからぬ問題に見舞われている。両社は1987年、CD並みの音質で音楽を録音できるデジタル・オーディオ・テープ（DAT）を発売したが、コピー防止への対応に手間取ったこともあって、結果は惨憺たるものに終わった。

1992年には、フィリップスが独自規格のデジタル・コンパクト・カセット（DCC）を発売。DATとは違い、DCCプレーヤーには、従来のカセットテープを再生できるという「後方互換性」（旧製品に対する互換性）の強みがあったが、音質は従来のCDと大差なく、わざわざ乗り換える消費者は少なかった。ソニーもこの時期、「ミニディスク」を発売。日本を中心にまだ出回ってはいるが、この製品も本格的な正のフィードバック曲線に乗ることはなかった。

消費者の惰性という問題に取り組むには、基本的に2つのアプローチがある。1つは、互換性に配慮する「エボルーション（発展）」戦略、もう1つは圧倒的な性能を実現する「レボリューション（革命）」戦略だ。両方を組み合わせることも可能だが、重要なのは、この2つの基本アプローチをしっかり理解することだ。イノベーションのエネルギーが、ネットワーク外部性に遭遇すると、根本的な葛藤が生じる。過去を一掃して、可能な限り最高の商品を世に送り出したほうがいいのか（レボリューション戦略）。それとも、互換性を保つため、性能面で一定の妥協をして消費者の乗り換えを楽にしたほうがいいのか（エボルーション戦略）。

　このトレードオフを図式化したのが図7・4だ。性能を高めれば、消費者の乗り換えコストが犠牲になる。乗り換えコストを下げれば、性能が犠牲になる。グラフの左上は「性能面の改善は限定的だが、互換性は高い」というエボリューション（発展）型のアプローチ。右下は「互換性は、ほとんどもしくは全くないが、性能が一気に向上する」というレボリューション（革命）型のア

図7・4　性能と互換性のトレードオフ

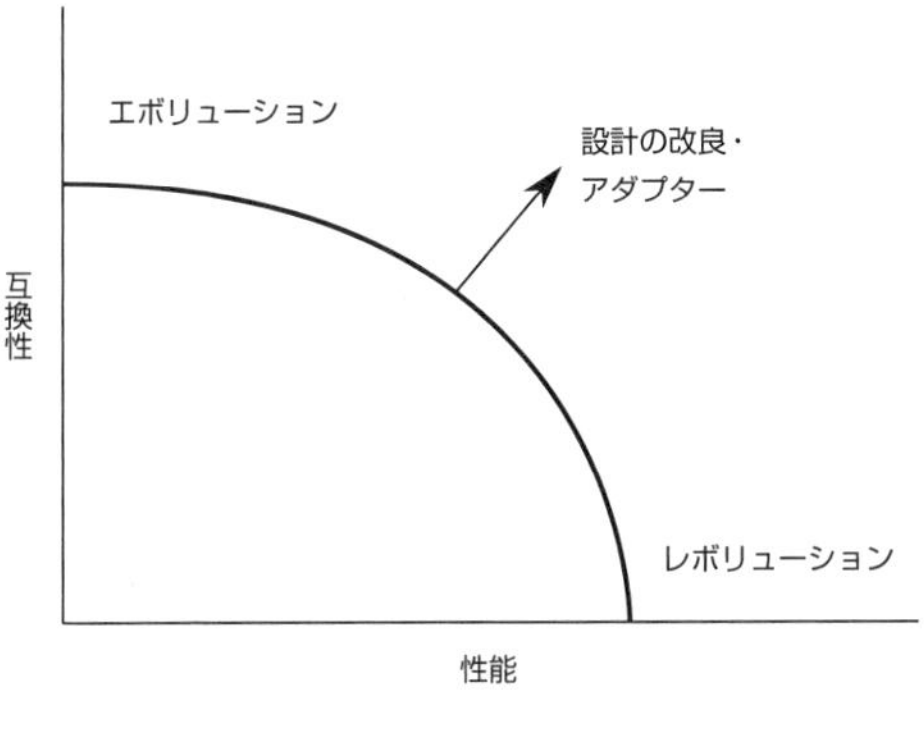

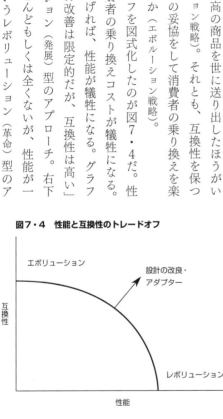

プローチだ。理想的には、性能を飛躍的に改善した上で、既存の納入基盤との互換性も保てればよいが、普通、技術の開発はそこまで甘くない。ご存知の通り、アダプター（補助装置）やエミュレーター（模倣装置）には、バグがつきものだ。図7・4のトレードオフは避けて通れない。

消費者にスムーズな移行の道のりを用意するのがエボルーション戦略。圧倒的な性能を届けるのがレボリューション戦略

エボリューション戦略——移行の道のりを用意する

この章で後ほど取り上げるアメリカのカラーテレビの歴史を振り返ればわかるが、新しい世代の技術を導入する際に、既存の機器（＝納入基盤）との互換性が不可欠になるケースは少なくない。従来の白黒テレビとの互換性のなかったＣＢＳ方式は、連邦通信委員会（ＦＣＣ）が公式にカラーテレビの標準規格に認定したものの、普及には至らなかった。互換性がカギを握る場合は、消費者に対して、新しい情報技術へのスムーズな移行の道のり（migration path）を用意する必要がある。新しい技術に向けて思い切りジャンプするのは勇気がいるが、一歩踏み出すだけなら抵抗は少ない。

消費者の移行を楽にする――これがエボリューション戦略だ。ポイントは、乗り換えコストを下げて、少しずつ新しい技術を試してもらう点にある。ボーランドが表計算ソフト「ロータス1－2－3」の一部のコマンドを真似したのもこのパターンだし、マイクロソフトがワープロソフトの「ワード」に、ライバル製品「ワードパーフェクト」のユーザー向けの詳細な特製ヘルプをつけたり、ワードパーフェクトのファイルを簡単にワード形式に変換できる環境を整えたのも、このパターンに該当する。移行の道のりを用意して、発展に道筋をつける。必ずしも大掛かりなことをする必要はない。相対的に規模の小さな企業でも、実行は可能だ。

移行の道のりを用意する「エボリューション戦略」をバーチャルなネットワークで展開するには、従来商品との互換性を確立できなければならない。リアルなネットワークで展開する場合は、既存のネットワークとの物理的な相互接続が必要になる。どちらのケースも、インターフェース（出入り口）がカギを握る。まずは既存のネットワークと接続することで新しいネットワークを構築する――これがエボリューション戦略のポイントだ。

この戦略には、ライバルに「レボリューション戦略」を仕掛けられるというリスクがある。後方互換性を確立するために性能面で妥協している間に、ライバルが優れた技術で新しい市場を生み出すというパターンだ。データベース管理システム「dBASE（ディーベース）」がリレーショナルデータベース・ソフト市場で1990年に「パラドックス」「FoxPro」「アクセス」から相次いで攻勢をかけられたのが、良い例だ。

インテルは今、64ビットCPU「マーセド」（「アイテニアム」のコード名）でジレンマに陥っている。インテルが先に発売した32ビットのアーキテクチャーは大成功を収めたが、64ビットのアーキテクチャーに移行するには、ある程度まで互換性を犠牲にする必要があるはずだ。いや、実際のところはどうなのだろう。インテルは、32ビット版と64ビット版の両方のアプリケーションソフトを動かせる夢のCPUになるとしている。マーセドのアーキテクチャーについては、様々な憶測が流れているが、インテルは戦略については口を閉ざしている。この移行期間は、特に弱い立場に立たされることがわかっているからだ。

あなたは、新しい技術に通じる魅力的な道筋を顧客に描けるだろうか。顧客を誘い込むには、道のりはスムーズでなければならないし、どこかに通じていなければならない。この戦略を実行する上で乗り越えなければならない2つの障害が、技術的な障害と法的な障害である。

技術的な障害

なぜ技術的な障害が生じるのか。それは、既存の製品との互換性を保った上で、既存の製品よりも良いものをつくらなければならないからだ。後方互換性を通じて顧客の乗り換えコストを抑えながら、性能を引き上げるには、このハードルをクリアするしかない。この戦略が迷走したのが、後ほど紹介する高精細テレビ（HDTV＝ハイビジョン放送）だ。ヨーロッパでは1990年代に、従来のテレビでも受信できるHDTVの伝送規格を推進した。今までのテレビを置き去りにしないための措置だったが、払った代償は大きかった。本物のHDTVのような鮮明な映像を実現できず、政府が衛星放送事業者に規格の採用を強く働きかけたにもかかわらず、普及には至らなかった。

この「互換性」と「性能」のトレードオフという技術面の大きな障害は、業界トップの追撃を狙う新興企業だけにつきまとうものではない。業界トップも、この壁にぶつかる。マイクロソフトは、従来のDOS用ソフトを利用できるよう、「ウィンドウズ95」の性能を落としている。ウィンドウズ95は過渡的なOSであり、すべてのユーザーを「ウィンドウズNT」に移行させることが最終目標だ——マイクロソフトは、そう明言している。

この互換性と性能のトレードオフに対処する方法の1つが、一方通行の互換性だ。マイクロソフトは「オフィス95」のアップグレード版として「オフィス97」を発売したが、後者のファイルの形式は、前者の形式とは互換性がない設計となっている。つまり、「ワード97」では「ワード95」で作成したファイルを読めるが、「ワード95」では「ワード97」で作成したファイルを読めない。マイクロソフトは、この戦術を通じて、製品に改良を加えながら、古いワードで作った文書を簡単に読み込める環境を「ワード97」のユーザーに提供したのである。

この一方通行の互換性が招いた顚末は、興味深い。いち早く移行した「火付け役」のユーザーは、なかなか移行しない同僚とファイルを共有するのが難しくなり、どこかで折り合いをつける必要が生じた。もちろん、マイクロソフトとしては、法人顧客が完全な相互運用性を実現するため、組織内のすべてのユーザーに「オフィス97」への移行を促すことを期待していた。だが、同社の思惑には無理があったのかもしれない。この問題が広く認識され、不統一のコストが意識されるようになると、「オフィス97」の導入を先送りする動きが広がった。これを受け、マイクロソフトは2つの無料ソフトをリリースした。「ワード97」のファイルを閲覧するための「ワードビューアー」と、「ワード97」の文書を「ワード95」形式の文書に変換する「ワードコンバーター」だ。

忘れてはならないが、アップグレード版を販売する際は、ユーザーにアップグレードするメリットを説明し、できる限り簡単にアップグレードできる環境を整える必要がある。顧客の方からアップグレードを希望してくる「プル型」（受け）のマーケティング戦略もあるだろうし（「新しい機能が欲しい」など）、顧客に積極的にアップグレードを売り込む「プッシュ型」（攻め）の戦略もあるだろう（「他のユーザーとの互換性がなくなる」とアピールするなど）。だが、プッシュ型の場合は、顧客がアップグレード自体を見送るリスクがある。マイクロソフトが「互換性をなくす」戦略を最終的に軌道修正したのはこのためだ。

前世代との互換性を維持したいと考えたばかりに、業界トップの座を追われたケースもある。データベース管理システム「dBASE（ディーベース）」は、過去のバージョンで作成したプログラムを新バージョンでもすべて動かせる環境を整えたことで、墓穴を掘った。プログラムの階層が、時間とともにどんどん積み重なっていったのである。開発元のアシュトンテイト社も認めているが、dBASEは、これが元で「ブロートウェア」（大量のメモリーを必要とする使い勝手の悪いシステム bloatware）と化し、性能が低下した。改良に手間取ったことに加え、ライバルのボーランドが、オブジェクト指向の洗練されたリレーショナルデータベース・システム「パラドックス」を投入したため、dBASEは急激に下降線を辿っていった。アシュトンテイト社を破滅に追い込んだのは、正のフィードバックの負の側面だ。同社は、最終的にはボーランドに買収された。ボーランドはdBASEの顧客基盤をパラドックスに移そうと考えたのである。

ここで、新しい技術へのスムーズな移行を促す3つの戦略を紹介しよう。

クリエイティブな設計を活用する。工学や設計を工夫することで、「互換性」と「性能」のトレードオフを一気に軽減できる場合がある。図7・4に記したように、設計を改良すれば、トレードオフ曲線全体を好ましい方向にシフトすることが可能だ。NBCのエンジニアは、1950年代に努力に努力を重ね、白黒テレビでも受信できるカラーテレビ方式を開発した。電子的に複雑な手法を用いて、3つの色信号（赤、緑、青）を2つの信号（輝度信号と色信号）に変換したことが突破口となった。

システムという視点で考える。あなたが開発しているのは、パーツの1つかもしれないが、ユーザーが気にするのはシステム全体だ。この点を忘れてはならない。連邦通信委員会（FCC）は、デジタルテレビへのスムーズな移行を促すため、放送局に追加の周波数帯域を貸し出している。こうすれば、放送局は従来の放送用の信号とHDTV用のデジタル信号の両方を放送できるため、乗り換えコストの負担が軽くなる。

コンバーター（変換装置）や、つなぎの技術を考える。ここでもＨＤＴＶが良い例となる。放送局が従来のアナログ放送を打ち切れば、アナログテレビのユーザーは、コンバーターを買わないと、地上波デジタル放送を受信できない。理想的な形とはいえないが、それでも、アナログ放送の視聴者という顧客基盤に、移行の道のりを提供することはできる。

法的な障害

移行の道のりを用意する際にぶつかる第2の障害が、法律上・契約上の障害だ。法的な権利がなければ、既存の製品と互換性のある商品を販売することはできない。これが問題にならない場合もある。現行方式のアナログテレビを製造する場合、法的な障害はない。だが、この種の障害が克服できない場合もある。旧世代の技術の知的財産権を持つ既存の大手が、移行の道のりを一方的に遮断できるケースだ。権利を保有する側には、基本的に2つの戦略がある。ライバルの行く手を阻むか、ロイヤルティーを徴収するかだ。例えば、アメリカでは、フィリップスとソニーの許可がなければ、ＣＤを再生できるオーディオ機器を販売できない。少なくとも特許が切れるまではそうだ。両社はこのCDの知的財産権を武器に、タイム・ワーナーや東芝などとDVDの規格を交渉した。その結果、新型のDVDプレーヤーには、ソニーとフィリップスの技術が採用され、通常の音楽CDも再生できるようになる。

レボリューション戦略
――圧倒的な性能を実現する

レボリューション戦略には、暴力的な力がある。今使われている商品をはるかに凌ぐ商品――消費者が乗り換えの痛みに耐えてでも購入するような商品――を開発するのである。普通、この戦略では、性能に特にこだわる層をまず取り込み、その後、一般消費者に市場を広げていく。ソニーとフィリップスの場合は、まずオーディオマニアに照準を定めた。その後、プレーヤーとディスクの価格が下がると、マニアではない一般の音楽ファンの間にも普及が進んだ。ファックスの場合は、日米間の通信需要が足掛かりになった。時差と言葉の壁があったため、特に重宝され、そこから利用者が爆発的に増えた。HDTVのメーカーは、超大型の最高品質のテレビでなければ気が済まない「テレビ中毒者」をまず取り込もうとしている。カギは、火付け役となる影響力のあるユーザーをまず取り込むこと。そして、この層を足掛かりにして、「将来この商品が主流になる」という消費者の自己実現的な期待をバックに普及の流れをつくることだ。

　どの程度性能を上げれば、この戦略は成功するのだろう。インテルのアンディ・グローブは、経験則として「10倍」という数字を挙げている。革命を起こすには、既存の技術よりも「10倍優れた」性能を用意する必要があるという意味だ。筆者はこの考え方に賛成だ。確かに、性能を相当改善しなければ、レボリューション戦略はうまくいかない。ただし、「10倍」といった単一の基準を当てはめられるケースは、現実には少ないだろう。それに、経済学者としては、乗り換えコストの大きさも関係すると指摘しておきたい。セガが1990年代初めに任天堂に対抗してビデオゲーム市場に参入できた背景には、乗り換えコストの低い大量の顧客の存在があった。毎年たくさんの男の子が10歳前後になり、大人気の最新ゲームがどうしても必要だと両親にねだったのである。

　同様に、市場が拡大していけば、大手の間隙を突きやすくなる。新規の顧客だけでも、クリティカルマスを確保できるかもしれない。一般論で言えば、急成長している市場では、レボリューション戦略の妙味が増す傾向にある。市場が急成長しているなら――つまり、顧客のロックインの程度が比較的低いなら――後方互換性よりも、性能が物を言う。

レボリューション戦略は、基本的にリスクが高い。小さなスケールでは機能しないし、普通は強力な味方が必要になる。しかも、自分の技術が上昇気流に乗るか、墜落して大破するかを早い段階で見極めるのは、至難の業だ。大ヒットする技術でも、最初はゆっくりスタートし、そこから勢いが増していく。例のロジスティック曲線（＝S字型の成長パターン）を辿るのである。

正のフィードバックに火をつける――「開放」と「コントロール」のトレードオフ

新しい技術を立ち上げる場合に必ずぶつかる基本的なトレードオフは、「性能」と「互換性」以外にも、もう1つある。インターフェース（出入り口）や仕様を外部に「開放」するのか、それとも、システムの専有権を維持してコントロールを握るのか。このトレードオフは、第5

章と第6章のロックインの話と密接に関わってくる。

専有権を駆使する「コントロール戦略」は、製品やシステムが上昇気流に乗った場合、大きな効果を期待できる。第6章で指摘した通り、囲い込んだ顧客に商品を販売できるライバルがいない場合、納入基盤の価値は高まる。ネットワークも同じで、外部との相互接続をコントロールできれば、ネットワークの価値が一気に高まる。インテルが「ペンティアム」の知的財産権のライセンスを多数のライバル企業にすべて許諾していれば、同社の株式時価総額は、今の水準を大幅に下回っていたはずだ。

だが、技術の開放を渋ったばかりに、破滅するケースもある。顧客が囲い込みを恐れて商品を買わないケース、もしくは、強力なライバルが同等の製品をオープン規格で投入してきたケースだ。家庭用ビデオの標準化戦争に敗れたソニーは、まさにこの問題を抱えていた。ソニーの「ベータ」システムは、相対的に開放性（オープン性）の高かった「VHS」システムに敗れ、後者が標準規格となった。開放すれば、味方が集まる。そうなると、顧客の間に「将来1つの調達先に縛られることはない」という安心感が広がり、勝算が高まる。

開放とコントロール、どちらの道を行くべきか。答えは、自力で正のフィードバックを起こせるかどうかに左右される。ネットワーク型の市場では、主に3つの次元で自分の実力を測

足元の市場シェア、技術力、知的財産権は、強力な力になる

定できる。足元の市場シェア、技術力、特許や著作権などの知的財産権の3つだ。ネットワーク型市場の企業の力関係を決める「カギを握る資産」については、第9章でさらに詳しく取り上げる。

もちろん、コントロールか開放《オープン》かで、1つの正しい答えがあるわけではない。実際、同じ会社でも、製品によってコントロールとオープンを使い分けるケースは十分考えられる。インテルは「ペンティアム」に搭載したマルチメディア処理の仕様「MMX」については、かなりのコントロールを試みているが、画像処理用のグラフィック・コントローラーや、ビデオカード用の拡張ポート規格「AGP」(accelerated graphics port)については、このほど新しいオープン・インターフェース仕様を導入した。コンピューターのビジュアル化を促して、自社のMPUの需要を喚起することが狙いだ。MMXについてはコントロール戦略を、AGPについてはオープン戦略を選んだのである。

オープン戦略にするか、コントロール戦略にするかを決める際は、次の点を忘れてはならない。最終目標は、自分の技術の価値を最大限高めることだ。自分の技術のコントロール力を高めることではない。同じことは、第4章で知的財産権を論じた際にも指摘した。味方を集めて自分の技術を上昇気流に乗せながら、競争力を武器に利益を上げる——これが最終目標だ。

次の公式で自分の懐に入る利益を計算してみよう。

あなたが受け取る報酬=業界に付加された価値の合計×業界の価値のあなたの取り分

業界に付加できる価値の合計は、まずは、新技術に本来備わっている価値（つまり、既存の技術をどこまで改良できたか）によって決まる。だが、ネットワーク効果が強い場合、その技術がどこまで普及するか（つまりネットワークの規模）によっても、価値の合計額は変わってくる。あなたの取り分は、（1）最終的な市場シェア（2）利益率（3）ロイヤルティーの支払・受取額（4）新技術の他の商品への販売効果（共食いか需要喚起か）――で決まる。

大雑把に言えば、開放性を追求する戦略は、この公式の前半部分「業界に付加する価値の合計」を重視する。コントロールを目指す戦略では、公式の後半部分「業界価値の自分の取り分」を重視する。本書では、第8章でオープン戦略を、第9章でコントロール戦略を取り上げる。

図7・5は、「開放《オープン》」と「コントロール」の基本的なトレードオフをグラフ化したものだ。グラフの左上は「市場は小さいがシェアは高い」パターン、右下は「市場は大きいがシェアは

低い」パターンだ。よほどの大発明を成し遂げるか、奇跡的な強運の持ち主でもなければ、二兎を得るのはまず無理だろう。グラフ上の最適な地点で、自分の報酬――つまり自分の受け取る価値の総額――を最大化するアプローチを選ぼう。

ネットワーク型の市場では、このトレードオフが基本になる。自分が開発した新しい技術の価値を最大限高めるためには、新技術の価値を他社と分け合う必要が生じる可能性が高い。この点は、本書で何度も繰り返してきた主張につながる。つまり、情報技術はシステムでできており、ある部品の価値が高まれば、他の部品にも必然的に影響が及ぶ。普通、ある部品の改良を通じて価値を引き出すには、他の部品を供給している他社との協力が欠かせない。「報酬を分け合える」とアピールして、最も優れた企業の協力を仰ぐべきだ。

図7・5 「開放」と「コントロール」のトレードオフ

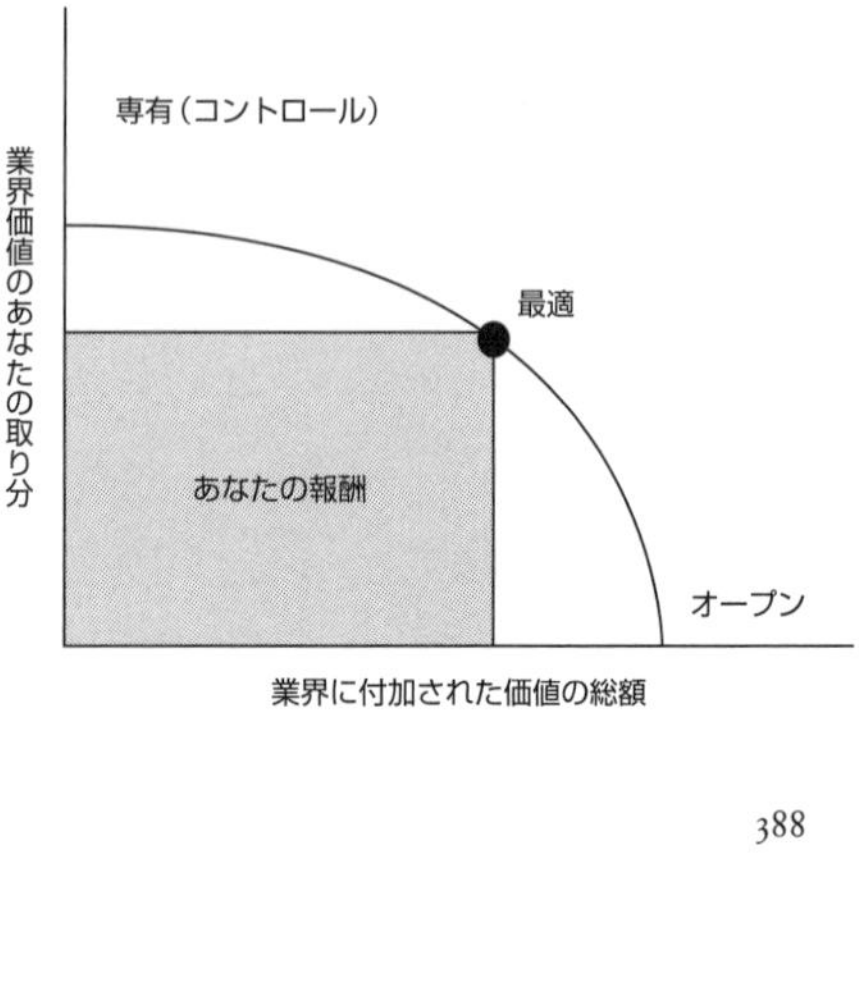

初めから市場を制覇できる場合は別だが、自社技術の「独り占め」を目指せば、小さな市

場の大きなシェアで終わってしまう可能性がある。自由に開放すれば、正のフィードバックが起き、その技術の付加価値の合計を最大限高められるかもしれない。だが、自分の取り分はどうなるのだろう。大手企業でも、コントロール戦略よりは、オープン戦略で市場を急成長させたほうがいいと判断することがある。アドビはページ記述言語「ポストスクリプト」でオープン戦略をとった。サンもプログラミング言語「Ｊａｖａ」で後に続いている。

「オープン」戦略と「コントロール」戦略の間に、はっきりとした境界があるわけではない。中間的なアプローチも多用されている。例えば、オープン戦略を採用する企業でも、当該技術の変更については、独占的なコントロールが可能だ。サンがＪａｖａで目指しているのが、この戦略である。同様に、コントロール戦略を採用しても、対価を受け取ってネットワークへのアクセスを認めることは可能だ。任天堂は、家庭用ゲーム機「ニンテンドーエンターテインメントシステム（ＮＥＳ）」用のゲームを開発する企業にロイヤルティーを請求して、任天堂ネットワークへの参加を認めた。

オープン

オープン戦略は、技術標準を確立できる有力企業が存在しない場合に威力を発揮する。また、複数の製品間で連携が必要な場合は、製品を設計する際に調整が必要なため、自然とオープン化が進む。

「オープン」は「コントロール」よりも慎重な戦略といえる。その技術をコントロールする権利を放棄して普及に弾みをつける——これが基本的な考え方だ。新技術の開発に複数の別会社の協力が必要になる場合、各社が自分のパーツをコントロールする権利を放棄して、魅力的なパッケージをつくる。「1＋1は3にも4にもなる」という考え方だ。

オープン性（開放性）という言葉は、様々な意味に解釈できる。Ｕｎｉｘベンダーの企業連合「Ｘ／Ｏｐｅｎ」は、オープン・システムを「特定ベンダーに縛られずに広く利用できる規格をベースにしたシステム、ソフトウェア環境」と定義している。

ロックインを論じた際に指摘したが、定義が曖昧な「オープン性」には注意が必要だ。オープンかどうかの判断は、人によるのかもしれない。ネットスケープは、生粋のオープン企業を自任しているが、コントロールする意図が透けてみえると言う人もいる。シスコのルーターや交換機も、インターネットのオープン規格が高く評価されているが、やはり専有システムの側面が強いとの指摘が出ている。

技術の仕様を公開しているからオープンだ、とも言い切れない。公開のタイミングも重要だ。マイクロソフトに対しては「ウィンドウズをオープンにすると言っていたのに、ウィンドウズ対応ソフトの開発に必要なインターフェース(API=アプリケーション・プログラミング・インターフェース)を一部公開していない」との批判が出ている。また、真偽の判断はさらに難しいが、独立系のソフトウェア会社からは「マイクロソフトがウィンドウズの新バージョンのAPIを社内の開発チームに先に提示しているのではないか」との強い懸念が時々浮上する。これは、改良を加えたOSが新しいアプリケーションとスムーズに連携するか確認する必要があるため、ある程度までは致し方ないのかもしれない。だが、「マイクロソフトのプログラマーとの競争上、不利な立場に追い込まれる」という独立系ソフトウェア会社の不安も理解できる。特に独立系ソフトウェア会社の開発した機能が、OS自体に組み込まれるリスクがある現状を思えば、なおさらそういえる。

オープン戦略では、新しい製品規格を確立する上で、「完全オープン」戦略と「アライアンス(同盟)」戦略を区別するのも有意義だ。第8章「協力と互換性」では、標準化交渉を取り上げながら、この2つの戦略を論じる。

「完全オープン」戦略では、誰もがその規格に基づく製品を生産できる。規格の開発に貢献したかどうかは関係がない。「アライアンス」戦略では、規格の開発に参加した企業が、その見返りとして、規格準拠品を生産できる。アライアンスに加盟していない企業は、生産を拒否されるか、対価を払って生産権を購入する。言い換えれば、加盟企業は、自分たちのつくったネットワークに（通常無償で）アクセスできる。非加盟企業はネットワークへのアクセスを拒否されるか、特別料金を払ってアクセスする。

ネットワーク性の強い産業では、完全オープン戦略以外に現実的な選択肢がない場合がある。基本通信サービスの規格は、国内標準、国際標準とも、昔から公的な標準化団体が取りまとめてきた。例えば、国際電気通信連合（ＩＴＵ）の標準化作業では、ファックスやモデムなど多数の標準規格が策定されている。他の公的な標準化団体もそうだが、ＩＴＵは、特定の企業やグループが当該規格をコントロールする専有権を主張しないことを条件に、標準規格の勧告を行っている。公的な標準化作業でどのような戦術が取れるかについては、第8章で取り上げる。

だが、完全オープン戦略が使えるのは、公的な標準化作業だけではない。どの企業も、単独では広く普及する規格を確立できないという行き詰まりを打破する場合は、業界を問わず、完全オープン戦略が自然な選択肢となる。

完全オープン戦略は、具体的にどう展開するのか。1つの手法として、中立的な第三者に技術の管理を委ねるという手がある。ただ、この方法も問題がないとは言い切れない。第三者は本当に中立なのだろうか、その技術を開発した企業に操られていることはないのか。例えば、マイクロソフトは、自社で開発したプログラミング技術「アクティブX」の管理を外部の業界団体に委ねたが、同社は本当にアクティブXの権利を放棄したのだろうか。これについては、次章で詳しく論じよう。

結局のところ、どんな企業がオープン化を望むのか、そして、納入基盤の拡大や競争の変質で各企業の利害関係はどう変わるのかという点を考える価値はあるだろう。普通、オープン化を望むのは、納入基盤の不足を補いたい新興企業、味方を増やしたい新興企業だ。インターネット分野で出遅れたマイクロソフトは、当初オープン規格を推進した。オープン規格であれば、少なくとも初めのうちは、同社が強みを発揮できるマーケティング力、ブランド力、流通力で勝負できる。同社は、市場を制覇しているデスクトップ・アプリケーションについては、オープン規格を推進しておらず、オープン化に激しく抵抗しているとされる。

もう一方の「アライアンス」戦略のほうは、情報経済でとみに目につくようになってきている。2つの会社が広範な領域で協力する、いわゆる戦略的提携ではなく、特定の技術・規格を推進するという明確な目的意識を持って、複数の企業が同盟を結成するパターンだ。通常、

ネットワーク型経済では、アライアンスを結成して、正のフィードバックに火をつけよう

アライアンスでは、様々な駆け引きが繰り広げられる。複数の企業が、先ほどの「カギを握る」3つの資産（既存の納入基盤、技術力、知的財産権）を武器に交渉に臨むのである。

ハイテク産業では、コンピューターと通信の統合が進むとの見方が広がっており、アライアンスを結成する機会は少なくない。例えば、最近では、コンパック、インテル、マイクロソフトが、デジタル加入者線（DSL）技術の規格統一に向けた企業連合の結成を発表した。DSLは家庭用の電話回線を使ってインターネットに高速アクセスする技術だ。このIT大手3社が、ベル系の地域電話会社8社のうち7社と手を組んで、ハードウェアとソフトウェアのインターフェース統一に踏み出したのである。

アライアンスは、様々な参加企業がどのような資産を武器に戦うかで、形態が変わってくる。「分科会」や「作業部会」といった形で、複数の個別企業が製品規格、インターフェース、プロトコル、仕様をコーディネート（調整）するケースもあるだろう。この場合、必須特許のクロスライセンス契約（相互にライセンスを許諾しあう契約）を結ぶことや、秘密保持契約の下で設計上の機密情報を共有し合うことが多い。「ロイヤルティーを稼ごう」「ロイヤルティー契約

を工夫して強力な味方を集めよう」という企業もあるだろうし、「特許や過度なロイヤルティーが障害にならない限り、製造技術やタイム・トゥー・マーケット（製品を素早く市場に投入できる力）を武器に稼ごう」という企業もあるだろう。

アライアンスには、完全オープン型からコントロール型まで幅がある。一方の際《きわ》にあるのが「すべての加盟企業が当該技術を自由に利用できるが、非加盟企業は（原則として）利用できない」というアライアンスだ。ATMのネットワーク、クレジットカードのネットワークがこれに該当する。例えば、ビザとマスターカードは、カードの発行銀行のコストとリスクをカバーするため、外部の取次銀行には「インターチェンジフィー」（接続料）の支払いを求めているが、両社のネットワークに加盟していれば、原価を賄うだけの穏当な取引手数料を支払うだけでいい。また、「ディスカバーカード」などライバルのカードを発行していない限り、普通、どの銀行も両社のアライアンスに加盟できる。

もう一方の際《きわ》にあるのが、スポンサー企業を中心として網の目のように構築されたアライアンスだ。このスポンサーは、ネットワークのかなめとなるパーツを専有しているか、かなめとなる技術の開発権を握っており（もしくはその双方）、加盟企業からロイヤルティーを徴収する。先に挙げた例では、アップルがMacネットワークのスポンサーだ。サンもJavaのスポンサーである。スポンサーが相当なロイヤルティーを徴収したり、当該技術を開発する独占権を握っている場合は、オープン型ではなく、コントロール型に分類できる。サンは危ない橋を渡っている。マイクロソフトとの戦いがあり、パートナーを失うわけにはいかないが、Ｊａｖａに多額の投資をしており、売り上げも確保しなければならない。

コントロール

新しい情報技術を厳格にコントロールできるのは、最も立場が強い企業だけだ。普通は、市場シェアトップの企業が、これに該当する。代表例は、最盛期のＡＴ＆Ｔ。今日の例を挙げるなら、マイクロソフト、インテル、ＴＣＩ、ビザといったところだ。純粋な技術力だけで強力な立場を手にできるケースも稀にある。アップル、任天堂、ソニー、フィリップス、クアルコムはいずれも、少なくとも一時期、この特権的な立場を手に入れた。

製品規格やインターフェースを一方的にコントロールできる強い立場に立てば、実権を握れる。ただし、他社の追撃を許さない不動の地位を築いたとしても、いい加減な規格をつくれば、失うものは大きい。例えば、マイクロソフトが、ＯＳとアプリケーションソフトをつなぐ新しいＡＰＩ（アプリケーション・プログラミング・インターフェース）の設計や、ウィンドウズの新バージョンの設計で、多少のミスを犯しても、ＯＳ市場で直ちにトップの座を追われることはないだろう。しかし、だからといって、設計に不具合や不手際があってもいいというわけではない。独立系のソフトウェア会社にはやはりウィンドウズ対応ソフトを制作してもらう必要があるし、同社にはウィンドウズの改良を通じて、アップグレード版の販売を伸ばし、新規のユーザーを開拓する強い動機がある。ウィンドウズ・システム全体を改良して、Ｕｎｉｘ系ワークステーションへの攻勢をさらに強めたいと考えるはずだ。

ネットワーク型市場の一般戦略

さあ、これで準備が整った。ここからは、新しい情報技術を市場に投入する際の4つの一般戦略（generic strategy）を紹介しよう。正のフィードバックに火をつけるこの4つの戦略は、先に取り上げた2つの基本的なトレードオフから論理的に導き出せる。つまり、（1）エボリューション（発展）か、レボリューション（革命）かという「性能」と「互換性」のトレードオフと、（2）「オープン」か「コントロール」かというトレードオフだ。この2つのトレードオフを組み合わせると、表7・2に示した4つの一般戦略が引き出せる。

表7・2の1行目は、互換性を優先するエボリューション戦略である。2行目は、性能を最大限高めるため、非互換性を容認するレボリューション戦略だ。この2つ戦略にオープン型とコントロール型を掛け合わせる。表7・2の左の列は、技術の専有・コントロールを目指す戦略。右の列は、技術を他社に開放する戦略だ。

この分析から引き出せる4つの一般戦略は、表7・2に示した通りだ。「性能に賭ける」戦略、「コントロールしながら移行を促す」戦略、「開放して移行を促す」戦略、「連続性を断つ」戦略である。まず、各戦略のメリット・デメリットをざっと説明した上で、実際の具体例をみていこう。第8章「協力と互換性」と第9章「標準化戦争に突入する」では、この一般戦略をどのような場面で、どう活用するかを深く掘り下げて検証する。

この4つの一般戦略は、何度も繰り返し現れる。登場する企業や市場の環境は絶えず変わるが、この4つの戦略は変わらない。後方互換性を重視する戦略は、既存の大手企業のほうが展開しやすいかもしれないが、この4つの戦略

表7・2

	コントロール型	オープン型
互換性	コントロールしながら移行を促す	開放して移行を促す
性能	性能に賭ける	連続性を断つ

から1つを選ばなければならないのは、新規参入企業も既存の大手企業も同じだ。1つの企業・陣営が、どれか1つの一般戦略で市場を牛耳っている場合もあるだろうし、互換性のない2つの技術が、独自の新しいネットワークを築こうと競っている場合もあるだろう。後者の標準化戦争については、第9章で取り上げるが、両陣営がそれぞれどの一般戦略を使っているのかによって、戦いの性格自体が変わってくる。

性能に賭ける

この「性能に賭ける」(performance play) 戦略は、4つの戦略の中で最も大胆で、最もリスクが高い。強力な専有権・コントロールを目指しながら、新しい互換性のない技術を投入する戦略だ。1980年代半ばに「ニンテンドーエンターテインメントシステム」(「ファミコン」の海外版) を導入した任天堂が、この戦略を使った。最近では、USロボティクスが携帯情報端末 (PDA)「パーム・パイロット」で、またアイオメガ社が磁気ディスク記憶装置「ZIPドライブ」で、この戦略を活用している。

この戦略が最も理にかなうのは、画期的な新技術が最大の売り物で、ユーザーが従来の技術とは比べ物にならないメリットを享受できる場合だろう。特に、既存の納入基盤に配慮する必要のない新規参入企業にとっては魅力的な戦略だ。圧倒的な技術を持つ新参組・新興企業は、後方互換性を無視して、全く新しい技術を推進しやすい。すでにシェアを確立している大手企業は「既存の商品が共食いされる」「大切な既存の顧客を置き去りにするわけにはいかない」といった問題を抱えることが多い。

クールな最新技術を引っ提げて市場に参入する新興企業であっても、顧客の乗り換えコストを下げるため、ある程度まで品質面の妥協を検討せざるを得ない場合もあるかもしれない。これが「コントロールしながら移行を促す」(controlled migration)戦略だ。また、自分の実力を踏まえて、必要な数だけ味方を確保しなければならない場合もある。例えば、正のフィードバックに火をつけるため、わずかな、もしくは名ばかりのロイヤルティーで必須特許を許諾するケースだ。必要になる味方が多い場合は、その分だけシステムをオープンにしなければならない。そうなると、「性能に賭ける」戦略から「連続性を断つ」(discontinuity)戦略に近づいていく。

コントロールしながら移行を促す

「コントロールしながら移行を促す」(controlled migration)戦略では、既存の技術と互換性のある、改良型の新技術を投入するが、専有権は維持する。「ウィンドウズ98」やインテルの「ペンティアムⅡ」などが具体例だ。インテュイットが納税申告ソフト「ターボタックス」を毎年リリースするように、ソフトウェアのアップグレード・更新も、この戦略が効果的な場合が多い。こうしたアップグレード版は、1つのベンダーが独占的に販売する。前のバージョンで作成したデータファイルやプログラムを読み込むことが可能で、ユーザーは前世代のバージョンで培ったスキルの多くを新バージョンで利用できる。

その市場で不動の地位を築いているなら、新しい技術を古い技術のプレミアム版として導入することも可能だ。改良の価値を最も高く評価する顧客にまず売り込むのである。その場合、この「コントロールしながら移行を促す」戦略は、第3章で取り上げたバージョン化戦略を時間軸に沿ってダイナミックに展開した形になることが多い。また、この戦略を展開しておけば、新興企業が「性能に賭ける」戦略で参入してきても、シェアを奪われにくいというメリットもある。

開放して移行を促す

消費者にとって最もありがたいのが、「開放して移行を促す」（open migration）戦略だ。新製品が多くの企業から発売されるので、乗り換えコストがほとんどかからない。モデムやファックスは、何世代にもわたって、この「開放して移行を促す」戦略をとってきた。新世代の機器は、すべて一定の規格に準拠しており、旧世代の機器とスムーズに交信できる。

この戦略が最も理にかなうのは、製造技術が最大の強みである場合だろう。市場全体の規模が拡大し、仕様の統一が進めば、製造技術とスケールメリットを活かせる。優れた工学技術と製造技術を持つヒューレット・パッカードは、この戦略を多用している。

連続性を断つ

従来の技術と互換性はないが、複数の企業が新製品・新技術を発売している――これが「連続性を断つ」(discontinuity)戦略だ。コンパクトディスク(CD)、3・5インチ型フロッピーが具体例である。「開放して移行を促す」戦略と同様、生産効率の高いメーカー(ハードウェアの場合)や、付加価値やソフトの拡張を提供できる企業(ソフトウェアの場合)が有利だ。

正のフィードバックのケーススタディー

この4つの戦略を実感して頂くには、現場の具体例をみてもらうのが一番いい。実際、新製品の規格を設計・交渉していると、レボリューション戦略にするか、エボルーション戦略にするかという選択を迫られる。業界の最大手企業が、自社のネットワークへの相互接続条件を決める際には、オープン型かコントロール型かという選択を迫られるはずだ。

幸い、正のフィードバックとネットワーク外部性は、しばらく前から存在しており、歴史に学ぶことができる。何度も指摘してきたように、情報技術は目まぐるしい勢いで変化しているが、経済の基本原理は、そこまで目まぐるしく変化しない。規格、ネットワーク、インターフェース、互換性といったハイテクならではの分野でも、歴史から多くのことを学べる。

以下のケーススタディーでは、先ほどの4つの一般戦略を説明する。第8章、第9章で取り上げる戦略上の重要なポイントも垣間見えるはずだ。どれも正のフィードバックが起きた事例であり、ある技術が別の技術を打ち負かした事例だ。「一歩先んじたから」「性能面で一時的に優位に立てたから」という理由で市場を制した例もある。歴史を検証する大きな魅力の1つは、最終的にどのような結果が出たかがわかるという点にある。今の戦いを分析するために必要な視点をある程度まで得ることができる。

考えてみれば、人類が話し言葉を使い始めて以降――もっと正確に言えば、複数の言葉をしゃべり始めて以降――互換性と標準規格は、人類を悩ます問題となってきた。人間の傲慢を打ち砕くため神が言葉を混乱させたという「バベルの塔」の話を思い起こせば、標準化の難しさがわかるはずだ。エスペラント語を耳にする機会はあまりないだろう（普及を目指す人々がウェブサイトをつくってはいるが）。科学技術の分野では、英語が国際言語として際立った成果を収めている。インターネットも英語の普及にさらに弾みをつけているが、言葉の壁がなくなったとは到底いえない。

聖書の時代から近代の歴史に目を向けてみよう。1798年、発明家のイーライ・ホイットニーは、十数丁のマスケット銃を解体して、部品をごちゃまぜにした上で、またきちんと使える形に組み立ててみせた。これに驚いたのが、当時のジョン・アダムズ大統領だ。その結果、ホイットニーは、この「統一システム」を使ったマスケット銃1万丁を13万4000ドルで政府から受注できた。この部品の標準化で、大量生産が可能になり、アメリカの産業革命が始まったのである。

電話が発明されると、何ともほのぼのとした標準化戦争が起きた。初期の電話は回線をつなぎっぱなしで、呼び出し音もなかった。一方が他方に呼びかける時、何と呼んだらいいのか。トーマス・エジソンは、そのためにわざわざ新しい言葉を発明した。これが「Hello!（もしもし）」だ。この語は、英語の「Hallow!（おーい！）」の異形だったが、エジソンが声の通りをよくするために「Hallow」を「Hello」に変えたのである。耳が遠かったエジソンは、「Hello」にすれば5～6メートル先からでも聞こえると考えたのだった。

その後すぐに、電話には着信を知らせるベルが取り付けられたが、今度は電話に出る際に何というかが問題となった。1870年代当時、知らない人に話しかけるのは失礼だとされていたため、これが厄介な問題になったのである！　エジソンが初めて一般向けの電話交換機を設置した時（コネティカット州ニューヘブン、1878年1月28日）、エジソンが作成したマニュアルでは、電話に出る時は「Hello!（もしもし）」と言うのが適切だとされていた（「ご用件は何ですか」という言い方も可能だが、注意が必要だと書かれていた）。一方、電話の発明者であるアレクサンダー・グラハム・ベルは、電話に出る時は「Ahoy!（おーい！）」と言うのが正しいと主張していた。

この標準化戦争は、1880年までに「Hello!」に軍配が上がっていた。流通ルートを制する者は、インターフェース（出入り口）の規格を制する――エジソンは、マニュアルを通じて、流通ルートを制したのである。

鉄道の軌間

標準化戦争については、もっと参考になる事例がある。19世紀のアメリカの鉄道の軌間の歴史だ。

19世紀初めに鉄道の建設が始まった頃は、様々な幅（軌間）の線路が使われていたが、初期の段階でやや恣意的に選ばれた規格が、その後も長く大きな影響力を保つことになった。サウスカロライナ州など、南部に敷設された鉄道では、当初5フィートの軌間が採用され、それが時とともに南部全域に広がっていった。一方の北部では、イングランドの炭鉱で利用されていた4フィート8・5インチの軌間が「標準」軌となっていた。どうやら、この軌間は、古代ローマの貨車の軌間とほぼ同じらしい。機関車ではなく、馬が引く貨車の軌間として、これが最も効率的とされていたようなのである。この4フィート8・5インチの軌間が、アメリカの標準軌として、いまだに使われているという事実は、以下のことを物語っている。標準化では、「惰性」が長期にわたって威力を発揮する。歴史上の些細な出来事が、後々まで技術面でロックイン効果を発揮するのである。

アメリカでは、1860年ごろまで7つの異なる軌間が使われていた。総延長距離の半分強が4フィート8・5インチの標準軌。その次に普及していたのが、南部に集中していた5フィートの軌間だった。この軌間の違いは、南部に有利に働くことになった。南北戦争の間、北軍は鉄道で南部に兵士を送り込んだが、軌間が違うため、兵士をスムーズに輸送することができなかった。この事例に着目したドイツは、慎重を期して、ロシアとは異なる軌間を採用した！　他のヨーロッパ諸国も、ドイツと同じ軌間を採用したが、こちらは第2次世界大戦中のヒトラーに有利に働いた。ドイツ兵のヨーロッパの移動は、かなりの部分、鉄道で行われたのである。

こうした事例はあるが、標準化は、一般には公共の利益につながる。「相互接続」が容易になり、ネットワークの拡大につながるからだ。だが、私的な利益と公共の利益が一致するとは限らない。「何を標準規格にするのか」「そもそも標準化など必要か」という争いは、日常的に起きている。この争いは、たとえ流血の事態を招かなくても、熾烈な争いに発展し得る。両陣営が乗り換えコストの高い顧客の外堀を埋めている場合や、様々なユーザー間の調整（コーディネート）が難しい場合、また、標準化で一部の企業が多額の損失を被る場合がそうだ。鉄道の軌間の標準化では、3つの大きな問題が浮上した。第1に、すでに敷設した線路の軌間を変えるのにはコストがかかる。第2に、誰も自分から動こうとはせず、相手が自分に合わせてくれることを望んでいた。第3に、互換性の欠如を生活の糧にしていた労働者が、標準化に抵抗した。3つの異なる軌間が交わるペンシルベニア州エリーでは、1853年に標準化計画をめぐって暴動が起きた。貨物の積み替えや、貨車のジャッキアップ・車輪交換といった仕事を奪われかねないとの不安が、労働者の間に広がったためだ。

それでも、標準化は1860年から1890年にかけて徐々に進んだ。なぜ実現できたのか。1つには、西部の開拓が寄与した。東部の大手鉄道会社は、西部の穀物を東部に輸送しようと考え、西部に新設する鉄道を標準軌とするよう求めた。東に向かう路線の大半は、終着駅が東部の大手鉄道会社の管轄区にあったため、大手の言い分は通った。南北戦争が寄与した面もある。北軍にとって、東部と西部の効率的な輸送は切実な問題で、新たな西部路線に標準軌を採用する流れがさらに強まった。南北戦争と西部開拓が、相互作用を及ぼした面もある。1862年、議会は大陸横断鉄道に標準軌を採用することを決定。この時期までに、南部諸州は合衆国を脱退しており、5フィートの軌間を望む声はなかった。南北戦争が終わると、南部の鉄道会社は自分たちが少数派になっていることに気づいた。その後20年は、完全とはいえない様々な手段を通じて、北部や西部との相互接続を進めていく。車輪の幅を変えられる貨車を開発する、機械で貨車を持ち上げて車輪部分を交換する、といった手法だ。最も多用されたのが、レールを1本追加して三線軌条にする方式である。

南部の鉄道関係者がようやく一堂に会し、標準軌の採用を決めたのは1886年。この年の春、総延長1万1000マイルにのぼる南部の線路が、2日間の工事で5フィートから4フィート8・5インチに改軌され、北部と統一された。遅ればせながら、北部が勝利した瞬間だった。

この歴史から学べる教訓の多くは、今も通用する。

- 事実上、意図せずして互換性の欠如が生じるケースもあるが、その場合も、互換性の確立には長い時間がかかり得る。
- ネットワーク型の市場は、中小の企業が速やかかつ緊密にコーディネート（調整）しない限り、最大手の側に傾きやすい。
- 標準化作業に参加しなければ、将来、市場で弱い立場に立たされる可能性がある。
- 売り手よりも、大口の買い手（連邦政府など）が、勢力図に大きな影響を及ぼすことがある。

●劣勢な技術を抱え込んだ側は、（1）アダプター（補助装置）を利用する（2）既存の資産を償却して時流に乗る——という2つの方法で損失を抑えることができる。

こうしたテーマが、今の標準化戦争でも繰り返し現れてくることは、追い追いみていく。

システムとシステムの一大決戦 「直流」対「交流」

19世紀のもう1つの古典的な標準化戦争は、送電をめぐる争いである。トーマス・エジソンは、直流方式の発電・送電システムを提唱し、1882年のニューヨークを皮切りに、他に先駆けて電力システムを導入していった。この直流方式に対抗して提唱されたのが交流方式だ。これはジョージ・ウェスティングハウスが開発し、米国内に導入された。交流方式の商業化でカギを握ったのが、変圧器の開発である。変圧器を使えば、高圧の電流を効率良く送電し、各家庭に配電する際に家庭用の電圧に下げることができる。このため、交流システムは、直流システムよりもはるかに遠くまで電力を送ることが可能だった。

こうして「システムとシステムの一大決戦」が始まった。それぞれの技術には、メリットとデメリットがある。直流方式は、送電中の電圧の低下という現実問題を踏まえると、送電できる範囲が発電所から1マイル（1・6キロ）以内に限定されるが、発電効率は交流方式より勝っている。また、直流方式には、商業上の強みが2つあった。いち早く市場に参入した上、エジソンのお墨付きを得ているのである。

だが、電力は鉄道とは違い、どうしても標準化が必要というわけではない。実際、2つの技術は当初、直接対決することはなく、それぞれのメリットを活かした棲み分けができていた。人口密度の高い都市部には直流方式、地方には交流方式といった具合である。

だが、その後、1887年から1892年にかけて大乱闘が起きる。市場だけでなく、法廷や学界、広報活動や政治の場で場外乱闘が繰り広げられたのである。両陣営が使った作戦は、今日でも大いに参考になる。

まず、エジソン陣営が特許侵害でウェスティングハウスを提訴した。この結果、ウェスティングハウスの開発部隊は、電球をはじめとするエジソンの特許を利用できなくなった。エジソン陣営は、交流システムは危険だと世間に訴える広報活動も展開。電気椅子の特許まで取り、交流方式の電気椅子で大型犬を感電死させるデモンストレーションを行った。その後、ニューヨーク州に働きかけて、死刑囚を「交流電流」で処刑させ、交流電流による処刑を意味する「ウェスティングハウスする」という造語までつくった。だが、この「感電死」が電力業界の行方を左右する殺し文句になったわけではない。消費者はただ、明るい照明が欲しかったのである。

最終的には、3つの要因が重なって、この「システムとシステムの一大決戦」に決着がついた。第1に、まず何よりも、多層交流システムの発展で、交流方式のメリットが際立つようになった。第2に、1892年に導入されたロータリー・コンバーター（回転変流機）により、既存の直流システムを交流システムに統合することが可能になった。これで、直流陣営の名誉ある撤退が可能になったのである。第3に、エジソンは1890年までに利権を売却していた。これが1892年のゼネラル・エレクトリック（GE）社の設立につながったのだが、GEはすでに直流方式専門の会社ではなくなっていた。振り返ってみれば、エジソンの行動は、市場が交流一辺倒に傾くのを阻止、もしくは先送りするための試みだったといえなくもない。直流方式の利権を高く売るための戦略だったのかもしれない。1893年までには、GEもウェスティングハウスも、交流システムを提供しており、戦いに決着はついていた。

この歴史に残るエピソードで使われた作戦は、今も普通に使われている。さすがに死刑囚を利用して競り勝とうとするハイテク企業はないかもしれないが、消費者の期待に働きかける戦術は多用されている。ネットワーク型の市場では、消費者の期待が決定的に重要であり、消費者の予想が自己実現的に実現することが少なくない。消費者が主流になると予想した製品や技術が主流になるのである。第9章「標準化戦争に突入する」では、最近起きた56kモデムの標準化戦争を取り上げるが、この点を念頭に置いて読み進めてほしい。

エジソンとウェスティングハウスの戦いでは、他にも重要なポイントが浮き彫りになる。

- 標準化に向けた流れがそれほど強くない場合、その技術にふさわしいニッチ市場を開拓することが可能だ。
- 標準化戦争では、足元で起きているイノベーション（ここでは多層交流システム）が勝因になることがある。
- 先発優位（直流方式）で差をつけられても、ユーザーの外堀が完全に埋まっておらず、性能面で十分な差をつけられるなら、優れた技術（交流方式）で逆転できる場合がある。
- アダプター（補助装置）は、競争に敗れた技術を救う手立てになる。標準化戦争の幕引きにつながることもある。

電話網と相互接続

「Hello!（もしもし）」が「Ahoy!（おーい！）」に勝ったという話は、余談としては面白いが、あまり参考になる事例とはいえない。だが、電話産業の黎明期には、互換性と相互接続をめぐって、非常に深刻な問題が相次いで起きている。ネットワークの新しい形としてインターネットが台頭している現在、そして、通信会社にネットワークの開放を義務づけて競争を促す「1996年電気通信法」が施行された現在、黎明期の電話産業の競争・相互接続から学べることは多い。

話は1890年代半ばに遡る。当時は、ベルの主要特許が一部切れたことや、国内経済が不況から脱したことを背景に、(ベル系以外の) 独立系の電話会社が、続々と誕生していた。ベル系の国内シェアは1903年までに50%を割り込み、独立系と地方の電話協同組合でシェアの過半数を握っていた。当時は、電話のある市町村の半数以上で、複数の電話会社が競合していたのである。おそらくアメリカでは2003年までに、このレベルの競争が復活しているはずだ!

こうした独立系の多くの電話会社は、なぜ20世紀に入ると消滅してしまったのか。当時、これといった理由は見当たらなかった。確かに、電話網は固定費が高く、限界費用が安いため、1つの市町村で複数の電話会社が直接対決すれば、倒産するところも出てくるかもしれない。このため、伝統的な「規模の経済」を踏まえれば、市町村レベルで統合が進むことは考えられる。だが、全米市場を制覇した巨大電話会社——ベル・システム社——は、どんな力学と戦略をバックに勢力を拡大したのだろうか。

奇妙なことに、カギは長距離電話にあった。なぜ「奇妙」かというと、1900年当時、長距離電話サービスを提供しても、競争上、決定的な強みになるようにはみえなかったのである。当時の全通話量に占める長距離電話の比率はわずか3%。たいていの人は、どうみても長距離電話に関心がないようで、多くの電話会社は、長距離電話のサービスすら提供していなかった。当時は、どこも市内通話で稼いでいたのである。加えて、長距離電話には技術上の問題も多少残っていた。

だが、予兆はあった。各地域の電話会社は、近隣の市町村を統合して電話網を広げると、非常に儲かることに気づき始めていた。また、長距離通話に大金を払う法人顧客も、都市部を中心に一部で出始めていた。

そうなると、他社とは比較にならない広大な長距離電話網を持つベル・システム社は、戦略上、根本的な選択を迫られる。長距離電話網へのアクセスを系列会社にのみ認めるべきか、それとも独立系の電話会社にもネットワークを開放すべきか——。当初、ベルは系列会社にのみアクセスを認めていた。だが、独立系の電話会社が続々と誕生した1900年以降は、したたかな戦略を展開した。ベルの技術規格・運用規格を満たし、市町村レベルで直接競合しない非系列会社にもネットワークを開放したのである。この戦略で、ベルのネットワーク全体が活気づいた。電話を掛けられる通話先が増えたことで、ベルのサービスの価値が上がり、独立系と対決していた市町村で、ベルの存在感が増していった。

ベル・システムが長距離電話網を武器に戦い始めると、勢力図にすぐに変化が起きた。ベルとつながっていない独立系電話会社のシェアは、41%をピークに下降線を辿り始める。この年、ベルは通信網に装荷コイルを挿入、長距離通話の品質も格段にアップした。長距離通話が可能なため、市内通話料金をライバルの独立系より高めに設定しても、顧客をつなぎとめることができる。独立系は、ベル・システムに対抗する全米レベルの大手電話会社の設立を目指したが、ベルが主要都市を抑えていたこともあり、実現には至らなかった。

ベル・システムは、こうした強みを武器に、巨大な地域電話・長距離電話会社へと成長を遂げていった。その後、社名がAT&Tに変わり、1984年に解体されるまで営業を続けた。AT&Tは、市町村レベルで競合するライバルには、長距離電話網へのアクセスを認めなかった。「(価格競争で)通話品質を落とした独立系と相互接続すれば、ネットワーク全体の統合性が損なわれる恐れがある」と主張したのである。一般化すれば、AT&Tは、電話システムの自然独占モデル（「規模の経済」を通じて自然に成立する独占）を目指したといえる。1907年以降は、そうした戦術で弱体化していたとみられるライバルの地域電話会社を次々と買収していった。こうした買収が認可されたのは、競争よりもユニバーサル・サービス（誰もが等しく受益できる公共的なサービス）が優先されたからだ。

今の多くの企業も、100年前のAT&Tと同じような相互接続の問題を抱えている。当時の独立系電話会社が「長距離通話サービスを提供できない」と不満を漏らしたように、今の独立系ソフトウェア会社も「マイクロソフトがインターフェース情報の提供で、社内のプログラマーを（品質面やタイミング面で）優遇している」といった不安を抱えている。経済の教訓は、時を超えて通用する。重要なインターフェース＝関所（ボトルネック）を握っているなら、開放したほうがいい。ただし、条件を決めるのはあなただ。そうした条件には、製品の統合性を保つ上で必要な技術面の条件もあるだろうし、売り上げの目減りを相殺するための経済面の条件もあるだろう。また、ベル・システムの初期の事例からは、ネットワーク効果が働いている場合、一定の有力顧客（ニューヨーク、シカゴなど）を足場に、市場を制覇できる可能性があることも窺える。

カラーテレビ

次の歴史上のエピソードは、かなり最近のものだ。アメリカのカラーテレビ導入の話である。テレビは、今回取り上げる例の中では、「時流に乗りたい」というバンドワゴン効果が最も強烈に働いているのではないか。アメリカ世帯の約99％には、少なくとも1台のテレビがあり、普及率は電話や水洗トイレを上回っている。

アメリカで採用されているカラーテレビの規格は、NTSC（全米テレビジョン放送方式標準化委員会）方式《システム》と呼ばれるもので、1953年に連邦通信委員会が正式に標準規格に認定した（NTSCは「Never Twice the Same Color（性能に問題があり、二度と同じ色が再現できない）」の略だと揶揄されることもあるが）。このカラーテレビの話は、公的な標準化作業が迷走した例として参考になる。

まずは、アメリカで白黒テレビの商業放送が始まった1941年7月1日に時計の針を戻そう。当時、ラジオ・テレビ業界で強大な力を持っていたのが、RCA社だ。この会社は、放送局のNBCを保有。白黒テレビの大手メーカーでもあった。とはいえ、アメリカでは1929年にベル研究所が初めてカラーテレビのデモンストレーションを行っており、テレビの将来がカラー化にあることは明らかだった。

一方、大手テレビ局のCBSは、1940年代を通じて、自社で開発した「機械式」のカラーテレビ・システムの普及を目指していた。この間、RCA社は白黒テレビの販売と技術改良に忙しく、カラーテレビについては、デビッド・サーノフという伝説的な経営者の下で「完全電子式」システムの開発に取り組んでいた。技術的にはCBS方式がリードしており、RCA社は電子式テレビの開発を待って標準規格を決めるよう連邦通信委員会に陳情していた。CBS方式の大きな難点は、後方互換性がないことだった。CBS方式のカラーテレビは、特殊な機器を取り付けなければ、従来の白黒テレビ放送を受信できなかったのである。

こうした難点はあったものの、連邦通信委員会は、両社のカラーテレビ・システムの比較テストを行い、1950年10月にCBS方式の採用を決定した。ただ単に、RCA方式の準備が整っていなかったのである。RCAのデビッド・サーノフ自身も「サルが緑色になり、バナナが青色に移って、みんなで大笑いした」と明かしている。政治的にはCBSの圧勝だった。

ところが、市場では別の結果が出た。サーノフ率いるRCAは諦めず、逆に3つの戦線で攻勢を強めた。第1に、CBS方式に対する批判を続けた。第2に、白黒テレビの販売を強化し、CBS方式と互換性のない機器を保有する顧客の納入基盤を増やした。サーノフは当時、「(白黒)テレビを売れば売るほど、CBSへの攻勢を強められる」と語っている。第3に、カラーテレビの研究開発を強化し、24時間体制で研究を続けた。その結果、まさに人間業とは思えない技術が完成したのである。

一方のCBSは、政治的な勝利をうまく活かせなかった。まず、CBSには当時、テレビの生産施設がなく、機動的にテレビを生産できる味方も集めていなかった。確かに、連邦通信委員会の決定を受けて、テレビメーカーのエアキング社を買収したのだが、効率の良い商業生産が可能になるのは数年先という状況だった。このため、CBSが初めて公式にカラーテレビ放送を開始した1951年6月25日に番組を見た人は、ほとんどいなかった。ごく一部の人々が、名司会者エド・サリバンの番組などを特別スタジオの祝賀パーティーで視聴しただけだったのである。当時、アメリカには約1200万台のテレビがあったが、CBS方式のカラー放送を受信できるテレビは、数十台しかなかった。

ある種の運が影響した側面もある。朝鮮戦争が勃発すると、アメリカ政府は、カラーテレビの製造に必要な原材料が軍需品に欠かせないと判断し、カラーテレビの生産停止を命じた。CBS、RCAの両社は内心、この停止命令を喜んだ。CBSは、どちらにしても、まだカラーテレビの生産体制が整っていない。RCAにしても、自社の白黒テレビと競合するカラーテレビの発売が遅れるのは朗報だ。「技術開発の時間が稼げる」「CBS方式のカラーテレビと互換性のない白黒テレビの納入基盤をさらに増やせる」といった思惑もあった。

生産停止命令は1952年6月に一部緩和されたが、RCA方式は、この時期までにゴールデンタイムに放映できる準備が整っており、NTSC（全米テレビジョン放送方式標準化委員会）内でRCA方式を支持する声が多数派となった。RCA方式に採用されている何百もの特許は、大半がRCA社のものだが、このRCA方式は「NTSC」方式と呼ばれるようになった。そう改称すれば、RCA社ではなく、業界団体の総意に従ったと解釈でき、連邦通信委員会も面目を保てるとの配慮である。1953年3月、CBSのフランク・スタントン社長は、国内世帯が保有する白黒テレビ2300万台との互換性は相当重要だと発言、敗北を認めた。連邦通信委員会は1953年12月、CBS方式を標準規格とした1950年の決定を正式に撤回した。

ところが、ここでも政治的な勝利は、そう簡単には市場の成功に結びつかなかった。1954年、RCA社は7万5000台の販売を予測したが、実際には5000台しか売れない。おそらく21インチの白黒テレビが300ドルで買えた時代に、12・5インチのカラーテレビに1000ドルを払う顧客は少なかったのだろう。今振り返れば、これは当然の話のようにも思える。何にもまして、放送局がカラー放送用の機器に投資してカラーの番組が増えない限り、カラーテレビを買っても、ほとんど付加価値は得られないのである。これは一朝一夕に解決できる問題ではなかった。「卵が先か、鶏が先か」というチキン・エッグ問題を解決しない限り、NBCのロゴマークである孔雀は、飛躍できないのである。

実を言えば、NBCとCBSの加盟局は、カラー放送用の伝送機器に急ピッチで投資を進めていた。上位40都市の158局中106局は、1957年までにカラー番組を放映できる体制を整えている。だが、肝心の大手ネットワーク局が、カラー番組の編成で大きく出遅れた。NBCは1965年までに、4000時間のカラー番組を放映していたが、CBSはわずか800時間、ABCは600時間だ。結局のところ、1963年の時点でカラーテレビを保有する世帯は、テレビのある世帯全体の約3%にすぎなかった。カラーテレビの価格は、まだ白黒テレビの3倍から5倍もしたのである。

サーノフ率いるRCA社は、自社の技術を巧みに標準規格に育て上げたが、1950年代は、CBS同様、システムの完成に必要なパーツが不足しており、利益を上げることができなかった。1959年までにカラーテレビの開発に1億3000万ドルを投じたが、利益はゼロだったのである。欠けていたパーツはコンテンツ——つまり番組の制作・配信だ。これは今でもそうだが、爆発的な人気を呼ぶ「キラーアプリ」がなければ、一般家庭はカラーテレビに投資しない。サーノフは1960年、ABCから『ウォルト・ディズニーの美しいカラーの世界』という番組を買収。これがこの年のキラーアプリとなった。RCAがカラーテレビの販売で初めて営業黒字を計上したのも、この年だ。その後、RCAはゼニス社などへのブラウン管の販売も開始していく。あとはご存じの通りだ。カラーテレビは、品質の向上と価格の低下が続き、NBCのロゴマークである孔雀は、すっかり有名になった。

このカラーテレビのエピソードは、インターネットの世界に身を置く人間からすれば、大昔の話のように思えるが、ここからは様々なことが学べる。まず何よりも、新しい技術は、コストパフォーマンスが悪い場合、また、様々な業界の支持が必要になる場合、普及には気の毒なほどの時間がかかり得る。カラーテレビは、メーカーとネットワーク局が標準規格で合意しただけでは、真価を発揮できなかった。リーズナブルな価格で性能の良いテレビを製造する必要があったし、魅力的なコンテンツを制作する必要もあった。また、各放送局に伝送機器への投資も促さなければならなかった。カラーテレビの技術は、CBS方式が採用された1950年はおろか、NTSC方式が採用された1953年になっても、マスマーケット向けに商品を投入する体制が整っていなかった。興味深いことに、アメリカに10年出遅れたヨーロッパは、PAL方式とSECAM方式という相対的に優れたシステムを導入できた。この追い越し現象は今も起きており、今度はアメリカが追い越す側に回っている。日本が先行した高精細テレビ（HDTV＝ハイビジョン放送）は、数年出遅れたアメリカのデジタル方式のほうが相対的に優れている。これは次のセクションで取り上げよう。

第2に、CBS方式の失敗は、たとえ一方向に傾きやすい市場であっても、先発優位が必ずしも決定的な強みにはならないことを物語っている。1950年頃のCBS方式は、後方互換性がなく、市場化テストも行っておらず、商業化の準備も整っていなかったため、スタートラインにさえ立てなかった。諦めずに挑み続けるライバルがいたため、連邦通信委員会が1950年に標準規格を決めても、勝負に決着がつく気配は全く見えなかった。

第3に、このカラーテレビの経験を振り返ると、アライアンスの構築がいかに重要かがみて取れる。CBSは、ロビー活動では他の陣営と手を組んで、連邦通信委員会のお墨付きを得たが、これはあまり意味のない勝利だった。生産設備、つまり適切な味方を確保していなかったため、商業生産に入れなかったのである。これは現在でも同じだが、勝負に勝つにはもっとリスクを取らなければならない。公式な標準規格が決まる前に生産設備を確保し、ハードウェア自体も事前につくっておく必要がある。後ほど説明するが、むしろ、自社の仕様に準拠した生産設備を市場に氾濫させることが、標準化を有利に進める1つの戦術となる場合もある。だが、こうした戦略は、リスクを敬遠する企業には採れない。

第4に、このカラーテレビの話からは、「現行世代の技術を掌握しているから」「納入基盤が大きいから」という理由で、トップの座に居座れると過信してはならないことがわかる。RCA社のサーノフは、ビジョンを持った人物だったが、やはり白黒テレビというドル箱の魅力には打ち克てず、スピード感を持ってカラーテレビを開発することができなかった。連邦通信委員会が1950年にCBS方式を採用して、ようやく尻に火が付いたのである。サーノフが起死回生を果たしたのは、リスクを取り、努力を重ねたからに他ならない。結局のところ、CBSは、RCA社を刺激してカラーテレビの開発に弾みをつけるという大役を果たしたといえる。

高精細テレビ

本章でクローズアップする最後の事例は、高精細テレビ（HDTV＝ハイビジョン放送）だ。最近では「デジタルテレビ」と呼ばれることもある。言うまでもなく、ここで取り上げた他の事例とは、比べ物にならないほど最近の話だが、それでもアメリカでは、10年以上も前からHDTVの導入が計画されている。HDTVは、前項で取り上げたカラーテレビの規格「NTSC」

の後を継ぐものだが、ここでも本書の主張が裏付けられる。技術は変わり、登場する企業も変わるが、根底にある経済原理は変わらない。

HDTVの普及が進めば、テレビの品質は格段に向上する。推進団体によると、画質は35ミリフィルム並みで、解像度はNTSC方式の約2倍。音響は当然、6チャンネルのデジタルサラウンドだ。連邦通信委員会が、HDTVの規格を調査・研究する「高度テレビジョン・サービス諮問委員会」を設置したのは10年前。なぜアメリカでいまだに放送がスタートしていないのか、不思議に思われる読者もいるかもしれない。

HDTVは「未来のテレビ」と謳われているだけでなく、アメリカの家電業界の行く末を左右するとまで言われている。専門家の間では、HDTVで日欧に「敗北」すれば、アメリカの産業競争力が危機にさらされると危惧する声が、1980年代から1990年代初めにかけて相次いだ。確かに専門家の言う通り、アメリカはテレビの大半を輸入に頼っており、HDTVの規格作りで日欧に後れを取っている。

このため、業界では連邦政府にHDTVへの積極的な関与を求める声が日増しに強まっていった。HDTVの制作機器、番組制作、伝送システム、対応テレビのコーディネートを「市場」に任せておいていいのか——「チャンネルはそのままで、これは一大事です」——というわけだ。

日本では、1970年代に政府が様々な分野でHDTVの技術開発をコーディネートし、助成金も支給した。NHKが「MUSE」方式と呼ばれるアナログハイビジョン放送の伝送実験をしたのは1979年。日本企業・政府がHDTVに投じた技術開発費は13億ドルにも上る。アメリカは1986年に日本の規格をグローバルスタンダードとすることを支持したが、ヨーロッパで国内産業を保護する動きが強まり、それ以上の進展はなかった。1991年になると、日本では1日8時間程度のハイビジョン番組が放映されるようになった。ただ、ハイビジョン対応テレビはまだ非常に高価で、しかも36インチ型以上の大型テレビでなければ、ハイビジョン放送の良さは味わえなかった。

1994年2月の騒動を振り返ると、規格争いで先頭を走る「勝ち馬」が、場合によってはいかに脆い存在かがよくわかる。郵政省の高官が「世界の流れはデジタル方式」なので、アナログのMUSE方式を見直す可能性を検討したいと発言、この一言で市場が混乱に陥ったのである。これは、規格争いで先行きの見通しと消費者の信頼がいかに重要かを物語る格好のエピソードといえる。松下電器産業の幹部は「寝耳に水だ」とコメント。その翌日には、松下、NEC、ソニーなどテレビメーカー11社の社長が会見を開いてMUSE方式のメリットを訴え、くだんの郵政省高官は、発言の撤回を迫られた。だが、この一言でMUSE方式に傷がついたことは否めない。発言の撤回を本当に信じていいのか、という不信感は残ったのである。

実際、日本ではハイビジョン対応テレビの売り上げが、今も低迷している。最新機器が大好きな日本人のことなので、「普及しないのではないか」という互換性の問題よりも、単に価格の問題なのかもしれない。1994年時点で、ハイビジョン対応テレビは、一番安いモデルでもまだ6000ドルしており、国内の累積販売台数は約2万台にとどまっている。翌95年の販売は8万1000台に伸び、96年には19万8000台に急増したが、1997年初めの時点でも、累積販売台数は33万台どまりだ。最大のマスマーケット市場であるテレビの世界では、微々たる数字にすぎない。

日本では、完全デジタルの衛星放送が、西暦2000年頃に始まる（MUSE方式の普及が遅れているため、導入時期が2007年から前倒しされた）。アメリカで使われる伝送システムは採用されないため、テレビメーカーの「規模の経済」性は多少低下するが、アメリカにとって朗報といえるのは、デジタルビデオ信号の生成・表示で、日本がアメリカと同じ規格を採用することだ。世界中のスタジオで、同じカメラ、モニター、関連機器を利用できるようになるほか、アメリカで生産したビデオテープも世界中のビデオデッキで再生できるようになる。日米欧のデジタルテレビでは、共通の放送用動画像圧縮規格「MPEG－2」が使われる予定だ。

HDTVレースの2番手につけていたのがヨーロッパで、日本同様、状況は芳しくなかった。ヨーロッパでは、1986年にHDTVの推進団体「エウレカ95」が発足。欧州委員会が1億8000万ドルの助成金を交付した。参加企業は、フィリップス、トムソン、ボッシュなどだ。エウレカ95で開発した規格が、アナログ方式の「HD－MAC」方式。既存の「PAL」「SECAM」方式からの移行をスムーズに進めることを重視したが、従来のテレビでは受信できないため、欧州委員会が1990年代初めに過渡的なシステム（「D－MAC」と「D2－MAC」）を導入するよう衛星放送事業者に要請した。だが、後方互換性の確立には、高い代償が必要だ。D－MACやD2－MACでは、画像の質が従来のPAL方式とさして変わらないという不満の声が、放送事業者から上がったのである。結局、HD－MAC方式は1993年までにお蔵入りとなり、現在、日本と全く同じではないが、似たような完全デジタル方式の導入が計画されている。

アメリカのほうは、周回遅れだった。HDTVを導入するメリットの少ない放送事業者の政治力が、少なからず影響していたといえる。NHKがハイビジョンの定時実験放送を開始した1989年になっても、アメリカの技術規格は全く先が見えない状況だった。

アメリカは、独特な方法でアナログテレビからデジタルテレビへの移行を進めている。連邦通信委員会（FCC）は相変わらず放送事業者に甘く、また、1950年に後方互換性のないカラーテレビ規格「CBS」方式を採用して後に撤回を迫られるという苦い思い出もあるため、何十億ドルもする貴重な周波数帯域を放送局に無償で提供し、デジタルとアナログの「多重放送」を実現する構想を打ち出した。計画では、各放送局に6メガヘルツの第2チャンネルを追加で割り当て、およそ10年にわたって、HDTV方式とNTSC方式の放送を並行して行う。放送局は約10年後に第2チャンネルを返還、その時点でアナログテレビを使っている視聴者は、コンバーターを購入してHDTV放送を受信する。この計画は、放送事業者が1980年代に展開した巧みなロビー活動の賜物だ。放送事業者は「このままでは日本に負ける」と議会を脅して、テレビ以外の用途に転用される恐れがあったUHF帯（極超短波）を空きチャンネルとして確保したのである。以下の話は、この重要な点を念頭に置いて読み進めてほしい。放送業界は、保有する周波数帯を以前から（ただで）増やしたいと考えていたが、HDTV自体に強い関心を寄せたことは一度もなかった。

1988年、FCCの後援で、HDTV伝送規格の標準化団体が設立され、性能試験に基づいて具体的な標準規格を決めることになった。この年に浮上した規格案は、全部で23方式。

性能試験が始まる1991年秋には、6方式に絞り込まれていた。6方式を提案したのは（1）NHK（2）ゼニスとAT&T（3）ゼネラル・インスツルメントとMIT（2方式を提案）（4）フィリップス、サーノフ・リサーチ研究所、NBC、トムソン（2方式を提案）――の4陣営だ。NHKが脱落すると、1993年5月に、残る3陣営がそれぞれの技術を持ち寄って、クロスライセンス契約を結ぶ「グランド・アライアンス」を結成。標準化をめぐる争いに、事実上、終止符が打たれた。最終的には1994年2月に、当初のゼニス案の一部が、ゼネラル・インスツルメント案を抑えて採用された。クロスライセンス契約が結ばれていたにもかかわらず、このニュースを受け、ゼニス株は急騰した。

　皮肉なことに、アメリカは出遅れたからこそ、レースのトップに躍り出ることができた。NHKのMUSE方式とヨーロッパのMAC方式は、アナログだったが、アメリカは完全デジタルだ。この事例から浮き彫りになるのは、事を性急に進めるリスクだけではない。中央の権威ではなく、競争を通じて技術を選択すると、どんなメリットがあるのかも、窺い知ることができる。アメリカで完全デジタルのHDTVシステムを開発できたのは、ゼネラル・インスツルメントが、1991年5月のレース参加の締め切り当日に、完全デジタル方式でエントリーしたからだ。6メガヘルツの帯域幅で完全デジタル放送は難しいとみていた他の陣営は、同社の提案に度肝を抜かれ、NHKを除くすべての陣営が1年以内に完全デジタル方式を開発したのである。

FCCがついに新しいHDTV規格を発表する準備を整えた1996年、コンピューター業界とハリウッドの大物で構成する団体から横槍が入った。現行案では、テレビとパソコンの融合・競争が妨げられ、「視聴者の獲得競争」で自分たちが不利になると言い出したのである。放送事業者は1996年の終盤に、問題視された仕様の撤回に同意。これを受け、放送・家電・コンピューター業界の間でデジタルテレビ規格の基本合意が成立した。FCCは、年の瀬も迫ったクリスマスイブにHDTVの規格を正式採用。コンピューター業界は「走査方式、アスペクト比（横縦比）、走査線数については、規格で義務づけない」との文言を勝ち取った。

こうしてHDTVの技術規格が決まったが、話はまだ終わらない。自転車レースでスタート合図のピストルが鳴っても、誰も先頭に立って空気抵抗を受けたくないようなものだ。忘れてはならないが、放送事業者はもともとHDTVの導入に後ろ向きで、HDTVそのものよりも周波数帯の獲得に関心があった。そうなると、もうお分かりかもしれないが、今度は、新しく取得した周波数帯を自由に使える権利、放送開始を先延ばしする権利、第2チャンネルをできる限り長く使う権利を求めて、ロビー活動を展開したのである。

この問題に一応のけりがついたのが1997年4月。FCCは「放送局に『高精細』の番組制作を義務づけず、当初はアナログ番組のデジタル多重放送も義務づけない」という、またしてもHDTVの速やかな導入に水を差しかねないデジタルテレビの導入ルールを公布した。放送事業者が新しい「デジタルチャンネル」を取得する条件として同意したHDTVの「増強」スケジュールも、月並みなものだ。4大ネットワーク局の加盟局は、1999年5月1日までに10大都市でデジタル信号を放送する。上位11〜30位の都市については、1999年11月1日を期限とする。このスケジュール通りに行けば、2000年1月1日までに国内世帯の約半分が地上波でデジタル信号を受信できるようになる（第2チャンネルの返還期限は、暫定的に2006年に設定された）。

このスケジュールが、HDTV対応テレビの販売にどう影響するかは全く不透明だ。国内世帯の約65%はケーブルテレビに加入しているが、これまでのところ、どの大手ケーブルテレビ会社も高精細のテレビ番組を編成する計画を明らかにしていない。むしろ、多くのケーブルテレビ会社は、各チャンネルの品質を落と
して、放送する番組の数を増やそうとしている。例えば、TCIは解像度を半分に落とした「VHSクオリティー」の映像を導入する予定だ（VHSに録画すると、解像度が約半分に落ちるのでこう呼ばれている）。こうした動きをみると、HDTV

の先行きが思いやられる。衛星放送事業者も、高精細の番組編成については何も計画を発表していない。HDTV対応テレビは価格が最高1万ドルに達するとみられていることもあり、テレビのデジタル化は、少なくとも現時点では、高精細番組よりもチャンネル数の増加につながる可能性が高い。

　このため、放送事業者など番組を配信する側と、テレビメーカーの間には、当然のように強い確執が生じている。かなり激しい非難合戦だ。誰も先陣を切りたくはないが、足を引っ張っていると思われたくもない。放送事業者は、メーカーの方針が明らかにならない限り、新たに取得したデジタルチャンネルの利用について、具体的な計画は立てられないと主張。メーカー側も、同じ批判を放送業界に浴びせており、のるかそるかの我慢比べの様相を呈している。議会は議会で、放送事業者への不信感を募らせている。放送業界は、HDTVを導入する約束で、無償で手にした周波数帯域を別の目的に使おうとしているのである。筆者は、デジタルテレビについては、かなり急ピッチで導入が進むとみている。セットトップ・ボックスでデジタル信号を解読・中継してテレビで視聴するという形だ。だが、高精細テレビの先行きは、依然として厳しいのではないだろうか。

　HDTVは、どうも運に恵まれていないと思えることもある。ダラスのテレビ局WFAA

は、1998年2月に、全米でもいち早く定時のデジタル放送を開始したが、ここでもまた1つHDTVの問題が見つかった。放送電波が、近隣の2ヵ所の病院で使われていた心臓のモニター装置に干渉したのである。病院では、FCCがHDTV放送用に割り当てた周波数が使われていた。幸い、患者への影響はなかったが、新しいテレビ規格への移行には、多くの乗り換えコストが生じることが改めて浮き彫りになった。

以上、HDTVの導入経緯を振り返ってきたが、パズルの完成に実に多くのパーツが必要になる場合、標準規格の確立がいかに難しいか、どれほど多大な時間を要し得るかが、お分かり頂けたと思う。HDTVの苦難の歴史には、他にも複数の経済原理が働いていた。これについては、次章で詳しく説明しよう。

- 旧世代からの進歩が中途半端で、クリティカルマスを確保できない技術を標準規格にすると、たとえ先陣を切っても、あっけなく脱落することがある（日本）。
- 後から有力団体（コンピューター業界）が割り込んできて、仕切り直しとなるケースがある。
- 技術を持ち寄り、必須特許のクロスライセンスで合意できれば、往々にして標準化戦争を休戦に持ち込むことが可能だ（「グランド・アライアンス」）。

●新しい規格の導入を遅らせたり、阻止したいと考えている参加者（放送事業者）がいれば、連携を維持するのが難しくなることがある。

鎖の強さが最も弱い環の強さで決まるように、新技術の普及ペースは、最も腰の重い部品《パーツ》業者《メーカー》の動きで決まることがある。もし、新技術の導入を急ぎたいなら、提携先にインセンティブを与えて技術の普及を促したほうがいい。この点を忘れてはならない。

まとめ

情報化時代は、「工場」経済ではなく、「ネットワーク」経済の上に成り立っている。ネットワーク経済のかなめが、正のフィードバックだ。幸いなことに、指針となるいくつかの原理を把握すれば、ネットワーク経済への理解を深めることができる。さらに幸いなことに、今日のネットワーク型経済で幅を利かせているそうした原理の多くは、全く目新しいものではない。一部の産業では、以前からそうした原理が働いており、過去の経験が大いに参考になる。

本章では（1）ネットワークと正のフィードバック（2）ネットワーク型市場の基本的な

トレードオフと一般戦略（3）新しい技術が登場した歴史上の事例のケーススタディー――を取り上げた。要点は以下の通りだ。

- **正のフィードバックは、強い者がより強くなるというダイナミックなプロセスだ。**だが、この原理には負の側面もある。正のフィードバックでは、弱い者はさらに弱くなる。
- **正のフィードバックが起きる場合、技術の普及は一定のパターンを辿って進むことが多い。**典型的なパターンは、「ロジスティック曲線」と呼ばれるS字型の成長パターンだ。最初はゆっくりとスタートし、爆発的に普及した後、飽和状態に達する。
- **広範な通信ネットワークが高く評価されるように、広く利用されている情報技術は高く評価される。**その結果として働く「需要サイドの規模の経済」＝「ネットワーク外部性」は、情報経済に正のフィードバックを引き起こす大きな源となる。
- **正のフィードバックは、大きなネットワークに有利に、小さなネットワークに不利に働く。**この原理は、リアルなネットワーク（電話網、互換性のあるモデムのネットワークなど）にも、バーチャルなネットワーク（表計算ソフト「ロータス1-2-3」のユーザーのネットワークなど）にも、当てはまる。

●**クリティカルマスを確保して普及に弾みをつけるには、消費者の期待が不可欠だ。**商品投入の初期段階では、期待の管理が必要不可欠になる。

●**新しい商品・技術を導入する企業は、「性能」か「互換性」かという基本的なトレードオフに直面する。**後方互換性を重視して、性能の改善を一定限度内に抑えるのが「エボルーション」戦略。従来商品との互換性はほとんど、もしくは全くないが、圧倒的な性能を実現するのが「レボリューション」戦略だ。

●**新しい商品・技術を導入する企業は、「オープン」か「コントロール」かという基本的なトレードオフにも直面する。**技術をオープン化すれば、普及が進む可能性が高いが、技術の利用・設計に対するコントロールを維持したほうが、普及した場合にははるかに多くの成功報酬を得られる。

●**ネットワーク型の市場に新しい商品・技術を投入する場合は、4つの一般戦略がある。「性能に賭ける」「コントロールしながら移行を促す」「開放して移行を促す」「連続性を断つ」の4つだ。**「性能」か「互換性」か、「オープン」か「コントロール」かの組み合わせで、4つの戦略に分けられる。

●**正のフィードバックやネットワーク外部性については、過去に様々な戦術が試されてき**

た。黎明期の電話産業、カラーテレビの導入など、歴史上の事例から学べることは多い。

第8章

Cooperation and Compatibility

協力と互換性

前章では、正のフィードバック効果への理解を深め、過去の事例に学んだ。これでネットワーク型市場の様々な競争戦略を検証する準備が整った。本章では、オープン戦略──「開放して移行を促す」戦略と「連続性を断つ」戦略──に照準を合わせよう。ここでは、味方との協力が基本になる。次の第9章では、互換性のない技術同士の戦いという観点から、コントロール型の戦略──「コントロールしながら移行を促す」戦略と「性能に賭ける」戦略──を取り上げたい。

ネットワーク型市場の戦略は、旧来型産業の戦略とも、情報コンテンツ市場の戦略とも、明確に異なる。ネットワーク型市場は、勝者総取り型であるため、敵と味方をいち早く見分けることが特に重要だ。本当に「オープン」規格にしていいのか。他社も本気でオープン規格を望んでいるのか。勝負に勝つために誰を味方につけるべきか。どうすれば効果的に味方に引き入れることができるのか。味方を集めて自分の技術をヒットさせながら、ある程度までその後の方向性をコントロールすることは可能なのか。標準化戦争に突入したほうがいいのか、早めに休戦したほうがいいのか。ネットワーク型産業で市場シェアの低下に見舞われた場合、どうすればいいのか。以下では、こうした問題を体系的に論じていきたい。

サイバースペースを西部開拓時代の無法地帯にたとえる専門家は少なくない。従来の行動パターンは通用せず、何でもありの世界だというのである。確かにそうかもしれない。だが、一匹狼のカウボーイで情報化時代を生き抜けることはまれだ。ネットワーク型経済と正のフィードバックの世界では、協力がかつて例のないほど重要になっている。標準規格を確立して、互換性のあるユーザーのネットワークをまとめ上げるには、たいていの場合、他社との協力が必要だ。だが、標準化で合意が成立した途端に、それまでの味方は豹変し、ネットワーク内に激しいシェア争いが起きる。開発で協力し、販売で競合するという「コーペティション」(*coopetition*)という言葉は、ネットワーク型産業に絶えず存在する「協力」(cooperation)と「競合」(competition)の緊張関係を指している。異なるパーツを1つのシステムに統合する必要がある場合、戦略上、カギを握る問題となるのが、協力と調整(コーディネート)だ。誰と、どこまで、どのような条件で協力するか、である。

規格の統一で戦いはどう変わるのか

正のフィードバックとネットワーク効果を前提に戦略を練る場合は、早い段階で自然と味方になる相手を特定する必要がある。これは必ずしも一筋縄ではいかない。というのも、ネットワーク型市場では、敵味方がはっきりしないのである。例えば、他の市場参加者も本気で規格の統一を望んでいると無邪気に信じるわけにはいかない。むしろ、既存の大手企業は、新しい技術の規格統一が進まず、廃れてしまったほうが、旧来の技術でこのまま儲けられると考えるかもしれない。実際、マイクロソフトが、ＵｎｉｘやＪａｖａの規格統一を本気で望んでいるとは思えない。同社にしてみれば、こうした新技術はチャンスよりも脅威となる可能性がはるかに高いからだ。本音では規格の統一を望んでいない企業が、規格の統一作業に公式・非公式に参加する場合があ

標準化交渉では、本音では標準化を望んでいない企業に注意する

る。注意が必要だ。

たとえ味方全員が規格の統一を望んでいる場合でも、統一範囲やどこまで詳細を定めるかで意見が割れる場合もある。すでに見た通り、高精細テレビ（ＨＤＴＶ）の標準化では、走査方式と走査線数の仕様を標準化の対象にするかどうかが、合意の直前にではあるが、大問題になった。ＤＶＤ規格の統一でも、統一範囲が問題となっており、「書き込み」の規格統一が決裂しそうだ。「読み込み」規格の標準化は、コンテンツ業界からの圧力で大手の合意が成立した。「統一されたフォーマットでコンテンツを提供したい」というのが、コンテンツ業界の当然の要求だ。だが、コンテンツ業界は書き込み規格には関心がない。むしろ、互換性のない規格が複数乱立したほうが、海賊版の作成が難しくなり、好都合だろう。コンテンツ業界から統一を求める圧力がないため、ＤＶＤメーカーは「専有権のある独自規格を使いたい」という自然な欲求を抑えることができない。

規格の統一を望んでいる企業と望んでいない企業を見分けるには、標準化の有無で市場がどう変わるかを思い描く必要がある。規格が統一されると、いくつかの点で競争の性格が大きく変わってくる。

ネットワーク外部性が高まる

まず何よりも、規格が統一されると、互換性＝相互運用性（interoperability）が高まり、ネットワークが広がるため、ネットワークのカスタマーバリューが向上する。ビデオテープのＶＨＳ規格、フロッピーディスクの３・５インチ規格など、情報メディアの標準フォーマットを例に取って説明しよう。こうした標準規格ができれば、２つの経路で正のネットワーク外部性（ネットワーク効果）に弾みがつく。第１に、最も直接的な効果だが、統一規格があれば、フォーマットを変更せずに情報を共有できるネットワークが広がる。第２に、こちらは間接的な効果だが、データの共有能力が高まれば、そのフォーマットを使う消費者がさらに増え、ネットワーク外部性が一段と高まることになる。これは、リアルな通信網（ファックスやＡＴＭのネットワークなど）にも、バーチャルなネットワーク（互換性のあるパソコンソフトや互換性のあるディスクドライブのユーザーのネットワークなど）にも、等しく当てはまる。どちらも、ネットワークが広がれば、消費者が大きな恩恵を受ける。

「互換性は消費者の大きなメリットになる」というこの基本原理を、もし万が一見失いそうになったら、１９０４年のボルチモアの大火を思い起こせばいい。近隣の町から消防士が応援に駆け付けたが、持参した消火ホースの多くは、ボルチモアの消火栓に合わなかった。情報化時代にも、同じようなことが起きる。海外で携帯電話が使えない、ノートパソコンの電源プラグが違う、メールが受信できないといった問題だ。

不透明感が後退する

標準規格が確立すると、消費者が抱え込む技術面のリスクが低下する。これも、新技術の普及に弾みをつける要因になる。多くの人が使っているからという理由で、信頼が集まる場合があり、そうなると、自己実現的に信頼感が向上する。反対に、互換性のない商品は、消費者が確信を持てず、「自分だけ取り残されるのではないか」という不安を背景に、普及が遅れる恐れがある。AMステレオ放送が10年前に不発に終わった一因が、この消費者の不信感だ。最近では、モデムメーカーが規格の統一で合意するまで、56kモデムの市場が伸び悩んだ事例が挙げられる。

これまで何度も指摘してきたが、ネットワーク型市場では、期待が正のフィードバックを促す重要な要素になる。信頼が成功を呼び、不信感が破滅をもたらす。標準化戦争に突入すると、消費者の間に「市場の争奪戦でどちらの技術も普及しないのではないか」との不安が広がり、勝者不在の戦いに終わるリスクがある。両陣営が「主流になるのはこちらだ」と必死にアピールすれば、消費者は、様子を見守るという安易な選択をしかねない。旧世代の技術がまだ利用可能で、標準化されている場合は特にそうだろう。たとえライバルのいない新技術でも、ユーザーが一定数に達するまで消費者が様子見を決め込むケースは多い。

消費者のロックインの強度が低下する

本当のオープン規格なら、消費者の間でロックイン（囲い込み）への懸念が後退する。将来の競争を期待できるためだ。コンパクトディスク（CD）は、これが勝因になった。規格の必須特許を保有するソニー、フィリップス、ディスコビジョン・アソシエーツなどが、ロイヤルティーを控えめな水準に設定したのである。パソコンのプラットフォーム（ハード＋OS）についても、IBMがオープン戦略をとったため、消費者の間に競争への期待が広がった。確かに競争は起きたが、それはハードウェアメーカーの競争であり、OSの競争ではなかった。OS市場は、マイクロソフトに制覇された。

ネットスケープは現在、商品ラインナップのオープン性を売り物にしている。同社の製品を使えば、他社の専有システムに囲い込まれることはないとアピールしているのである。実際、1997年6月には、ウェブサイトで「オープン標準保証」まで表明。1998年初めにはブラウザー「ナビゲーター」のソースコードを公開した。巨大企業のマイクロソフトでさえ、他社のユーザーとのデータ交換が可能だとアピールするため、XMLをはじめとするオープン規格への移行を迫られている。

「天下分け目の戦い」と「市場の陣取り合戦」

規格の統一でロックインの強度が低下するからこそ、競争の軸足が、当初の「天下分け目の戦い」から、次第に「市場シェアの陣取り合戦」にシフトしていく。市場の独占を争うのではなく、市場の内部で、統一規格を駆使して競争を繰り広げるのである。統一規格の下では、攻撃的な浸透価格の設定はまれだが、ロックインは起こり得る。誰もがオープン規格だと思っている商品を購入したら、後で規格が「乗っ取られ」、全員が囲い込まれたというのは、消費者にとって最悪のパターンだ。モトローラは、公共安全無線機・モデム規格の推進でまさにこの戦術を取り、批判を浴びた。

ダウ・ジョーンズ社も、このほど、ダウ平均株価の株価情報を配信している取引先と契約を再交渉し、リアルタイムの株価情報について1ユーザー当たり1ヵ月1ドル、20分遅れの情報について同25セントの課金を提示した（価格のバージョン化を参照）。同社は、ダウ平均株価をベースにした金融派生商品（デリバティブ）が導入されるのを待って、新しい料金体系を導入したのである。「新しい金融派生商品の登場でダウ平均株価の価値が上がった」というのがダウ・ジョーンズ社の言い分だが、「これまでオープン規格だったのに、それが突然打ち切られた」と感じたオンライン証券会社の関係者もいたはずだ。

価格競争と機能面の競争

規格が統一されれば、競争の場は「機能」から「価格」へと移る。これはもちろん、どのブランドでも機能に大差がないからに他ならない。各ブランドの製品がどの程度似通っているかは、統一規格がどこまで細かく規定されているかに左右される。細部まで踏み込んだ規格であるほど、規格準拠品の差別化が難しくなる。

したがって、規格の統一を徹底すれば、互換性の問題が減り、ネットワーク外部性が強まるが、その一方で、メーカーごとの差別化が難しくなり、価格競争が激化する。だからこそ、消費者はメーカー以上に徹底的な統一規格を望むことが多い。

このため、競合するメーカー各社にとっては、互換性のない部分をある程度まで残し、市場全体を小さくしたほうが、都合が良いのかもしれない。そうすれば、価格競争から機能面の競争に軸足を移せる。

専有機能の拡張競争

規格が統一されると、後方互換性をある程度まで維持しながら、専有権のある独自機能を追加して、差別化を図ろうとする動きが出てくる。比較的標準化の進んでいるパソコンのプラットフォーム上でさえ、ハードとソフトの互換性の問題が発生するが、その一因はここにある。標準規格の拡張競争が消費者の利益につながり得ることは間違いない。各社がしのぎを削って新機能を追加し、標準規格の改良を図っているのである。ただし、その結果、互換性が失われれば、いらいらの大きな原因になり得る。

こうした標準規格の拡張競争に横槍が入り、競争のメリットやデメリットが封印されることがある。標準規格の専有権を持つ企業が、技術の発展をコントロールするケースだ。第7章では、業界標準のスポンサー企業が、標準規格の発展をコントロールできることを説明した。有能なスポンサーなら、互換性の低下に伴うネットワーク外部性の消失を回避しながら、システムの特定のパーツをコモディティー化することが可能だ。無論、スポンサーは自分の利益を優先する。ソニーとフィリップスは、CDプレーヤーとディスクを製造するメーカーからロイヤルティーを徴収する一方で、機能を拡張した一部の「エンハンストCD」プレーヤー（インタラクティブCDや大容量CDなど）の製造を制限した。そうした改良を加えれば、プレーヤーとディスクの売り上げが伸びるかもしれないが、互換性の問題で悪評が経ち、規格の統合性に対する消費者の信頼が損なわれると判断して、改良に待ったをかけたのである。

インテルも、パソコンのプラットフォームで似たような戦術をとっている。同社の研究開発部門は、パソコンと周辺機器を手軽に接続できる「プラグ・アンド・プレイ」や、ビデオカード用の拡張ポート規格「AGP」（accelerated graphics port）をはじめとするインターフェース・規格の開発で中心的な役割を果たしており、その成果を部品メーカーと共有している。パーツ同士をスムーズに相互接続し、良好なパフォーマンスを実現する――。パソコンのハードウェア業界で、インテルほど、この点に関心を示している企業はない。各パーツが速く、安く、手軽に利用できれば、それだけインテルのCPUの需要も増えるのである。

パーツとシステムの競争

規格の統一が進むと、競争の軸足がシステムからパーツに移る。任天堂とセガの競争では、消費者は任天堂のシステム（ハード＋利用可能なソフト）とセガのシステムを比較することになる。

競争に勝つのは、トータルで優れたパッケージを提供できる企業だ。これに対し、オーディオ、ビデオ製品（ステレオ、テレビ、ビデオデッキ）の場合は、基本的に様々なパーツに互換性がある。最高品質のテレビや最安値のテレビを開発すれば、ビデオデッキをつくらなくても、十分やっていける可能性がある。同様に、チューナーやＣＤプレーヤーを開発しなくても、ステレオスピーカーを販売して利益を出すことは可能だ。パソコンについても、同じことが言える。ＨＰは、コンピューターの販売で大成功を収めているとはいえないが、プリンター事業は非常に儲かっている。ソニーも、事実上デスクトップＰＣ市場では存在感がないが、少なくともアメリカでは、モニター事業は好調だ。

具体例は、枚挙に暇がない。インターフェース規格の統一で実現した「ミックス・アンド・マッチ環境」（異質なブランドを組み合わせて使うことができる環境）では、スペシャリストが強みを発揮する傾向がある。互換性のない環境では、ゼネラリストやシステム・インテグレーターが強みを発揮する傾向がある。

規格の統一で勝つのは誰か、負けるのは誰か

ここまで、規格の統一で戦いの性格がどう変わるかをみてきた。ここからは、規格の統一が、各陣営にどう影響するかをみていこう。

消費者

消費者は一般に、規格の統一を歓迎する。間違ったものを選んで孤立するリスクを回避できるからだ。ネットワークが1つに統合されている場合、もしくは、複数のネットワークがシームレスに相互接続している場合、消費者はネットワーク外部性の恩恵を最大限享受できる。この場合、自分の好みに合わせてパーツを組み合わせることが可能になるため、1つの企業に囲い込まれるリスクが一気に低下する（もっとも、大手企業が当該技術のコントロールを握っている場合や、専有機能の拡張や知的財産権を通じて後から技術のコントロールを握った場合は、囲い込みのリスクがある）。

だが、規格の統一は、消費者に不都合な面もある。最大のデメリットは、多様性の喪失だろう。標準規格が一部の顧客のニーズに合わないというケースもあるし、QWERTY配列のように、技術的に劣った規格が標準規格になる場合もある。また、標準化戦争では、積極的な値下げで市場への浸透を目指す「浸透価格」戦略が取られるが、すでに統一規格が存在する場合は、そうした値下げの恩恵を受けられない可能性がある。特に、標準化戦争の行方を左右する大口有力顧客（マイクロソフトとネットスケープのブラウザー戦争でカギを握る存在となった大手プロバイダーなど）は、失うものが大きい。ただ、浸透価格は将来の囲い込みのための「餌」としての側面が強く、消費者全体としてみれば、特に大きなメリットとはいえないだろう。

統一規格があってもパーツ同士の「相性が悪い」場合、消費者は閉口することになる。かつては、どのビデオカードとどのサウンドカードの相性が良いのか、一般ユーザーにはよく分からなかった。ユーザーが注文したパーツが、システムとしてすべて問題なく動作することを確認するのが、パソコンメーカーの提供する付加価値だったのである。今では、インテルとマイクロソフトが規格の統一を進めたおかげで、様々なハードウェアを組み合わせても、まず問題は起きない。これは両社が残した素晴らしい業績といえるが、パソコンのOEM事業が一部コモディティー化し、競争の軸足が価格競争に移った側面はある。

ソフトウェアの規格については、10年前のハードウェアと同じ状況にある。どのソフトとどのソフトの相性が良いのか、よくわからないのである。問題は、独立系のソフトウェア会社をコーディネートできる力のある大手企業が存在しないことだ。マイクロソフトは当然、自社のソリューションをアピールする。サン、オラクル、ネットスケープは、複数のソリューションを軸とする業界連合（アライアンス）を目指しているが、シームレスなパーツの一体化は、まだ実現していない。

補完業者

標準規格品を販売する補完業者も、消費者同様、規格の統一を歓迎する。モデムの補完商品である「インターネットへのアクセス」を販売するＡＯＬは、高速の標準モデムがあれば、規格の異なる様々なモデム群を個別にメンテナンスする手間が省ける。規格の統一でモデムの販売が伸びれば、オンライン・サービスの需要も喚起される。実際、有力顧客と同様、有力な「補完業者」は、標準規格の選定で影響力を行使できる。例えば、映画制作会社などのコンテンツ・プロバイダーは、各世代の家電製品の開発に影響を及ぼしてきた。

「補完業者」とは、どのような会社なのか。オーディオ、ビデオ分野のエンターテインメント市場を例にとって説明しよう。音楽制作会社や音楽ソフトの販売店は、音楽用コンパクトディスク（CD）を補完する補完業者であり、CDの規格統一で恩恵を受ける。一方、レコードプレーヤーのメーカーは、CDと直接競合する製品を販売していた。CDは深刻な脅威となり、レコードプレーヤーとは全く異質のCDプレーヤーの生産技術を学ばなければ、倒産しかねない状況に追い込まれた。

新しいDVD規格の場合は、映画やソフトウェアの制作会社といったコンテンツ・プロバイダーが、DVDディスクを補完する商品を販売しており、DVDの規格統一で恩恵を受ける。今、危機に瀕しているのはビデオデッキのメーカーだ。DVDプレーヤーが普及すれば、ビデオデッキは確実に廃れる。ビデオレンタル大手のブロックバスターなど、流通業者への影響は、そこまで明確ではない。ブロックバスターは、DVD技術の補完業者であり、動画（と音声）の品質向上はビジネスにプラスに働く。だが、DVDディスクは、柔軟性が高いからこそ、新しい流通スタイルが似つかわしい。そうなると、ブロックバスターが保有する店舗網は、価値が低下する恐れがある。

既存の大手企業

新技術の製品規格は、既存の大手企業にとって重大な脅威となり得る。要は、規格の統一で正のフィードバックサイクルが始まって、新技術の普及に弾みがつけば、えてして旧世代の技術との共食い現象が起きるのである。1940年代に白黒テレビ製造で最大手だったRCAは、カラーテレビの規格統一を望んでいなかった。トップの座が脅かされると懸念したためだ。任天堂が1980年代半ばに「ニンテンドーエンターテインメントシステム」(「ファミコン」の海外版)を発売して、正のフィードバックを引き起した際も、最大手のアタリが苦汁をなめた。

既存の大手企業には、3つの選択肢がある。1つは、新技術を引っ提げて参入する企業に、後方互換性を認めず、参入自体をブロックし、自社技術の延命を図るという戦略だ。AT&Tは、1960年代から70年代にかけて、この戦略を展開した。電話機や構内交換機(PBX)など、様々な機器をAT&Tの通信網と相互接続したいという申し出を拒否していたのである。結局は、法規制でネットワークの開放を義務づけられ、最初は機器類との相互接続を、その後は、MCIなど他の電話会社との相互接続を強いられた。

2つ目の選択肢は、新世代の機器を素早く投入して、標準化戦争に勝つという戦略だ。他社には利用できない後方互換性を売り物にするのもいいだろう。この戦略は、1980年代半ばのアメリカのビデオゲーム市場で任天堂から殴り込みをかけられたアタリが展開した（失敗には終わったが）。第2世代の家庭用ゲーム機「アタリ7800」を開発し、大ヒットした初代ゲーム機「アタリ2600」向けのゲームソフトを使える仕様にしたのだ。残念ながら、新世代の男の子たちは、任天堂のシステムで遊べる高性能のゲームに夢中になっており、古いゲームにはあまり興味がなかった。

3つ目の選択肢は、ライバルの新技術と手を組み、ブランド名や市場の拡大で稼ぐという戦略である。ことによると、ロイヤルティーや技術ライセンス収入も期待できるかもしれない。ソニーとフィリップスは、CDからDVDへの移行で、この戦略を活用した。

新世代の技術に対して付加価値を加えられない場合は、新規格の普及を阻止することが利益につながる。攻撃的に普及を阻んでもいいし、何らかの自衛策を講じてもいい。Javaの普及を目指すサンは、マイクロソフトとの戦いで、この点を嫌というほど思い知らされている。

イノベーター

新しい技術を他社と共同で開発している企業は、規格の統一を歓迎する傾向が強い。普通、規格を統一すれば、市場全体の規模が増えるからだ。また、統一規格がなければ、そもそも市場を生み出せない場合もある。新しい技術を開発する「イノベーター」集団全体が、規格の統一で利益を得られる場合は、何らかの手段を通じて、必ず標準規格が成立する。だからこそ、毎年、文字通り何百もの標準規格が登場しているのである。

スマートカード（ICカード）が良い例だ。これはコンピューター用の小型半導体を埋め込んだプラスチック製のカードで、磁気カードの500倍のデータを保存できる。このスマートカードの普及に熱い期待を寄せているのが銀行だ。スマートカードを使えば、顧客に提供できる付加価値サービスの幅が一気に広がる。スマートカードに電子マネーをダウンロードできれば、オンラインバンキングの価値が高まる。クレジットカードでは手数料が高くなりすぎる小口の取引などにスマートカードを利用できれば、電子決済の拡大も期待できる。こうした諸々の理由があるため、ビザとマスターカードはスマートカードの規格を統一し、発行機関が異なるカードでも同じ読み取り機で利用できる環境を整えようとしている。

一方、イノベーター集団が全体としては標準化で利益を得られるが、標準化に伴う影響が各社で大きく異なる場合は、複雑な交渉が続くことになる。標準化では、どのような資産を土台に持っているかで、受ける影響が大きく変わってくるケースが多い。新技術の標準化で最も損をするのは、既存の納入基盤が多い企業であり、最も得をするのは、他社を圧倒する技術を握っている企業だ。企業の規模も重要な要素になる。すでに指摘したが、標準規格ができれば、中小と大手が同じ土俵で戦えることが多いため、特に中小企業は、標準化を歓迎するかもしれない。以下では、標準化交渉について論じよう。規格統一に向けたアライアンスはどのように構築すればいいのか。

公的な標準化作業

標準規格は、様々な標準化団体が定めた公的な標準化手続きを経て決まる場合がほとんどだ。こうした協力的・政治的なプロセスが、市場の競争にとって、これほど重要になったことは、かつて例がない。

公的な標準化団体は、世界中に何百もある。製品安全規格のアンダーライターズ・ラボラトリー（UL）のような身近な存在もあるし、国際電気通信連合（ITU）のように日常生活とはあまり縁がなさそうに見えて、実は陰で大きな力を握っている機関もある。アメリカ電気電子学会（IEEE）のような独立した専門機関もあれば、アメリカ国立標準技術研究所（NIST）のような政府機関もある。共通しているのは、頭文字を使っていることくらいだ。ただし、これはあくまで公的な標準化団体であって、この他に、製品の仕様を取りまとめる非公式の組織や、製品スペックの情報交換の場となっている様々な特殊利益団体が無数にある。例えば、米計算機学会（ACM）が主催している団体だけでも、SIGART（人工知能）、SIGCOMM（データ通信）、SIGGRAPH（コンピューターグラフィクス）、SIGIR（情報検索）など、36組織ある。

公的な標準化手続きについては、「時間がかかりすぎる」「あまりにも政治的だ」「『最良』の技術が選ばれない」といった不満の声が、関係者から上がることが少なくない。しかし、歴史を振り返ると、公的な標準化作業で合意がまとまったから新しい技術を導入できたという事例は、枚挙に暇がない。例えば、通信産業は、1860年代の電報に始まり、1920年代のラジオを経て、今日の一連の規格まで（電話番号の割り当て、混信防止、マルチメディア会議のデータプロトコルなど）、ITUを通じて国際標準を確立してきた。公的な標準化作業を「必要悪」と考えるか「天の賜物」と考えるかは別にして、こうした作業が定着していることは紛れもない事実だ。

公的な標準化作業は、関係者が誰でも参加でき、総意を形成する仕組みになっている。聞こえはいいが、非常に時間がかかることが少なくない。高精細テレビ（ＨＤＴＶ）の例を挙げれば、アメリカではデジタルテレビの技術規格を決めるのに約10年の歳月を要したが、いまだに本格的な商用化に至っていない。

標準化で総意を形成する際の基本原理が「オープン化」だ。一部の企業が標準規格を専有することは許されない。したがって、自分の技術が公的な標準規格に採用された場合は、必須特許のライセンスを「公正、妥当、非差別的な条件」（ＦＲＡＮＤ条件 fair, reasonable and nondiscriminatory）で許諾する必要がある。ただし、この条件は必須特許以外には、適用されないため、「当社の特許は、標準規格の性能向上に大きく寄与するだけで、標準規格への準拠に必須ではない」といった滑稽な駆け引きが行われることもある。

公的な標準化団体からオープン規格のお墨付きを得られれば、信頼確保の強力な手段となる。だが、注意が必要なのは、ほとんどの標準化団体には、取り締まりの権限がないという点だ。公的な標準化作業が悪用されて自分の権利が侵害されたと感じたら、裁判所や世論に自力で訴えなければならない。

19世紀後半から20世紀初頭にかけての公的な標準化作業は、伝統的な製造規格が中心だった。産業革命を受けて、大量生産や部品の互換性確保に必要な規格が統一されたのである。20世紀の終わりに近づき、情報革命が起きると、ハイテク・情報分野の公的な標準化作業が増えていった。

公的な標準化作業の戦術

公的な標準化作業に参加する場合は、まず目的をはっきりさせることをお勧めする。自分の専有技術を組み込んだ標準規格を早急に確立することが目的なら、公的な標準化作業には頼らないほうがいい。作業に参加するのは賢明だが、並行して市場原理の道をとる必要がある。ネットワーク外部性が主に国内で働く場合は、国際標準化団体の揉め事に関わらずに済む可能性が高い。「どの規格が採用されても構わないが、一部の民間企業・組織が規格をコントロールする事態は避けたい」という場合は、アメリカ国家規格協会（ANSI）や国際電気通信連合（ITU）のルールが頼りになる。標準化作業に参加して、自分の利益に反する「総意」が形成されないよう目を光らせておく――大多数のケースでは、これが鉄則になる。中小企業の場合は、作業への参加が負担になり、大手に主導権を握られることがある。標準化作業に人を送り込む余裕がない場合は、利害関係が一致する他の中小企業と連携して、代表を1人送り込むことを検討しよう。

場合によっては、標準化の会議に出席するだけでも、自分の利益を守る大きな効果が期待できる

公的な標準化作業では、各社がそれぞれの強みを武器に駆け引きを繰り広げることが多い。例えば、28・8kモデムの標準化では、AT&T、ブリティッシュ・テレコム、モトローラが自社の特許を武器に、ヘイズとUSロボティクスはブランド名を武器に、ロックウェルはモデム用チップセットの製造技術を武器に、それぞれの製造条件を交渉した。自社の特許が標準規格に採用されれば、ロイヤルティーが入るし、短期間で市場に製品を投入できる。このため、特許を保有する多数の企業が、あの手この手で駆け引きを繰り広げるのである。

この種の環境を生き抜くには、他の参加者が何を目指しているか、情報を収集したほうがいい。こうした情報収集・分析は、共通の利益、味方、妥協の余地を見極める上で、大きな威力を発揮することがある。例えば、「合意を急いでいるのは誰か」「合意の遅れで得をするのは誰か」を把握できれば、標準化という「ゲーム」を格段に有利に進めることができる。

他の参加者の強みと目的を把握したら、次の戦略原理を応用して、標準化に取り組もう。

自動的に参加しない。コントロール型の戦略を駆使できる場合や、公的な標準化プロセスの枠外でアライアンスを組める場合は、そちらを選んだほうがずっといいというケースもある。「その方が速く動ける」「その方が技術や標準化のプロセスをコントロールしやすくなる」「公的な総意形成に縛られず済む」「自分の特許を公に許諾しなくて済む」といった場合だ。例えば、モトローラは、ファクシミリ機器の規格「ITU－T30」を定めた標準化作業に参加せず、標準規格品を製造したメーカーに後からロイヤルティーを請求した。これには一部で反発の声が上がった。というのも、同社は以前行われたV・29モデムの標準化作業で、同じ技術のライセンスを妥当な条件で許諾することに同意していたのである。だが、標準化作業に参加しなかったことで、モトローラは相当なロイヤルティー収入を手にした。もう1つ例を挙げれば、デルコンピュータは、バス（コンピューターの内部装置を結ぶ信号路）の標準規格「VESA」の必須特許についてロイヤルティーを請求したとして、連邦取引委員会（FTC）から提訴された。デルは以前、そのような特許は保有していないと主張していたのである。デル側は、当時は特許保有の事実を把握していなかったと釈明したが、この事例は、標準化作業への参加には、応分の責任が伴うことを物語っている。

業務を中断しない。標準化作業には時間がかかるため、その間、業務がストップしてはいけない。標準規格への採用が決まっていない特許でも、積極的に活用法を考え、研究開発努力を怠らずに、生産開始の準備を整えよう。CBSの失態を思い出せばいい。自社のカラーテレビの規格が、連邦通信委員会のお墨付きを得たのに、テレビの生産体制が整っていなかったのである。

ログローリングの機会を探る。議会では、望ましい法案を通すため、票の採決で互いに助け合う「ログローリング」(票の取引。「協力して丸太を転がす」の意)という言葉がある。こうした馴れ合い関係は、政治にはつきものだが、標準化のプロセスは、政治と経済の混ぜ合わせであり、裏取引やあからさまな金銭のやり取りも行われる。この場合、様々な企業の技術を少しずつ組み合わせて規格をつくることで合意するケースが多い。アメリカの高精細テレビ(HDTV)の規格や、国際電気通信連合(ITU)のモデムの規格もそうだった。また、知的財産権の所有者(別名「IPRクラブ」Intellectual Property Rights の略)の間で、裏取引が結ばれるケースもある。ＩＰＲクラブ内ではロイヤルティーなしで特許を許諾し合い、ＩＰＲクラブ外の参加企業にはロイヤルティーを課すといった取引だ。どのような取引で味方を集めるにせよ、強い相手を選んで味方につけよう。ただし、「非差別的な条件」を含め、契約のルールは確実に守るように。アライアンスの結成・参加は有益だ。脱退するメンバーが出ないよう配慮する必要がある。

クリエイティブに取引を構築する。自分が保有する「カギを握る資産」のうち、何を交渉の切り札にするかを考える。敵と味方を分ける際は、そうした切り札を活用して、アライアンスを組んだり、相手から好条件を引き出す。低コストでライセンスを取得できないか、第2の調達先はないか（セカンド・ソース）、複数の技術を組み合わせて標準規格を確立できないか（ハイブリッド型の規格）、グラントバック（ライセンスを許諾した技術が改良された場合に、改良版の技術の権利を取得できる仕組み）は可能か、将来、共同開発に参加してもらう契約を結べないか。どんな切り札があるにせよ、ここぞという場面で使うべきだ。取引の対象を今問題になっている技術や製品だけに限定せず、幅広い視点で互いの利益になる取引を構築しよう。

曖昧な約束に気をつける。公的な標準化のプロセスには、大きな流れがある。初めに曖昧な形でオープン化が約束されても、標準規格が事実上固まった後に、約束が立ち消えになるケースもある。国際電気通信連合（ITU）の例を挙げよう。アメリカでは、まず国務省が産業界にヒアリングした上で国の方針を決める。このため、国内企業は国務省の方針に従わざるを得ない。一度、国の方針が決まってしまえば、個別の企業が流れを変えたり、待ったをかけることはできない。そんなことをすれば、国に対する裏切りと取られかねない。だからこそ、必須特許を保有する企業には、最初の時点で「妥当な」ロイヤルティーでライセンスを許諾する意向を明言してもらう必要がある。「妥当」というのは、まだ勝者が決まっていない開かれた競争の場で、特許の保有者が請求できるロイヤルティーであるべきだ。その規格が標準規格に採用され、他の参加者を事実上囲い込んだ時点で請求できるロイヤルティーであってはならない。これは、中世の「公正価格」論と似ている。馬の公正価格は、毎年行われる馬の競り市で決まる価格であり、今旅に出るためどうしても馬を必要としている人が払う価格ではないのである。

障害になる特許がないか慎重にチェックする。標準規格に必要な特許を、標準化プロセスに参加していない企業が保有していないか、慎重にチェックする。標準規格が決まって、生産が始まり、正のフィードバックが起き始めたとしよう。そこに突然、標準化作業に参加していなかった企業が現れて、標準規格に準拠するすべての企業を特許侵害で提訴する。忘れてはならないが、標準化作業に参加していない企業は、公正かつ妥当な条件で特許のライセンスを許諾する義務はない。これは、すべての関係者にとって悪夢となる。せっかく築き上げた市場を後から入ってきた侵入者にすべて横取りされるリスクがあるのだ。こうした不測の事態から完全に身を守る手立てはないが、権利の保有者がよくわからない特許や、参加者が保有する特許は、徹底的に調べておく必要がある。障害になる特許（妨害特許）を探せというアドバイスは、裏を返せば、標準化作業には参加せず、専有規格を確立して莫大なロイヤルティー収入を目指す「コントロール戦略」もあり得るということだ。

先制攻撃で先に納入基盤を築けないか検討する。これはリスクの高い戦略で、どんな場合でも実行可能というわけではないが、交渉力の強化につながる可能性がある。標準化の交渉中に、生産体制を整え、納入基盤を築くというのは、和平交渉の最中に自国の軍隊を優位な場所に移動させるようなものだ。和平プロセスが揺らぎ、それまでの努力が水の泡となるリスクはあるが、側面からの攻撃は交渉に弾みをつける1つの手段にもなる。USロボティクス・スリーコム陣営とロックウェル・ルーセント陣営は、国際電気通信連合（ITU）で56kモデムの標準化交渉が行われている最中も、積極的に自社陣営のモデムを売り込んでいた。このケースでは、両陣営とも、最終的にITUで決まった標準規格への無償アップグレードを用意した。前世代の28・8kモデムでも同じことが起きている。この時、ロックウェルは、ITUがV・34規格を勧告する前に、「V・FC」（「ファーストクラス」の略）モデムを投入。その後、モトローラから特許侵害で訴えられた。モトローラは、V・34規格の必須特許の許諾に合意したが、「勧告前の段階で発売された商品にこの合意は適用されない」といった主張を展開したのである。

アライアンスを構築する

公的な標準化作業に参加する場合も、単に自分の製品に弾みをつける場合も、正のフィードバックに火をつけるには、味方が必要だ。そのためには、自然と味方になってくれる相手を探し、交渉を通じて自社の技術への支持を集める必要がある。

新しい標準規格の確立を目指してアライアンスを立ち上げる際は、自分の競争上の強みとして、何を切り札にするかをはっきり認識することが重要だ。タイム・トゥー・マーケット（製品を市場に投入するまでの期間）、製造コスト、ブランド力、技術改良の各分野で競争力があれば、大きな武器になる。たとえ問題の技術が完全にオープン化されており、誰にでも自由に利用できる状況――知的財産権を通じて競争を排除できないという状況――でも、そうした強みがまだ物を言う場合がある。ロイヤルティー収入などほとんど期待できないにもかかわらず、自社の技術を標準規格に組み込むため、必死に戦った企業は本書でも取り上げた。高精細テレビ（HDTV）の話で触れたゼニス社は、主力技術の一部が標準規格に組み入れられたことを受けて、株価が急騰した。規格争いの一環で、ゼネラル・インスツルメントなどと、広範なクロスライセンス契約を結んでいたにもかかわらず、株価が急騰したのである。

味方を集める

味方は、幅広い視点で探そう。顧客、取引先、ライバル、補完製品のメーカーが味方になってくれる可能性がある。「標準化で競争がどう変わるか」を論じた本章の前半部分を参考にして、自分の提案する規格が、味方にしたい相手の将来にどのような影響を及ぼすか考えてみよう。

味方につけるには何が必要か。どのタイミングで声をかければいいか――。アライアンスの結成は、かなり政治的なプロセスだ。相手にとって魅力的な取引にするには、相手の不安と相手の選択肢を理解する必要がある。

カギを握る顧客や影響力のある顧客には、特典を用意しよう。例えば、インターネット・エクスプローラーを投入したマイクロソフトは、ダウ・ジョーンズ社と契約し、エクスプローラーのユーザーにウォールストリート・ジャーナル紙（＝補完的製品）への無料アクセスをサービスした。第3章で取り上げたが、多くのデジタルカメラには、アドビの「フォトショップ」の簡易版がバンドリングされている。カメラやスキャナーのネットワーク外部性や乗り換えコストは高くないが、フォトショップは違う。これは業界で高い人気を誇る高性能かつ複雑なソフトだ。アドビは、手軽に使えるが性能も良い簡易版を作成して、「本格的なバージョンを買いたい」という消費者の心を見事にくすぐった。

第4章で取り上げたデジタル・ウォーターマーク（電子透かし）を開発したディジマーク社は、画像処理ソフトのアドビ、コーレル、マイクログラフィックスなどに、ディジマークのローエンド版を提供した。ディジマークの標準化に弾みをつけることが狙いだ。

普及に弾みをつけるため、いち早く提携してくれる相手をできる限り優遇したいという気持ちはわかるが、提携先のライバルにも同じ条件を提示できなければ、提携先のライバルが競争上不利になり、その業界で味方を増やすのが困難になりかねない。自分の技術をいち早く採用してくれた先発組から10％のロイヤルティーを受け取っている場合、後から契約した後発組に20％を請求するのは難しい。後発組が「そんな条件では先発組と戦えない」と判断するためだ。この罠に陥ったのが、ディスコビジョン・アソシエーツである。同社はコンパクトディスク（CD）の符号化・製造で重要な特許を取っており、CDの黎明期に多数の提携先に割安な条件でライセンスを供与した。だが、CDが普及した後も、ロイヤルティー料率を引き上げられなかった。新規にライセンスを取得した後発組は、利益率の低いCD複製ビジネスで競争を強いられていたのである。

この場合、もっといい戦略がある。先発組のロイヤルティーを一時的に値下げするのだ。これは技術の普及を促すインセンティブになるし、後で後発組に値上げすることも可能だ。具体的には、一定の累積生産量まではロイヤルティーを値引きし、その後「スタンダード」料金に戻すというやり方がある。生産量を増やせばロイヤルティーを値引きするという通常の料金体系の逆のパターンだ。今提案した料金体系には「先発組のリスクを抑えられる」「いち早く味方になった相手を優遇できる」「後発組に対する選択肢が広がる」というメリットがある。

新技術が普及しなかった場合に、誰が責任を取るのかという問題も、あらかじめ考えておこう。提携先にババを引かせるのか。一般論として、失敗の責任は、最も失敗を防げる立場にあった企業、避けられないリスクを最もたやすく吸収できる企業が取るべきだ。この2つの点を踏まえれば、通常、相対的に規模の大きい企業が失敗の責任を取ることになる。だが、必ずしもそうとはいえない。破産法の下で再建を進めやすい中小企業のほうが、多くのリスクを吸収できるというパターンもあるかもしれない。もちろん、このケースでは、破産した企業の債権者がババを引くことになる。

もっと賢いやり方もある。リスクの一部を本当に大きな存在＝政府や国営企業などに負担してもらうのだ。先に取り上げたスマートカードは、アメリカではまだあまり普及していないが、ヨーロッパでは普及が進んでいる。ヨーロッパの国営電話会社が、公衆電話用にスマートカードを採用したことが一因だ。スマートカードは、これだけで十分クリティカルマスを確保できた。他の企業も「何かあれば、政府が何とかしてくれる」と安心して、この技術を採用したのである。

失敗のリスクを大口顧客、できれば政府に負担してもらうことを考える

政府におんぶにだっこで標準化を進めるのは、何も恥ずかしいことではない。連邦議会では、連邦政府の給付金の支払いを1999年1月1日までに電子化することが決まった。こうした給付金の電子送金で、スマートカードが活躍してもおかしくない。そうなれば、この新たな法規制がアメリカのスマートカード普及に大きく貢献することも考えられる。事実上、資金力の豊富な超大口顧客が、スマートカードに肩入れしたことになるのだ。

味方はどの程度必要なのだろうか。この問題は、第7章でオープン戦略とコントロール戦略を比較した際に取り上げた。自力で正のフィードバックを起こせるかは、以下の3つの「カギを握る資産」を保有しているかどうかにかかっている。足元の市場シェア、技術力、知的財産権の3つだ。この3つの分野で強い立場にあるなら、味方の重要性が低下し、味方同士を争わせやすくなる。1980年代半ばの任天堂には、他を圧倒する優れたシステムと、システムを保護する強力な著作権・特許、さらにはゲーム会社を惹きつける盤石な納入基盤が日本国内にあった。だからこそ、任天堂向けのゲームを開発する会社に課金できたのである。こうした会社が制作した個々のゲームは、任天堂にとってなくてはならないものではなかったが、個々のゲーム会社にとって、任天堂の顧客＝納入基盤は、すぐになくてはならない存在となった。

利害関係が大きく異なる企業でアライアンスを結成する場合は、注意が必要だ。効率良く動けなくなることがある。家電業界では、機器のメーカーとコンテンツ・プロバイダーが衝突することが多いが、これはコピー防止をめぐる利害関係が大きく異なるためだ。この章で取り上げたDVDの「書き込み」技術をめぐる標準化戦争の根底にあるのが、この問題である。

味方との相互接続

以前、強調した点だが、互換性のあるユーザー同士を結ぶ今日型のバーチャル・ネットワークと、従来型の輸送・通信網には、多くの共通点がある。このため、アライアンスについても、従来型のネットワーク産業の経験に学ぶことができる。アップルがMac互換機の許諾条件に頭を悩まし、方針転換を繰り返したように、かつての鉄道・電話・放送網も、相互接続の条件に苦慮している。

なぜかと言えば、ネットワークが存在する限り、相互接続は避けられないからだ。1つのネットワークの末端まで運ばれた旅客や貨物は、隣接するネットワークに引き継がれる。国内の郵便サービスは、数世紀前に相互接続の手はずを整えた。電話システムも、約100年前に相互接続の問題を解決している。航空・鉄道の相互乗り入れはごく普通の光景だし、中小が大手の設定する相互接続条件に不満の声を上げるのも、昔ながらの光景だ。この相互接続の問題は、インターネット上にも現れ始めている。情報経済の根城であるバーチャル・ネットワークの「風土病」ともいえるだろう。

相互接続をめぐる過去の取り決めは、どの業界にとっても大いに参考になる。インターネットを支える技術は新しいものだが、相互接続を取り巻く経済上の問題は、目新しいものではない。モノやメッセージを運ぶネットワークには、普通、4人の登場人物《プレーヤー》がいる。発送人、発送人から荷物を受け取って運ぶ運搬人（キャリア）、受取人、受取人に荷物を届ける運搬人だ（運搬人を仲立ちする運搬人がいる場合は、登場人物が増えるし、運搬人が1人の場合、登場人物は3人になる）。アメリカに住むあなたが、フランスの友人ジャンに手紙を送る場合、登場人物は、あなた、アメリカの郵便局、フランスの郵便局、ジャンの4人だ（配送大手のフェデックスやDHLは、自社の専有ネットワークだけでスピーディーに配送できるため、登場人物は3人となる）。インターネットもパターンは同じで、複数のキャリア（運搬人）が登場する。今日のインターネット上では、相互接続をめぐって様々な経済上の問題が浮上しているが、郵便システムは、そうした問題の多くに数世紀前から見舞われている。発送人と受取人の間でどう料金を分担すればいいのか。キャリア同士でどう収入を分け合えばいいのか。この例で言えば、郵送料を払うのはあなたなのか、ジャンなのか。アメリカの郵便局は、ジャンにメッセージを届けるフランスの郵便局にいくら払うべきなのか、それとも払わなくていいのか。

郵便サービスは、何世紀も前からこの問題に取り組んできた。郵便が登場したのは2000年以上前だ。最初は、国王や皇帝向けのサービスだった。修道会や大学も、中継局を含めた独自のシステムを立ち上げ、最終的には、このシステムを通じて私信を送れるようになった。システムを個人に開放したことで、送信システムの固定費を多くのユーザーで分担できたのである。料金は、郵送物のタイプ、大きさ、輸送距離によって決まり、普通は、発送人ではなく受取人が料金を払った（システムの信頼度が低い場合、受取人が代金を払ったほうが、インセンティブとリスクをうまく管理できる）。

相互接続の問題が生じるのは、1つの郵便システムが別の郵便システムに郵送物を託す時だ。ヨーロッパでは、この相互接続の問題に対処するため、2国間協定が結ばれた。19世紀には、ヨーロッパのたいていの大国が、少なくともそれぞれ十数の協定を結んでおり、膨大かつ詳細な記録の管理を迫られていた。こうした複雑でコストのかかる制度は、1874年の国際郵便条約（ベルン条約）でようやく廃止された。この条約で設立された万国郵便連合は、現在、国連専門機関の1つとなっている。その後、現在のような多国間協定、中央集配機関の導入で、「末端と末端を結ぶ」ネットワークの相互接続コストが大きく低下した。

ネットワーク同士が同じルートで競争を繰り広げるようになると、相互接続は、戦略的な意味合いを増すようになった。末端と末端を結ぶネットワークの形成から、ネットワークの合従連衡に照準が移ったのである。というのも、ネットワーク同士が競合している場合、競争力を高めるために、相互接続条件が利用されるようになる。アメリカの電話各社は、国際電話サービスを実現するため、昔から法外な手数料を海外の国営電話会社に払っている。また、第7章で取り上げたように、20世紀初めのAT&Tは、長距離電話網を武器に、国内の地域電話サービス市場を制覇していった。

こうした諸々の動きは、情報やコンピューターのネットワーク（バーチャル、リアルを問わず）でも、バーチャルな形で起きている。アップルのMacネットワークを例に取ろう。アップルは、Mac発売から約10年間、外部のメーカーにMac互換機（クローン）の生産を認めないという形で、Macネットワークへの「アクセス（接続）」を制限していた。ネットワークの最大化や、アダプター（「相互乗り入れ」のバーチャル版）を通じたウィンドウズ・ネットワークとの接続に、消極的だったのである。むしろ、アップルは当初、教育・グラフィックス市場で熱狂的な支持を集める「クールな商品」という位置づけに満足していた。だが、ニッチ戦略は、ネットワーク外部性の強い市場では、必然的に危険な賭けとなる。アップルの戦略は、デザイン・出版業界向けに解像度と色彩表現力に優れた専用ファックス網を構築するようなものだった。この戦略は、マスマーケット向けのファックスの性能が見劣りしている間は問題ないが、性能が向上すれば不意打ちを食らうことになる。正のフィードバック曲線の正の効果を得るには、幅広い層にアピールし、互換性のある様々な商品ラインナップを用意しなければならない。アップルがニッチ戦略で生き残っているのは、Ｍａｃの性能が優れており、マイクロソフトが技術面でＭａｃの使いやすさになかなか追いつけないからにすぎない。

ネットワーク外部性が強い市場では、相互接続やネットワークへのアクセスをめぐる戦略次第で、クリティカルマスを達成できるか、失速するかが、決まる場合がある。「必須技術のライセンス供与を拒否する」「インターフェースの仕様をライバルの不利になるよう操作する」といった手段を通じて、自分のネットワークを厳重に管理したのはいいが、それが裏目に出て、顧客や取引先がライバルのネットワークに逃げてしまったというケースは、容易に起こり得る。今振り返れば、ソニーはビデオの標準化戦争でこのミスを犯した。松下のオープン・ライセンスに敗れたのである。今日のハイテク業界では

重要なインターフェース＝「関所」をコントロールしているなら開放すべきだ。ただし、自分に有利な条件で開放しよう

「ハードとソフトのライセンス許諾を拒否したのはアップルの戦略ミスで、これが元でＩＢＭ互換機にシェアを奪われた」と指摘する声が多い。

味方を集める際は、相手に相互接続を認めること、つまり互換性を実現することをお勧めする。ただし、自分の強みを生かして有利な条件を設定しよう。また、自分がネットワークをコントロールできなくなるリスクを抑えるため、何らかの制約も設けたほうがいい。コントロールが効かなくなるリスクについては、Ｊａｖａの例が参考になる。Ｊａｖａを開発したサンは、できる限り多くのメーカーにＪａｖａのライセンスを供与したいと考え、宿敵であるマイクロソフトにも進んでライセンスを提供した。だが、したたかなマイクロソフトは、ライセンス契約でＪａｖａを「改良」する権利を確保し、ウィンドウズ環境でしか機能しない独自の「改良」を加えてしまった！「標準規格を分断する反則行為だ」とマイクロソフトを非難する向きもあるが、マイクロソフト側は顧客のための性能を改善しただけだと主張している。おそらく、どちらの言い分も正しいのだろう。だが、サンにとって、これが大きな頭痛の種であることに変わりはない。

休戦交渉

外交もそうだが、標準化の過程では、潜在的な敵同士が、共通の利益によって結びつくだけでなく、戦争を未然に防ぐために、アライアンスを組むことがある。油断は禁物だが、どちらの目的であっても、「休戦協定」から生まれたアライアンスが天の恵みとなることもある。標準化戦争については、次章で論じるとして、ここでは、そうした戦争を避ける休戦協定のメリットとデメリットを考えてみよう。

もし、あなたが互換性のない別の技術と市場の覇権を争っているなら、コストと時間がかかる標準化戦争は止めて、休戦協定を結んだほうが何かと良い結果を得られる可能性が十分にある。理想的には、時間のかかる公的な標準化プロセスではなく、相手陣営とのクリエイティブな取り決めを目指したい。

あなたも相手も、標準化戦争より平和的な共存のほうが儲かるという場合は、休戦協定を結べるはずだ。協力することで、利益の総額が増えるなら、双方が満足できる休戦協定を編み出せる（こうした協定が反トラスト法に抵触することは通常ない。標準化戦争の法的な制約については、第10章で論じる）。

通常のケースでは、休戦で利益が増えると考える根拠は山ほどある。標準化でその技術が生み出す価値の総額が増えれば、増えた価値を企業と消費者で分け合えるというのが、基本的な考え方だ。パイが増えれば、顧客も含めた全員の取り分が増えるのである。だが、増えたパイをどう分けるかが難しい。ここで登場するのが、先ほど説明した標準化の戦術だ。複数の技術を組み合わせて標準規格を確立する（ハイブリッド型の規格）、ライセンス契約やクロスライセンス契約を結ぶ、有力顧客を優遇する、オープン化を約束する、といった戦術である。

休戦協定を結ぶ場合は、戦争に突入したらどうなるかを双方が見極める必要がある。対立する両陣営がどのような資産を保有しているかによって、交渉の形は以下の3つの基本形に分類できる。（1）標準化戦争は不可避（2）双方とも自社の技術が優れていると主張するが、戦うよりは譲歩したいという我慢比べの様相（3）強い陣営は戦っても構わないと感じているが、弱い陣営は休戦を望んでいるという双方に力の差がある争い。この3つの基本形を示したのが、表8・1だ。

第1のパターンでは、双方が協力よりも争いを望む可能性がある。つま

表8・1　標準化戦争

		弱いほうの選択肢	
		戦う意思あり	規格の統一を望む
強いほうの選択肢	戦う意思あり	標準化戦争	AがBの阻止を目指す
	規格の統一を望む		自主的に標準化を進める

り、規格の統一で合意するのではなく、どちらも自社の規格を標準規格にしようと争うパターンだ。このパターンが起きるのは（1）消費者がネットワーク外部性だけでなく多様性も重視する場合（2）標準化に向けた価格競争で利益率が低下する場合（3）双方とも勝算があると考えている場合——である。「他所《よそ》でつくったものだから採用しない症候群」（NIH症候群＝Not Invented Here syndrome）の力を甘くみてはならない。2つの有力陣営が、規格の統一よりも競争を望む場合、標準化戦争は避けられない。どちらも戦いに備えて味方を集め、部隊を配備する。標準化戦争を勝ち抜くための戦術は、第9章を参照してほしい。

第2のパターンは、どちらの陣営も自社の技術を標準規格にしたいと考えているが、勝者総取り型の戦いに敗れて破滅するよりは、敵の技術を受け入れた方がいいと感じているケースだ。つまり、どちらも自分の技術のほうが望ましいと考えているが、争い事はごめんで、折れてもいいというパターンである。この場合、標準化交渉は我慢比べの様相となる。「そんなに意固地になるな」と互いに言い合う状態だ。戦争になる可能性もあるが、妥協したほうが双方のためになる。

第3のパターンは、一方の力が強く、標準化戦争に勝つ自信があるというパターンである。強い方は、互換性のない商品に攻勢をかけたい。弱い方は、自分が弱いことを自覚しており、相手の技術を採用して互換性を確保し、不利な立場を何とかしたい。強いほうは、知的財産権を主張する、頻繁にインターフェースを変更するといった戦術で、完全な互換性の実現を阻めるかもしれない。この第3のパターンでは、強いほうが（1）ネットワークへのアクセスを制限する、もしくは（2）少なくとも相互接続や互換性の実現に課金する――という当然の力関係が働く。こうしたゲームをどう戦うべきか。強者と弱者の戦術は、第9章を参照してほしい。

　どんな交渉もそうだが、我を張りすぎると、損をしたり、取引が台無しになる恐れがある。傲慢になるなというのが筆者のアドバイスだ。たとえ宿敵であっても、規格を統一することが双方の利益になるなら、力を合わせたほうがいい。もちろん、直接のライバルと取引する時は、警戒が必要だ。この規格にすればライバルが有利にならないか。この規格は本当に中立的なのか、将来もそうなのか。特に、自分の取り分を最大化しても、その技術をコントロールする力が最大になるわけではないことには注意が必要だ。第7章で指摘したことを思い出してほしい。

あなたが受け取る報酬＝業界に付加された価値の合計×業界の価値のあなたの取り分

標準化戦争で技術の普及が妨げられる場合（消費者の混乱、孤立化への不安、総意の不在が、普及を妨げる要因になる）、戦争を回避できれば、業界で活動するすべての企業から見た業界全体の価値が高まる。重要なのは、追加で創出された価値をどこまで自分の懐に入れられるかだ。

マイクロソフトとネットスケープの取引をみれば、共通点を見出すことがいかに大切かがわかる。したたかな企業は、違いを乗り超えて、新技術の確立で協力している。両社のブラウザー戦争については、様々なことが言われており、本書でも後ほど一部の事情を詳しく説明するが、ここでは、この宿敵同士が規格の統一で合意した分野にスポットライトを当ててみよう。

まずは、インターネット上のプライバシーの保護の問題だ。個人情報が洩れるのではないかという消費者の不安が、オンライン取引の足を引っ張っていることは間違いない。これはマイクロソフトとネットスケープの両社にとって頭の痛い問題である。先に動いたのはネットスケープだった。ファイアフライネットワーク社、ベリサイン社と共同で、個人情報保護のオープン規格「ＯＰＳ」（Open Profiling Standard）を提唱したのだ。このＯＰＳはユーザープロファイルを利用する仕組みで、特定のウェブサイトで開示する個人情報をパソコンのユーザーが管理できる。ネットスケープは、この規格の標準化を目指して、IBM、サン・マイクロシステムズ、一部のオンライン出版社など約40社と手を組んだ。目を引いたのが、マイクロソフトの不在だった。この不倶戴天の敵は一時期、プライバシーの保護で別の規格の確立を狙っていたようだ。だが、そうなれば双方が打撃を受ける。マイクロソフトは直ちに方針を転換し、ネットスケープが動いたわずか数週間後の1997年6月、ネットスケープ陣営への支持を表明した。OPSは、標準化団体ワールドワイド・ウェブ・コンソーシアムが開発中の個人情報保護規格「P3」(Platform for Privacy Preferences) に組み込まれる予定だ。

マイクロソフトもネットスケープも傲慢ではなく、慎重だった。ネットスケープは、標準化作業にあまり早い段階でマイクロソフトを参加させない方針をとっていた。マイクロソフトが自社の専有技術に有利な流れをつくるのではないかと警戒したのである。「幅広い総意を形成したいなら、マイクロソフトには黙っておいたほうがいい」(ネットスケープのマーケティング担当バイスプレジデント、マイク・ホーマー)。マイクロソフトのほうは、ネットスケープが最初から仕様を共有してくれれば、もっと早くOPSを支持していたと振り返っている。

両社が協力できた第2の分野が、インターネット上の3Dグラフィックス規格だ。1997年8月、両社はそれぞれのブラウザーで、3Dグラフィックス規格「バーチャルリアリティー・マークアップ言語」（ＶＲＭＬ）の互換バージョンをサポートすることに合意した。ここでも、マイクロソフトは傲慢な振る舞いはせず、実利を優先してシリコングラフィックスで開発された言語を採用した。互換性を確保すれば、分け合えるパイが大きくなることは間違いない。ＶＲＭＬは、これまで普及が進んでいなかった。採用されていたブラウザー同士に互換性がなかったことや、プラグインソフトをダウンロードしなければ、グラフィックが表示できなかったことが原因だ。まだ問題は残っているが（３Ｄファイルはデータ量が多く、ダウンロードに時間がかかる）、少なくともユーザーは、自分のブラウザーが特定のウェブサイトで機能するかどうか心配する必要がなくなる。現在、ナビゲーター４・０とインターネット・エクスプローラー４・０には、ＶＲＭＬの機能が搭載されている。

両社が手を組んだ第３の分野が、オンライン取引のセキュリティーだ。１９９６年2月、ビザとマスターカードは、電子商取引用の通信規格「ＳＥＴ」（Secure Electronic Transactions）を発表した。オンラインショップに送信するクレジットカード番号を暗号化して、電子決済のセキュリティーを保護する技術である。この規格はビザとマスターカードだけでなく、マイクロソフト、ネットスケープ、ＩＢＭも支持を表明した。

マイクロソフトとネットスケープが共同で支持を表明したというのは、一見すると、ビザとマスターカードの提携より意外感がある。ビザとマスターカードは提携銀行がほぼ同じで、加盟店・カード利用者をつなぐネットワーク間の取引処理で広く連携している。しかし、マイクロソフトとネットスケープは、ここでもしたたかで、少なくともこの分野では競争しない道を選んだ。セキュリティーの規格争いが起きれば、ネット取引の普及は間違いなく遅れる。これは消費者にとっても、両社にとっても望ましくない。

ただ、「和平」への道のりは険しかった。1995年6月の時点では、マスターカードとビザが協力の意向を示していた。ところが、1995年の秋に標準化戦争の気配が漂い始める。マイクロソフトとビザが「セキュア・トランザクション・テクノロジー」方式を提唱。一方のマスターカード、インテュイット、IBM、ネットスケープは「セキュア・クーリエ」方式を打ち出した。マイクロソフト・ビザ連合は「オープン」規格を謳い、どの企業でも利用できると呼びかけたが、実際の製品を制作するためのコンピューターソフトは、ビザかマイクロソフトからライセンスを取得しないと手に入らない。この戦略がうまくいかないことを悟った両社は、諦めて、本当にオープンな規格に同意したのである。

アライアンスの具体例

ゼロックスとイーサネット 公的な標準化団体を利用すると、技術の信用を高めることが可能だ。コンピューター・ネットワークの規格「イーサネット」の歴史を振り返ってみよう。イーサネットは、ゼロックスのパロアルト研究所にいたボブ・メトカーフが1970年代後半に開発した。ゼロックスが設計中だったレーザープリンターに、大量のデータを高速送信するために編み出した技術だ。特許を取ったのはゼロックス。メトカーフは研究所をやめ、ネットワーク機器を開発するスリーコムを設立した。

メトカーフの最初の顧客が、ディジタル・イクイップメント・コーポレーション（DEC）だった。DECのワークステーション同士を接続する高速のネットワーク規格をゼロックスの特許に抵触しない形で開発してほしいという依頼である。メトカーフは、まずゼロックスに相談してはどうかと提案した。ゼロックスが妥当な条件でライセンスを供与してくれれば、新しい規格を一からつくり直す必要はないのである。

ゼロックスは正しい判断を下した。「イーサネット」はゼロックス製プリンターのインターフェース規格だ。このイーサネットをコンピューターメーカーに採用してもらうには、オープン規格にする必要がある。同じイーサネットでコンピューター同士も接続できるなら、かえって好都合だ——。DEC、ゼロックス、スリーコムは、オープン規格の価値を見抜いたのである。メトカーフは標準化を進めるため、国立標準局（NBS）に赴く。そこで偶然出会ったのが、ICに埋め込む新技術を探していたインテルの幹部だった。

ほどなくして、DEC、インテル、ゼロックスの3社は、共通の利益を洗い出し、各社の頭文字を取った「DIX」グループを結成した（メトカーフによると、正式な表記は「DI3X」だったが、スリーコムの「3」は発音されない黙字になってしまったという）。DIX連合は、業界で定評のある中立的な専門機関、アメリカ電気電子学会（IEEE）に掛け合って、イーサネットをオープン標準に認定してもらった。例の「公正、妥当」な条件でライセンスを許諾するというパターンだ。ゼロックスは、一律1000ドルという名ばかりの手数料ですべてのメーカーにイーサネットのライセンスを許諾することに同意。IEEEのお墨付きが効果を発揮し、「イーサネットが業界標準になる」という自己実現的な期待が広がった。

数年後、IBMが同じような条件でオープン規格の「トークンリング」を立ち上げたが、その頃には、イーサネットはすでに巨大な納入基盤を築いており、IBMの追撃は実らなかった。イーサネットは、DIX連合が早い段階でオープン化の価値を見抜いたから、LAN（構内情報通信網）の標準規格になったのである。

アドビのポストスクリプト　アドビのページ記述言語「ポストスクリプト」も、開放して標準規格を確立した絶好の例といえる。ゼロックスは、アドビより先に「インターリーフ」というページ記述言語を開発していたが、ゼロックスはインターリーフの専有権を開放しなかった。このため、インターリーフはゼロックスのハードウェア上でしか使えず、シェアが伸び悩む運命にあった。インターリーフを開発したジョン・ワーノックが、ゼロックスを辞めてつくったのが、このポストスクリプトだ。ワーノックは、オープン規格にしない限り普及は見込めないと判断。これを受け、アドビは、ポストスクリプトの利用を制限しないと公式に表明した。つまり、誰もがポストスクリプトのインタープリタ（解釈・実行プログラム）を作成・販売できる環境を整えたのである。アドビは、ポストスクリプト自体の知的財産権も主張しなかった。一部の企業がアドビの呼びかけに応じ、現在、複数の企業がポストスクリプトのインタープリタを提供している。ＧＮＵプロジェクトが開発したポストスクリプト・インタープリタ「ゴーストスクリプト」は、無料である。

アドビは、このアライアンス戦略でどうやって利益を出したのか。同社は学習曲線のかなり先を行っており、低解像度の端末でも文字を美しく表示できる「フォント・ヒンティング」

など、一部の最先端技術を社内に保有していた。アドビの戦略は見事に結実する。ポストスクリプトは標準規格となり、アドビはページ記述言語市場で業界トップの座を確保。このトップの座を足場に、出版分野で複数の補完的商品を売り込んだのである。

数年後、アドビは文書ファイル形式「PDF」(portable document format)でも、同様の戦略を展開した。PDFをオープン規格にする一方で、文書の「作成」と「閲覧」という相互補完関係を巧みに利用し、PDFファイルの閲覧ソフトを無料に、作成ソフトを有料にしたのである。

マイクロソフトのアクティブX　技術の無償配布について、もう少し新しい例を挙げよう。マイクロソフトのソフトウェア技術「アクティブX」だ。これは、あるコンピューター上のプログラムと別のコンピューター上のプログラムを連携させるプロトコル(通信手順)である。同社は、アクティブXをオープンにするとは言わずに、外部の業界団体である「オープン・グループ」にアクティブXの管理を委ねた。このアクティブXと競合するライバル技術が「CORBA」だ。こちらは、アクティブXよりはるかに洗練されたクロス・プラットフォーム技術(異なるプラットフォームに対応できる技術)で、アクティブX陣営以外の業界関係者の間で圧倒的な支持を得ている。

一部の報道によると、マイクロソフトはアクティブXの開発に1億ドル以上を投じたが、少なくとも一部の技術を積極的に無償配布している。重要なのは、開発費がいくらかかったかではなく、専有技術にすれば、どれだけ損失を被るかだ——。マイクロソフトは、この点を正しく見抜いた。アクティブXを専有技術にした場合、オブジェクトの呼び出しに利用できるオープン規格はCORBAのみになってしまう。そうなれば、マイクロソフトも顧客も、孤立した技術を抱え込むことになる。埋没費用（サンクコスト、つぎ込んでしまった費用）は埋没費用であり、重要なのは将来のコストだ。だが、次の点も忘れてはならない。マイクロソフトは、オープン・グループが管理する仕様に準拠する限り、アクティブXの拡張機能を引き続き独自に開発し、専有技術として販売できるのである。

アクティブXの管理権を譲渡する際に大きな問題になったのが、同社の評判だ。ウォールストリート・ジャーナル紙によると、「マイクロソフトは、主力製品のウィンドウズをはじめ、自社で管理する技術の重要な仕様を突然変更し、一部のソフトウェア開発会社に損害を与えることがあった。自社で開発した新技術を利用して、ライバルよりも有利なスタートを切ることが時折あった」*。アクティブXをオープンにすると表明しただけでは、他社が警戒してなかなか使ってもらえない。マイクロソフトは、他社の信用を得るため、実際に、システムをコントロールする権利を一部放棄せざるを得なかったのである。

　標準規格の管理を「中立的な」業界団体に移すこと自体にも、リスクがある。技術の開発元であるスポンサー、ユーザー双方にとってのリスクだ。技術への投資は一体誰が進めるのか。標準規格を将来どのように改良していくのか。現代版の「共有地の悲劇」となった場合は、悲惨な結末が待ち受けている。17世紀、共有の牧草地があったが、誰も管理しなかったため、牧草が食い荒らされてしまった。現代も、共有の技術に進んで多額の投資をしようとする企業は少ない。実際、こうした事情があるからこそ、マイクロソフトは、事実上、今なおアクティブXやCOM（Component Object Model）をコントロールしているとの見方も出ている。サンが事実上Javaをコントロールしているのと全く同じだというのだ。「（アクティブXとCOMという）有力なオブジェクト技術とJava環境は、現在、それぞれ1つの企業がコントロールしている。この業界はようやく大事なことに気づいた。遅々とした標準化団体が管理する技術では、目まぐるしい市場の変化についていけないのだ」（業界誌BYTE）。**

* Ziegler and Clark, "Microsoft Gives Technology Away."
** Chappell and Linthicum, "ActiveX Demystiaed," 56.

オープン規格を管理する

オープン規格が受け入れられ、普及すると、何が起きるのだろうか。

普及したオープン規格は、その後の管理が困難を極めることがある。本物のオープン規格には、基本的に2つのリスクがある。第1に、明確なスポンサーがいない場合、誰がその規格の方向性を決めるのか。コントロールする企業がないので、技術の停滞や互換性の欠落に見舞われるのではないか。第2に、スポンサーがいなければ、誰が改良に投資をして、技術の停滞を防ぐのか。その規格が危うくなった場合、誰が原価割れの価格（浸透価格）を設定して、規格のてこ入れを図るのだろうか。

オープン規格は「分裂」や「断片化」に見舞われやすい。規格が分裂すれば、1つの標準技術に、互換性のない複数のバージョンが登場することになる。

スポンサーのいないオープン規格は、存続が危ぶまれる

オープン標準の管理や分裂のリスクを物語る古典的な事例が、Unixだ。Unixは、もともとAT&Tのベル研究所で開発された研究用のOSだった。AT&Tが長い時間をかけ

てソースコードを学術関係者に無償配布し、研究機関の間で標準規格となった。

1970年代にミニコンピューターの市場が拡大すると、様々な企業がUnixに修正を加えて販売するようになった。1980年代にワークステーション・ブームが起きると、Unixのバージョンはさらに増えた。業界標準は確立されず、IBM、サン、ヒューレット・パッカード（HP）、シリコングラフィックス、ノベルなど様々なメーカーが、Unixに独自色を加え、製品の差別化、付加価値の創出、技術改良を進めていった。改良版が公認されるのを待っていると、タイミングや差別化で競争に負けるという状況だったのである。

Unixの規格統一に向けた動きが出始めたのは、1980年代半ば頃。だが、メーカーやソフトウェア会社の利害対立で作業は難航した。「ウィンドウズNT」という共通の敵の脅威は増していたが、1990年代初めになっても、Unixベンダーの協調体制は出来ていなかった。

大手ベンダーが改めて規格の統一に乗り出したは1993年3月。コンピューターが違っても、Unix対応ソフトが同じように動作し、同じ見え方をする環境を整えようとしたのである。このアライアンスには、サン・マイクロシステムズ、ノベル、サンタ・クルズ・オペレーション、IBM、HPなど、複数の大手Unixベンダーが参加した。特にHPとIBM

は、サンの宿敵で、ソフトウェア分野では、通常、協力体制を敷いていなかったが、ウィンドウズNTの脅威を前に、ライバル同士が手を組んだのである。

Ｕｎｉｘの世界で主導権を握ろうとしたのがノベルだ。同社は1993年6月、AT&Tから約3億2000万ドル規模の株式交換方式でＵｎｉｘシステムズ・ラボラトリーズを買収。その年、Ｕｎｉｘの商標権を無償供与した。供与先は、Ｕｎｉｘベンダーの企業連合「X／Ｏｐｅｎカンパニー」。Ｕｎｉｘの規格統一を目指すハードウェア、ソフトウェア会社14社が1985年にロンドンで設立した企業連合だ。X／Ｏｐｅｎの仕様に準拠していれば、どの企業の製品でも「Ｕｎｉｘ」を名乗れる環境を整える——これがノベルの構想だった。

ノベルには、どんな思惑があったのか。同社は「ＵｎｉｘＷａｒｅ」という独自のＵｎｉｘ製品の開発を続けていた。X／ＯｐｅｎでＵｎｉｘに弾みがつけば、Ｕｎｉｘ市場が拡大し、ＵｎｉｘＷａｒｅの販売も伸びると期待したのである。だが、この構想は暗礁に乗り上げた。IBM、HP、サン、サンタ・クルズ・オペレーションの間で、ノベルがＵｎｉｘＷａｒｅをＵｎｉｘの事実上の業界標準にしようとしているとの懸念が浮上。「ＵｎｉｘＷａｒｅはＵｎｉｘのバージョンとして劣っている」との批判まで浴びた。その間に、ウィンドウズNTは、かつてＵｎｉｘが独占していた市場に着々と進出を遂げている。

オープン標準は「ハイジャック」されることもある。オープン標準を専有規格の方向に拡張して、ゆくゆくは納入基盤を乗っ取ろうという企業が出てくるのである。マイクロソフトに対しては、ＪａｖａとＨＴＭＬ（HyperText Markup Language）を専有規格の方向に拡張しようとしているとの批判が出ている。

ＳＧＭＬ（Standard Generalized Markup Language）は、文書を保存・管理するためのオープン規格だ。この手の規格の代表例はＨＴＭＬだが、ＳＧＭＬはＨＴＭＬよりもはるかに機能が豊富で、国防総省など、文書フォーマットの乱立に頭を悩ませていた大規模な公的機関が開発を進めた。だが、文書フォーマットの「共通語」という触れ込みにもかかわらず、これまで一度も上昇気流に乗ったことがない。旗振り役となる大手企業が出てこないためだ。最近では、ＳＧＭＬのサブセット（簡易版）であるＸＭＬ（Extensible Markup Language）が話題になっている。言うまでもないが、このＸＭＬの登場で、ＳＧＭＬがＵｎｉｘのように分裂し、多数の方言が乱立するリスクが浮上している。

サンは、Ｊａｖａでこの問題に見舞われている。競合他社や補完業者は、Ｊａｖａの開放を望んでいる。だが、サンはＪａｖａの開発権を手放したくない。旗振り役がいなくなれば、Ｊａｖａが断片化する恐れがあるためだ。サンはこの問題で、Ｊａｖａ連合の他のメンバーとは異なる立場にあるといえる。

アライアンスについて、最後の警告をしておこう。アライアンスには、崩壊のリスクもある。アライアンスをどう結成するかだけでなく、どう維持していくかも考えなければならない。Ｕｎｉｘの分裂は、アライアンスがどう崩壊し得るかを示す１つの例だが、崩壊のパターンはこれだけではない。ＨＤＴＶの「グランド・アライアンス」は、不安定なアライアンスの典型例だ。テレビメーカー、放送局、コンピューターメーカー、ソフトウェア会社の間で「元々の取り決めを自分に都合よく拡大解釈している」といった非難合戦が起きている。例えば、新たに周波数帯域を取得した放送局の多くは、ＨＤＴＶ放送ではなく、デジタルの多チャンネル放送を計画している。高価なＨＤＴＶ対応テレビを大量に売りたいテレビメーカーは、当然、こうしたテレビ局の方針に不満を抱いている。もともと交渉に参加していなかったケーブルテレビ局の動きも目が離せない。ケーブルテレビ局も、デジタル圧縮技術を使った多チャンネル化を計画している。チャンネル数を減らして画質を上げるのではなく、画質の低いチャンネルを増やそうとしているのである。

まとめ

アライアンスを通じて互換性のある標準規格を打ち立てる場合、どこに注意すればいいのだろう。本章では、様々なヒントを紹介した。

ネットワーク型市場で効率良く勝負するには、味方が必要だ。味方を選び、味方を集める。これは、ネットワーク型経済では戦略上、重要なポイントだ。このため、競争に政治と経済が入り混じる。味方を集めて規格を統一し、規格を統一した後に、それまでの味方と競争するのである。

自然と味方になる相手を探すには、その規格が競争にどう影響するかを考える。規格が統一されれば、競争の形が変わる。変化のパターンは複数あり、予測が可能だ。規格を統一すれば、ネットワーク外部性が高まり、不透明感が減り、消費者のロックインの強度が下がる。また、規格を統一すれば、「勝者総取り型」の競争から通常の「シェア争い型」の競争に、「足元」の競争から「未来」を見据えた競争に、「機能」面の競争から「価格」面の競争に、「システム間」の競争から「パーツ間」の競争にシフトする。

規格を統一すると、消費者と補完業者が有利に、既存の大手と代替製品の売り手が不利になることが多い。規格の統一で恩恵を受けるグループから味方を探そう。規格を統一できればパイが増える。増えたパイをどう分け合うか、クリエイティブに考えよう。

公的な標準化作業で誕生する標準規格は、過去例のないほど増えている。公的な標準化作業は時間がかかるが、新技術の信頼性が一気に増す場合がある。いくつかの重要な戦術を使えば、公的な標準化作業を有利に進めることができる。公的な標準化作業に参加していても、競争努力を怠ってはいけない。標準化作業の参加者から味方を選び、クリエイティブな取引（ライセンス契約など）を通じてアライアンスを結成できないか、チャンスを探ろう。必須特許を保有しているのに標準化作業に参加しない企業には、注意が必要だ。

自然と味方になる相手を探し、交渉を通じて自社の技術への支持を集める。味方は、顧客、補完業者、取引先、ライバルから集められる。早い段階で味方になってくれた相手を優遇する姿勢が必要だ。少数でも、華やかな相手をいち早く味方につければ、正のフィードバック効果で、市場の期待が自分に有利な方向に傾く。そうなれば、その後の味方集めが楽になる。

標準化戦争に突入する前に、ライバルと休戦交渉できないか、アライアンスを組めないか考える。規格の統一で合意できれば、市場全体が一気に拡大し、提携先と分け合えるパイが増えるかもしれない。傲慢な振る舞いは避け、宿敵でも手を結ぶくらいの覚悟が必要だ。

オープン規格を投入する場合でも、自社の技術をコントロールする一定の権利を手元に残す。オープン規格は、旗振り役がいなければ、停滞や、互換性のないバージョンへの分裂に見舞われる恐れがある。オープン性の方針を将来にわたって堅持する限り、味方も、あなたが中心となって規格の改良を進めることを歓迎してくれるかもしれない。

第9章

Waging a Standards War

標準化戦争に突入する

鉄道の軌間で対立した北部と南部、電力産業で争ったエジソンとウェスティングハウス、カラーテレビ市場で戦ったNBCとCBS、ビデオデッキの標準化戦争を繰り広げたソニーと松下、HDTV市場で袂を分かった日本とアメリカ、モデム市場で競合したスリーコムとロックウェル・ルーセント連合。標準化とアライアンスのメリットを並べるのは結構なことだが、技術の規格をめぐって、いつも合意が成立するわけではない。互換性のない2つの技術が市場で壮絶な戦いを繰り広げた例は少なくない。リスクの高い、勝者総取り型の戦いである。

本書では、互換性のない2つの新しい技術が、事実上の業界標準を争っている状況を「標準化戦争」と呼ぶ。この争いは、休戦に持ち込まれる場合もあれば（モデム市場）、二強体制となる場合もあるし（現在のビデオゲーム市場）、一方が破滅するまで戦われる場合もある（ビデオデッキ市場）。標準化戦争は、強力な正のフィードバックが起きるネットワーク型市場に特有なもので、従来の戦略原理は、参考にはなるが、標準化戦争を戦い抜くには、それだけでは足りない。

「新しい情報技術は、必ず標準化戦争を勝ち抜く必要がある」と言っているわけではない。CD技術を例に取ろう。ソニーとフィリップスは「連続性を断つ」戦略を展開した。レコード、カセットテープ、オープンリールといった従来のオーディオ技術と全く互換性のない新技術を打ち立てるため、CDの特許を開放したのである。別の新しい技術と争いを繰り広げたわけではない。消費者に対し「思い切ってCDプレーヤーとコンパクトディスクに投資してほしい」と訴えるだけで（！）良かったのである。

標準化競争が様相を全く異にするのは、2つの陣営（企業・アライアンス）が、第7章で取り上げた4つの一般戦略の1つを駆使して、市場で覇権争いを繰り広げる点にある。参戦する一方の陣営は、従来技術の広大なユーザー基盤を握る既存の大手企業かもしれない。1990年代半ばの家庭用ゲーム機市場でソニーと戦った任天堂がそうだった。両社はともに64ビットのシステムを投入したが、任天堂には、前世代のゲーム機のユーザーという広大な納入基盤があった。また、両陣営がゼロからスタートする場合もある。ソニーと松下のビデオデッキの標準化戦争がそうだった。

標準化戦争は、結果次第で、参戦した企業の存続自体を揺るがすこともある。勝ち抜くにはどうすればいいのか。

標準化戦争の分類

標準化戦争には、複数のタイプがある。戦争の形を大きく変えるのが、乗り換えコストの大きさ――もう少し一般的に言えば、各陣営の技術を採用するコスト――だ。両陣営の提唱する新技術が、従来の技術とどこまで互換性があるかに応じて、標準化戦争を分類することが可能だ。

まず、あなたの技術もライバルの技術も従来の技術と互換性があるが、あなたの技術とライバルの技術には互換性がないという場合、「エボリューション戦略同士の戦い」と呼ぶことにしよう。DVDとDivXの争い（ともにCDの再生が可能）、56kモデムの争い（ともに前世代のモデムとの通信が可能）、様々な独自色を加えたUnix同士の争い（いずれのバージョンでも、旧世代のオリジナルのUnixで書かれたプログラムが動作する）が、このパターンに該当する。

次に、あなたの技術には後方互換性があるが、相手の技術には後方互換性がない場合を「エボリューション戦略とレボリューション戦略の戦い」と呼ぼう。この戦いは「後方互換性」（エボリューション戦略）と「性能向上」（レボリューション戦略）の戦いだ。よくある例が、従来製品との互換性があるアップグレード版を発売する既存の大手企業に、新興企業が戦いを挑むといったパターンだ。1980年代後半から1990年代前半にかけて表計算ソフト市場で対決した「ロータス1-2-3」と「エクセル」や、同時期にデスクトップ・データベース・ソフトで対決した「dBASE Ⅳ」と「パラドックス」が該当する。もし、あなたのライバルの技術に後方互換性があり、あなたの技術に後方互換性がない場合は、このケースと正反対の「レボリューション戦略とエボリューション戦略の戦い」となる。

最後に、どちらの技術も後方互換性がない場合を「レボリューション戦略同士の戦い」と呼ぼう。「NINTENDO64」と「プレイステーション」の戦い、遠い昔の例を挙げれば、電力システムの「交流」と「直流」の戦いが該当する。この標準化戦争の4つのタイプをまとめたのが、表9・1だ。

表9・1　標準化戦争のタイプ

		ライバルの技術	
		互換性あり	互換性なし
あなたの技術	互換性あり	エボリューション戦略同士の戦い	エボリューション戦略とレボリューション戦略の戦い
	互換性なし	レボリューション戦略とエボリューション戦略の戦い	レボリューション戦略同士の戦い

情報化時代の標準化戦争

まず、情報化時代の標準化戦争について、3つのケーススタディーを紹介する。どんな戦術が使えるのか、どんな結果が待ち構えているのかが、垣間見えるはずだ。第1のケーススタディーは、AMステレオラジオの標準化戦争で、これはすべての陣営が共倒れする結果となった。第2のケーススタディーは、携帯電話の標準化戦争で、これは2つの互換性のない技術が引き続き共存している。第3のケーススタディーは、56kモデムの標準化戦争で、こちらは規格の統一で合意が成立した。

AMステレオラジオ

勝者不在の戦いもある。その好例がAMステレオだ。AMステレオなんて聞いたこともない？そう、筆者が指摘したいのはその点なのである。1980年代にAMステレオラジオが普及しなかった原因は、勝者不在の「レボリューション戦略同士の戦い」が起きたことにある。

AMステレオの規格をめぐっては、早くも1959年に規格の制定を求める声が、連邦通信委員会（FCC）に寄せられている。1970年代末までには、マグナボックス、モトローラ、ハリス、ベラー、カーンの5陣営が、互いに互換性のない方式を提唱。FCCのお墨付きを得ようと争っていた。実際、FCCは1980年にマグナボックスの方式を標準規格に選定したが、抗議の嵐が巻き起こっただけだった。カラーテレビの規格選定で失態を演じたFCCは、ここでも方針を転換。1982年に、標準規格の選定を「市場」に委ねることを賛成6・反対1で決めた。これを受け、5陣営中4陣営が市場での競争を開始した。ラジオ局とラジオメーカーを味方に引き入れようと、争奪戦を繰り広げたのである。

ラジオ局は少数乱立していたため、最大手のラジオメーカーであるゼネラル・モーターズ（GM）系のデルコ・エレクトロニクスが、カギを握る有力顧客となった。デルコが選んだのはモトローラ方式。AMステレオ対応のカーラジオは、小売価格が20〜40ドル割高になると見込まれていた。ところが、ラジオ局のほうは、関連機材に投資する理由が見当たらない。AMステレオが普及するかどうか不透明だったことが特に大きかった。AMステレオ放送を始めない理由として、ラジオ局の3割が「市場の混乱」を挙げた。2番目に多かった理由は「リスナーの不足」だったが、これはほとんど同じことを言っているだけである。

この経験からは、いくつかのことが学べる。第1に、新しい技術を導入する際に、互換性のない複数の方式が競合すると、逆に技術をつぶしてしまったり、少なくとも普及が大幅に遅れるといった事態を招きかねない。第2に、新しい技術は、相当な付加価値をつけないと、なかなか普及に弾みがつかない。第3に、技術の買い手が複数のグループに分かれており（自動車メーカー、ドライバー、ラジオ局）、コーディネートが必要な場合は、特に普及にてこずる。第4に、最も巧みな戦略を展開したのは、モトローラだった。つまり、相対的に統合の進んだグループ（自動車メーカー）を買い手として重視し、その中でも、潜在的にカギを握る有力顧客（デルコ）に照準を定めたのである。最後に、これは筆者も戸惑いを隠せないのだが、地元のラジオ局の間で調整ができなかった。少なくとも同一地域では同じ規格を採用してもよさそうなものだが、全米放送事業者協会が「その種の調整は反トラスト法に抵触しかねない」と加盟局に通知したこともあり、調整が進まなかったのである。

デジタル携帯電話

デジタル携帯電話のケーススタディーでは「ヨーロッパの公的な標準化作業」と「アメリカの標準化戦争」という興味深い比較ができる。HDTVの時もそうだったが、アメリカでは市場原理、ヨーロッパでは中央集権原理が、新技術の選定に用いられた。HDTVの時と同じく、アメリカの市場原理方式では、新興企業がいち早く有望な新技術を生み出した。ただ、HDTVの時とは異なり、新しいデジタル携帯電話技術に先に移行できたのは、アメリカではなくヨーロッパだった。少なくともこれまでのところ、アメリカの標準化戦争は、有望な技術の普及を妨げる原因になっている。製品の種類は豊富だが、だからといって大きなメリットがあるわけではない。

ヨーロッパでは、GSM方式（Global System for Mobile Communications）が、デジタル携帯電話の標準規格として確立している。GSMが公式に採用されたのは1992年。GSM方式の普及を促すために、貴重な周波数帯域が割り当てられた。1997年時点で、約4000万人のヨーロッパ人がGSM方式の携帯電話を利用している。世界的にみても、GSM方式が主流で、108ヵ国で標準規格として採用されている。

一方のアメリカでは、3陣営が「レボリューション戦略同士の戦い」を繰り広げている。互いに互換性のない3つの技術が、デジタル携帯電話市場の覇権争いを展開しているのである。具体的には（1）GSM方式（2）TDMA方式（Time Division Multiple Access　GSM方式の兄弟分）（3）CDMA方式（Code Division Multiple Access　GSM方式とは根本的に異なるクアルコムの技術）――の3陣営だ。この3方式は「高いお金を払って携帯電話を買い替えない限り、別の方式には乗り換えられない」という意味で互換性はないが、「方式が違う携帯電話同士でも通話はできる」という意味では互換性がある。市場の断片化は、消費者の乗り換えコストを上げるだけではない。携帯電話端末や通信設備を製造するメーカーの「規模の経済性」(スケールメリット)も低下する。

アメリカでは、1997年時点で、TDMA方式が利用者500万人以上と、トップを走っている。CDMA方式の利用者は、その半分程度だ。3位のGSM方式は、加入者100万人と、大きく引き離されている。アメリカの携帯電話市場では、まだ旧世代のアナログ方式が主流で、利用者は5000万人近くに達する。だが、いずれアナログ方式から、TDMA方式かCDMA方式に移行することは間違いない。アメリカはデジタル携帯電話の普及がヨーロッパに5年遅れているという見方もできるだろうが、CDMA方式のほうが技術的に優れているという指摘もある。

この市場の技術の買い手である携帯電話・PCS(日本のPHSに類似したシステム)事業者は、大企業であるため、3陣営の戦いは、通信事業者と通信機器メーカーの複雑な求愛ダンスの様相を呈している。TDMA方式を推進する通信機器大手のエリクソンは、通信事業者のAT&Tワイヤレス、SBC、ベルサウスを味方に引き入れた。CDMA方式を開発し、同方式の旗振り役となっているクアルコムは、プライムコ（ベル・アトランティック、USウエスト、エアタッチの合弁会社）やスプリントPCSなど、大半のPCS事業者と手を組んでいる。この業界が好例だが、カギを握る有力大口顧客が、早い段階で特定の技術に肩入れすれば、条件面で好待遇を受けることが可能だ。

「性能に賭ける」戦略を攻撃的に仕掛けてきたのが、クアルコムだ。「CDMAは時代を先取りする技術だが、現実的ではない」という声が業界内で多数派だった頃から、一貫してCDMA方式の普及を目指してきた。1990年に、ベル・アトランティックとナイネックスがCDMA方式を採用すると、業界に衝撃が走った。業界団体のセルラー通信工業会は、1989年初めにTDMA方式に支持を表明していたのである。この時、標準化戦争に敗れたFDMA方式（Frequency Division Multiple Access　モトローラとAT&Tが支持）は、その後姿を消したが、CDMA方式は、この時点でまだ発表すらされていなかった。CDMAの実用化は10年先だという見方が多かったのである。「CDMAはGSMやTDMAよりはるかに優れている」というクアルコムの主張をめぐっては、今なお激論が交わされている。HDTVの標準化戦争で、ゼネラル・インスツルメントが完全デジタル方式を提唱して大手企業の度肝を抜いたように、クアルコムも業界に激震をもたらした。同社がベル・アトランティックとナイネックスを味方に引き入れたことで、通信機器メーカーもCDMA対応機器を生産せざるを得なくなった。

この戦いでは、ネットワーク外部性が実際にどこまで働くかが、勝負の行方を大きく左右する。まず、ネットワーク外部性が地理的にどこまで働くか考えてみよう。加入者の生活が地元の町で完結している場合、ネットワーク外部性は各陣営のサービスエリア内でしか働かない。同じエリアで2つの携帯電話会社が同じ通信方式を使っていれば、消費者には、携帯電話端末を買い替えなくても電話会社を乗り換えられるというメリットがあるが、地元から外に出ない消費者は、他のエリアでどの通信方式が使われているかは気にしないだろう（引っ越しする可能性があるなら別だが）。この場合、1つの通信方式が全米市場を制覇するとは考えにくい。だが、ローミング（サービスエリア外での通話）を重視する消費者が増えれば、全米シェアが重要なポイントになり、正のフィードバック効果が強まっていく。また、機器の製造では、伝統的な（供給サイドの）規模の経済を足掛かりにした正のフィードバックが期待できる。

それでは、ネットワーク外部性は1つの地域内でどの程度まで働くのだろうか。強く働くが、圧倒的な威力は発揮しない。消費者にしてみれば、孤立を恐れる必要はそれほどないだろう。例えば、地元の通信事業者がCDMA方式に投資した場合、CDMAのサービスが廃止される可能性はまずない（インフラ投資は基本的に埋没費用であり、他の地域に移すことはできないためだ）。

また、特に重要な点だが、CDMA方式を選んでも、GSM方式の加入者と何の問題もなく通話ができる。ただそれでも、同じ町に互いに互換性のないシステムが共存している場合、高い携帯電話端末を買った加入者はロックインされる。この場合は、契約時に端末代を割り引いてもらうのが、消費者の自然な自衛策になるだろう。結論はこうだ。デジタル携帯電話システムの市場では、消費者がロックインに見舞われる（携帯電話会社は、自社が採用した通信方式に強くロックインされる。端末を購入した加入者は、ある程度までロックインされる）。だが、市場がどちらか一方向に傾く強い傾向があるわけではない。

この事例から何を学べるだろうか。第1に、非中央集権的な市場原理を採用すると、普及に時間がかかるかもしれないが、革命的な新技術を開発した中小の企業に商機が開ける。一方、相対的に政治色の濃いプロセスで新技術を選ぶと、既存の大手企業が有利になる傾向が強い。中小ほど革新的な技術力がなくても、また中小と同じリスクをとらなくても、大手が選ばれる可能性が高まる。第2に、すべての市場がどちらか一方向に傾くわけではないことを忘れてはならない。デジタル携帯電話市場では、世界レベルでも、アメリカ国内のレベルでも、確かに正のフィードバックが起きる。だが、勝者総取り型のビジネスとはいえない。第3に、クアルコムは、まずベル・アトランティックとナイネックスという有力大口顧客を味方につけた上で、「性能に賭ける」戦略を巧みに展開した。標準化戦争で先制攻撃を仕掛ける戦術については、後ほど取り上げる。たとえCDMA方式が技術的に本当に優れていたとしても（そうではないと主張する人も多い）、クアルコムは技術力だけで勝利を宣言できたわけではない。先制攻撃と期待の管理が成功に大きく寄与したのである。

56kモデム

このほど2つの全く異なる顧客層を巻き込んだ標準化戦争が勃発したのが、56kモデム市場だ。対決したのは、USロボティクス（現スリーコム傘下）陣営と、ロックウェル、ルーセントを中心とする企業連合。両陣営のモデムは、通信速度の遅い旧世代の標準モデムと問題なく通信できるため、これは「エボリューション戦略同士の戦い」といえる。

56kモデムが存在していること自体、現場の経験豊かなエンジニアからみても、ちょっと驚きだ。通常の電話回線では、28・8kbps前後がモデムの通信速度の限界だというのが昔からの常識だった。28・8kbpsは理論的な限界に近く、これに対応するITU（国際電気通信連合）規格「V・34」は最後のモデム規格になるとの見方が大勢だったのである。通信速度を上げるには、ISDN回線（総合デジタル通信網）を使うしかないが、こちらは普及が遅れており、一般家庭に売り込むのは難しい状況だ。

ところが、今と昔では、理論的な限界が違う。以前のモデム規格は、上りと下りの情報の流れがほぼ対称的だという前提で設計されてきた。だが、インターネットからのダウンロードでは、情報の流れが極めて非対称的になる。情報を受け取るのはユーザー、情報を送るのはインターネット接続事業者(プロバイダー)――この考え方を基にモデムを再設計することで、56kというカテゴリーが実現した(ただし、実際の通信速度は電話回線の状態に大きく左右される。また、通信速度が速いのは下り方向のみだ)。

高速モデムの需要が潜在的に大きく積み上がっていたことは、周知の事実だった。28・8kではインターネットに素早くアクセスできず、ユーザーはいらいらしていたのである。想定市場規模は、年間50億ドル以上。ITUの仕様に準拠すれば、28・8k以下のモデムとの後方互換性も問題なく確立できるとあって、この一大商機への期待は、いやがうえにも高まった。

一方の陣営を取り仕切るUSロボティクスは、モデム市場で25%前後のシェアを占める。強力なブランド力を誇り、56k技術の必須特許を握っていた。対するロックウェル・ルーセント陣営のかなめはロックウェル。モデムの心臓部にあたるチップセットで圧倒的なシェアを確立していることが大きな強みだった。だが、どちらの陣営も相手の協力を仰がなければ、事はスムーズに運ばない。いずれにしても、ＩＴＵが正式な勧告を出さない限り、標準規格の座は確保できないとの見方が大勢だった。

先制攻撃を仕掛けたのは、「ｘ２」規格を投入したＵＳロボティクスだ。同社は、アメリカ・オンライン（ＡＯＬ）、プロディジー、ＭＣＩ、コンピュサーブなど、大多数のプロバイダーと契約。需要サイドの最も統合の進んだ業界に照準を定めた。これは、標準化戦争で先制攻撃を仕掛ける際の戦略としては、文句のつけようがない（ＡＯＬのようなカギを握る有力顧客が、56ｋモデム市場で発生する利益を独り占めしないことが条件だが）。この戦略は、ＵＳロボティクスの主要資産ともうまく合致する。大手モデムメーカーである同社はプロバイダーと強いつながりを持っていた。しかも、スリーコムに買収されたことで、プロバイダーに対する交渉力は、いよいよ高まったのである。また、１９９７年初めの時点では、商品をいち早く投入する体制が万全に整っていたようにみえ、納入基盤の構築でも主導権を握れる立場にあった。

だが、対するロックウェル・ルーセント陣営も、手をこまぬいていたわけではない。第１に、両社はモデム用チップセットの大手であり、モデムメーカーによる56ｋ技術の実装をコントロールできる立場にあった。第２に、ロックウェルは、開発ペースを加速して、独自規格「Ｋ５６ｆｌｅｘ」を市場に投入することで、ＵＳロボティクスと差を縮めていった。第３に、特に重要な点だと思われるが、この陣営は大胆なアライアンス戦略を展開した。モデムメーカー、コンピューターのOEM（他社ブランド品生産）メーカー、またアセンド・コミュニケーションズやシスコシステムズなどのネットワーク機器メーカーと、華々しい企業連合を結成したのである。特に、モデム内蔵のパソコンは空前の売り上げを記録しており、OEMメーカーは急速にカギを握る存在になっていった。1997年2月には、56kモデムの普及団体「オープン56kフォーラム」を鳴り物入りで発表（期待の管理）。この団体の参加企業は、全世界のモデム出荷で7割のシェアを握っていた。

両陣営とも、勝ち組のオーラを演出するため、期待の管理に力を入れた。アセンド製の56kモデムのある広告には「56k争い、選ぶなら正しい方を」という見出しがついた。孤立を恐れる消費者は、みんなが使っている方を選びたい。両陣営とも、その点を意識して、市場シェアの高さをアピールした。ロックウェル陣営は、プロバイダーの93％がロックウェル系のハードウェアを採用していると主張。同時期、USロボティクスも、プロバイダーの8割が同社の設計を支持していると断言した。双方の主張はかみ合わないが、必ずしも矛盾しているとは言い切れない。というのも、多くのプロバイダーはビジネスチャンスを逃さないよう、実際に双方の規格を支持していたのである。

ユーザーの心の争奪戦（少なくともユーザーのモデムの争奪戦）は、インターネット上でも繰り広げられた。1997年8月、ロックウェル・ルーセント連合は、ウェブサイトにサポート企業650社のリストを掲載。対するUSロボティクスも、約500社のリストを掲載した。PCワールド誌が「K56flex」のサイトに掲載されたサポート企業に問い合わせたところ、「K56flexを支持し、導入を計画している」とされたプロバイダー18社のうち、実際にサービスを提供していたのはわずか3社で、8社はサービスを計画中と回答した。USロボティクスのサイトはもう少しましで、「x2」規格のサポート企業として掲載されたプロバイダー21社中14社が、実際にx2をサポートしていると回答。4社はサポートする予定だと答えた。

この標準化戦争は、理不尽な方向に進んでいくのではないかと思えることもあった。というのも、プロパイダーは概ねUSロボティクスの「x2」規格を採用したが、一般ユーザーの多くは、ロックウェル・ルーセント陣営のモデムを買っていたのである。これでは誰も高速化の恩恵を受けられない！　一般ユーザーのモデムと、プロバイダーのモデムの規格が異なれば、満足の行く結果など出るはずがない。こんな状況が長続きするはずもなかった。

互換性への不安で、1997年の市場が伸び悩んだことは間違いない。プロバイダーには、2つの規格に応じたダイヤルイン回線を個別に用意するよう求める圧力が強まっていった。だが、結局のところ、この標準化戦争で消費者が大損を被ることはなかった。両陣営がITUの決定する標準規格への無償アップデートを約束したことが決め手となり、消費者の不安がある程度和らいだ。だが、「パッチ」(修正プログラム。「当て布」の意)で、本当に互換性を保てるのかという当然の懸念は残ったし、いずれにしても、処理速度がすぐに向上するかどうか、確信が持てない状況だった。

標準化戦争に決着がついたのは、1997年12月初旬。ITUの作業委員会が、スリーコムとロックウェルの基本合意を発表した。両社の歩み寄りで成立したのが、今の国際標準規格「ITU V・90」だ。この発表を受け、スリーコム株は急伸。ロックウェル株もまずまずの値上がりを演じた。V・90規格は、両陣営の伝送技術を組み込んでおり、双方が勝利宣言を行った。業界関係者は、規格の統一でモデムの販売に拍車がかかるとの見方で一致している。調査会社データクエストによると、56kモデムの販売は、1997年の1080万台から1998年には3300万台に拡大する見通しだ。

ネットワーク型市場でカギを握る資産

標準化戦争に勝つには、一体何が必要なのか。標準化戦争を有利に進められるかどうかは、あなたがカギを握る次の7つの「資産」を持っているかどうかに左右される。(1)納入基盤(既存のユーザー)の支配力(2)知的財産権(3)イノベーションの力(4)先発優位(5)製造能力(6)補完製品の強み(7)ブランド名・評判——の7つだ。いずれも、新技術の普及を促す上で、他社にはない強みとなり得る。こうした資産があれば、他の市場参加者に高い付加価値を提供することが可能だ。

標準化戦争で威力を発揮する資産は、標準化交渉でも威力を発揮する。このため、今挙げたネットワーク型市場でカギを握る資産については、標準化交渉を論じた第8章で、すでに一部を紹介している。ここでは、資産のリストをさらに拡充した。こうした資産は、標準化戦争の武器にもなるし、標準化交渉の切り札にもなることを指摘しておきたい。

1納入基盤（顧客）の支配力　忠実な顧客や囲い込んだ顧客という大きな納入基盤のある既存の大手企業（マイクロソフトなど）は、後方互換性を用意する「エボリューション戦略」で、他社にはない強みを発揮できる。納入基盤の支配力を駆使すれば、協調的な標準化作業を妨害し、標準化戦争を強行することが可能だ。

2知的財産権　特許や著作権を通じて、貴重な新技術やインターフェースをコントロールできる企業は、間違いなく有利な立場に立てる。デジタル携帯電話の標準化戦争で、クアルコムの最大の資産となったのが、一連の特許だった。ＣＤやＤＶＤの分野でソニーとフィリップスの切り札になったのも、両社の特許だ。通常、特許は著作権よりも強力な武器となるが、コンピューターソフトの場合、互換性を阻む壁として著作権を利用できれば、貴重極まりない資産となり得る。

3イノベーションの力　いまある知的財産権に、将来、独自の拡張を施せる力があれば、足元で強い立場に立てる。カラーテレビの標準化戦争では、研究開発力がＮＢＣの大きな強みとなった。研究開発部門が超一流で、長い目でみてライバルを追い抜けると判断した場合は、足元で多少譲歩する価値はあるかもしれない。ヒューレット・パッカード（HP）の技術力は、シリコンバレーでは伝説となっており、同社の場合、標準化で妥協することが得策となるケースが少なくない。いったん統一規格が決まれば、最初こそ追い上げが必要になるかもしれないが、技術力でいずれ他社を追い抜けるのである。

4先発優位（first-mover advantage）　製品の開発作業を積み重ね、競合他社よりも学習曲線の先を行っている場合、強い立場に立てる。キヤノンが好例だ。家庭用レーザープリンターの市場を生み出し、その後もプリンターの印字装置（エンジン）の生産で圧倒的なシェアを保っている。経験を重ねれば効率が上がるという「経験曲線」効果で、他社よりも低コスト・高品質の商品を製造できることが一因だ。ネットスケープの株式時価総額が驚異的な水準に達しているのも、新しい技術を素早く市場に投入できる力（time-to-market）があるためだ。

5製造能力　スケールメリットやモノづくりのノウハウを武器に、低コスト生産を実現できるなら、強い立場に立てる。コスト競争力は、標準化戦争や標準規格品のシェア争いでも、武器として利用できる。コンパックとデルは、生産コストの圧縮を進めているが、これはパソコン市場の競争で両社の大きな強みになっている。ロックウェルも競合他社より安くモデム用チップセットを製造できる。オープン規格では、製造スキルの重要性が高まるため、こうした企業が有利になる。

6 補完製品の強み　ある技術を補完する重要な商品を販売している場合、その技術の普及を後押しすることで、自分も自然と業界のリーダーになれる。新技術が普及すれば、補完製品の需要も喚起されるからだ。粗利益が多いほど、トップの座も狙いやすい。インテルはCPUの売り上げを伸ばすため、マザーボードとCPU、バス（コンピューターの内部装置を結ぶ信号路）、チップセット、グラフィック・コントローラーのインターフェースなど、パソコン部品の標準化を進めている。

7 評判とブランド名　プレミアム（割増料金）を上乗せできるブランド力は、市場規模が大きい場合、常に貴重極まりない資産となるが、消費者の期待がカギを握るネットワーク型市場では、評判やブランド名が特に重要だ。たとえ品質が優れていても、「負け組」だと思われれば、元も子もない。この種の戦いでは、過去に市場を制した実績や、誰もが知るブランド名が、威力を発揮する。マイクロソフト、HP、インテル、ソニー、サンは、それぞれの得意分野で高く評価されており、社名を出しただけで消費者の信頼を得られる。

忘れてはならないが、カギを握る資産を駆使できるのは、技術を売る企業だけではない。技術を買う顧客も自らの資産を活用できる。大口顧客は必然的に納入基盤を「コントロール」できるのである。アメリカ・オンラインは、先の56kモデムの標準化戦争で、この点を自覚したはずだ。DVDの標準化戦争では、コンテンツ・プロバイダーが強い発言力を持った。5・25インチのミニフロッピーディスクから3・5インチのフロッピーディスクへの移行を促した立役者は、顧客であるIBMだ。最近では、ケーブルテレビ大手のTCIが、デジタル受信機（セットトップ・ボックス）の標準化戦争で存在感を誇示した。

どれか1つの資産を持っていれば、確実に勝負に勝てるというわけではない。例えば、旧世代の技術をコントロールしていても、新世代の技術を確立できるとは限らない。ソニーとた。1983年当時、第1世代のビデオゲーム市場で圧倒的な納入基盤を誇っていたアタリも、任天堂から優れた技術と人気の新作ゲームで殴り込みをかけられ、不意を突かれる格好となった。初期のモデム市場でトップを走っていたヘイズは、9600kbpsのモデムが登場した際、独自路線を貫こうとしたが、最終的には破産法の適用申請を迫られた。

フィリップスはCD技術をコントロールしていたが、両社だけではDVDに移行できなかっ

標準化戦争の2つの基本戦術

標準化戦争でどのような一般戦略(generic strategy)をとるにしても、市場では次の2つの基本戦術を駆使する必要がある。先制攻撃と期待の管理だ。

先制攻撃

先制攻撃のロジックは明快だ。先手必勝で先にリードすれば、正のフィードバックが自分に有利に、相手に不利に働く。経験による学習効果が強い市場でも、同じことがいえる。先に多く

の経験を積んだ企業が、低コストを実現し、相手をさらに引き離すことができる。どちらの場合も、正のフィードバックをうまく利用するのがコツだ。経験で学習効果が高まるなら、コスト低減で正のフィードバックが起きる。ネットワーク外部性が強ければ、需要サイドで正のフィードバックが起きるため、業界トップに立つことで、相対的にカスタマーバリューの高い製品・サービスを提供できる。

先制攻撃を仕掛ける1つの単純な手法として、市場にいち早く参入するという手が挙げられる。先発優位を確保する上では、製品の開発力・設計力がカギを握るケースもあるが、注意が必要だ。商品をいち早く投入すれば、品質面で妥協が必要になったり、バグのリスクが高まりかねない。これはどちらも命取りとなり得る。カラーテレビのCBS規格、日本のHDTV規格を思い出してほしい。レースは早い者が勝つが、スピードは研究開発で競うべきだ。劣ったシステムの投入で競うことはお勧めしない。

いち早く市場に参入する戦術は、他社がすぐ後に優れた技術を投入した場合、裏目に出る恐れがある

商品をいち早く投入するだけでなく、早い段階から納入基盤（＝顧客）を攻撃的に築いていく必要もある。積極的に新しい技術を試していち早く契約してくれる「火付け役」（別名：ハイテクオタク）を探そう。納入基盤を築き上げる典型的な戦術が、原価割れで販売する「浸透価格の設定」（penetration pricing）だ。標準化戦争では、大口顧客、有力顧客、知名度の高い顧客への値引きは、まず避けられない。

特に限界費用がゼロのソフトウェアなどの場合は、無料サンプルだけでなく、お金を払って商品を試してもらう戦術も可能だ。これまでみてきた通り、複数の収入フローがあり、コストを回収できる状況であれば、価格をゼロにするのは特に珍しい戦術ではない。テレビ番組の制作会社の中には、ケーブルテレビ会社にお金を払って番組を流してもらうところもある。視聴者が増えれば、広告収入も増えるからだ。ネットスケープも、ブラウザー「ナビゲーター」を無償で提供したり、OEMメーカーにわざわざ金を払って新型パソコンに搭載してもらっている。ナビゲーターの利用者を増やしてネットスケープのウェブサイトへの訪問者を増やすことが目的だ。

こうした「マイナス価格」（negative price）戦術には、使ってあげるといって金を受け取っておきながら、実際には使わない顧客がいる、というリスクがある。ケーブルテレビの場合、この問題は簡単に解決できる。金を受け取った以上、実際に番組を流してもらわなければ困ると抗議すればいい。ネットスケープも、ナビゲーターが（指定された方法で）新型パソコンに搭載されているかチェックできるし、OEMのシステム構成がナビゲーターの利用にどう影響するか調査することも可能だ。食品メーカーも、スーパーに「棚代」（陳列料）を払って商品を置いてもらう場合は、同じことをする。指定した場所にきちんと商品が陳列されているかチェックするのである。

商品を無償提供する場合や、お金を払って商品を使ってもらう場合は、行き過ぎはないか、次の3点を自問しよう。(1) お金を払って商品を使ってもらう場合、相手は本当に商品を使ってくれるのか——相手が使うことによってネットワーク外部性が働き、お金を払ってくれる顧客を呼び寄せられるのか。(2) 納入基盤を築くことにどの程度のメリットがあるのか。コストを相殺する収入のフローはあるのか。収入はいつ入ってくるのか。(3) 馬鹿な真似はしていないか。競争入札で最高値を提示して競り勝ったはいいが、後になって自分が冷静さを欠いていたことに気づくという例の「勝者の呪い」(winner's curse) のケースに該当しないかどうか、注意する必要がある。

浸透価格の導入は、オープン戦略では難しいかもしれない。ネットワークのスポンサーなら、商品の普及後に技術をコントロールして、浸透価格で発生した損を取り戻すことも考えられる。だが、スポンサーがいない場合、「浸透価格の設定」という先制投資をする人はいない。

だからこそ、オープン戦略にコントロール戦略で対抗する場合は、この浸透価格の導入が、特に効果的な戦術となり得る。

もう1つヒントを挙げれば、標準化戦争では、関連商品・応用商品から得られる利益のフローが最も多い企業が、勝利を収める可能性が高い。これについては、すでにヨーロッパのスマートカード（ICカード）の例を取り上げた。最初は公衆電話でしか使えなかったが、小銭替わりに使えるため、他の小口の取引でもすぐに利用されるようになった。将来的には、本人確認・認証など、様々な応用が期待されている。このスマートカード商戦では、ビザ、マスターカード、アメリカン・エキスプレスがすでに陣取り合戦を始めている。どの陣営が勝つにせよ、採算を取りながら顧客を攻撃的に買い取れるのは、スマートカードの保有者という納入基盤から最も効果的に様々な収入フローを引き出すアイデアを思いついた企業だろう。業界最大の顧客基盤を築くのは、そうした企業だ。

新しい技術には、納入基盤の構築に先行投資する旗振り役が必要だ

期待の管理

期待は、消費者が新しい技術を購入するかどうかを決める上で、カギを握る要素になるため、

全力を挙げて管理したほうがいい。既存の大手企業が新技術の台頭に歯止めをかけようと手を尽くすように、新技術を生み出す新興企業も、信頼獲得に手を尽くすのである。

まだ開発中の製品を発表して、ライバル製品の買い控えを促す「ベイパーウェア」戦術（vaporware＝「幻の製品」）は、期待に働きかける古典的な手法といえる。米司法省が起こしたマイクロソフトの反トラスト法訴訟で、スポーキン判事が和解案に難色を示した際、理由の1つに挙げたのが、このベイパーウェアへの関与だった。これは1994年の話だが、それ以前にもIBMが同じ戦術で提訴されている。もちろん、「悪質な発売予告」と、単なる発売の遅れを線引きするのは容易ではない。特にソフトウェア業界では、発売が遅れることが多く、表計算ソフトのロータス（Lotus）とデータベースソフトのアシュトンテイト（Ashton-Tate）は、発売延期を繰り返したため、「合併して証券コードを『LATE』（遅い）にしたらどうか」という冗談が業界内で飛び交ったほどだ。また、1997年後半、マイクロソフトが「ウィンドウズ98」の発売を1998年第1四半期から第2四半期に延期すると発表した際、同社の株価が5・3％急落したことも、多少の皮肉を込めて指摘しておきたい。

最もあからさまに期待を管理する手法としては、味方を集めて、いかにこの商品が支持されているか（もしくは今後支持を集めるか）を大々的に宣伝する作戦がある。サンは、Java連合の参加企業一覧を掲載した全面広告を出すなど、派手な演出でＪａｖａの味方集めに動いている。これはネットワーク外部性の強い市場で、期待の管理がいかに重要かを物語る事例だ。ワードパーフェクトも「マイクロソフトのワードは世界で最も広く使用されているワープロソフト」という広告の差し止めを求めるため、訴訟まで起こした。書店大手のバーンズ&ノーブルも同じで、「世界最大の書店」というアマゾンの主張は誤解を招くと訴えている。

戦いに勝利した後は

話を戦場から戦利品に移そう。標準化戦争で実際に勝利を収めた後は、どのように事を進めるのがベストなのか。おそらく、勝利を手にするために、オープン性の約束や、様々な味方との取引など、一定の譲歩をしているはずだ。もちろん、約束は守らなければならないが、戦略を練る余地は、まだ大いに残されている。今日のハイテク世界では、戦いが本当に終わることはない。深呼吸をして、次の動きに備えよう。

勝って兜の緒を締めよ

技術は進歩する。次世代の技術には常に警戒が必要だ。思わぬ方向から新しい技術が現れる場合もある。あの生き馬の目を抜くマイクロソフトでさえ、社会現象となったインターネットへの対応が遅れ、慌てて主力事業の防衛に動いている。

特に、先制攻撃を通じてある世代の技術を制覇した時は要注意だ。先手を打った場合は、たいてい技術面で妥協しており、互換性のない技術を投入する「レボリューション」戦略を仕掛けられる可能性が大きく高まる。携帯情報端末（PDA）の市場を切り開いたのはアップルだが、PDAを完成させたのは「パーム・パイロット」を開発したUSロボティクスだ。上級ユーザーがライバル製品に魅せられれば、市場での地位が揺らぎ始め、あなたのネットワークの価値も下降線を辿る恐れがある。

先に動いたために、その後の柔軟な対応が難しくなるというリスクは、フランスのオンライン・システム「ミニテル」の例をみればわかる。フランスは、ミニテルという広大なコンピューター・ネットワークを構築し、1980年代までオンライン取引で世界のトップを走っていた。このネットワークをスポンサーとして管理しているのが、フランステレコムだ。まだインターネットの存在があまり知られておらず、利用者も今よりずっと少なかった頃、フランスでは、何百万人もの人が、このミニテルを通じて、情報を取得し、安全なオンライン取引を行っていた。現在、ミニテルの国内利用者は3500万人以上、加盟店は2万5000社を超える。これだけ多くの加盟店が集まったのには、わけがある。ユーザーは商業サイトを訪れるごとに、フランステレコムに手数料を支払うが、この手数料の一部が加盟店の収入となるのである。言うまでもないが、このビジネスモデルは、現在のインターネットとはかなり異なる。

だが、ミニテルのシステムは、インターネットに見劣りするようになってきた。そして、フランスでは、インターネットの普及が遅れているのである。1970年代にワープロ専用機に投資した企業が、1980年代になっても、なかなか汎用性の高いパソコンに移行できなかったのと全く同じで、フランスでは、インターネット端末への投資が進んでいない。同国でインターネットを利用しているのは、全人口のわずか3%前後。アメリカの推定20%、イギリス・ドイツの9%をはるかに下回る。ウェブサイトを開設しているフランス企業は全体の約15%。アメリカは約35%だ。フランス政府は1997年8月になってようやく、将来進む道はミニテルではなく、インターネットであること——インターネットはアメリカの文化帝国主義の道具ではないことを認めた。フランステレコムは現在、ミニテルとインターネットの両方を利用できる次世代ミニテル端末の導入を計画している。

この事例から何を学べるだろうか。フランスでインターネットへの移行が遅れている背景には、他の場面でもよく見かける2つの理由がある。第1に、フランステレコムと加盟店には、ミニテルから得られる収入のフローを手放したくないという思いがある。気持ちはわかるが、これは納入基盤を食いつぶすという決断であり、その点を意識する必要がある。納入基盤から搾取することが作戦として正しい場合もあるが、それはきちんと計算した上で決断すべきであり、やみくもに推し進めるべきではない。第2に、フランスの消費者がインターネットに移行するには、相当な「集団の乗り換えコスト」がかかるが、乗り換えに伴うカスタマーバリューの増分は、例えばアメリカの消費者と比べると少ない。フランスでは、ミニテルが成功を収めたからこそ、インターネットの魅力が低下したのである。

戦略的な観点で言えば、新しい技術には、移行の道のりやロードマップ（工程表）が必要だ。旧バージョンとの互換性にこだわり、いつまでも技術が改良されないようなら、いずれ追い抜かれる。硬直化は死を意味する。桁外れの巨大な納入基盤を築いたなら話は別だが、それにしてもいずれは先細りしていく。

新興企業の攻勢をかわすため、顧客に移行の道のりを用意する

ポイントは、次世代の技術を予測し、吸収して自分のも

のにすることだ。次の脅威に備えて全方位に目を配る。消費者は、性能が著しく改善しない限り、互換性のない新技術には乗り換えない。この点をうまく利用しよう。マイクロソフトは、この「外部から採り入れて発展させる」戦術の達人であり、改良を予測・模倣して、主力製品に組み込んでいる。成功したために身動きが取れなくなるというパターンはまずい。納入基盤に配慮するあまり後方互換性を断ち切れなければ、新興企業からレボリューション戦略を仕掛けられる。第7章で取り上げたが、データベース市場でこの罠に陥ったのが、アシュトンテイト社だ。ボーランドや、その後はマイクロソフトからも「パラドックス」「フォックスプロ」というはるかに優れた製品を突き付けられた。ロードマップ（工程表）では「絶えず改良されていく技術」へのスムーズな移行の道のりを顧客に示す必要がある。たとえ最先端ではなくても、最先端に近い技術を提供しよう。

既存の納入基盤との互換性の維持がネックとなって、技術をなかなか改良できない場合は、古いバージョンを使っている顧客に、（最新版でなく）何世代か前の比較的新しいバージョンを無償（もしくは割引価格）で提供するという手がある。この戦略には、様々なメリットがある。（1）かなり古いバージョンを使い続けているユーザーは「最新の付属機能など必要ない」と感じており、最新版を買う可能性は低い。（2）無償で「部分的な」アップデートを提供すれば、一部の顧客が商品への愛着を取り戻す可能性もある。（３）「バージョン・クリープ」（バージョンのずれ）を減らせば、サポートコストを節約できるし、顧客への対応上、互換性を維持しなければならない旧バージョンが増えていくという製品開発上の束縛も和らぐ――。昔のバージョンとの互換性を維持するため、性能面で妥協すれば、ライバルがその間に要求度の高いユーザーを取り込んで、納入基盤を構築してしまう。嬉しいことに、インターネットの普及で流通コストが劇的に下がったため、この「遅れてアップグレードさせる」戦略は、以前にも増して展開しやすくなってきている。また、この戦略は、第３章で取り上げたソフトウェアのバージョン化戦略とも見事に連携がとれる。

マイクロソフトは、ウィンドウズ95への移行で、この問題をうまく乗り切った。ウィンドウズ95は、丁寧な言い方をしても「クラッジ」（異質なシステムを寄せ集めた間に合わせの製品 kludge）であり、顧客が持っている古いプログラムとの互換性を維持するため、ウィンドウズ環境でＤＯＳのプログラムを動かせるよう、特殊な応急処置が至る所に施してある。この一般家庭向けの「ウィンドウズ95」をプロフェッショナル版の「ウィンドウズＮＴ」に近づけ、最終的には１つの製品に統合する――少なくともユーザーインターフェースを１つに統一する――というのが「ウィンドウズ98」の構想だ。もっとも、第３章で述べた様々な理由から、Ｏ

Sを機能別にバージョン化する戦略も、並行して展開するだろう。

補完的商品をコモディティー化する

戦いに勝利した後は、自分のネットワークの活力と健康を維持しよう。そのためには、自社で開発した商品だけでなく、補完業者が開発する商品にも気を配る必要がある。自分が運営するネットワークの業界トップの座を守りながら、活力と競争がみなぎる補完的商品の市場を育成することが課題となる。

これは、そう簡単にはいかない場合もある。アップルは、デベロッパー（アプリケーションソフトの開発業者）への対応で、方針転換を繰り返している。当初は、コンピューター事業に専念し、アプリケーションの開発は外部に任せる方針だった。その後、アプリケーションの開発子会社クラリスを設立したが、外部のデベロッパーとの関係が悪化したため、今度はクラリスを分離・独立させた。その後は——といった具合で、方針が定まらない。

マイクロソフトも、同じ課題に直面したが、少し異なる戦略を取った。デベロッパーが成功すると、買収してしまうのである！（ただし、必ずしも思惑通りに行くとは限らない。インテュイット社の買収は司法省に阻止された）。今の新興ソフトウェア会社の間でも、同じ構造の事業戦略が幅を利かせている。「製品を開発して、新しい市場を制覇し、マイクロソフトに買収してもらおう」——。

補完的商品の市場については、介入を避けて競争を維持したほうがいいというのが、筆者の考えである。補完製品の市場に参入するのは（1）自社の主力製品と、隣接する商品を統合することで、カスタマーバリューが高まる場合（2）自分が参入すれば競争が激化し、価格を低く抑えられる場合——の2つのケースに限るべきだ。インテルのように大成功を収めている場合は、補完的製品のイノベーションを促し、成長を後押しすることが課題となる。

統合でカスタマーバリューが高まる場合のみ、隣接市場に参入する

自分の納入基盤と戦う

たとえ外部の脅威がない場合でも、「自分の納入基盤との戦い」で、性能の向上が必要になるケースもある。自分の情報製品・情報技術の市場が、飽和状態に近づき始めたら、どうやって成長を維持するのか。1つには、イノベーションのペースをさらに上げるという手がある。インテルは、ハードウェアの買い替えサイクルを縮めるため、補完的商品のハード面の性能向上

や、高い処理能力を必要とするアプリケーションの開発を進めている。自分の納入基盤との戦いは、耐久財メーカーにとっては、目新しい問題ではない。ピアノ大手スタインウェイの最大のライバルは、スタインウェイ製の中古ピアノだ。

納入基盤を拡大した後も成長を続けるには、値引きという手もある。市場に残っている相対的に支払い意欲の低い顧客——購入を先送りすることで支払い意欲の低さを露呈している顧客——をかき集めるのである。第2章と第3章でみた通り、これは巧みな戦略といえるが、注意点がある。第1に、すでに市場に浸透している定番商品の値下げと、標準化戦争の浸透価格戦略は、別物だ。第2に、すでに普及している定番商品を定期的に値下げすると、消費者が値下げを待つようになるかもしれない。重要なのは、既存の顧客から得られる利ざやを縮小せずに市場を広げられるかどうかだ。

この問題は、経済学では「耐久財の独占」問題として以前から認識されている。先にノーベル経済学賞を受賞したロナルド・コースが25年前に指摘したことだが、耐久財メーカーは、自社の商品が一通り売れてしまうと、市場を広げるため、値下げを繰り返すようになる。そうなると、消費者は値下げを期待し、値下げがあるまで購入を見送る——。これがコースの推論だ。この指摘以降、経済学では、こうした値下げに伴う利益率の悪化を防ぐ様々な戦略が研究されてきた。コースが指摘した問題は、耐久性が極めて高い情報やソフトウェアなどの商品では、特に深刻な課題となる。

この「耐久財の独占」問題を解決する処方箋の1つとして挙げられているのが、商品を売るのではなく貸すという手法だ。CPUやプリンターでは、この戦略はなかなか使えないが、技術を急速に発展させれば、結果的に同じ目標を達成できる。2～3年で旧式化する製品なら、中古品はその後の新製品の販売を大きく脅かす存在にはならない。だからこそ、インテルをはじめとする半導体メーカーは、脇目も振らず高速化を急ぐのである。ソフトウェア業界も同じだ。CAD（コンピューター支援設計）ソフト大手のオートデスクなど、特定の分野で高いシェアを誇る企業でさえ、ソフトの改善を怠れば、安定した収入は期待できない。

全員に売ってしまったら、品質を改善してアップグレード版の販売を促す

自分の地位を守る

自分の地位を守る上で効果が期待できる防衛策は様々ある。だが、これは独占禁止法上の制約が、最も厳しい分野だ。反競争的な行為を通じた「独占の維持」は、違法なのである。この制約については、第10章で詳しく説明することにしよう。

防衛策として1つ挙げられるは、重要な補完業者を終始優遇するという手だ。例えば、任天堂は、人気ゲームの開発企業を積極的に取り込み、商品力を武器に強力な販売網を構築した。だが、取引先・流通業者にライバル社との取引を禁じれば、違法行為に問われかねない。例えば、花屋のネットワークであるFTDは、FTDとだけ取引する花屋に値引きしていたが、司法省の指摘を受け、この商慣行を撤回した。FTDは生け花配達市場でトップの座にあるため、「準排他的な取引を通じて、独占に近い状態を維持している」と判断されたのである。チケット販売大手のチケットマスターも、スタジアム、コンサートホールなどの会場と排他的な契約を結んだとして、徹底的な調査を受けた。マイクロソフトも、排他的なライセンス契約と同じ効果を持つ契約をOEMメーカーと結んだとして、司法省から提訴されている。

もう少し無難な防衛策としては、特許侵害や著作権侵害で訴えられないようあらかじめ手を打っておくという対応が考えられる。もちろん、これにしても全くリスクがないわけではない。だが、自分のネットワークに加入したいという企業に対して、ネットワークを台無しにするような特許侵害訴訟を起こすな、とくぎを刺しておくことは、非常に理にかなっている。マイクロソフトは、ウィンドウズ95の発売に際して、この戦術を取った。「マイクロソフトからライセンス許諾を受けた者は、ソフトウェアの特許を理由にウィンドウズ95の出荷を妨げてはならない」とする条項をOEMとの契約に盛り込んだのである。インテルも、オープン仕様のライセンス許諾を求める企業に対して、「関連技術の使用を禁じる特許を保有している場合は、他の参加者にも無料でライセンスを許諾すること」をたいていのケースで求めている。こうした「両サイドのオープン」戦略を取っておけば、後になって多額の損害賠償を求められるリスクを回避でき、安心して新しい仕様を導入できる。

納入基盤を活用する

強力な納入基盤を築き上げたら、それを活用して隣接する製品市場に進出するというのが、競争戦略の基本だ。例の「カギを握る資産」を活用して、他社にはない強みを発揮し、隣接市場でカスタマーバリューを創出するのである。こうした納入基盤の活用法については、第6章で論じたが、ネットワーク型経済を踏まえると、他にも新しいアイデアが浮かぶ。例えば、インターフェース（出入り口）を握っているなら、市場の覇権をインターフェースのこちら側からあちら側にも広げられる場合があるだろう。

ただし、自制心を失ってはならない。この章で先ほど指摘したように、隣接する補完的製品の市場については、市場の制覇を目指すよりも、健全な競争を促して自社の主力製品の需要を喚起したほうがよい場合もあるだろう。また、隣接する商品を販売している企業を買収する場合は、2つの製品を同じ会社に統合することで本当に相乗効果が得られるか、しっかり検証すべきだ。ただ単に、企業帝国を広げたいという野心に駆られてはならない。納入基盤の「活用」にしても、垂直統合にしても、やはり法的な制約に見舞われる場合がある。例えば、メディア大手のタイム・ワーナーが、CNNを保有するターナーを買収した際には、CNNのライバル局をケーブルテレビ放送から排除しないという条件を連邦取引委員会から突き付けられた。

納入基盤を活用して、地理的な拡大を図るという手もある。地理的な拡大は、伝統的な財やサービスでは常套手段だが、ネットワーク型製品にも応用が利く。自分のネットワークを地理的に拡大する場合は、ある地域の納入基盤が、別の地域に進出する上で競争上の強みになるかを考えよう。また、自分よりも強い敵がいる地域に相互通行の橋をかければ、敵地に送り込む軍勢よりも、攻め込んでくる軍勢のほうが多いということになる。

連邦通信委員会は、旧来の携帯電話技術の後継となるPCSサービス（日本のPHSに類似したサービス）の周波数帯域入札を実施したが、このケースでは、地理的な拡大に大きな効果が見込めた。ミネアポリス市で携帯情報端末（ＰＤＡ）サービスを展開している企業が、隣接するセントポール市でもサービスを展開できれば、競争上優位に立てる。このため、ある都市でシェアトップの企業は、隣接する都市の入札では何とかライバルに競り勝とうとする。この入札をめぐっては、応札企業が互いに不利益となる応札額の吊り上げを避けるため、一番手に入れたい都市の名前を入札書に「暗号化」して盛り込んだ疑惑が浮上しており、現在、司法省が調査を進めている。だが、ここで説明したいのは入札の戦略ではない。ネットワークの地理的な拡大が、大きな収益源になることを改めて指摘したいのである。ネットワークが広がれば、新しい顧客が生まれるだけでなく、既存の顧客にとってもネットワークの価値が高まる。

常に先を行く

例えば、特許や著作権がなく、技術を直接コントロールできない場合、どのように競争上の強みを確立すればよいのだろうか。納入基盤や特許を直接コントロールできなくても、他の要素をうまく活用すれば、外部の支持を集めながら、自分が望む技術を標準規格にできる可能性がある。

開発部門が優秀なら、現時点での技術のコントロールを放棄する「オープン戦略」を通じて（ロイヤルティーをごくわずかに設定するなど）、標準化の流れをつくり、将来の改良・拡張については自社で厳しくコントロールするという手が考えられる。今後その技術がどう発展していくか、他社よりも詳しく把握しているなら、そうした情報面での強みを生かして、味方の支持を失うことなく、将来の貴重な権利を手に入れることが可能だ。ＩＢＭはパソコンのオープン化を決断したが、将来何が重要な資産になるか見抜けなかったため、パソコン市場をコントロールできなくなった。今となっては明らかなもの（ＯＳの設計、土台となるＣＰＵの製造）以外にも、ＩＢＭが重要性を見抜けなかったものはある。パソコンとモニターのインターフェースを例に挙げよう。ＩＢＭは１９８０年代にまず４つの規格を開発した。ＭＧＡ（Monochrome Graphics Adapter）、ＣＧＡ（Color Graphics Adapter）、ＥＧＡ（Enhanced Graphics Adapter）、そして１９８７年のＶＧＡ（Video Graphics Adapter）だ。だが、ＶＧＡを開発した頃には、規格をコントロールできなくなっており、１９９８年頃のスーパーＶＧＡで、規格の分裂が始まった。その後、ＶＥＳＡ（Video Electronics Standards Association）規格の登場で、標準化作業はＩＢＭの手を完全に離れた。ＩＢＭがモニターの解像度の発展を予測していれば、何らかの対策を通じて、パソコンの普及に水を差さずに、インターフェース規格を決める権利を保持できていたかもしれない。

自分の技術に対するコントロールを少なくとも一部取り戻す上で、貴重な戦術となるのが、専有権のある拡張を加えるという手法だ。今コントロール戦略を実行できなくても、技術が上昇気流に乗り、なおかつ、有意義な改良や拡張をいち早く市場に投入できれば、ある程度まで後からコントロールを取り戻すことができる。

専有権のある拡張を加えて、技術を改良する

こうした戦略は、会社が成功を収めすぎると、実行が難しくなる場合がある。自社商品が大ヒットした結果、今の需要を満たすだけで精一杯になり、将来の研究開発投資まで手が回らなくなるというパターンだ。この問題はシスコで起きた。次の世代のネットワーク機器にすべてのエネルギーが注がれ、長期的な視野で研究をする余裕がなくなったのである。シスコのように成功を収めた企業なら、シスコの真似をすればいい。利益の全額を投じて、次世代製品の開発先を見定め、買収するのだ。同社のジョン・チェンバース最高経営責任者（CEO）が言うように「シスコは研究などしていない。研究を買っている！」。

補完業者だけでなく、場合によってはライバルにも、規格の開発に参加してもらおう。ただし、条件を決めるのはあなただ。自分で条件を決められるなら、クローン（互換機）の生産を認めてもいい。アップルのクローンメーカーへの対応は二転三転したが、それでは駄目だ。

ネットワークの門戸は、閉ざさないように。ただし、アクセスを認める場合は、ライセンス料という形で十分に課金し、ライバルの参加で売り上げが目減りしても、採算が取れる体制を整える。売り上げの目減りという機会費用を踏まえて、アクセス料＝ライセンス料を設定しよう。

戦いに敗れたら

戦いに敗れたら、どうなるのだろう。挽回は可能なのだろうか。

答えは、「挽回」をどのような意味にとるかで変わってくる。普通、ライバルがとんでもない失敗でも犯さない限り、すでに普及している同等の技術から主導権を奪うことは不可能だ。だが、ネットワーク外部性が決定的な威力を発揮しているのでなければ、ニッチな市場は守れる可能性がある。また、次の世代の技術でトップを目指す準備を整えることは、いつだって可能だ。

アタリ、任天堂、セガ、ソニーが良い例だ。アタリは、第1世代のビデオゲーム市場を制覇した。第2世代の8ビットシステムを制したのは任天堂。セガはいち早く16ビットシステムを投入して攻勢をかけ、ソニーは64ビットシステムで任天堂と互角の勝負を繰り広げている。第1ラウンドで負けたからといって諦める必要はない。特に、後方互換性が決定的に重要でない場合はそういえる。

問題は、1回負けた場合、自分の顧客にどう対応するかだ。たとえ小さな納入基盤であっても、顧客を孤立させれば、後々まで評判に傷がつきかねない。IBMが1980年代半ば、「PCjr」（PCジュニア）に見切りをつけた際に心配したのはこの点だった。消費者の好感度は重要極まりないし、たとえ次世代の製品を投入するまで大きな売り上げが期待できないとしても、市場でのプレゼンスを維持することが、顧客対応・ブランド認知の上で不可欠になる場合もある。アップルも、新OS「OS X」の開発でこの問題を抱えている。同社はOSを劇的に改善したいと考えているが、どうすれば既存の熱心なファンとの互換性を維持しながら、改良を図っていくことができるのか。

アダプターと相互接続

勝負に負けた場合、どうするか。効果が実証済みの穏当な作戦として挙げられるのが、アダプター（補助装置）などを追加して、相対的に大きなネットワークに相互接続するという手法だ。弱みを見せることになるかもしれないが、自分よりはるかに巨大なネットワークとつながることでネットワーク外部性が高まるなら、耐え忍ぶ価値はある。この点は、休戦交渉について論じた際に触れた。立場が弱い場合は、交渉を通じて、自分より大きなネットワークに相互接続する権利を勝ち取る、という単純な戦略である。

第1の関門は、アダプターをつくる権利を取得できるかだ。相手が大きなネットワークの場合、アダプターの製造さえ許されない場合がある。アタリは、任天堂のカートリッジを利用できるアダプターを自社のゲーム機に搭載できなかった。ネックになったのが知的財産権だ。任天堂のカートリッジには、ライセンス契約をしていない製品を締め出すロックアウトチップが搭載されているのである。だが、ドアをこじ開けてネットワークに接続できるケース、少なくともそれを試してみることが可能なケースもある。ディスカバーカードは、ビザカードを発行する権利を取得したいと考えた。アメリカン・エキスプレスも、アメックスが使えない加盟店でビザカードとして使えるカードの発行に期待を寄せた。ディスカバーはビザを提訴したが、ビザカードの発行は認められなかった。ところが、カナダでは、巨大なATMのネットワークである「インタラック」が、非加盟銀行による相互接続を迫られた。アメリカの電話産業でも、連邦通信委員会（FCC）が至れり尽くせりのルールを導入しており、新興の電話会社が既存の独占企業の電話網に相互接続できる体制が整いつつある。

小さなネットワークが互換性の確保を画策した最も有名な訴訟が、表計算ソフトのボーランドとロータスの争いだろう。当時高いシェアを誇っていた「ロータス1-2-3」に対抗してボーランドが投入した「クアトロプロ」は、ロータスのファイルがインポートできただけでなく、ロータスのメニュー構造を一部模倣していた。ロータスは著作権侵害でボーランドを提訴し、最高裁まで争われたが、判断が真っ二つに割れたため、高裁の判決に基づき、ボーランドが勝訴した。この訴訟では、模倣がどこまで許されるのか法的に不透明であることが浮き彫りになった。ネットワーク型産業で特許や著作権の利用はどこまで許されるべきか。司法界は、今もこの問題に取り組んでいる。

戦いに敗れたら、ニッチ市場を狙うか、大きなネットワークとの相互接続を目指す

「アダプター」の例は多岐に渡る。別のプログラムからのデータの変換も、アダプターの一種といえる。複雑なプログラムの場合は、トランスレーター（翻訳装置）やエミュレーター（模倣装置）が同じ役割を果たし得る。コンバーター（変換装置）は、一方通行の場合も双方向の場合もあり、戦略的に活用できる。「ワードパーフェクト」と「ワード」の例を取り上

げよう。ワードパーフェクトはシェアが低く、今後、大幅なシェア拡大も見込めないため、双方向の互換性が好都合だ。ワード形式のファイルをインポートでき、なおかつ、ファイルをワードで読み込める形式でエクスポートできれば、ワードパーフェクトの購入・アップグレードを望む消費者は増える。これまでのところ、ワードでは、ワードパーフェクト形式のファイルをインポートできるが、マイクロソフトがこの機能を停止すれば、ワードパーフェクト側は、エクスポートの際にできる限り情報が失われない機能を開発する必要に迫られるだろう。

アダプターの開発が技術的・法的に可能な場合、最大の問題になるのが、性能の劣化だ。以前は処理能力が上がれば、エミュレーターの開発が容易になると言われていたが、これは間違いだった。タスクも複雑さを増しているのである。

普及度の低い技術は、どのように互換性を確保すればいいか。ディジタル・イクイップメント（ＤＥＣ）のＭＰＵ「アルファ」の例が参考になる。アルファの処理速度は、インテルの最速ＭＰＵを一貫して上回っている。アルファはサーバーに搭載されているが、サーバーの市場規模は、デスクトップ市場・ワークステーション市場を大幅に下回る。さらに、インテル搭載システムと比べると、ＤＥＣのシステムは価格が格段に高い。この結果、アルファは技術的に優れているにもかかわらず、１９９６年の販売は30万個と、インテルの６５００万個に遠く及ばない。DECは「製品は優れているが、ネットワークは小さい」という苦しい立場に追い込まれているのである。DECも危機感を募らせており、現在、インテルの（バーチャル）ネットワークと相互接続できないかと模索している。同社はエミュレーターを開発して、アルファがインテルのアーキテクチャー（基本設計）と同じように動く環境を整えたが、エミュレーターではスピードが低下し、性能面の強みが大きく失われる。DECとマイクロソフトは1998年1月、アルファ搭載システムの性能を改善するため、法人向けコンピューター分野の提携強化を発表。ウィンドウズNTサーバー製品は、今後アルファ搭載版とインテル搭載版が同時にリリースされる予定だ。また、アルファ、インテル両搭載システムについて、ウィンドウズNTのアプリケーション・デベロッパーにソースコードの互換性を提供していくことでも合意した。アルファ搭載システム向けのアプリケーションを「エミュレーション・モード」よりも高速の「ネイティブ・モード」で動かせるアプリケーションの開発が格段に容易になる。

ソフトウェア分野のアダプター、コンバーターも、不完全極まりない。「ワードスター」のファイルを「ワードパーフェクト」形式に変換し、それをさらに「ワード」形式に変換すると、バグが発生するという話は有名だ。この例はともかくとして、消費者がトランスレーターやエミュレーターを警戒するのは正しい。性能面への懸念もあるし、変換ソフトでどこまで本当に互換性が維持できるのかという懸念も潜んでいる。インテルとモトローラのアーキテクチャーの違いや、ｄＢａｓｅとパラドックスのデータベースの違いに頭を抱えているユーザーを思い起こせばいい。

市場シェアの低下にアダプターで対応した企業の好例がアップルだ。同社は、１９８０年代半ばに、ＤＯＳ対応機やウィンドウズ機でフォーマットしたフロッピーディスクを読み込めるディスクドライブを採用。１９９３年には、Ｍａｃ用ソフトだけでなく、ＤＯＳ用・ウィンドウズ用ソフトも動かせるインテル「４８６」搭載マシンを発売した。だが、アップルの事例では、アダプター戦略の根底にある深い苦悩も浮き彫りになった。アダプターを採用すれば、カスタマーバリューは（ある程度）上がるが、劣勢のネットワークへの信頼は揺らぐのである。

最後に、大きなネットワークが、互換性を阻むためにインターフェースの仕様を変更することがあるが、これは慎重を期したほうがいい。メインフレーム市場でこの戦略をとったＩＢＭは、批判を浴びた。確かに、これは先のセクションで勝ち組向けの戦略として示唆したものだが、あくまでも新しい仕様が本当に優れていることが条件であって、単に競争を排除するための仕様変更であってはならない。

サバイバル価格の設定

第2章で見た通り、情報製品は生産の限界費用がゼロに近い。このため、価格をかなり割安に設定しても、コスト（の増分）を十分カバーできることになる。そのため、ネットワーク型産業で競争に負けた企業は、値下げで挽回できないかと考えることが少なくない。本書では、この戦術を「サバイバル価格の設定」(survival pricing)と呼ぼう。

この戦術は、やめておいたほうがいい。勝算が低く、弱みを露呈することになるし、この戦術で大成功を収めた事例は、なかなか見当たらない。本書の冒頭で取り上げた『ブリタニカ大百科事典』と『エンカルタ』のケーススタディーを振り返れば、参考になるだろう。

サバイバル価格の設定は、効果が期待できない。弱みを見せるだけだ

コンピュータ・アソシエイツは、家計簿ソフト「シンプリー・マネー」を無償配布したが（郵送費・手数料6・95ドルを除く）、効果はなかった。無償配布後も「クイッケン」や「マネー」との競争で上昇気流に乗れなかったのである。ただ、ユーザーの名前など貴重な個人情報を入手できたため、全くの大損に終わったともいえない。IBMは「OS／2」をわずか50ドルで販売したが、結果はご覧の通りだ。「ロータス1-2-3」と「マイクロソフト・エクセル」のはざまで苦戦していたボーランドは、1

993年、「クアトロプロ」の大幅な値引きに踏み切った。

問題は、ソフトの導入・トレーニング・サポートのコストと比べると、購入価格は小さな要素にすぎないという点だ。法人ユーザーは、ソフトの価格が49・95ドルか99・95ドルかよりも、どのソフトが主流になるかをはるかに気にかけていた。これは個人ユーザーでさえそうだった。熾烈な価格競争を仕掛けたボーランドは、表計算ソフト市場でロータス、マイクロソフトに大きく水をあけられていた。上位2社は、値下げには追随しない方針を表明。ロータスのマーケティング担当バイスプレジデント、フランク・インガリは、ボーランドを「二流企業」と切り捨て、49ドルという価格設定を「最後のあがき」と言い放った。

流れが自分に不利なってから値下げする「サバイバル価格の設定」は、新しい市場を開拓するために値下げする「浸透価格設定」とは区別すべきだ。ボーランドは1980年代初期に、ソフトウェア開発システム「ターボ・パスカル」で、浸透価格設定を巧みに利用した。マイクロソフトなど、コンパイラーの開発会社は、初めのうちターボ・パスカルを無視していたが、後になって大いにうろたえたのである。

訴訟

何をやっても駄目な場合は、訴訟を起こす。というのは冗談だが、もし大手がオープン化を約束しておいて、それに違約した場合は「おとり商法」だと訴えるべきだ。第6章で取り上げたコダックの最高裁訴訟で画期的な判決が出たため、この線に沿って反トラスト法訴訟を起こす道が開けた。実際、多くの企業が行動を起こしている。必須特許のロイヤルティー徴収をめぐって、連邦取引委員会（FTC）がデルコンピュータを提訴した問題も、オープン性の約束違反というカテゴリーに入るだろう。こうした問題は、いずれも先に指摘した点と符合する。可能であれば、曖昧な部分を残さぬよう前もって自衛策を講じておく。そうでなければ、標準化戦争に突入するシナリオを真剣に検討することだ。

クライマックス
——マイクロソフトとネットスケープの戦い

ここまで、どうすれば標準規格を戦略的に確立できるかを論じてきたが、ここで、近年最も耳目を集めた事例の1つを取り上げ、本書の枠組みを当てはめてみよう。マイクロソフトとネットスケープの「ブラウザー戦争」である。この標準化戦争は、世間の注目度が非常に高く、争いが緊迫した局面では、クリントン大統領がネットスケープのジェームズ・L・バークスデール最高経営責任者（CEO）に今後の戦略を問い合わせた、とビジネスウィーク誌が報じている。「この争いがいかに重要かは、大統領でさえ注視したという事実からも窺える。この戦いは、インターネットの精神そのものだ」*。

一方のコーナーには、インターネット・ブラウザーという概念そのものを広めたインターネットのパイオニア、株式市場の寵児、今なおブラウザー市場を牛耳るネットスケープ・コミュニケーションズがいる。もう一方のコーナーにはハイテク界の巨人、世界最大のソフトウェア会社、デスクトップ市場に君臨し、インターネットの波に乗ろうと虎視眈々と身構えている、あの他でもないガリバー企業マイクロソフトがいる。

マイクロソフトは、過去3年間、全力を挙げてネットスケープを追撃し、「ネットスケープ・ナビゲーター」から「インターネット・エクスプローラー」への乗り換えを促してきた。双方とも、競争力のある資産を相当つぎ込んでいる。マイクロソフトが攻撃を仕掛けた時点では、ネットスケープには比較にならないほど優れた製品と、製品に満足している顧客という大きな納入基盤があった。だが、マイクロソフトには、ブランド名と、次々にアプリケーションソフトを制覇していった実績、土台となるOSの支配権、無限とも思える資金力があった。

本書でここまで取り上げてきたステップを踏んでいこう。

まずは、ブラウザー市場で正のフィードバックがどこまで重要かを考える。ブラウザーのユーザーの間に強力なネットワーク外部性は働くだろうか。これまでのところ、ネットワーク外部性は穏当なもので、それほど強くない。まず、ブラウザーを使いこなすためのトレーニングは、ほとんど障害にはならない。実際、ネットスケープ・ナビゲーターの魅力の1つは、多くの人が直感で操作できるシンプルさにある。また、ナビゲーター特有のファーマットで「データ」を保存しているユーザーは少ない。むしろ、ナビゲーターは、非常にオープン性の高いHTMLに依存しており、ブックマークのエクスポートもブラウザー間で簡単にできる。したがって、個人の乗り換えコストは高くない。

集団の乗り換えコストはどうだろう。劣勢のブラウザーを使っているユーザーが損をするという強力な力が働いているだろうか。現時点では、そうではない。少なくともこれまでのと

* Hof, Rebello, and Cortese, "Cyberspace Showdown," 34.

ころ、どちらのブランドのブラウザーでも、大多数のウェブサイトを遜色なく閲覧できる。例外がないわけではないので、一定のネットワーク外部性は存在するが、これまでのところ、外部性はまだ弱い。確かに、マイクロソフトが、クライアント＝ブラウザー側でシェアを広げた場合、サーバー用ソフトの高いシェアを利用して、ネットワーク外部性を強化するのではないかとの懸念もある。マイクロソフトが、エクスプローラーに有利な方法で大多数のサーバーに情報を表示させることができれば、強力な正のフィードバックが起きる可能性はある。だが、ウェブサーバー市場で首位に立つアパッチはシェア47％で、完全なオープン規格だ。マイクロソフトとネットスケープのウェブサーバーのシェアは、それぞれ22％、10％となっている。

　実際、ネットワーク外部性が比較的弱いという事情もあって、このブラウザー戦争は、電撃戦ではなく、持久戦の様相を呈している。ネットスケープは、決して難攻不落とはいえない。マイクロソフトも、脱落する気配はなく、特に弱点を補う強みがあるため、1997年は、出荷ベースで約30％のシェアを確保している。

　そもそも、ブラウザー戦争における市場シェアとは何なのか。ブラウザー市場には、製品の購入数量ではなく、利用実績でシェアを測定できるという、いささか珍しい、便利な側面がある。訪問者が利用しているブラウザーをウェブサイト側で判別できるのだ。ネットワーク外部性について考える場合、利用実績は、購入実績よりはるかに重要な要素となる。実際に製品を利用している「アクティブ」な納入基盤が重要なのであり、無償で提供されているが実際には使われていない製品をカウントしても意味はない。最近のデータによると、利用実績ベースのシェアは、ナビゲーターが54%、エクスプローラーが33%だ（3位はMac用の「サイバードック」だが、シェアは5%前後と、上位2位に遠く及ばない）。

このブラウザー戦争は「エボリューション戦略同士の戦い」である。どちらのブラウザーを選ぶにしても、ユーザーの側には、ほとんどコストがかからない。少なくとも現時点では、どちらのブラウザーも、既存のハードウェア、ソフトウェア・システムと互換性がある。もし万が一マイクロソフトがウィンドウズの設計を変更し、ナビゲーターとウィンドウズの互換性を断ち切れば、この戦いは「エボリューション戦略とレボリューション戦略の戦い」となる。だが、司法省が目を光らせている限り、このシナリオが現実のものになる可能性は低いとみられる。

この戦いでは、ほとんどの局面で、先に指摘した標準化戦争の4つの戦術が用いられている。(1)先制攻撃（2）浸透価格の設定（3）期待の管理（4）味方を集める――の4つだ。順に検証しよう。

先制攻撃

ネットスケープは、1995年にナビゲーターを投入し、華々しいスタートを切った。対するマイクロソフトは、スパイグラス社からブラウザー「モザイク」のオリジナル・ソースコードのライセンスを取得し、インターネット・エクスプローラーの投入を急いだ。マイクロソフトの慌てぶりは滑稽なほどで、エクスプローラーは、1996年8月に3・0がリリースされるまでは「全く話にならない代物」との評価がほとんどで、3・0がリリースされた頃には、すでに多くの法人・個人がナビゲーターをインストールしていた。だが、目まぐるしい技術発展に加え、消費者のロックインが事実上存在しなかったこともあり、競争が続く中で、両社はライバルを上回る新バージョンを次々に開発していく。他のソフトウェアもそうだが、新バージョンの投入で販売が急増した後は、次の新バージョン投入まで小康状態が続くというパターンである。

先制攻撃を仕掛けて、相手を出し抜くという戦略は、販売ルートごとに異なる形で展開されている。主な販売ルートは3つ。(1)インターネットや小売店を通じたユーザーへの直接販売(2)OEMメーカーへの販売を通じた新型パソコンへの搭載(3)インターネット接続事業者(プロバイダー)を通じた間接的な販売――である。第1の販売ルートでは、ユーザーは機能に差がなければ、一度ダウンロードしたブラウザーを使い続ける。第2の販売ルートでは、OEMメーカーは新しいパソコンを買った消費者が好みのブラウザーを使えるように、デスクトップに複数のブラウザーのアイコンを並べることができるし、実際にもそうしている。ただし、ここでも先制攻撃は可能だ。OEMメーカーと独占契約を結んで、自社のブラウザーのアイコンをデスクトップに置いてもらう、もしくは他社のブラウザーを搭載しないよう促すという戦略である。これまでのところ、ブラウザーに必要なディスク容量はそれほど大きくなく、複数のブラウザーを搭載することが可能だ。反トラスト局も目を光らせており、マイクロソフトがOEMメーカーと独占契約を結ぶのは危険な賭けとなる。

第3の販売ルートでも、先制攻撃が可能だ。マイクロソフトは、アメリカ・オンライン、コンピュサーブ、プロディジー、AT&T、ワールドネット、ネットコム、MCIなどのプロバイダーと提携し、エクスプローラーを各社の「推奨ブラウザー」に認定してもらった。多くのユーザーは、ブラウザーを選ぶ際、プロバイダーの推奨に従うことが多いため、こうしたバンドリングは、市場シェアに重大な影響を及ぼし得る。だからこそ、司法省はマイクロソフトとプロバイダーの契約を精査した。1998年初め、マイクロソフトは、プロバイダーが他のブラウザーを推奨できるよう契約を改めた。

浸透価格の設定

ネットスケープもマイクロソフトも、浸透価格の達人だ。それぞれ独自の手法でこの戦術を展開している。

先手を切ったネットスケープは、インターネットを通じてブラウザーを無償提供した。第4章で見た通り、インターネットを使えば、コンテンツであれ、ソフトウェアなどのツールであれ、情報製品を極めて効率良く、低コストで配布できる。だからこそ、小売店では説明書付きで49ドルで売っていたナビゲーターを、ネットでは広く無償提供できたのである。もちろん、初めてネットの世界に足を踏み入れる多くのユーザーには、ナビゲーターを使わずにナビゲーターをダウンロードできるほどの知識の持ち合わせはなかった。

ネットスケープは、「プラグイン」の概念を編み出した草分け的な存在でもある。プラグインとは、ナビゲーターの基本機能を拡張するために第三者が開発したソフトだ。ネットスケープは、自社のウェブサイトにこうしたプラグインのリンクを張って、ユーザーがブラウザーを簡単にカスタマイズできる環境を整えた。品質の向上を無償で提供するのは、浸透価格戦術の変形といえる。ネットスケープは、このようにして、自社の技術とつながるソフトウェア・デベロッパーのネットワークを構築していった。

ネットスケープは、一時期、ナビゲーターをダウンロードするユーザーへの課金を試みたこともある。だが、本格的な課金には至らなかった。ナビゲーター4・0について、試用期間中は無料とし、その後、継続利用を望むユーザーには料金を請求するという形にとどめた。1998年初めには、単なる無償提供の枠を大きく超えた策に打って出た。ナビゲーターのソースコードを公開し、無料でナビゲーターを利用できるだけでなく、自由に修正を加えられるようにしたのである。

マイクロソフトのほうは、まずオンラインでエクスプローラーを無償配布した。この戦術は、ネットスケープを追撃する上で、非常に理にかなっていたといえる。しかも、それだけではなく、マイクロソフトは、OEMメーカーやプロバイダーにお金を払って、エクスプローラーを優遇してもらった。ナビゲーターではなく、エクスプローラーを「デフォルト」(既定の)ブラウザーに設定するよう依頼したのである。また、エクスプローラーは「今も、これから先も」無料だと公言した。これは、明らかに期待を管理する試みだ。

なぜ両社は、ここまで積極的に浸透価格戦術を展開するのだろうか。ネットスケープの場合、無償提供の負担は少なくない。同社の「クライアント・ライセンス」収入は、1996年には収入全体の半分以上を占めていたが、1997年第2四半期には40%以下に落ち込んでいる。第2章の話を思い起こせば、1つの可能性として、競争で情報財の価格が限界費用まで落ち込んだことが考えられる。情報財の限界費用は、ごくわずかだ。ただ、これだけでは説明がつかない。両社は明らかに、自社のブラウザーの利用が増えれば、戦略上、長期的なメリットがあると踏んでいる。一体どんなメリットなのか。それが無償配布とどう結びつくのか。この質問に答えるには、お金の流れを追う必要がある。この標準化戦争では、どのような収入の争奪戦が起きているのか。

まず、ネットスケープから始めよう。ナビゲーターを配布すれば、他の製品から収入を得られる。これがポイントだ。例えば、ネットスケープのウェブサイトは、ネット上でも特に訪問者の多いサイトの1つに数えられる。これは、ナビゲーターの利用者6500万人の多くが、ブラウザーのデフォルト設定を変えていないことも影響している。ネットスケープは、この戦略で非常に魅力的な広告プラットフォームを手にした。同社が、自社のウェブサイトをインターネットの一大ポータルサイト（玄関口）にしようと考えているのは明らかだ。こうなると、ネットスケープは、ヤフーやエキサイトの競合企業に近い存在になってゆき、ブラウザー収入への依存度を下げることができる。

それだけではない。ネットスケープは先頃、プッシュ型配信コンテンツの受信ソフト

「ネットキャスター」をリリースした。これは、ブラウザーのコンポーネントの1つとなっており、ナビゲーターをダウンロードする際、ネットキャスター機能を追加するかどうかを選択できる。ナビゲーターとネットキャスターの利用者が増えれば、広告主にアピールできるユーザーの閲覧時間とユーザー数が増える。そうなれば、ネットキャスター上のスペースを高値で販売できる。例えば、ヤフーは先に、ブラウザーのツールバーにある「ネットスケープ・ガイド」ボタンの権利を470万ドルで取得すると発表した。ネットスケープで広告収入の比率が増えているのは、不思議ではない。

ネットスケープは、全く新しいユーザーインターフェースを開発するという壮大なプラン「ネットスケープ・コンステレーション」も準備している。これは、ブラウザーを中心に据えた完成度の高いユーザー環境に他ならない。初期のウィンドウズが、旧式化したDOSとユーザーの間に存在するレイヤー(階層)だったように、この「コンステレーション」も、既存のOS(ウィンドウズ)とユーザーの間に存在するレイヤーとなる。しかも、このユーザーインターフェースは、インターネットへの玄関口にもなる。そう考えれば、このブラウザー戦争は、インターネットユーザーとインターネットの玄関口の座を奪い合う壮大な戦争の前哨戦にすぎない。このインターネットが、マイクロソフトにとって大きな脅威であることは、言うまでもない。インターネットへの出入り口を他社に抑えられてしまえば、デスクトップの覇権など、どうでもよくなる。

マイクロソフトのほうも、ブラウザーの「周辺」から生じる収入フローの強化を狙っている。先ほど指摘したように、マイクロソフトは単体のブラウザーに課金するつもりは一切ないと明言している。ブラウザーをOSと統合し、ウィンドウズ95のユーザーインターフェースを、今の単体のブラウザーのユーザーインターフェースにぐっと近づけるというのが、同社の構想だ。そう考えると、マイクロソフトがなぜ、エクスプローラーのユーザーという納入基盤の構築にこれだけ進んで多額の投資をするのかが見えてくる。納入基盤を築けば、ウィンドウズ98への移行が楽になるし、ユーザーインターフェースの覇権争いでネットスケープの攻勢をかわしやすくなる。ユーザーインターフェースの支配権は、貴重極まりない。これさえあれば、マイクロソフトは、情報化時代の最も貴重なアイテム――「人々の関心」を手に入れられる。実際、マイクロソフトがブラウザーを利用してオンライン取引を支配するのではないかという不安は広がっており、これが同社の弱点の1つになっている。こうした不安をさらに煽るかのように、マイクロソフトのネイサン・ミアボルド最高技術責任者（CTO）は、同社の技術を利用したすべてのネット取引から「寺銭」を取りたいと発言したが、議会証言に出席したビル・ゲイツは、会社としてそのような目標は持っていないと否定している。

期待の管理

ネットスケープは先頃、最大1億台のデスクトップ・コンピューターに自社のブラウザーを搭載する計画を発表。提携先100社が自社商品とナビゲーターをセットで販売することも明らかにした。こうした壮大な販売計画や大型流通契約を鳴り物入りで公表するのは、自己実現的な期待を醸成する古典的な手法といえる。ネットスケープが先に展開した広告キャンペーンの名称自体が、その点を雄弁に物語っている――「行く先々にネットスケープを」（Netscape Everywhere）。

マイクロソフトも負けず劣らず、「エクスプローラーが将来、主流になる」と消費者にアピールしている。同社は、早い段階からエクスプローラーのウィンドウズOSへの統合を進める方針を明言していた。これには（1）OSの不備を指摘してユーザーインターフェースの劇的な改善を図る動きを封じる（2）エクスプローラーの大量配布を約束する（3）ナビゲーターの存在意義を薄める――という思惑がある。

味方を集める

ネットスケープのような小さな若い企業にとって、味方集めは特に重要だ。同社はサンとがっちり手を組んでいる。ネットスケープがサンのＪａｖａを支持し、サンがネットスケープの信頼向上に手を貸すという関係だ。ネットスケープは、コンサルティング大手アーサー・アンダーセンの支援を受け、法人向けイントラネット市場にも大々的に進出した。コンテンツ・プロバイダーとも手を組み、ナビゲーターのユーザー向けにオンライン・コンテンツを作成している。インターネットサービス事業者を通じたナビゲーターの普及も促している。

マイクロソフトは、すでに指摘したように、コンテンツ・プロバイダー、インターネットサービス事業者、ＯＥＭメーカーにお金を払って、味方を集めている。１９９７年にアップルに出資したのも、実はＭａｃ用エクスプローラーの普及が目的だった。奇妙な話だが、当時、大半のメディアは、両社の新たな友好関係に潜むこの重要な側面を見逃していた。

まとめ

●**自分が参戦している標準化戦争のタイプを把握する。** 覇権争いを繰り広げている新技術は、従来の技術と互換性があるのか。この点が何よりも重要だ。標準化戦争には3つのタイプがある。「エボリューション戦略同士の戦い」「レボリューション戦略同士の戦い」「レボリューション戦略とエボリューション戦略の戦い」だ。

●**標準化戦争は、カギを握る7つの資産を保有しているかどうかで、勝負が決まる。** カギを握る資産は(1)納入基盤の支配力(2)知的財産権(3)イノベーションの力(4)先発優位(5)製造能力(6)補完製品の強み(7)ブランド名・評判——だ。

●**標準化戦争では、先制攻撃がカギを握る。** 設計サイクルを短縮し、いち早く有力顧客を取り込み、浸透価格を設定する。これが先制攻撃の基本要素だ。

●**正のフィードバックを起こすためには、期待の管理も重要。** 顧客や補完業者に「勝つのはこちらだ」と思わせる。こうした期待は、あっさりと自己実現的な予言となることがある。期待を管理するには、積極的なマーケティング、新製品の予告、味方集めのほか、目にみえる形で技術に投資することが重要だ。

●**標準化戦争に勝っても、安心しない。**納入基盤への配慮を怠らない。油断しては駄目だ。後方互換性の維持を気にするあまり、製品を改良できない状態に陥れば、新規参入企業からレボリューション戦略を仕掛けられる。補完的商品をコモディティー化して、自分のシステムのカスタマーバリューを高める。

●**敗北しても、サバイバル価格の設定は避ける。**コンバーターやアダプターを使って、優勢な規格に相互接続できないか、考えたほうがいい。

第10章

Information Policy

情報政策

大手のライバル企業から主要特許の侵害で提訴された。保有する特許を武器に逆提訴したほうがいいのか、クロスライセンス契約を結んだほうがいいのか、それともいっそのことライバル企業を買収してしまったほうがいいのか。アジア向けに値引きをして輸出していた商品が、グレー市場で逆輸入され、自社製品との価格競争を迫られている。輸入を差し止めて、国内価格を高めに維持することは可能か。業界再編の動きが出ており、直接競合する企業を買収して、研究開発部門を強化したい。独禁法当局から買収を阻止されるだろうか。自社製品の新バージョンをリリースしたが、ライバルから反トラスト法（独占禁止法）違反で提訴すると脅された。インターフェースを変更したため、ライバル製品との互換性に影響が出たことが理由だ。この場合、3倍賠償（実損の3倍額の賠償）の支払いを命じられるリスクはあるのか。

あなたも、遅かれ早かれ（おそらく「早かれ」だと思うが）こうした問題に直面することになる。戦略の選択が、情報経済の約束事に左右されるケースだ。反トラスト法や政府の直接規制のルールでは、何が許され、何が禁じられているのか。この章では、これまで取り上げてきた戦略と関わる政府の情報政策を解説する。情報産業は、基本的には、国内産業全体を対象に設計された古くからある約束事の下で、今なお運営されている。これから、本書の読者の大半にとって重要な次元——反トラスト法と政府の直接規制——を中心に、そうした約束事を説明していきたい。こうしたルールは、現場でどのように運営されているのか、どのような分野で従来のルールが現状に沿わなくなってきているのか。後半では、情報経済の成長を阻害せずに支えていくには、今あるルールにどのような修正を施せばいいのか、少し提言をしてみたい。

前章までは、主に営利目的の民間企業の情報戦略を取り上げてきたが、ここでは、視点を変えて分析を進めてみよう。とはいえ、民間企業の戦略を検証する際に利用した経済分析は、公共政策を検証する際にも、そのまま利用できる。無論、着眼点は多少異なる。本章では、利益率を上げる戦略ではなく、社会の利益を差し引きで増やす戦略に目を向ける。幸い、アダム・スミスがずいぶん前に教えてくれたように、生産者の間に競争原理が働いている場合、生産者は社会全体の利益の最大化につながる選択をすることが多い。スミスは肉屋やパン屋を念頭に置いて、この点を指摘したが、それは今日のプログラマーや半導体メーカーでも変わらない。「企業に軸足を置いた」物の見方と「政策に軸足を置いた」物の見方との間に、必ずしも人が思うほど越えがたい溝があるわけではない。

政府が打ち出すルールは、業界に必ず影響する。このため、ネットワーク型経済で活動する経営者は、政府の情報政策を無視するわけにはいかない。ネットスケープのジェームズ・バークスデール最高経営責任者（CEO）の言葉を借りよう。「（ハイテク業界と政策立案者を結ぶ）

『テクノロジー・ネットワーク』にネットスケープが参加したのは、政府がハイテク産業の生殺与奪の権を握り得ることをインターネット企業として実感したからだ。私たちは、政府を無視するより、政府と協調したほうがはるかに生産的であることを学んだ＊」。

情報政策の骨格

本書では、主に3つのテーマを取り上げたが、各分野で政策にまつわる問題が浮上する。

●製品・価格の差別化　情報や情報技術は、最初の1コピーを制作するコストが高いため、価格と製品の差別化が不可欠になる。情報産業では、マス・カスタマイゼーション（個別大量生産）、差別価格、コンテンツのカスタマイズ、バージョン化が、自然な選択肢となるが、こうした戦略は、公正な競争という観点から反トラスト法上の問題を引き

＊　"Leading Technology Executives Form Industry Political Service Organization"

起こす。異なるユーザーに異なる価格で本質的に同じものを販売するのは、差別行為に該当するのだろうか。

●ロックイン　情報製品は、他の製品と連携してシステムを構成するため、どれか1つの製品を乗り換えたユーザーは、多大なコストの負担を迫られるかもしれない。こうした乗り換えコストがあるからこそ、ロックイン(囲い込み)が発生するのだが、このロックインの活用法を心得ている企業は、競争上、強い立場に立てる。ロックインでは、どのような戦術が「公正な」競争とみなされ、どのような戦術が「不公正な」競争とみなされるのか。囲い込んだ顧客に消耗品を販売する企業が他にない場合、反トラスト法上、アフターマーケット市場を独占していると認定されてしまうのか。そうした「独占事業者」となった場合、戦略上の選択肢は、どう制限されるのか。

●正のフィードバック　情報経済では、ネットワーク外部性に基づく正のフィードバックが、至る所で起きる。各社が目先の主導権を争う市場では、勝者総取り型の競争や標準化戦争が繰り返される。ライバルと協力して標準規格を打ち立てると、カルテルや共謀の罪に問われる恐れがある。また、市場シェアの獲得・維持に駆使した戦術次第では、競争を勝ち抜いて市場を制覇した場合でも、独占禁止法違反を問われかねない。たとえ反トラスト法に抵触しなくても、連邦通信委員会（ＦＣＣ）をはじめとする規制機関への対応が必要になる場合もある。電話産業を長期にわたって様々な分野で規制してきたＦＣＣは、ユニバーサル・サービス（誰もが等しく受益できる公共的なサービス）の促進、様々な内部相互補助（黒字部門による赤字部門の補助）の導入、独占力の制限などを目指してきた。この種の規制は、インターネットだけでなく、ネットワーク機器、また一般のコンピューターのハードウェア、ソフトウェアの分野でも、幅を利かせるようになるのだろうか。

各分野でどのような戦略を編み出せるかは、政府が打ち出すルールに直接左右される。

価格差別

第2章では、情報財・情報技術（ＩＴ）の開発に伴う高い固定費を回収するには、差別価格の設定が自然な選択肢になると指摘した。ところが、ロビンソン・パットマン法（１９３６年）は「事実上、競争が制限される」場合、こうした価格差別を違法と定めており、この法律を根拠に多くの反トラスト法訴訟が起こされている。例えば、医薬品メーカーは、病院や健康保険組合にドラッグストアよりも安く薬を販売したことなどを理由に、数年前から大型の反トラスト法訴訟に見舞われている。このロビンソン・パットマン法に対しては、法的・経済的に問題があるとの批判が相次いでいるが、法律であることに変わりはない。

だが、慌てる必要はない。情報産業では、差別価格の設定がごく普通に行われている。大多数の価格差別は、法的に問題はない。法律上の根拠は、主に３つある。

- コストの低下に伴う値下げは認められる。
- 競争に打ち勝つために、複数の価格を設定することは認められる。

●差別価格が問題になるのは「競争が制限される」場合のみだ。

自分の価格設定が競争の制限につながるかどうか、どうすれば判断できるのか。裁判所に判断は下せるのか。当然の話だが、差別価格そのものを反競争的行為の「一応の証拠」（他の証拠によって覆されない限り、立証に十分な証拠 prima facie evidence）とみなすべきではない。差別価格が反競争的行為に利用されるケースも一部であり得るが、情報財の価格差別は、値引きを受けるグループの利益になることが多い。また、本書で指摘したように、価格差別をしなければ、コストを回収できず、そもそもコンテンツ自体をつくれないというケースもある。

経済的な観点で極めて重要なのは「差別価格を設定しなければ、商品を供給できない市場があるのか」という問題だ。第3章で取り上げた多くのケースでは、答えは明らかにイエスだ。映画制作会社が封切り映画の上映料金を世界共通にしなければならない場合、映画は所得の高い国でしか公開できなくなる。所得の高い国では料金を高く、所得の低い国では料金を安く設定すれば、低所得国の消費者も映画を楽しめる。

競争政策

大半の競争法は、内容がかなり曖昧だ。シャーマン法（１８９０年）は、市場の「独占化を図る」（monopolize）ことを違法としている。クレイトン法（１９１４年）では、「競争を大幅に制限する」合併を禁止している。連邦通信委員会（ＦＣＣ）の規制では、「公益」という概念が用いられている。こうした法律やその運用方法を理解するには、法律の背後にある法の精神に目を向ける必要がある。

競争政策の原理

プロセスとしての競争を保護する——これが反トラスト法を運用する際の基本原理だ。ある企業が良い商品を安く販売し、他社との競争に勝って市場を独占した場合、競争のプロセスは、問題なく働いていることになる。議会は、こうした競争のプロセスが、最終的には経済成長を促し、消費者の利益を保護する上でベストになると判断して、１８９０年にシャーマン法を制定したのである。反トラスト法を推進したことで知られる弁護士サーモンド・アーノルドは、司法省反トラスト局の役割をボクシングのレフェリーにたとえ、試合の公正を期すことが職務だと説明している。

競争政策の狙いは、試合の公正を期すことだ。勝者を罰したり、敗者を保護することが目的ではない

競争のプロセスがあると、業界の集中度が高まることが少なくない。一握りの企業が、少なくとも一時的に市場を支配し、そうした企業もいずれは衰退していくというパターンだ。情報産業は、規模の経済が働くことに加え、先に指摘した正のフィードバック効果やネットワーク外部性もあるため、特にこの傾向が強い。現実には、一握りの企業で市場全体に供給したほうが、圧倒的に効率が良いというケースもある。例えば、効率的に運営できる最低限の事業規模が、市場全体の規模に対して大きい場合、複数の中小企業が商品を供給するよりも、1社で商品を供給したほうが、コスト効率が良いというパターンはあり得る。こうした状況で複数の企業を助成すると、非常にコストがかさむ。おそらく、1社と協力したほうが安上がりだろう。国防総省は、この数年で確実にこの点を学んでいる。調達先の統合を容認し、時には奨励までしている。

ここまでは問題ない。だが、私たちが大切にしている自由市場経済が、強大な独占企業を生み出した場合、政府や法制度はどのように対応するのだろうか。選択肢は、大きく分けて3つある。

第1の選択肢は、何もせず静観する。市場の供給サイドと需要サイドで規模の経済が働いていると判断し、市場原理でいずれ独占力が低下するだろうと期待する。思い出してほしいが、「独占状態に至る」(have a monopoly) のは違法ではない。「独占化を図る」(monopolize) ことが違法なのである。公正かつ公平な手段で独占的な地位を得たのであれば、独占のうまみを存分に味わえばいい。この点は非常に明快だ。だが、次の点に注意してほしい。たとえ合法的に独占的な地位を得たとしても、その地位を反競争的な戦術で守ったり、維持したりすると訴えられる可能性が高い。

第2の選択肢はこうだ。違法な手段で市場を独占したとして、政府が当該企業を提訴する(民間が提訴する場合もある)。企業買収、悪質な価格設定、独占契約、抱き合わせ・バンドリングで市場を独占した場合は、訴訟を起こされる恐れがある。この場合、極端なケースでは、会社が解体される。よくあるのは、問題視された疑わしい商慣行を禁止される、買収・合併が阻止されるといったパターンだ。

第3の選択肢は、政府が直接、独占企業を規制する。これは、地域電話会社や電力会社などの公益企業に対して、以前から用いられている手法だ。この手法が最も理にかなうのは、新規参入や技術革新でも独占が揺らがないとみられるケースである。規制が不要になれば、撤廃するのが筋だが、現実には、規制機関が自らの管轄分野をつくり出し、役割が終わってもなかなか廃止されないことが多い。2つだけ例を挙げれば、道路行政の州際通商委員会、航空行政の民間航空委員会がそうだった。「インターネット通商委員会」を設置しようという動きは、少なくともこれまでのところ、みられない。

幸い、アメリカの情報産業の多くは、こうした直接規制の対象にはなっていない。情報産業の行動規範を決めるのは、国内外の独占禁止法だ。ネットワーク型経済で管理職として働いている人は、独占禁止法に抵触しかねない商慣行のタイプを大まかに把握しておいたほうがいい。だが、独占禁止法への抵触を避けるという受け身の姿勢に終始していては駄目だ。この法律は、他社の悪質な行為を防ぐ際、また、自分が買い手として不利な立場に追い込まれる合併や、自分が市場から締め出されるような合併を阻止する際に、攻撃的に使うこともできる。つまり、知識があれば、ルールに違反した取引先やライバルを告発でき、利益の元にもなるのである。

戦略への意味合い

マイクロソフトの商慣行をめぐる巷の議論をみてもわかる通り、情報経済では、攻撃的な競争と悪質な行為の線引きが難しい。情報経済で勝利を収めれば、勝者総取り型となる傾向が強いため、負けた側はどうしても恨みを募らせることになる。消費者にしても、囲い込まれたと感じれば、不満を漏らすだろう。幸い、こうした不平不満だけで、反トラスト法違反になることはない。それでは、囲い込み、ネットワーク、標準規格が絡む戦略の法的な限界はどこにあるのか。政府は、ネットワーク型市場の競争を促すため、どんな政策を運営しているのか。このセクションでは、情報経済の「フェアプレー」について、手っ取り早く説明しよう。

　まず、肝に銘じておく必要のあるのは、たとえ多数の企業が激しい競争を勝ち抜くために使っている完全に合法な戦略であっても、独占企業が使うと不正行為になるケースがあるということだ。

他の企業が使っていても、独占企業には使えない戦術がある

マイクロソフトは「すべてソフトウェア会社に認められた自社製品を自由に設計する権利を司法省は侵害するつもりか」という論調で、この点をうやむやにしようとしているが、それは違う。独占状態にあるソフトウェア会社が、独占分野の拡大や顧客の選択肢の減少につながる製品の修正を行った場合に、それを阻止するというのが

司法省の政策であり、司法省は、それ以上のことはしない。

だが、マイクロソフト、インテル、シスコといった大手企業以外は、反トラスト法など関係がないと高をくくってはいけない。情報産業では、すべての企業が反トラスト法を意識し、反トラスト法を念頭に置いた戦略を練る必要がある。例えば、フロッピーディスクの70倍の記憶容量を持つ「ZIPドライブ」を開発して自社製品の市場を築き上げたアイオメガ社は、製品設計、流通慣行、知的財産権の行使をめぐって、世界各国で独占禁止法の調査を受けている。アイオメガは比較的小さな企業で、数年前にZIPドライブを発売した際は、このような問題に見舞われることなど想像もできなかった。

複雑でコストのかかる訴訟に巻き込まれて、結果的に戦略の修正を迫られるくらいなら、初めから法的な問題を予想して、問題に対処できる戦略、問題を回避できる戦略を立てておいたほうがずっといい。司法省から市場の独占化を図ったと疑われるのは、紛れもない成功の証かもしれない。だが、成功の余韻に浸る前に、自分の商慣行が合法的な競争努力であり、悪質なものでも、排他的なものでもないことを主張できる体制を整えておくべきだ。

「市場の独占など夢のまた夢」と考えている場合も、反トラスト法が自分の業界にどう影響するのか、目を光らせておく必要がある。IT企業がよく見舞われる予想外の展開には、3

つのパターンがある。

1独禁法当局は、事実上どんな買収・合併も審査している。ライバル企業と事業を統合する場合は、慎重な計画、反トラスト法専門の弁護士、詳細な経済分析を用意しておかないと、正当性を主張できない。

2標準化の設定などで、ライバル企業と交渉の場を持つと、周囲から反トラスト法違反を疑われかねない。会議や交渉は慎重を期し、きちんと記録を取る。

3顧客の一部を囲い込んでいる場合、独占企業だと訴えられる恐れがある。訴えから身を守るには、「自分には長期にわたって市場を独占できる強大な力はない」ことか、「自分の商慣行は合法的な競争行為であり、排他的でも悪質でもない」ことを立証する必要がある。

独禁法調査の対象となり得る戦略には、3つの分野がある。
(1)合併・買収
(2)規格の統一に向けたライバル社との協力
(3)市場の支配——だ

合併と合弁事業

「競争を大きく制限する恐れのある」合併や合弁事業は、違法だ。大多数の合併は、法的に全く問題ないが、直接の競合相手と合併する場合は、普通、司法省か連邦取引委員会（FTC）の反トラスト法審査の対象になる。司法省とFTCは1992年に公表した「水平合併ガイドライン」で合併審査の基本方針を明らかにしている。これによると、価格の上昇もしくは品質の低下という形で消費者に悪影響を及ぼす合併は、認可されない。

情報産業の合併を対象とする特別な法律は必要ないというのが、筆者の意見だ。独禁法当局の合併審査は、非常に洗練されており、電話、ケーブルテレビ、コンピューターのソフトウェア、ハードウェアなど、多くのハイテク産業について、膨大な専門知識が蓄積されている。例えば、ワールドコムとMCIの合併計画を審査した司法省は、長距離電話サービスだけでなく、様々なインターネット市場も視野に入れて、徹底的に調査を重ねた。一部のハイテク産業は、非常に動きが激しく、独占力は長続きしないというのが、司法省とFTCの共通認識だ。こうした産業は、環境が目まぐるしく変わり、参入障壁が低いため、合併が問題視される可能性は低い。

一方、ソフトウェア会社の合併は、反トラスト法違反の有無が厳しく問われる。消費者の乗り換えコストが高く、既存の大手が知的財産権を握っているケースでは、参入障壁が高い場合があることを司法省もＦＴＣも正しく見抜いている。実際、ソフトウェア業界では、複数の合併案件が問題点を指摘され、計画の修正や撤回を迫られている。具体例を挙げれば、グラフィック用ソフト市場のアドビとアルダスの合併計画、家計簿ソフト市場のマイクロソフトとインテュイットの合併計画、グラフィック用ワークステーション向け高性能ソフト市場のシリコングラフィックス、エイリアス、ウェーブフロントの合併計画、ＩＢＭ製メインフレーム向けのユーティリティーソフト市場のコンピュータ・アソシエイツとレジェントの合併計画、電子設計自動化ソフト市場のケイデンスとＣＣＴの合併計画などだ。この分野の政策はよく考えられており、健全に運用されているというのが、筆者の見解だ。

規格統一に向けた協力

アメリカでは、価格操作、共謀、カルテル、入札談合は、それだけで違法行為となり、刑事訴追の対象になり得る。こうした制度に異議を唱える声は少ない。共謀の疑いがあれば、反トラスト局が調査し、対応する。問題になるのは、「共謀」と「協力」の区別が難しいグレーゾーンのケースだ。

かつてアダム・スミスは「同業者が集まると、楽しみと気晴らしのための集まりであっても、最後にはまず確実に社会に対する陰謀、つまり価格を引き上げる策略の話になるものだ」と書いた。スミスが生きていれば、標準化交渉にどんな審判を下すだろう。交渉するには「同業者が集まる」必要があるのだ。政策上、懸念されるのは、参加者が会合の機会を利用して競争を阻害しないかどうかだ。連邦政府の独禁法当局は、こう自問する必要がある。これは標準化の設定作業なのか、それともカルテルなのか、と。

ＩＴ分野で筆者が最も懸念しているのは、製品規格の統一作業に何らかの制約はあるのか、また企業が何らかの制約を感じているのか、という点だ。効率的な情報配信と情報技術の普及には、製品規格、インターフェース、互換性が欠かせない。もし、反トラスト法が、競争や消費者の保護を名目に、新製品や新技術の登場と普及を妨げるなら——競合する企業の協力・協定が伴うという理由だけで、新技術の普及を妨げるなら——何とも皮肉な、厄介な結果を招くことになる。

独禁法当局は、ライバル企業が集まって製品の特性について協議するのを嫌がる傾向があるが、規格の統一が、非常に多くのケースで、公益につながることは明白だ。独禁法当局が自問しなければならないのは、標準化作業がなくても、その技術は速やかに発展するのか、という点だ。技術の発展に遅れが生じる、技術の発展が完全にストップしてしまう、もしくは、消費者が互換性という貴重なメリットを得られなくなる、という場合は、標準化作業を黙認すべきだし、むしろ奨励する必要がある。多数の消費者の参加・支持が見込めるなら、ライバル同士が標準規格で合意しても、独禁法上の問題を（完全には防げないまでも）軽減できるはずだ。

ただし、規格の統一という枠を超えて交渉を進めれば、独禁法当局も裁判所も良い顔はしないだろう。製品規格の統一と、販売価格・販売条件の統一は、全くの別物である。スポーツの比喩を使えば、標準化作業は、ゲームのルールを決める過程だと考えるべきだ。競技場の大きさ、使用するボールの大きさなどを決めるのである。だが、いったんルールが決まったら、競技場に繰り出して、自力で精一杯戦わなければならない。

幸いなことに、新しい互換性規格の確立に向けて真摯に努力している企業は、独占禁止法への抵触を恐れる必要はない。筆者はそう信じている。歴史を振り返っても、反トラスト法違反を理由に、競合企業による製品規格の確立が、著しく制限された事例は見当たらない。最高裁が性能規格の設定で反トラスト法違反を認定したケースは、1980年代に2件ある。第1の事例では、合成樹脂製の電線管の使用を認める米国電気工事基準（NEC）の改定を、鋼製電線管のメーカーが共謀して阻止していたことが判明した。メーカーが、人を雇って標準化作業を有利に進めていたのである。第2の事例では、ライバル製品の安全性を否定するため、業界団体を通じて、標準規格について不正確な情報が提供されていた。

「標準化作業には、こうした訴訟リスクがつきまとう」と身構える企業もあるかもしれないが、筆者の考えでは、企業が過剰反応して、有意義な協力の機会を逃すほうが、リスクが大きい。第1に、性能規格と互換性規格は別物だ。先ほど取り上げた2件の事例では、どちらも、製品の安定性を否定された企業が原告となった。オープンな互換性規格では、このようなことは起こり得ない。第2に、どちらの事例でも規格の統一自体が問題視されたわけではない。規格の統一過程に不正があったのである。

反トラスト法の関門を無事に通過した標準規格の好例が、画像・映像圧縮規格「MPEG」(Moving Picture Experts Group)だ。規格の策定グループが結成されたのは、1988年。現行バージョンのMPEG-2は、デジタルテレビ、直接放送衛星、デジタル・ケーブル・システム、パーソナル・コンピューター・ビデオ、DVD、インタラクティブ・メディア、CDで利用されている。国際標準化機構(ISO)、国際電気標準会議(IEC)、国際電気通信連合(ITU)が開発を支援した。誰もがこの「勝ち馬」に乗ったことを受けて、マイクロソフトも「ウィンドウズ95」にMPEGを採用することを決定した。パソコンでMPEG-2が利用できるようになる。

MPEG－2をめぐっては、日米欧8社とコロンビア大学が、関連特許27件をプールしてライセンスを一括管理する計画をまとめ、1997年6月に米司法省から承認を得た。計画には、富士通、ゼネラル・インスツルメント、ルーセント、松下、三菱、フィリップス、サイエンティフィック・アトランタ、ソニーの8社が参加。MPEG－2規格の必須特許を抽出するため、約9000件の特許を調査した。反トラスト法審査で、特許の必須性を示す必要があったためだ。

各種の業界団体は、長年にわたって反トラスト法への対応を進めており、協力体制を構築するルールは、たいてい整備されている。例えば、大手インターネット接続事業者が、このほど設立した業界団体「IOPS・org」の例を取り上げてみよう。この団体の主な設立目的は「ネットワークの統合に絡む問題の解決・予防、プロバイダー間の技術調整・技術情報共有が必要になる問題への対応」。「問題の共同解決、技術評価、インターネットの世界的な規格化・統合*」を進める方針だ。

通信業界やインターネットでは、相互接続、標準化、調整（コーディネート）など、ライバル会社との協力が特に不可欠だ。同業他社が集まれば、反トラスト法上の懸念が生じることもあるだろうが、各企業が公にした目標を逸脱しない限り、法に抵触する可能性は極めて低いというのが、筆者の認識だ。

とはいえ、現実には、反トラスト法を警戒して、競合他社（将来の競合相手も含め）との製品仕様やプロトコルをめぐる交渉に慎重になる企業はまだまだ多い。特許侵害を主張するライバルや集団訴訟専門の弁護士など、民間部門から訴訟を起こされ、3倍賠償（実損の3倍額の賠償）を請求されるリスクも否定できないため、慎重になる気持ちはわかる。例えば、CDの規格統一で合意したソニー、フィリップスなど数社は、アメリカの反トラスト法に違反したとして提訴されている。アメリカでは、私人による反トラスト法訴訟や集団訴訟・3倍賠償が認められており、複数の企業で製品規格を決める場合、海外より訴訟のリスクが高い。一部の研究・生産合弁事業については、このほど3倍賠償を免除する法律が制定されたが、標準化作業への参加については、企業を保護する体制をさらに強化する必要があるだろう。

規格の統一を進めることで合意した場合は、標準化に必要な特許・技術の共有で合意することも多い。このため、標準化作業の法的な処理は、クロスライセンス、グラントバック（ラ

＊ "Internet Service Providers Team to Form Internet Operators Group."

イセンスを許諾した技術が改良された場合に、改良版の技術の権利を取得できる契約）、特許プールなどの処理に覆い隠されることになる。裁判所や独禁法当局は、標準化や知的財産権の共有に、競争を促す側面があることを十分認識しているが、その一方で、このプロセスが乱用され、参加企業が標準化を隠れ蓑に競争を阻害することがないよう、入念に調査している。法的なアドバイスをするつもりはないが、大原則を言えば、標準化で合意する場合は（1）今回の合意は、全体として、自分たちの利益だけでなく、消費者と公共の利益にもつながる（2）そうした利益を実現する上で必要になる範囲内で合意を結んだ——と主張できる体制を整えておこう。

最後に、ネットワークを立ち上げる場合や規格を統一する場合は、他社が相互接続する際の条件、他社がネットワークに加入する際の条件を決めておく必要がある。これは、ＡＴＭやクレジットカードのネットワークをつくった銀行が、何度も直面してきた問題だ。こうしたネットワークが、あからさまな価格操作で訴えられるケースはまれだが、ディスカバーがビザを提訴したように、他社の加入を制限するルールが問題視されるケースはある。裁判ではビザが勝訴したが、司法省は、ビザとマスターカードの商慣行を中心に、現在もクレジットカード業界の調査を進めている。

消費者は広く普及した規格に高い価値を認めることが多いため、リアルなネットワークもバーチャルなネットワークも、強力な経済効果を発揮し得る。ただ、そうは言っても、相互接続先と接続条件を決める権利は、ネットワークを立ち上げた企業にあるという見方が一般的だろう。だが、他のネットワークへの加盟を禁じる排他的なルールは、問題視されやすい。大きな独占力を持つ事業体が、そうしたルールを導入した場合は、特にそうだ。実際、他のネットワークへの加入を禁じるルールには、待ったがかかっている。司法省は、花屋のネットワークであるＦＴＤを提訴したし、欧州連合（ＥＵ）も排他的なルールの是正をビザに命じた。

単独企業の行為

合併・合弁事業・標準化作業には、いずれも複数の企業が関与するが、単独企業の行為が、反トラスト法に違反するケースもある。「独占化を図った」場合だ。難しいのは、競争を勝ち抜いて圧倒的なシェアを獲得した企業と、不正な手段で市場を独占した企業をどう区別するかだ。不公正な戦術、消費者の利益にならない戦術、消費者が損をする戦術を使って市場を独占すれば、法に触れる。

一部の商慣行には、独占禁止当局がイエローカードを出している。「排他的取引」がそうだ。独占企業が競合他社との取引を顧客に禁じれば、厳しく追及される。「抱き合わせ販売」

も要注意だ。独占企業が、市場を独占している商品の販売に際し、他の製品を一緒に購入することを求めれば、是正措置の対象となる可能性が高い。抱き合わせは、わかりやすい事例に思えるかもしれないが、販売した商品が1つなのか、2つなのかは、場合によって判断が極めて難しい。フォードがすべての車にタイヤを装着して販売するのは、抱き合わせ販売なのだろうか。同社が乗用車にカーラジオを搭載したのは、抱き合わせ販売だったのだろうか。これは、それまでフォード車専用のカーラジオを販売していた独立系のメーカーにとっては、死活問題だった。実際、フォードはダッシュボード(=車とラジオのインターフェース)の設計を変更したとして提訴されている。ハイテク製品は、互いに相互接続して1つのシステムを構成することが非常に多いため、この問題は、この先ますます重要になってくるはずだ。

この抱き合わせ販売で、近年最も注目を集めているのが、インターネット・エクスプローラーをめぐる司法省とマイクロソフトの法廷闘争である。法廷では、エクスプローラーは単独の製品なのか、OSという「統合」製品のパーツにすぎないのかが、審理の争点になっているが、こうした形而上学的ともいえる問題に、議論が集中するのは不幸なことと言わざるを得ない。というのも、マイクロソフトが、OEMメーカー、コンテンツ・プロバイダーをはじめとする補完的商品・サービスの事業者とどのような取引を行っていたかという問題のほうが、はるかに重要なのだ。最終的に法廷闘争の行方を決めるのは、マイクロソフトが排他的な取引を行っていたかどうかという点かもしれない。以前にも指摘したが、マイクロソフトは、欧米当局の独禁法調査を受けて、制限的なライセンス許諾の慣行をすでに一部廃止している。

コンピューター業界でハイテク技術の反トラスト法違反が問われたのは、今回が初めてではない。司法省は1970年代を通じて、IBMと法廷闘争を展開した。IBMのシェアにはすでに陰りが見え始めていたが、司法省は追及を続け、結局、1980年代初めに訴訟を取り下げた。1990年代は、マイクロソフトが槍玉に挙げられた。同社は合法的な競争を通じて実力でOS市場を独占したのか、それとも、反競争的な戦術を使ったのか。1994年、司法省はマイクロソフトとコンピューターメーカーの契約が反トラスト法に違反したと判断し、マイクロソフトは契約の修正に応じた。この結末には、賛否両論が相次いだ。「独禁法当局は動きの激しいコンピューター業界に介入すべきではない」という意見もあれば、「マイクロソフトは危険な独占企業であり、そんな軽いお咎めでは生ぬるい」という声も出ている。

ここでこの問題に決着をつけることなどできないが、筆者の考えを言えば、ハイテク産業では、反トラスト政策を慎重に立案・運用する必要がある。技術が発展すれば、独占力は往々にして低下するという側面もあるし、問題視されている多くの行為にしても、消費者の利益につながるという意見が少なくとも一部にある。例えば、ネットスケープは、マイクロソフトがエクスプローラーをウィンドウズに統合して、市場からネットスケープを排除しようと画策していると訴えているが、ここで考えなければならないのは、ブラウザーとOSの統合強化が、本当に消費者の利益につながるのかという問題だ。言い換えれば、ブラウザーをOSにバンドリングするという慣行が競争を促すのか、競争に反するのか。これは簡単に白黒つけられる問題ではない。メリットとデメリットの双方に配慮し、具体的な事実を基に判断する必要がある。筆者に言えるのは、それだけだ。ただし、こうした問題の解決を素人の陪審員がいる法廷に委ねるのがベストなのか、もう少し専門的な紛争処理の場に委ねたほうがいいのか、という問題は提起しておきたい。

政府の直接介入

反トラスト法で競争を保護・促進しても、競争が成立しない場合は、必要悪として、政府が価格・品質・相互接続・新規参入を直接規制することになる。今の情報経済で、明らかにこの種の規制を受けているのが電話産業だ。

情報インフラの規制分野で、ここ数年の一大ニュースを挙げるとすれば、1996年の電気通信法成立ということになるだろう。様々な通信市場の間に存在する人工的な障壁を撤廃して、地域電話市場の競争を促すという議会の決定には大賛成だが、皮肉なことに、地域電話の競争促進、つまり規制の撤廃という目標を達成するには、膨大な数の規制を新たに導入しなければならない。新参組は、至る所で既存の大手の協力を仰がなければ、市場で足場を築くことができない。通話を成立させるには相互接続が必要になるし、電話会社を替えても今の電話番号をそのまま利用できる制度も必要だ。新規参入組が、既存の大手の通信網をリースできる体制も整えなければいけない。その他にもまだまだある。筆者の1人は昨年、「規制――規制緩和への道のり」というタイトルで講演したが、規制緩和には規制の導入が必要なのである。

連邦通信委員会（FCC）や州の公益事業委員会をはじめとする政府の規制機関は、地域電話会社が活発な競争を展開できるよう、これまで以上に積極的に環境を整備する必要がある。競争が起きれば、携帯電話、長距離電話といった既存のサービスや、家庭用ブロードバンド、インターネットアクセスの向上といった新サービスを拡充しなければ、という圧力が企業にかかる。

独占価格に風穴を開ける規制政策もいいが、技術的に可能であれば、さらに一歩進めて、独占市場から競争市場への構造転換を促す政策を目指すべきだ。だが、そうした転換には時間がかかるとみられ、この先も長期にわたって規制が必要になるだろう。また、規制には独自のリスクがあることも、指摘しておかなければならない。独占に風穴を開けるために整備した規制制度が、他の目的——特に、内部相互補助（黒字部門による赤字部門の補助 cross-subsidization）——に転用されることは珍しくない。黒字のサービスで赤字のサービスを補助すれば、黒字のサービスもいずれは行き詰まる。長距離電話サービスは、以前からそうした相互補助の負担を強いられており、効率的な電気通信政策の運営を妨げる要因となっている。

ケーブルテレビ事業者に対する規制も、情報産業規制のリスクを浮き彫りにしている。ケーブルテレビの営業許可は、原理的には、地方自治体が「加入者＝住民」の利益を踏まえて管理すれば、うまくいくはずだ。ところが、実際には連邦政府がこの分野への介入を強めている。1984年のケーブル法成立後は、地方自治体によるケーブルテレビ事業者の規制・入れ替えが以前より難しくなったし、1992年のケーブル法では、基本料金の規制を連邦通信委員会（FCC）が担当するようになった。

テレビ産業の垂直統合に対しても、様々な規制が導入されている。議会は、ケーブルテレビ事業者に、地元の地上波放送の配信を義務づける「マストキャリー」ルールを制定（このほど、最高裁が合憲と判断した）。しかも、配信に際しては、地上波放送局から「再配信同意」を取り付けなければならないという、相変わらず放送局寄りの規制となっている。また、「プログラム・アクセス」と呼ばれるルールでは、垂直統合型のケーブルテレビ事業者に対し、競合する衛星放送事業者への番組提供を義務づける条件を定めている。さらにFCCは、ケーブルテレビ事業者が放送できる「系列」チャンネルの数も制限。こうした一連の規制は、3大ネットワークによる番組の金銭的所有を禁じて、批判が相次いだ「フィンシン・ルール」（financial syndication rules）と大差ないものだ。

こうしたコンテンツの制作会社と配信会社の垂直統合を管理・制限する規制は、コンテンツの制作・配信の競争が激しさを増す中で、急速に時代遅れになってきている。確かに、CBS、NBC、ABCの3大ネットワークは、1950年代に絶大な力を持っていたかもしれないが、FOXテレビや多くのケーブルテレビ事業者の参入で、支配力は低下している。現在ケーブルテレビ事業者が謳歌している独占力も、衛星放送市場の拡大や、電話会社による多チャンネル動画配信事業への参入を背景に、低下していくことが期待される。そうした状況で、情報産業の垂直統合を規制すると、公益ではなく、特殊団体の特殊利益に資することになりかねない。

垂直統合の規制は、競争が広がれば、縮小すべきだ

筆者の考える情報産業規制の大原則は、シンプルなものだ。競争の圧力があっても揺らぐことのない本物の独占力――直接規制の対象はこれに絞るべきだ。地方自治体によるケーブルテレビの基本料金の規制や、州公益委員会による電話の基本料金の規制がこれに該当する。独占市場の開放を義務づけるルールも問題ないだろう（1996年の電気通信法では、ベル系の地域電話会社に長距離電話市場への参入を認める条件として市場の開放を義務づけた）。しかし、情報産業では、水平統合による独占に歯止めをかけるという明瞭・明確な意図がない限り、隣接市場の企業との取引を制限すべきではない。

独占市場への新規参入を促すには、後発組に免許を与えるという手もある。FCCは、携帯電話市場が地域電話会社に独占されないよう、1980年代初めに携帯電話事業者2社の設立を認可した。最近では、PCS（日本のPHSに類似したサービス）入札を通じて、携帯電話市場の競争をさらに強く促している。多くの都市では、PCSの免許を取得した複数の通信事業者が、近く、既存の大手携帯電話会社との競争に乗り出す見通しだ。FCCは、後発組との本格的な競争を促すため、その地域の携帯電話事業者がPCS入札に参加することを禁じてい

る。同じような流れは、衛星放送用の衛星の割り当てでも起きており、衛星放送事業者は、多チャンネル動画配信市場でケーブルテレビの強力なライバルになりつつある。

クリティカルマスの達成を支援する

政府は、規制を導入して競争やイノベーションを促しているだけではない。特定の技術を積極的に助成・推奨・採用して、普及に弾みをつけることも可能だ。無論、防衛産業では、これが当たり前になっており、国防総省が唯一の納入先という兵器システムは少なくない。政府が商業システムの純粋な有力大口顧客となる場合も、同じ原理が働く。

第7章でみたように、情報・通信技術には、ネットワーク外部性が働くことが多い。長い時間をかけてゆっくりと「クリティカルマス」（商品が爆発的に普及するために最小限必要とされる市場普及率）に達し、その後、爆発的に普及するというパターンだ。ネットワーク財は、一度クリティカルマスに達してしまえば、市場原理を通じて効率良く供給できる可能性があるが、このクリティカルマスの達成自体を政府が支援することも可能かもしれない。インターネットが良い例だ。政府が早い時期に助成金を出していなかったら、インターネットは、ここまで普及していなかっただろう。実証プロジェクトを通じて、クリティカルマスの達成を支援することもできる。ただ、複数あるライバル技術の中から、政府が次世代技術を最終決定することに不安を感じる向きもあるかもしれない。幸い、国税庁が新しいコンピューターシステムを導入しても、民間に同じシステムを導入する義務はない（！）のではあるが。

政府がクリティカルマスの達成を支援して、正のフィードバックを引き起こすことも可能だ。ただし、技術の選定は、慎重に行う必要がある

　つまり、新技術の普及に弾みをつけるには、政府の積極的な関与が必要だと安易に考えてはいけない。民間には「卵が先か、鶏が先か」というチキン・エッグ問題を実に見事に解決する能力がある。クリティカルマスの達成に必要なコーディネート力が民間になければ、これほど多くの技術が華々しい成果を収めることはなかっただろう。家電の分野では、チキン・エッグ問題を民間が自力で解決するのが当たり前になっている。ビデオデッキとビデオテープは強い相互補完の関係にあり、間接的にネットワーク効果が働く。つまり、ビデオテープが普及すれば、デッキの需要も伸びるが、デッキが普及しなければ、ビデオテープの需要も伸びない。

　1980年代初め、民間のレンタルビデオ店は、ビデオテープとデッキを一緒に貸し出すことでクリティカルマスを達成した。これをきっかけに、セルビデオも広く普及するようになり、デッキの購入需要に弾みがついた。家庭用ゲーム機、CDプレーヤー、DVDプレーヤーにも、同じ現象がみられる。民間には、ネットワーク外部性を「統合」や「契約」を通じて内部化し、自らのものにしようという強いインセンティブが働く。統合の例は、システム（＝ゲーム機＋専用ソフト）を丸ごと販売した任天堂、契約の例は、CD技術のライセンスを広く許諾し、普及の流れをつくったソニーとフィリップスだ。

したがって、政府の関与が必要になるのは、主に、ネットワーク外部性の内部化が難しい場合だといえる（基礎技術の実証実験が必要なケースなど）。また、政府は新しい技術の大口顧客――おそらくカギを握る有力顧客――として重要な役割も果たせる。政府が顧客になれば、技術の消費者としての私利私欲だけでなく、民間部門の利益も踏まえて、特定技術・規格の普及に手を貸すことができるはずだ。

ユニバーサル・サービス

ネットワークの価値は、そのネットワークに合計で何人の人が接続しているかに左右されるため、ネットワーク財は誰にも分け隔てなく提供すべきだという主張をよく耳にする。電気通信政策では、昔から、こうした「ユニバーサル・サービス」（誰もが等しく受益できる公共的なサービス）の実現がスローガンとして掲げられており、インターネットについても、ユニバーサル・サービスの実現が政策目標として望ましいとの声が上がっている。

様々なネットワーク財は広く普及することが望ましいという主張は、至極もっともだ。だが、政府の対策や助成金がなければ普及しないというのは、かなりの飛躍だろう。本書で取り上げたファックスや、先ほどのビデオデッキ・ビデオテープもそうだが、ネットワーク外部性の強い様々な商品は、そもそも民間が生み出したものだ。

基本電話サービスは、昔から、きめ細かな政策努力を通じたユニバーサル・サービスの実現が必要な商品とされてきた。だが、歴史をよくよく振り返ってみると、本当にそうなのかという疑問が沸く。複数の実証研究によると、政府の助成がなくても、基本電話サービスの普及率は、今とほとんど変わらなかった可能性がある。ユニバーサル・サービスの改革に関してFCCに寄せられた様々なコメントを総合すると、アメリカの今の電話料金体系は、基本サービスの浸透率には、ほとんど影響しておらず、効率面で巨額の無駄が生じている。長距離通話料金は、ユニバーサル・サービスを支えるため、コストをはるかに上回る水準で高止まりしている。長距離電話の利益で、原価割れの基本通話サービスを支えているのだが、複数の研究結果で明らかなのは、顧客が基本通話よりも長距離通話の料金にはるかに敏感だということだ。この結果、ユニバーサル・サービスを支えるための料金体系は、基本的な経済原理に真っ向から反する形になっている。通常、連結原価・共通費（複数種類の製品を生産する際に共通に発生する原価・費用）を効率的にカバーするためには、顧客の価格感度が最も高いサービスの利益率を最低にするという価格設定が必要なのである。また、FCCはこのほど、全米の学校・図書館の通信網を整備するための費用が当初見積もりを大幅に上回ることを認めている。

インターネットや電話のユニバーサル・サービスを主張する際によく持ち出されるのが、地理的な条件や収入面で不利な立場にある人を助けなければならないという考え方だ。遠隔地への助成を利害関係者が支持するのは、ある意味当然の話で、経済理論によれば、遠隔地への助成金の大半は、遠隔地の所有者の懐に入る。電気・通信・道路が整備された土地は、そうしたものが整備されていない土地より、もちろん価値があるし、他人の金で自分の所有地の環境を整備できるというのは、確かに魅力的な話ではある。

だが、こうした議論で忘れられているのは、田舎には都市にはない良さがたくさんあるということだ。相対的に犯罪率が低く、住宅や駐車代が安い。こうした諸々の「不公平」が存在にするのに、なぜ電話サービスについては、都市部の住民が原価以上の料金を負担して、地方の住民を助成しなければならないのか。総合的に考えれば、その土地に住む本当のコストを実感させたほうが理にかなっている。きれいな空気と低い犯罪率を選べば、電話料金が高くなるというのであれば、それはそれで仕方がない。

収入については、それほど話は簡単ではない。経済学には「価値財」(merit goods) という言葉がある。日々の生活に必要不可欠なため、誰もが享受すべきと考えられている財のことだ。しかし、筆者の考えでは、価値財の候補としては、電話やインターネットよりも、食料・住居・医療といった必需品のほうが、はるかにふさわしい。いずれにしても、ユニバーサル・サービスのために助成金を出すなら、対象を低所得層と、ネットワーク外部性が強く働くことが立証されているサービスに限定すべきだ。たとえ基本通話サービスがこの条件を満たすとしても、例えば、2本目の回線に助成金を出すのは頷けない。筆者は自宅に複数の電話回線を引いているが、FCCがこのほど2本目の回線(と法人向けの回線)の値上げに動き、原価に近い料金体系にしたことをうれしく思う。

また、低所得層が電話などのサービスを利用しない理由をきちんと把握する必要もある。ある調査によると、ニュージャージー州カムデンの低所得層の間では、電話よりもビデオデッキの所有率のほうが高かった。電話サービスに加入しない最大の理由は「友人や親戚が長距離電話をかけてくると、着信料がかかるから」というもので(!)月々の基本料は、電話に加入するかどうかを決める重大な要素ではなかった。もし、この調査結果が他の地域にも広く当てはまるのであれば、ユニバーサル・サービスを目指す従来の政策を大幅に見直す必要があるのかもしれない。

まとめ

ＩＴ企業の管理職が、政府の情報産業を無視することはできない。また、政策立案当局も、ネットワーク型経済の競争戦略をしっかり把握しないと、賢明な政策は打ち出せない。政府の情報政策について気づいた点や、今後の見通しを以下に挙げる。

政府の役割が低下することはない。情報技術は、需要サイドと供給サイドの双方で、ますます強いスケールメリットが働くようになってきている。こうした産業では、市場の集中度がある程度高まり、業界の標準化や調整（コーディネート）が不可欠になる傾向がある。その結果として生じた独占や標準規格は、今後も国内外で独禁法当局の監視の目にさらされるはずだ。

電話産業の規制がすぐになくなることもないだろう。むしろ、インターネット関連のインフラは、この先、規制がさらに増えるはずだ。

すべての企業が競争のルールを把握する必要がある。戦略や買収の立案にあたっては、後になって戦略の修正を迫られないよう、反トラスト法違反で民間・政府から提訴されるリスクを事前に想定しておこう。競争政策を把握しておけば、他社がルールに違反した際に、自分の身を守ることもできる。

差別価格は、かなり自由に利用できる。固定費が高く限界費用が少ない産業では、バージョン化や差別価格が、コストを回収する効果的な手段になる。独禁法違反に問われることはごくまれだ。

競争政策の目的は、フェアな戦いの場を整備することだ。勝者を罰したり、敗者を保護することが目的ではない。良い商品を安く販売して市場を独占した場合は、反トラスト法を恐れる必要は全くない。裏を返せば、フェアな戦いの場で勝負に敗れた場合、反トラスト法に救いを求めても無駄だ。

直接の競合相手を対象とする合併・買収は、司法省と連邦取引委員会（FTC）の厳しい審査の対象となる。消費者に害が及ばないことを説明できなければ、認可は得られない。

消費者のために努力しているなら、標準化や新技術の開発で他社との協力をためらう必要はない。価格の設定や製品の導入で、独禁法上、問題になり得る分野には絶対に足を踏み入れず、優れた新技術の確立・普及に真剣に取り組むなら、心配は無用だ。反トラスト法違反を問われても、敗訴することはないだろう。

市場でトップに立つ幸運に恵まれたら、商慣行を検査する体制をつくる。顧客や取引先との契約に排他的な条項がないかはもちろん、価格設定、バンドリング、販売慣行についても検査すべきだ。こうしておけば、万が一、反トラスト法違反を問われても、慌てずに済む。

通信分野の政府の規制が近く緩和されることはない。電話業界の規制は、競争が定着すればなくなるはずだ。気長に待とう。議会は繰り返し、放送・ケーブルテレビ業界の規制に強い意欲を見せている。インターネット業界も警戒したほうがいい。

参考文献

本書は、価格差別、乗り換えコスト、標準規格、ネットワークを論じた経済学の文献に多くを負っている。以下に本書で参照・引用した文献を挙げる。

Adams, William James, and Janet L. Yellen. "Commodity Bundling and the Burden of Monopoly." *Quarterly Journal of Economics*, 90, no. 3 (1976): 475-498.

Allbriton, Chris. "The Future of the Web? Two Men's Paths Tell Tale." *Contra Costa Times*, 4 January 1998, D8.

Angwin, Julia. "McAfee Sweeps Away Viruses," *San Francisco Chronicle*, 14 August 1997.

Anton, James, and Dennis Yao. "Standard-Setting Consortia, Antitrust, and High-Technology Industries." *Antitrust Law Journal* 64 (1995): 247.265.

Arrow, Ken. "Economic Welfare and the Allocation of Resources for Invention." In Donald M. Lamberton, ed., *The Economics of Communication and Information*. Cheltenham, U.K.: Edward Elgar, 1997.

Arthur, W. Brian. "Competing Technologies, Increasing Returns, and Lock-In by Historical Events." *Economic Journal* 99, no. 397 (1989): 116-131.

—— *Increasing Returns and Path Dependence in the Economy*. Ann Arbor, Mich.: University of Michigan Press, 1994.

Ausubel, Lawrence M. "The Failure of Competition in the Credit Card Market." *American Economic Review* 81, no. 1 (1991): 50-81.

Bakos, J. Y., and Erik Brynjolfsson. "Aggregation and Disaggregation of Information Goods: Implications for Bundling, Site Licensing, and Micropayment Systems." In D. Hurley, B. Kahin, and H. Varian, eds., *Internet Publishing and Beyond: The Economics of Digital Information and Intellectual Property*. Cambridge: MIT Press, 1998.

Bank, David. "Microsoft's Proat Tops Analyst's Expectations," *Wall Street Journal*, 21 October 1997.

—— "TCI Uses Hi-Tech 'Layer Cake' to Ward Off Microsoft." *Wall Street Journal*, 16 December 1997, B4.

Barlow, John Perry. "The Economy of Ideas." Wired, March 1994, 85. [On-line],17pages.Available:http://www.hotwired.com/wired/2.03/features/economy.ideas. html.

Beggs, Alan, and Paul Klemperer. "Multi-Period Competition with Switching Costs." *Econometrica* 60, no. 3 (1992): 651-

666.
Besen, Stanley, and Joseph Farrell. "Choosing How to Compete: Strategies and Tactics in Standardization."*Journal of Economic Perspectives* 8 (1994): 117-131.
Besen, Stanley M., and Leland Johnson. *Compatibility Standards, Competition, and Innovation in the Broadcasting Industry*. Santa Monica, Calif.: Rand, 1986.
Bigness, Jon."CUC-HFS Merger May Form a Giant in Direct-Marketing." *Wall Street Journal*, 29 May 1997.
Blumenthal, Karen."How Barney the Dinosaur Beat Extinction, Is Now Rich." *Wall Street Journal*, 28 February 1992.
Brandenburger, Adam M., and Barry J. Nalebuff. *Co-opetition*. New York: Doubleday, 1996.
Bulkeley, William. "Finding Targets on CD-ROM Phone Lists," *Wall Street Journal*, 22 March 1995.
—— "Little Guy Sues Corporate Giant over a Mickey Mouse Sweatshirt." *Wall Street Journal*, 10 February 1994.
Bulow, Jeremy."Durable-Goods Monopolists."*Journal of Political Economy* 90, no. 2 (1982): 314.332.
Bunn, Julie Ann, and Paul David. "The Economics of Gateway Technologies and Network Evolution: Lessons from Electricity Supply History."*Information Economies and Policy* 3, no. 2 (1988): 165-202.
Chappell, David, and David S. Linthicum."ActiveX Demystiaed." *BYTE*, September 1997, 56.
Coase, Ronald."Durability and Monopoly." *Journal of Law and Economics* 15, no. 1 (1972): 143.149.
Coleman, Calmetta Y. "Supermarkets Move into '90s, Cutting Back on Sales and Ads." *Wall Street Journal*, 29 May 1997.
Cortese, Amy."Computer Associates: Sexy? No. Proatable? You Bet." *Business Week*, 11 November 1996.
David, Paul."Clio and the Economics of QWERTY: *American Economic Review* 75, no. 2 (1985): 332-337.
—— "Understanding the Economics of QWERTY: The Necessity of History." In William Parker, ed., *Economic History and the Modern Economist*. Oxford: Basil Blackwell, 1986.
Deneckere, R., and Preston McAfee."Damaged Goods." *Journal of Economics and Management Strategy* 5, no. 2 (1996): 149-174.
Doody, Margaret Anne. *The True Story of the Novel*. New Brunswick, N.J.: Rutgers University Press, 1996.
Economides, Nicholas, and Lawrence J. White."One-Way Networks, Two-Way Networks, Compatibility and Antitrust. " In David Gabel and David Weiman, eds., Opening Networks to Competition: *The Regulation and Pricing of Access*.

Boston: Kluwer Academic Press, 1998.

Farrell, Joe, and Carl Shapiro."Optimal Contracts with Lock-In." *American Economic Review* 79, no. 1 (1989): 51-68.

Farrell, Joseph, Hunter K. Monroe, and Garth Saloner."The Vertical Organization of Industry: Systems Competition versus Component Competition."University of California at Berkeley, 1997.

Farrell, Joseph, and Garth Saloner."Installed Base and Compatibility: Innovation, Product Preannouncement, and Predation."*American Economic Review* 76, no. 4 (1986): 940.955.

—— "Coordination Through Committees and Markets."*Rand Journal of Economics* 19, no. 2 (1988): 235-252.

—— "Converters, Compatibility, and the Control of Interfaces."*Journal of Industrial Economics* 40, no. 1 (1992): 9-36.

Farrell, Joseph, and Carl Shapiro."Dynamic Competition with Switching Costs."*Rand Journal of Economics* 19, no. 1 (1988): 123-137.

—— "Standard Setting in High-Deanition Television." *Brookings Papers on Economic Activity: Microeconomics*, 1992: 1-93.

Fisher, David E., and Marshall Jon Fisher."The Color War." *Invention & Technology* 12, no. 3 (1997): 8-18.

Friedlander, Amy. *Emerging Infrastructure: The Growth of Railroads*. Arlington, Va.: CNRI, 1995(a).

—— *Power and Light: Electricity in the U.S. Energy Infrastructure: 1870.1940*. Arlington, Va.: CNRI, 1995(b).

—— *Natural Monopoly and Universal Service: Telephones and Telegraphs in the U.S. Communications Infrastructure*. Arlington, Va.: CNRI, 1996.

Fudenberg, Drew, and Jean Tirole."Customer Poaching and Brand Switching." Department of Economics, Harvard University, Boston, Mass., 1997.

—— "Upgrades, Trade-Ins, and Buy-Backs" *Rand Journal of Economics*"(in press).

Gilbert, Richard."Networks, Standards, and the Use of Market Dominance: Microsoft 1995."In *The Antitrust Revolution: Economics, Competition, and Policy*, edited by John Kwoka and Laurence White (New York: Oxford University Press, 1998).

Goldstein, Jon."Michael Bloomberg's Wired World."*Time Digital*, 23 March 1998, 64-67.

Grove, Andrew S. *Only the Paranoid Survive: How to Exploit the Crisis Points That Challenge Every Company and Career*. New York: Currency Doubleday, 1996.（邦訳は、アンドリュー・S・グローブ、佐々木かおり訳『パラノイアだけが生き

残る』日経ＢＰ社）
Hamilton, Annette."Microsoft Refutes Claim of NT Server, NT Workstation Similarities."*ZD Anchordesk*, 11 September 1996. [On-line], 2 paragraphs.Available:http://www.zdnet.com/Anchordesk/story/story_321.html [5 June 1998].
Hamm, Steve."Dance, He Said: How TCI's Malone Played Gates Off Against
McNealy."*Business Week*, 2 February 1998, 118.
Hayes, John R."Acquisition Is Fine, But Organic Growth Is Better." *Forbes*, 30 December 1996, 52-56.
Hilton, George W. *American Narrow Gauge Railroads*. Palo Alto, Calif.: Stanford University Press, 1990.
"Internet Service Providers Team to Form Internet Operators Group." IOPS.ORG Press Release, 20 May 1997. [On-line], 6 paragraphs. Available: http://www.iops. org/iops-release.html [5 June 1998].
Kattan, Joseph."Market Power in the Presence of an Installed Base."*Antitrust Law Journal* 62, no. 1 (1993): 1.21.
Katz, Michael L., and Carl Shapiro."Network Externalities, Competition, and Compatibility."*American Economic Review* 75, no. 3 (1985): 424-440.
—— "Product Compatibility Choice in a Market with Technological Progress."*Oxford Economic Papers, Special Issue on the New Industrial Economics*, 1986.
—— "Systems Competition and Network Effects." Journal of Economic Perspectives 8, no. 2 (1994): 93-115.
—— "Technology Adoption in the Presence of Network Externalities."*Journal of Political Economy* 94, no. 4 (1986): 822-884.
Kelly, Kevin. *New Rules for the New Economy*. New York: Viking Press, 1998.（邦訳は、ケビン・ケリー著、酒井泰介訳『ニューエコノミー勝者の条件』ダイヤモンド社）
Klein, Joel."The Importance of Antitrust Enforcement in the New Economy." Technical report [On-line]. U.S. Department of Justice, 1998. Available: www.usdoj.gov/ atr/public/speeches [August 1998].
Klemperer, Paul."Markets with Consumer Switching Costs."*Quarterly Journal of Economics* 102, no. 2 (1987): 375-394.
—— "Price Wars Caused by Switching Costs."*Review of Economic Studies* 56, no. 3 (1989): 405-420.
—— "Competition When Consumers Have Switching Costs: An Overview with Applications to Industrial Organization, Macroeconomics, and International Trade."*Review of Economic Studies* 62, no. 4 (1995): 515-539.

Knight, Charles. *The Old Printer and the Modern Press*. London: John Murray, 1854.
Lardner, James. *Fast Forward*. New York: W. W. Norton & Co., 1987.
Lawson, Stephen."Cisco Feels the Squeeze."*InfoWorld* 19, no. 31 (1997): 1.
"Leading Technology Executives Form Industry Political Service Organization; John Doerr and Jim Barksdale to Co-Chair the Technology Network.Focus on Education and Legal Reform.?"Business Wire, 8 July 1997.[Online],14paragraphs.Available:http//www.kpcb.com/whatsnew/article5.html [5 June 1998].
Leibowitz, S. J., and Stephen Margolis."The Fable of the Keys."*Journal of Law and Economics* 33, no. 1 (1990): 1-26.
Lesk, Michael."Projections for Making Money on the Web." In Deborah Hurley, Brian Kahin, and Hal R. Varian, eds., *Internet Publishing and Beyond*. Cambridge: MIT Press, 1998.
Livingston, Brian."More on Finding, or Not Finding, Your Special Web Site."*InfoWorld*, 10 November 1997.
Lucky, Robert. Silicon Dreams: *Information, Man, and Machine*. New York: St. Martin's Press, 1989.
Melcher, Richard A."Dusting Off the Britannica."*Business Week*, 20 October 1997, 143-146.
Mueller, Milton. *Universal Service: Interconnection, Competition, and Monopoly in the Making of the American Telephone System*. Cambridge: MIT Press, 1996.
—— and Jorge Schement."Universal Service from the Bottom Up: A Study of Telephone Penetration in Camden, New Jersey." *Information Society* 12, no. 3 (1996): 273-291.
Nelson, Phillip."Information and Consumer Behavior."*The Journal of Political Economy* 78, no. 2 (1970): 311-329.
Nesmith, Achsah."Arduous March Towards Standardization." Smithsonian, March 1985, 176-194.
Pigou, A. C. *The Economics of Welfare*. London: Macmillan, 1920.（邦訳は、アーサー・セシル・ピグー著、気賀健三訳『厚生経済学I』東洋経済新報社）
Rohlfs, Jeffrey."A Theory of Interdependent Demand for a Communications Service." *Bell Journal of Economics* 5, no. 1 (1974): 16-37.
Saloner,Garth."Economic Issues in Computer Interface Standardization."*Economics of Innovation and New Technology* 1, no. 1.2 (1990): 135-156.
Sandberg, Jared."Retailers Pay Big for Prime Internet Real Estate."*Wall Street Journal*, 8 July 1997, B7.

Sesit, Michael R."New Internet Site to Offer Risk-Analysis for Investors." *Wall Street Journal*, 23 July 1997, C1.
Simon, Herbert."Designing Organizations for an Information-Rich World."In Donald M. Lamberton, ed., *The Economics of Communication and Information*. Cheltenham, U.K.: Edward Elgar, 1997.
Simonson, Itamar, and Amos Tversky."Choice in Context: Tradeoff Contrast and Extremeness Aversion." *Journal of Marketing Research* 29 (1992): 281-295.
Smith, Gerald E., and Thomas T. Nagle."Frames of Reference and Buyers' Perception of Price and Value."*California Management Review* 38, no. 1 (1995): 98-116.
Spence, M."Nonlinear Prices and Welfare." *Journal of Marketing Research* 8 (1976): 1-18.
Ung, Gordon Mah."End of Concurrent Licensing Could Be Costly to Microsoft Customers."*Computerworld*, 7 November 1997.
Varian, Hal R."Differential Prices and Efaciency."*First Monday* 1, no. 2 (1996). [Online]. Available: http://www.arstmonday.dk.
—— *Intermediate Microeconomics*. New York: W. W. Norton & Co., 1996.（邦訳は、ハル・ヴァリアン著、佐藤隆三訳『入門ミクロ経済学　原著第9版』勁草書房）
——"A Model of Sales."*American Economic Review* 70 (1980): 651-659.
——"Price Discrimination." *In Handbook of Industrial Organization*, edited by Robert Schmalensee and Robert Willig (Amsterdam: North Holland Press, 1989).
——"Price Discrimination and Social Welfare."*American Economic Review* 75, no. 4 (1985): 870-875.
——"Pricing Information Goods."In Research Libraries Group, ed., *Scholarship of the New Information Environment Proceedings*. Washington, D.C.: Research Libraries Group, 1995.
—— and Richard Roehl."Circulating Libraries and Video Rental Stores." Technical report, University of California, Berkeley, 1997. [On-line]. Available: http://www. sims.berkeley.edu/~hal.
Wagner, Mitch."Online Retailers Buddy Up." *Wall Street Journal*, 15 September 1997.
Watt, Ian. *The Rise of the Novel*. Berkeley: University of California Press, 1957.（邦訳は、イアン・ワット著、藤田永祐訳『小説の勃興』南雲堂）

Williamson, Oliver E. *Markets and Hierarchies: Analysis and Antitrust Implications*. New York: The Free Press, 1975.（オリバー・ウィリアムソン著、浅沼萬里、岩崎晃訳『市場と企業組織』日本評論社）
Wilson, Robert B. *Nonlinear Pricing*. New York: Oxford University Press, 1993.
Wingaeld, Nick."Microsoft Says It Will Buy E-Mail Start-Up in Stock Deal." *Wall Street Journal*, 1998.
Winkler, Karen."Academic Presses Look to the Internet to Save Scholarly Monographs," *The Chronicle of Higher Education*, 12 September 1997.
Ziegler, Bart and Don Clark."Microsoft Gives Technology Away to Beat Rival." *Wall Street Journal*, 2 October 1996, B1.

＊　原書の *Information Rules ── A STRATEGIC GUIDE TO THE NETWORK ECONOMY* は１９９９年に出版された。訳出に当たっては、既訳である『「ネットワーク経済」の法則──アトム型産業からビット型産業へ変革期を生き抜く72の指針』（千本倖生監訳、宮本喜一訳、ＩＤＧコミュニケーションズ、１９９９年6月）を参照した。本文中のアダム・スミスの引用は『国富論　国の豊かさの本質と原因についての研究』（山岡洋一訳、日本経済新聞社）に依った。謹んでお礼を申し上げます（訳者）。

解説

現代の経営にも多くの示唆を与える情報経済の名著

琴坂将広・慶應義塾大学総合政策学部准教授

本書は、経済学に蓄積された多彩な知見を、情報経済という軸から再編成し、特に実務家の意思決定において重要となる要素を選抜して深掘りした名著である。

本書が出版された1999年は、パーソナルコンピュータとインターネットが一般家庭まで普及することで、情報が大きな価値を持ち、情報財が経済と社会に大きな影響をもたらす時代が到来することが確実視されていた時代である。

本書は長らく絶版となっていたが、再販を望む声は途切れることが無かった。新訳版としての本書を待望していた読者も少なくは無いだろう。本稿では、本書の要点を近年生じた経営事象と併せて概観し、その意義と有用性を確認したい。

情報経済を理論と実務の両輪から取り扱う

情報とは、ビットの配列でコード化できるもの全てをさす言葉であり、情報財とは、少なくとも特定の消費者にとって対価を払う価値をもつ情報、例えば書籍、雑誌、音楽、映画、株価、企業情報、野球のスコアなどを内包する表現である。

情報財を作成する初期投資は多額に上るが、それを複製して多数の消費者に届けるための費用は極めて低い。そして、その複製に労力や費用がかからないため、情報財は第三者に容易に模倣複製されうる。また、情報財は経験財であるため消費しないとその価値がわからず、しかも一回消費すると、二度消費する必要性が低くなるという性質を持っている。

情報財のこうした特性は、それまでの経済活動の中核であった他の商材と大きく異なる。情報を消費者に伝達するインフラさえ整えば、この新しい特性を持つ財が数多く市場に流通するようになり、経済活動の形が変わりうると考えられていた。したがって、これまでと異なる新しい理論体系が必要になると考える理論家も存在し、様々な議論が錯綜、乱立する状況が続いていた。

本書の共著者であるカール・シャピロは、マサチューセッツ工科大学で経済学の博士号を取得。プリンストン大学を経て、1990年にカリフォルニア大学バークレー校に着任した。

主に産業組織論、イノベーション、競争政策、競争戦略を専門とする研究者である。シャピロは同校の経済学部で教鞭を執るとともに、同校のハース・ビジネス・スクールにおいても事業戦略を担当する。1995年から1996年、および2011年から2012年には法務省反トラスト局の司法副次官補*も務めた。経済学の確固とした基盤の上に、経営戦略の実務的な側面も理解する優れた研究者である。

本書のもう1人の共著者であるハル・ヴァリアンは、カリフォルニア大学バークレー校で経済学の博士号を取得した後、マサチューセッツ工科大学とミシガン大学を経て、1995年からカリフォルニア大学バークレー校で教鞭を執る。学術分野で大きな功績を残し、同校の情報管理学部の学部長を歴任した後、さらに2002年からはGoogleの最大の収益源である広告モデルの構築に多大な貢献を果たし、2007年にはGoogleのチーフエコノミストに就任、現在は実務の世界を主戦場としている。Google全体で300人以上いるといわれる経済学の専門家を牽引、年1万件以上行われている実証実験を実験経済学の手法を用いて先導している。学術的な功績はもとより、実務の世界においても多大な功績を残した、情報経済の第一人者である。

学術研究の深い造詣のうえで、しかし実務の言語を肌感覚で理解した両者によって描かれた本作は、情報経済に関わる実務家が直面する事業課題の特性をわかりやすく解説する。いわゆる学術書にありがちな専門用語と複雑な数式は登場しない。あくまで実務家に向けて、極めて実践的な手法と事例を紹介した書籍である。

また、本書は目新しい理論体系をゼロから構築しようとした作品では無く、むしろすでに経済学の長年の系譜に蓄積されていた理論体系をかみ砕いて応用することで、その情報経済とそこで営まれる事業活動への意味合いを、見事に描き出している。

彼らは、目新しい理論体系は必要ないと断言する。しかし、既存の経済学の理論体系は、情報経済を中心とした体系化や解説がされておらず、したがってその知見が充分に活用されてこなかったという。本作はこうした問題意識に基づき、情報経済を基軸に経済学の諸理論を再編成してかみ砕くことで、その知見を一般の実務家でも理解し、活用できるノウハウとして簡潔にわかりやすく提示している。

本書が提示する特に重要な要素であり、また現代においては、一般の実務家の共通用語として理解されているのは、1）価格設定、2）知財管理、3）スイッチングコストとロックイ

* Deputy Assistant Attorney General http://kod.kenkyusha.co.jp/demo/wadai/honmon.jsp?id=001602O

ン、4）正のフィードバック、5）規格化と標準化の5つの議論であろう。以下、これらのそれぞれを概観していきたい。

情報財の価格設定

まず、情報財の価格設定においては、当初作成にかかる膨大なコストに対して、複製による再生産のコストが極めて低いという特性を活用した価格戦略を推進する必要がある。本書ではまず、百科事典、電話帳、テレビの番組ガイド、企業情報データサービス、家計簿ソフト、音声認識ソフトなどの事例からその特性を紹介している。

大量販売を前提とした低価格設定、顧客層別の価格設定（バージョン化）、相互補完関係になる商品の抱き合わせ販売（バンドリング）など、本書で解説される基本戦略は現代でも充分通用する。

ただし、執筆時点の1999年という時代を背景として、多くの解説がパッケージソフト（CD-ROMなどの情報記録媒体により流通するソフトウェア）を対象としている点は留意する必要がある。むしろ現代ではオンライン版（ダウンロード販売）が主流であり、したがって必ずしも限られた数の価格を設定したり、また製品のバージョン数を制限する必要が無いこともある。

例えば、フリーミニアムとも呼ばれる、基本的な機能を無料で提供し、機能を追加するごとに料金を課金する仕組みが現代では普及している。これは通信回線やストレージ容量に限界があった時代には応用範囲が限られた価格戦略である。そのため、本書ではこれを無料サンプルの一環として簡単にのみ紹介している。しかし、ダウンロード販売では、提供者が負担する商品の複製と流通のコストがほぼゼロとなるか、収益に紐付く変動費となるため、より柔軟な価格戦略を取り得る。従って、ダウンロード販売が広がるほど、フリーミアムのモデルは広がりをみせている。

ソーシャルゲームの事例でもわかるように、支払い意欲が高い顧客には充実したサービスや多量の機能を提供することで、その顧客が支払いたいだけの金額を支払わせることができる。また、テスラがすでに実践し、ポルシェも検討しているように、近い将来は自動車のような複雑な物財であっても、原動機の出力の高低や、自動運転機能、安全支援機能も、必要なときに、必要な顧客がそのつど選択して購入できるようになる。技術進化と普及を背景に、本書が提示した原理とともに、さらに高度な価格戦略が可能となっているのも、確かに事実である。

知財管理の常識が変わる

また、知財管理についても、本書は情報財の一般化により知的財産保護が難しくなると同時に、しかしこれが新たな事業可能性を生むことを的確に指摘する。

コピー機、貸本屋、ビデオテープなどの過去の事例を参照した上で、まず過去には著作権保護の脅威と見なされた技術が、逆に市場を広げた事例が数多く存在することを説明する。また、消費者に認める権利（契約条件）を最適化し、消費者がその財やサービスを入手するにあたり発生するコスト（取引コスト）を最小化することで、むしろ無償サンプルなどの手法を活用すれば、市場をより広げることができるだろうと説く。

実際、本書出版以後のコンテンツビジネスの変化を概観すると、その予測が適切であったことがわかる。例えば、音楽産業では音楽CDを通じた音楽自体の販売に固執した事業者が苦境にあえぎ消え去った一方で、音楽自体はネット上に氾濫させ、複製の難しいライブイベント、リアルの場でのファンとの交流、グッズ販売などの関連収入に注力した事業者は、むしろ収益率を向上させた。

その他の商材でも、インスタグラムなどのSNSで自社に関する情報を消費者が流通させやすいように誘導したり、知的財産権で保護された自社の作品をむしろ無償提供することで、高い販促効果を狙うことがもはや定石となった。

また、技術進化が知財管理においても新たな常識を作り始めている。マイクロソフトのオフィス356やアドビのクリエイティブクラウド、そして日本語フォントを提供するモリサワのMORISAWA PASSPORTなど、コンピューターがオンラインに常時接続され、中央のサーバーと常時情報をやりとりできることを前提としたサービスが普及し、違法コピーが浸食する領域が以前に比較して小さくなっている。

今後も、例えばブロックチェーン技術を著作権利用情報の相互監視などの仕組みに応用すれば、価値のある情報に対して、対価を要求することの難易度を低減することが可能であろう。また、ライブ動画を含む動画配信サービスの普及により、誰もがコンテンツ制作者として活動できる社会もすでに実現しつつある。

本書が指摘したように、情報財の知的財産管理を巡る議論は、事業リスクである一方で、事業可能性であった。古い発想のままの事業者が衰退し、新しい発想を理解した事業者が成長するという、過去と同様の経緯をたどったのである。

スイッチングコストをデザインする

本書が取り扱った主題の中で、最も実務家に広く理解されているのが、スイッチングコスト（乗り換えコスト）が増えれば増えるほど、顧客はその商品にロックイン（囲い込み）されるというシンプルな法則性であろう。

特に情報財は、契約による縛り（解約金・違約金）、システムを使いこなすための習熟、システムの利用によるデータの蓄積、新しい調達先を育てるためのコストが存在するため、スイッチングコストが増大しやすい。

従って、自分が買い手であれば、できる限りロックインを回避するか、それに見合う対価を請求するべきであるし、自分が売り手であるならば、買い手をロックインさせるように乗り換えコストを設計し、また逆に買い手にロックインされないように、特定条件では逆に買い手の乗り換えが可能なように製品を設計する戦略が必要になる。

これは独占禁止法の専門家でもある著者らの専門分野にも近く、本書で解説されるロックインに対する対応策は網羅的であり、また実務的でもある。楽天が楽天ポイントにより顧客を囲い込み、ヤフーがその操作性に対する習熟で古くからのユーザーを手放さず、App store や Google Play で購入したコンテンツやアプリの資産が、それぞれ iOS と Android から別のタイプのスマートフォンへの乗り換えを防いでいるのも、わかりやすい応用例となる。

インターネット関連事業領域において成功したほぼ全てのインターネットサービスは、多かれ少なかれ、乗り換えコストの適切なデザインが行われており、それにより顧客が一定程度ロックインされている。これはいわば買い手と売り手の読み合いのゲームであり、それを適切に設計することは、もはや事業成長の必須要件ともいえるだろう。

正のフィードバックによる事業拡大

正のフィードバックは、情報財に関係する事業領域において最も重要な傾向である。勝ち組はより勝ち組になり、負け組はより負け組になる可能性がある。なぜならば、ユーザーの数が多ければ多いほど提供されるサービスの質が高くなり、またサービスの質が高くなればなるほど、ユーザーの数が増えるため、好循環がより強い好循環に至る可能性が高いためである。

逆に言えば、ユーザーの数が増えなければ、サービスの質が改善されず、サービスの質が改善されなければ、ユーザーの数が増えないという悪循環に陥る可能性も同じかそれ以上存在する。

確かに、本書がアップルの苦境を第7章の冒頭で語っているのは隔世の感がある。当時のアップルはまさに悪循環に陥っており、ユーザー数減少が対応ソフト減少をよび、対応ソフト減少が、ユーザー数減少に繋がる悪循環を生んでいた。

しかし、その後のアップルが教育やデザインなどの領域にターゲットを絞り込み、優れたデザインの製品を相次いで投入することで立ち直りを見せたのは周知の通りである。音楽や映像に関連する商品の投入で市場の特定セグメントを惹き付け、さらにスマートフォンとそれに続くタブレットの成功により、正のフィードバックが続く好循環を演出した。事実、正のフィードバックは、無数の提供者と無数の消費者が併存する双方向のプラットフォームを運用するためには、必ず理解しなければならない概念である。

例えば、近年の日本で最も成功したのはフリマアプリのメルカリだろう。メルカリは、出品者側にも、購入者側にも、シンプルに機能を絞り込んだインターフェースを提供し、かつ匿名性や安全性にも配慮することで、個人間のインターネット売買の敷居を大きく引き下げた。

何より、出品者への支払いを自社のポイントで行うことにより、出品者がそのポイントを用いて、別の出品者から商品を購入することを容易にした。出品者であり購入者であるメルカリのヘビーユーザーがサービス利用の土台を作り、その活気がさらなる出品者と購入者を呼び込むという正のフィードバックが生まれた。

正のフィードバックは、一時期市場を支配したSNSのmixiやソーシャルゲームのGREEとDeNA、依然として高いシェアを持つLINEの成長も説明できる。アマゾンのマーケットプレイス、価格.com、一休.comといった比較的歴史の長いサービスのみならず、シェアリングエコノミーと総称される、例えばエアビーアンドビーやウーバーの成長要因の分析にも用いることができる。まさに、情報経済を物語る特性であり、本書で提示された処方箋の多くは、現代の経営にも多くの示唆がある。

規格化と標準化を巡る戦い

最後に、本書が取り扱う規格化と標準化を巡る争いも、情報経済をめぐり随所で繰り広げられた戦いであった。インターネットブラウザ市場を巡るネットスケープとインターネットエクスプローラーの戦いのみならず、鉄道の軌間、カラーテレビの映像信号、ビデオテープの記録方式、第三世代光ディスクにおけるブルーレイとHDD VDなど、過去の事例の列挙にはいとまもない。

しかし、1999年以後の標準化を巡る競争からわかることは、標準化競争に勝利したとしても、必ずしもその利益を独占できるとは限らないという状況であろう。例えば、確かにブルーレイはＨＤＤＶＤに勝利した。しかし、４Ｋ解像度を持つダウンロードコンテンツが普及の兆しを見せており、その利益も長期的には継続しない可能性がある。映像記録や音声記録の規格も、一部の事業者に膨大な特許料が発生するような規格の標準化は敬遠されると聞く。標準化を巡る攻防では、各事業者に競争をめぐる知見が蓄積されてきたこともあり、特定のプレイヤーが大勝ちするような着地点には至りにくい状況が発生している。

標準化による期待収益が得にくくなっているということ、これはむしろ、本書で取り上げられたような標準化を巡る常識、理論的な背景が広く実務家に至るまで理解されたことが背景にある。

逆に言えば、本書が解説する標準化を巡る定石を理解していなければ、自社が標準化を巡る競合他社との競争に直面したとき、引き分けに持ち込むことすら難しいだろう。本書出版から20年近くが経過し、本書が解説する標準化を巡る規格化と標準化の考え方も、もはや理解していることが前提となりつつある。

事例は過去となろうとも、理論は現代を生きる

シャピロとヴァリアンは、本書序文でこう書いている。

「（前略）本書の内容はこの先、何年経っても読者の役に立つ、とも信じている。技術は目まぐるしく変わるが、指針となる経済原理は変わらない。事例は変わるかもしれないが、本書で示した視点が古びることはないはずだ」

1999年の出版から約20年が経過した。確かに、取り扱われている事例には、いささか時代の変化を感じる事例も散見される。しかし、彼らが信じていたとおりに、本書の議論は全く色あせていない。

本書の提示する経済原理は、現代の経営においても大きな示唆に富む。情報経済の重要性はむしろ増しており、それに伴い、本書の果たせる役割は社会経済のより広範な領域に広がっている。

数字

A

C

D

F

G

H

I

J

M

N

そ

た

ち

て

著者略歴
カール・シャピロ（Carl Shapiro）
一九五五〜。カリフォルニア大学バークレー校ハース・ビジネススクール教授兼バークレー校経済学部教授。専門はビジネス戦略。1995−96年と2011−12年に米司法省反トラスト局の司法副次官補を務めた。1981年MITでph.D取得。プリンストン大学を経て1990年から現職。

ハル・ヴァリアン（Hal Varian）
一九四七〜。グーグルのチーフエコノミスト。カリフォルニア大学バークレー校経済学部教授兼同ハース・ビジネススクール教授を経て、2002年からグーグルのコンサルタントとして広告オークションの構築などに貢献。2007年から現職。専門はミクロ経済学と情報経済学。著書に『入門ミクロ経済学』、『ミクロ経済分析』。

訳者略歴
大野一（おおの・はじめ）
翻訳者。主な訳書にシュンペーター『資本主義、社会主義、民主主義　I・II』、ブキャナン、ワグナー『赤字の民主主義』、ノース『経済史の構造と変化』、カーティス『代議士の誕生』（共訳、以上日経BPクラシックス）、『最強の経済学者ミルトン・フリードマン』（日経BP社）

情報経済の鉄則――ネットワーク型経済を生き抜くための戦略ガイド

二〇一八年 二月二六日 第一版第一刷発行
二〇二二年一二月二四日 第一版第四刷発行

著者 カール・シャピロ
ハル・ヴァリアン
訳者 大野 一
発行者 村上広樹
発行 日経BP社
発売 日経BPマーケティング
〒一〇五-八三〇八
東京都港区虎の門四-三-一二
https://www.nikkeibp.co.jp/books/
装丁・造本設計 祖父江慎＋鯉沼恵一（cozfish）
製作 アーティザンカンパニー
印刷・製本 中央精版印刷株式会社

ISBN978-4-8222-5557-2
本書に関するお問い合わせ、ご連絡は左記にて承ります。
https://nkbp.jp/booksQA

『日経BPクラシックス』発刊にあたって

グローバル化、金融危機、新興国の台頭など、今日の世界にはこれまで通用してきた標準的な認識を揺がす出来事が次々と起っている。しかしそもそもそうした認識はなぜ標準として確立したのか、その源流を辿れば、それは古典に行き着く。古典自体は当時の新しい認識の結晶である。著者は新しい時代が生んだ新たな問題を先鋭に捉え、その問題の解決法を模索して古典を誕生させた。解決法が発見できたかどうかは重要ではない。重要なのは彼らの問題の捉え方が卓抜であったために、それに続く伝統が生まれたことである。

世界が変革に直面し、わが国の知的風土が衰亡の危機にある今、古典のもつ発見の精神は、われわれにとりますます大切である。もはや標準とされてきた認識をマニュアルによって学ぶだけでは変革についていけない。ハウツーものは「思考の枠組み（パラダイム）」の転換によってすぐ時代遅れになる。自ら問題を捉え、自ら解決を模索する者。答えを暗記するのではなく、答えを自分の頭で捻り出す者。古典は彼らに貴重なヒントを与えるだろう。新たな問題と格闘した精神の軌跡に触れることこそが、現在、真に求められているのである。

一般教養としての古典ではなく、現実の問題に直面し、その解決を求めるための武器としての古典。それを提供することが本シリーズの目的である。原文に忠実であろうとするあまり、心に迫るものがない無国籍の文体。過去の権威にすがり、何十年にもわたり改められることのなかった翻訳。それをわれわれは一掃しようと考える。著者の精神が直接訴えかけてくる瞬間を読者がページに感じ取られたとしたら、それはわれわれにとり無上の喜びである。